상담 및 심리치료의 핵심 원리

Core Principles of Counseling and Psychotherapy

유성경 저

학지사

이 저서는 2014년 정부(교육부)의 재원으로 한국연구재단의 지원을 받아 수행된 연구임
(NRF 2014S1A6A4A02026843).

머리말

나는 지난 30여 년간 상담 실무와 연구, 교육의 영역을 넘나들며 말할 수 없이 풍부한 경험을 선물처럼 누릴 수 있었다. 그리고 그 경험들을 배움에 열려 있는 상담자, 학생들과 즐겁고 진지하게 공유할 수 있는 기회도 많았다. 그러나 막상 이러한 경험들을 정리하고 통합할 수 있는 기회를 제대로 가질 수 없는 것이 늘 아쉬웠다. 또한 상담 교육 현장에서 상담 이론과 실무를 연결해 주는 우리 말 책이 필요하다는 생각을 오래전부터 해 왔지만 그 필요를 채울 만큼 나의 역량이 닿지 못한 것도 늘 속이 상했다. 그러나 이젠 더 이상 미룰 수는 없는 숙제를 하는 심정으로, 그리고 일단 시작을 하면 채워야 할 부분이 분명 보일 거라는 기대를 가지고 용기를 내었다. 마침 2014년 한국연구재단에서 '인문사회 저술출판사업'에 이 책의 제안서가 선정되어, 용기를 실천으로 옮길 수 있는 고마운 기회를 갖게 되었다.

이 책에서는 상담 및 심리치료의 핵심원리를 상담 이론, 연구, 실제에 근거하여 제시하되 통합적인 구성이 가능하도록 하였다. 이를 위해 상담 및 심리치료의 공통요인에 주목하고, 이를 근간으로 내용을 구성하였다. 상담의 이론과 실무, 과학적 연구와 임상적 직관, 객관성과 예술성의 상이한 영역을 넘나들면서 자기 성찰을 통해 이들의 통합을 독려하고자 하는 것이 나의 거창한 목표였는데 이러한 노력이 얼마나 성공했는지는 자신이 없다. 그러나 상담 경험을 해 오면서 이론적 개념 이해를 넘어 예술적인 상상력이 동원되고, 내담자 문제에 대한 객관적 분석을 넘어 인간 고통에 대한 철학적 사색으로 확장되는 의미 있고 강력한 나의 성장 경험이 독자들에게도 전달될 수 있다면 더 바랄 나위가 없을 것이다.

이 책은 상담 및 심리치료의 핵심원리를 치료적 공통요인과 특수요인의 상보적 관계에서 조망하는 원리에 따라 총 6개 장으로 구성하였다. 서론에 해당하는 1장과 2장에서는 이후 내용의 개념적, 경험적 근거를 마련하였고, 3장에서 5장까지는 내담자, 상담자, 상담관계 주제를 치료적 기제 및 맥락에 대한 논의 중심으로 다루었다. 6장에서는 상담 과정에서 공통요인과 특수요인의 상보적 관계를 어떻게 실천할 수 있을까 하는 내용을 다루었다. 2장은 상담 성과 연구물 중심으로 내용이 구성되어 있어서 다른 장과 비교했을 때 경험 연구 결과들이 많이 제시되어 내용이 딱딱하고 건조하게 느껴질 수 있다. 상담 성과 연구에 익숙하지 않은 독자들은 2장을 건너뛰고 전체 내용을 살펴본 뒤에 읽을 것을 권하고 싶다.

이 책의 내용은 어쩔 수 없이 나의 이론적 오리엔테이션과 상담 경험에 기반하였다. 나의 이론적 오리엔테이션은 정신역동과 실존적 접근에 근간을 두고 있으며, 기독 신앙적 경험이 인간과 고통에 대한 이해, 그리고 상담의 지향성에 근본적인 영향을 주고 있다. 그래서 이 책은 객관적 지식의 리뷰라기보다는 나의 주관적인 해석과 체험 중심이라 할 수 있다. 나는 상담 및 심리치료의 핵심적인 원리가 한 상담자의 경험과 성찰을 바탕으로 어떻게 구성되고 실천되는지를 하나의 사례로 보여 주고 싶었다. 그리고 독자들과 이야기를 시작할 수 있는 계기가 되면 좋겠다는 바람을 가졌다. 이 책은 상담 전공을 시작하면서 상담의 세계가 어떻게 구성되었는지를 알고자 하는 대학원생, 이미 상담 경력을 가지고 있으면서 배웠던 상담 지식을 자신의 경험으로 새롭게 구성하기 시작하는 상담 경력자, 그리고 상담 이론과 실무를 가르치며 이 둘의 연결을 어떻게 제시할 것인가를 고민하는 교육자들에게 권하고 싶다.

이 졸저를 쓴다고 3년이라는 시간 동안 씨름을 하였다. 이 기간 동안 통합적인 사고, 명료한 글쓰기, 관련된 풍부한 배경지식은 모두 나에게 도전이 되었고, 나의 부족함에 수없이 좌절해야 했다. 다행히 연구재단 사업비로 진행된 과제라 기한이 정해져 있었으며, 더 이상 나만의 씨름으로 이 책을 묶어둘 수는 없었기에 책을 출간

하게 되었다. 여러 부분에서 보완이 필요하지만 특별히 6장에서 가장 큰 아쉬움이 남는다. 작업을 하다 보니 구체적이고 실제적인 기법과 사례 제시가 보다 많이 필요하고, 이들이 치료적 원리 안에서 어떻게 통합되는지를 보여 주는 내용이 보강되어야 한다는 생각을 하였다. 앞으로 증보판을 낼 수 있다는 것을 위안 삼아 초판을 일단 세상으로 내보낸다.

이 책을 쓰기까지 참으로 많은 분의 도움을 받았다. 2015년 가을부터 1년간 보스턴 하버드에서 혼자 집필 작업에 집중할 수 있었던 시기는 교수 생활 18년 동안 나에게 가장 의미 있는 시간이었다. 이러한 집중 작업이 가능하도록 여건을 마련해 준 이화여대, Fulbright, 한국연구재단에 감사한다. 이화동산에서 함께한 더할 나위 없이 든든한 동지 대학원 제자들, 상담 수업 과제로 솔직한 성찰 보고서를 쓰며 힘겨운 자기 작업을 성실하게 해 주었던 학부 학생들, 고통의 정점에서 도망가지 않고 자기 몫의 삶을 끌어안으며 목소리를 내 주었던 내담자들은 이 책 곳곳에서 그들의 삶을 드러내 주고 있다. 한국에서 치료적 요인 관련 워크숍을 여셨던 Wampold 박사님은 이 책의 구상에 직접적인 영향을 주셨고, 늘 닮고 싶은 롤 모델인 박사 지도교수이신 Skovholt 박사님은 상담 연구, 실무, 교육의 통합을 실제로 보여 주셨다. 한국 상담 1세대이신 박성수, 김계현 교수님, 그리고 윤순임 선생님은 상담에 대한 헌신과 열의를 가르쳐 주셨다. 대선배이지만 5년간 이화여대 심리학과 동료 교수로 함께 해 주셨던 이동렬 교수님은 학문하는 자세와 사람 대하는 자세를 삶으로 가르쳐 주셨다. 주요 논점들을 철학적 관점에서 함께 의논해 주고, 집필 과정 내내 주옥같은 지원사격을 해 주었던 친구 노성숙 교수에게는 더할 수 없는 사랑의 빚을 지고 있다. 이 책의 집필을 넘어서 내가 하는 모든 일을 진심으로 자랑스러워하고 독려하는 남편, 그리고 상담자 엄마의 거울이 되어 준 나의 보배 세 아들 상연, 상은, 상민에게 진심으로 고마움을 전한다. 소소한 도움을 준 고마운 손길들도 참 많았다. 2장의 상담 성과 연구 부분의 자료 정리를 도와준 손은영, 임인혜, 그리고 책 편집과 참고문헌 작업을 도와준 강유선, 박은주에게 고마움을 전한다. 보스턴 연구년 동안 주말 도서관 열공과 즐거운 점심 수다를 함께 해 주었던 대학 동기 박미숙 내외에게도 감사를 전한다. 빡빡한 출간 일정 가운데 꼼꼼히 책 교정 작업을 도와준 학지사의 백소현 차장님, 정승철 이사님께도 감사의 마음을 전한다.

이 책에 써 내려간 나의 개인적 경험과 배움이 독자들의 경험과 배움과 만나 어떤 시너지를 낼지 사뭇 설레는 마음으로 기대하게 된다. 독자들의 경험과 배움이 다시 내게로 돌아와 나의 성찰과 통합을 좀 더 자극하여, 이 책의 증보판에서는 그러한 성찰과 통합이 동심원처럼 넓게 펼쳐나갈 수 있기를 바란다.

2018년 6월

이화 동산에서

차례

5장 상담 관계: 변화를 위한 활성화 기반 / 191

6장 상담 과정에 따른 개입 원리 / 251

1장

상담 및 심리치료를 어떻게 이해할 것인가

심리치료의 주된 목적은 내담자를 행복이라는 불가능한 상태로 옮겨 놓는 것이 아니라
내담자가 고통을 마주하면서 안정감과 인내심을 가질 수 있도록 돕는 것이다.

– Carl Jung

상담 및 심리치료는 궁극적으로 내담자의 변화를 추구하는 전문 영역으로서 "내담자가 어떻게 변화하게 되는가?"라는 질문은 상담 분야의 핵심 주제이다. Kuhn(1970)은 정상 과학(normal science)이란 다양한 분파를 관통하여 핵심적으로 수렴되는 원리를 지니고 있어야 하며 분파가 많이 나누어진 학문은 아직 진정한 과학이라고 보기 어려운 '패러다임 형성 이전 학문(pre-paradigmatic science)'이라고 하였다(Orlinsky, 2006에서 재인용). 이러한 Kuhn의 제언에 따른다면 상담 및 심리치료가 정상 과학으로 자리매김하기 위해서는 내담자의 변화 과정 및 기제에 대해 핵심적으로 수렴하는 변화 원리를 제시할 수 있어야 한다. 그런데 상담 및 심리치료 이론은 19세기 Freud의 정신분석을 기점으로 지속적인 팽창을 이루어 현재에는 무려 400여 개 이상에 이르는 상담 및 심리치료 이론들이 개발되었다(Meier & Davis, 2011). 이론들은 각기 다른 이론적 개념으로 정신병리의 발달 과정과 더불어 변화의 원리를 제시하고 있고, 상담자들은 새롭게 개발된 이론과 기법들을 계속 업데이트하지 않으면 안 될 것 같은 부담을 갖게 되었다. 물론 상담자가 개방적인 자세로 지속적인 학습을 하는 것은 상담 대가들에게서 공통적으로 나타나는 중요한 전문적 자세이지만(Skovholt, Rønnestad, & Jennings, 1997), 내담자 변화의 핵심원리에 대한 골격이 잡히지 않은 상태에서 이론적 개념에 대한 양적인 팽창을 계속해 나가게 되면 혼란만 가중할 위험이 있다.

상담 및 심리치료 과정에서 내담자가 어떻게 변화하게 되는지, 변화의 핵심원리를 확고히 하는 것은 상담 영역이 독립적 학문 분야로 자리매김하기 위한 선결 조건일 뿐 아니라 상담자의 효과적인 상담 실천을 위해서도 필수적인 과업이다. 상담 및 심리치료의 핵심원리는 내담자 변화 과정의 기본 골격을 제시해 주기 때문에 핵심원리에 대한 이해가 단단히 받쳐 주면 이를 토대로 이론과 실무를 연결할 수 있고, 다양한 특성을 지닌 내담자 및 내담자 문제 특성에 맞는 기법을 효과적이고 창의적으로 실천할 수 있게 된다.

상담 교육의 첫 시작은 대부분 상담 이론을 배우는 것으로부터 시작이 되는데, 앞에서 지적한 바와 같이 다양한 상담 이론들에서 변화의 원리를 각기 다른 이론적 개념으로 제시하고 있기 때문에 이를 통합적으로 이해하여 실무에 적용하는 것은 상당히 도전적이며 핵심적인 과업이 될 수 있다. 물론 각 이론에서 제시하는 변화 원리의 내용들이 근본적으로 다른 것은 아니므로 실제 상담 경험이 쌓여 가면서 각 이론에서 제시하는 개념들이 상호배타적인 개념들이 아니라 서로 연결되고 보완되며 때로는 같은 원리를 다른 언어로 표현하고 있다는 것을 점차 깨닫게 되기도 한다. 그런데 이러한 변화의 원리에 대한 통합적 이해와 실천적 적용은 상담 및 심리치료의 핵심 과제이므로 이를 보다 본격적이고 체계적으로 다루어야 할 필요가 있다. 변화의 핵심원리를 통합적으로 이해하고, 이를 실천하기 위해서는 개별 이론에 대한 선행적 이해와 상담 실무 수련이 반드시 이루어져야 한다. 그러나 동시에 개별 이론적 지식과 실무 경험을 습득할 때 변화의 핵심원리에 대한 패러다임을 염두에 두고 습득해야 이론적 지식과 실무 경험이 상담자의 절차적 지식으로 효과적으로 통합될 수 있다.

이 책은 상담 성과에 기여하는 치료적 공통요인에 초점을 두고 내담자 변화의 핵심원리를 통합적으로 제시하여, 그것이 상담 실무와 구체적으로 연결될 수 있도록 하여 상담의 실천적 지식을 함양할 수 있도록 하는 것을 목적으로 하고 있다. 이 장에서는 상담 및 심리치료의 핵심적 원리를 도출하기 위한 첫 작업으로 "상담 및 심리치료를 어떻게 이해해야 하는가?" 하는 문제로 논의의 첫 장을 열려고 한다. 이 논의를 위해 구체적으로 상담 및 심리치료의 개념적 논의를 통해 상담 및 심리치료의 정수가 무엇인지, 심리치료의 역사적 맥락 분석을 통해 치료적 원리의 원형은 무엇인지 이해함으로써 상담 고유의 정체성이 무엇인지 생각해 보려고 한다. 그런데 상담 및 심리치료의 개념적 논의, 역사적 맥락 분석을 통한 정체성 논의는 자칫 지나치게 이론적인 작업으로 치우쳐 상담 및 심리치료의 복잡한 실무와는 동떨어진 추상적 논의로 끝날 가능성이 높다. 나는 가능한 한 이들 논의가 추상적 논의로 끝나지 않고, 상담 실무와 구체적인 연결점을 갖고, 상담자들이 실무에서 지향해야 하는 기본적인 치료적 자세에 대한 성찰을 자극할 수 있는 논의가 되도록 노력하고 싶었다. 이는 매우 도전적인 작업이었다. 나는 '정수(精髓)'와 '원형(原形)'이라는 정제

된 언어를 각 절의 소제목으로 조심스럽게 선택하였다. 그 이유는 상담 이론이 지나치게 팽창된 학파주의(schoolism)를 관통하여 상담 및 심리치료의 핵심이 무엇인지 초심의 마음으로 되짚어 보고 싶은 개인적인 소망이 있었으며, 이러한 접근이 심리치료의 공통요인을 토대로 전체 내용을 구성하는 첫 시작으로 적절하다고 판단하였기 때문이다.

1. 상담 및 심리치료의 정수: 개념적 논의

정신분석은 사랑을 통한 치유입니다.

– Sigmund Freud

상담과 심리치료는 각각의 정의뿐 아니라 두 개념의 차이에 대해서도 합의된 견해는 없다. 이 두 개념의 차이는 주로 활동 목표 및 내용, 활동 주체와 세팅, 관여하는 학문 분야를 중심으로 비교되어 왔다. 그런데 상담과 심리치료 용어의 개념 정의나 개념적 차이를 나열하는 작업은 오랫동안 합의된 의견을 도출해 내지 못했을 뿐 아니라 이러한 논의가 상담의 이론적인 지식을 진척시키거나 실무를 수행하는 데 그다지 의미 있는 영향을 주지는 못하는 것 같다. 개념에 대한 논의는 따로, 실무에 대한 논의는 따로인 것 같은 인상이다. 나는 여기서 이제까지 제시된 두 용어의 개념 정의를 다시 정리하여 제시하고, 그 차이를 비교하는 작업을 반복하거나 새로운 정의나 용어를 제시하는 작업을 시도하지는 않을 것이다. 그보다는 두 용어의 어원적 의미를 되짚어 보며 어원에 충실한 실무가 되기 위해서 강조되어야 하는 상담 및 심리치료의 정수는 무엇인지를 살펴보려고 한다.

1) 상담의 정수: '함께' 그리고 '이야기'

상담의 어원적 의미를 살펴보면, 상담의 영어 표현인 'counseling'은 자문, 충고의 의미를 담고 있는 라틴어 'consullium'에서 유래하였는데, 이러한 의미에 대응하는 정확한 번역어가 없기 때문에 '상담(相談)'으로 번역되었다. 그런데 심리적 어려움을 지닌 내담자를 대상으로 이들의 어려움을 경감하고자 전인적인 도움을 제공하는 상담 활동은 자문이나 충고 활동에 그치는 것이 아니기 때문에 상담이라는 용어가 counseling보다 상담 활동의 정수를 더 잘 반영한다고 생각한다. 상담은 문자 그대로 '함께 이야기한다'는 뜻을 지니는데, 이 용어에는 상담 활동의 대상이나 목적이 포함되지 않기 때문에 상담이라는 용어는 일종의 열려 있는 과정언어이다(박성희, 2001). 상담이라는 용어가 열려진 언어이기 때문에 여기에 문제 영역이 담기면 문제 영역별 상담(예, 학업상담, 진로상담, 심리상담, 중독상담 등), 대상자가 담기면 내담자 특성별 상담(예, 아동상담, 청소년상담, 부부상담, 노인상담 등) 혹은 세팅별 상담(예, 학교상담, 군상담, 기업체상담 등)으로 상담이라는 용어가 사용된다. 그리고 어떤 문제, 어떤 대상으로, 어느 세팅에서 상담이 이루어지든지 그 활동이 상담이 되기 위해서는 '함께'와 '이야기'라는 요소를 갖추어야 한다. 그런데 '함께' '이야기'라는 요소는 너무 열려진 기준이라 '함께 이야기'하는 외현적 활동으로 상담의 기준을 삼게 되면 상담 개념의 경계가 너무 막연할 수 있다. 살아가면서 사람들이 '함께' '이야기'하는 활동은 얼마나 많이 있는가? 그래서 상담의 정수를 담은 '함께하는 이야기'의 기준은 외현적 활동 이면의 내용적 기준을 갖추어야 할 필요가 있다.

상담자와 내담자가 '함께'한다는 의미는 치료적 요인으로 가장 주목받고 있는 작업동맹을 위한 내담자와의 협력, 그리고 치료적 현존에서 강조하는 상호성의 개념과 깊이 맞닿아 있다. 물리적으로 '함께' 있는 것만으로 상담이 보장이 되는 것이 아니라, 반복적으로 낙담하게 되는 내담자의 마음을 회복하기 위해, 상담자와 내담자가 당면한 문제를 함께 해결하자는 공동 목표를 갖고, 협력적인 활동을 함께 수행할 때 진정한 상담이 이루어진다. 또한 상담자와 내담자가 '함께' 있는 물리적 거리감보다 더 중요한 것은 심리적 거리감으로, 내담자의 고통스러운 경험이 상담자가 함께하는 근접한 경험으로 공유될 때 거기서 진정한 상담의 정수가 발현된다. 상담이 상담이게끔 하는 '함께'라는 기준은 이렇듯 작업동맹으로 표현되는 작업적 '함께'와 상호주관성으로 경험되는 관계적 '함께'를 모두 포함하는 기준이라고 할 수 있겠다.

상담이라는 용어에 포함되는 또 하나의 중요한 요소는 '이야기'이다. 내담자들은 고통받고 있는 다양한 문제를 들고 상담에 찾아와 그 문제에 관한 이야기를 펼치게 된다. 이때 상담자로서 당신은 내담자의 '문제'를 듣는가, 아니면 내담자의 '이야기'를 듣는가? 상담 과정에서 내담자의 이야기를 들으면서 문제가 보다 명료해지고, 문제의 원인과 결과, 문제의 역사들이 파악된다. 또한 내담자의 문제를 들으면서 내담자가 한 사람으로서 경험한 고통스러운 삶의 에피소드들이 살아 있는 내러티브로 줄거리를 잡아 가기도 한다. 상담자가 어떤 오리엔테이션을 가지고 있느냐에 따라 내담자의 이야기를 문제 중심으로 들을지, 아니면 내담자의 문제를 이야기 구성을 위해서 들을지 대화의 중심이 달라질 수 있을 것이다. 나는 상담은 문제를 일방적으로 고치거나 그러한 문제가 다시 재발하지 않도록 내담자를 관리하는 것과는 구별되는 활동으로 상담자와 내담자가 상호작용하면서 내담자의 이야기, 특별히 혼자서는 구성을 완결할 수 없었던 이야기를 상담자와 함께 완결해 나가는 과정이라고 생각한다. 그래서 문제는 이야깃거리를 제공하는 것이며 문제를 들으면서 내담자의 이야기가 동심원처럼 확장되고, 구성이 완결되며, 내면적으로 심화되는 대화가 상담 과정의 정수라고 생각한다. 즉, 문제에 초점을 두고 이야기를 시작하지만 문제 중심으로 이야기가 완결되는 것이 아니며, 문제는 내담자의 전체 삶의 이야기를 이해하기 위해 가장 압축된 자료이고 상담에서는 문제를 넘어 내담자의 전체 이야기가 보일 수 있어야 한다는 것이다. 이렇게 이야기가 구성될 때 상담자는 내담자를 한 인간으로 만날 수 있으며, 이러한 관계를 기반으로 내담자의 문제에 대해 정확하게 이해할 수 있고, 효과적인 도움을 제공할 수 있다.

상담에서 이야기는 대체로 언어를 통해 이루어진다. 그래서 주요 상담 이론들 중에 내담자의 언어가 변화 과정에서 지니는 역할을 중요하게 다루고 있는 경우가 많다. 예를 들면, 정신분석 접근에서는 내담자들이 압도적인 불안과 두려움으로 무의식화된 경험과 정서들을 언어로 표현하고 의식화함으로써 통찰이 생기고 치유되어 간다고 본다. 한편, 수용전념치료에서는 관계구성틀 이론(relational frame theory)에 근거하여 언어의 치유적 역할과는 반대로 언어가 인간의 괴로움을 낳는 데 중핵적인 역할을 한다고 지적한다. 예를 들면, 자동차 사고를 경험했던 사람이 자동차라는 말만 들어도 공포를 느끼게 된다거나 자동차와 언어적 얼개가 있는 다른 자극으로까지 공포 반응이 확산되기도 한다는 것이다. 또한 '나는 우울한 사람'이라는 언어로 자기 개념을 상징화한 사람은 우울과 자기 자신이 인지적으로 융합되어 우울하지 않은 자신의 경험을 알아차리거나 수용하기가 어렵게 되기도 한다. 이렇듯 상담은 내담자의 이야기가 주로 언어(음성언어, 비음성언어 모두 포함하여)를 통하여 표현되고 재구성되는 과정이다.

나는 지금까지 상담이라는 용어는 그 활동의 대상어와 목적어가 생략된 열린 과정 개념으로 어떠한 문제 혹은 대상에도 적용될 수 있으나 그 안에 '함께'와 '이야기'의 요소가 제대로 들어 있어야 상담다운 상담이라고 볼 수 있음을 논의하였다. 그리고 상담다운 '함께'와 '이야기'가 되기 위해 갖추어야 할 보다 엄밀한 기준에 대해서도 살펴보았다. 상담이라는 용어의 개념에 내포된 두 가지 요소, '함께'와 '이야기'가 상담의 정수라고 할 때 다음과 같은 질문들을 자기 자신에게 던져 보기를 바란다. '과연 내가 하고 있는 상담이 내담자와의 상호성, 협력이 활성화된 상담인지, 아니면 내담자 혹은 상담자가 일방적인 혹은 쌍방적인 독백을 하고 있는지?' '상담 과정에서 내가 주목하는 것은 내담자의 문제인지, 아니면 내담자의 이야기인지?' '상담 과정에서 드러난 내담자 이야기의 주제는 무엇이며 이야기는 어떤 톤으로 펼쳐지고 있는지?' '내담자 이야기의 주된 무대, 그리고 주인공은 누구인지?' '내담자 이야기를 통해 내담자와의 협력과 상호성이 증대된다고 느껴지는지, 아니면 이야기를 들으면서 내담자가 자기의 이야기에 점점 갇히는 느낌이 드는지?' 이러한 질문들은 상담의 개념적 기준에 근거하여 상담이 상담답게 진행되고 있는지를 검토할 수 있는 성찰의 계기를 마련해 줄 것이다.

2) 심리치료의 정수: '프시케' 그리고 '테라피'

심리치료(psycho-therapy)라는 용어는 상담보다 훨씬 역사가 오래된 개념이면서 오해를 더 많이 불러일으키고 있는 개념이다. 심리치료는 Freud가 처음 사용한 용어로 원어에 충실한 번역은 '프시케', 즉 '영혼에 대한 치료'라는 의미로 번역된다. 프시케라는 용어가 심리학에서 사용되기 시작한 것은 1530년에 독일 심리학자인 Melanchton이 심리학을 '영혼에 대한 과학'이라고 정의한 때부터이다(Lapointe, 1970). 프시케에 대한 관심은 심리학의 탐구 대상이 되기 훨씬 이전 고대 철학으로부터 기원한다. 그리고 심리치료가 전문 분야로 출현하기 이전, 그리고 의료 행위를

Psyché et l'Amour(François Gérard, 1797년 作)

통해 인간 고통의 문제를 다루기 이전부터 종교, 마술 등을 통해 인간의 고통을 완화하려는 시도가 있었기 때문에 프시케라는 용어에는 이러한 초자연적, 영적, 종교적인 의미가 담겨 있다.

계몽주의가 풍미하여 과학성에 대한 시대적인 압력이 막강했던 시기에 Freud는 과학적인 심리치료로서 '말로 하는 치료(talking cure)'를 주창하였다. 그는 아이러니하게도 그 핵심에 초자연적인 느낌이 깃들어 있는 무의식이라는 개념(Gilbert, 1989)을 들여와 과학성과 예술성, 과학주의와 인본주의, 혹은 과학적 지향과 종교적 지향의 이중적 전통을 심리치료 안에 잉태시켰다고 볼 수 있다. Freud의 정신분석은 최초의 과학적 심리치료로 지목되지만, 동시에 측정, 관찰이 불가한 개념에 기반하고 있는 비과학적인 이론이라는 비판을 받기도 한다. Freud는 다른 심리학에서는 다루려고 하지 않은 무의식의 부분을 인간 심리 영역에 들여옴으로써(Rank & Kramer, 1996), 무의식이 인간에게 미치는 크나큰 힘을 이해하였다는 점에서 놀라운 공헌을 하였지만 무의식적인 정서적, 동기적 요소들을 내세움으로 과학 진영으로부터 심각한 비판을 받을 수밖에 없었다(Mlodinow, 2012).

이렇듯 심리치료라는 용어를 처음 사용하였던 Freud에게서 프시케는 과학적 탐구 대상이지만 무의식이라는 초자연적인 특성을 내포하여 신화적이고, 초월적이며, 영적인 특성을 내포하는 의미로 사용되었다. 그러나 Freud의 용어가 영어로 번역되고, 의학적 모델과 합병되는 과정에서 프시케의 의미가 변용되고 축소되었는데 그 과정을 찬찬히 살펴볼 필요가 있다. 프시케에 대한 번역의 문제는 Freud의 정신분석이 독일어에서 영어로 번역되는 과정에서부터 시작된다. Bettelheim(1982)은 『프로이트와 인간의 영혼(Freud and Man's Soul)』이라는 저서에서 "Freud의 저술이 영어로 번역되는 과정에서 원래 Freud가 담아내고자 하였던 핵심적인 인간적 요소들이 많이 왜곡된 점"을 신랄하게 비판하고 있다. Freud의 독일어 저서는 1920년경에 Strachey에 의해 영어로 번역되었다. Strachey는 당시 과학주의 선호가 팽배했던 영국의 의료계에 정신분석이 호의적으로 받아들여지도록 하기 위해 번역 과정에서 변칙을 사용하였다. 구체적으로 Freud의 저서 『비전문가[1]가 수행하는 분석에 관하여(The Question of Lay Analysis)』를 번역하는 과정에서 독일어 원본에 있었던 '영혼의(seelische)'라는 단어를 숫제 생략하기도 하였고, '영혼(the soul; das seele)' '영혼의(soulish; seelische)' 그리고 '영혼의 삶(soul-life; seelenleben)'을 모두 '정신(the mind)' '정신의(mental)' 그리고 '정신적 삶(mental life)'으로 번역하여 심리에서 영혼이라는 뉘앙스를 배제하고자 하였다. 이러한 번역의 문제로 인해 '인간으로서 공유하는 인간성에 개인적으로 깊이, 그리고 직접적으로 호소'하고자 하였던 Freud의 심리치료는 '추상적이고, 이론적이며, 학구적이고 기계적인 방식'으로 변질되는 결과를 낳게 되었다(Bettelheim, 1982). 심리치료 역사상에 나타나는 이러한 번역의 문제는 언어의 차이에서 기인하는 것이라기보다는 과학으로서 심리치료의 정체성 정립과 밀접히 관련된 주제이다.

영혼에 해당하는 프시케가 심리로 번역되면서, 프시케에 담긴 영적, 철학적, 인문학적 의미가 생략되고, 과학으로서 심리학의 학문적 정체성이 강조되는 분위기 속

1) 여기서 비전문가란 의사가 아닌 분석가를 의미한다. 미국에서는 초기 정신분석이 의사들에 의해서만 수행되었지만 유럽에서는 Freud에 의해 의사가 아닌 분석가가 분석을 수행하도록 허용되었다.

에서도 Freud는 '뜨겁고, 축축하며, 갈망과 분노로 들끓고, 환각적이며 원시적이고 비합리적인 무의식(Mlodinow, 2012)'을 심리치료의 핵심 개념으로 품고 갔다. 그 이유는 경험적으로 증명할 수는 없지만 무의식의 실재를 부인할 수 없었기 때문일 것이다. Freud 이론의 배경에는 실존철학자 니체, 쇼펜하우어로부터의 사상적 영향, 브뢰어, 샤콧, 쟈넷 등에게 전수받은 근대 의학적 지식, 그리고 Freud 자신의 풍부한 임상적 경험이 자리한다. 이러한 배경 속에서 Freud가 사용한 심리라는 개념에는 철학적, 과학적, 신화적 의미가 응축되어 있다. 그는 과학적 신뢰를 얻기 위해 분투하였으나 늘 따뜻한 배려 속에서 치료적 기법을 적용하라고 강조하였기에 Jung에게 보낸 편지에는 "정신분석이란 본질적으로 사랑을 통한 치유"라고 적고 있다.

심리치료의 대상이 되는 심리가 지니는 이중적 특성, 즉 초월적 특성과 과학적 특성은 1990년대 말부터 급속히 발달하고 있는 뇌 인지 과학 연구 결과를 통해 양축에 다리를 놓을 수 있는 큰 진보를 이루게 되었다. 임상적 직관과 확신으로 Freud가 제안하였던 무의식, 그리고 수세기 전부터 인간 행동은 직접적인 원인과 더불어 숨은 내적 영향력이 있다는 것을 내성법을 통해서 추론할 수밖에 없었던 마음 이론들이 뇌 과학 연구 결과를 통해 과학적 기반을 얻게 된 것이다. 뇌 인지 과학 연구는 심리치료의 대상이 되는 심리 변화를 관찰 가능한 뇌의 지도와 연결 지어 설명할 수 있는 가능성을 열어 놓았다. 지금까지의 뇌 인지 과학 연구 결과로 무의식적인 심리활동은 신비함의 베일을 벗기 시작하여 목적을 갖고, 독립적으로 활동하는 적응적인 심리의 한 측면임이 입증되고 있다. 또한 심리적 경험을 통해 뇌의 활동을 변화시킬 수 있다는 뇌 가소성이 입증되고 있다(Cozolino, 2010). 이러한 결과는 심리치료의 대상이 되는 심리가 인간의 적응을 관장하는 뇌와 밀접한 관련이 되어 있으며, 치료 경험이 뇌 작용의 변화까지를 유발할 수 있다는 것을 보여 주어 심리치료의 새로운 장을 열고 있다.

이제까지 심리치료의 핵심 용어인 프시케의 어원적 의미, 번역 과정에서 의미가 변화되고 축소된 배경, 그리고 뇌 인지 과학 연구를 통해 프시케의 이중적 전통이 통합될 가능성이 열리게 되었음을 살펴보았다. 그렇다면 과연 프시케를 '치료'한다는 의미는 무엇일까? 익히 아는 바와 같이 치료에 해당하는 영어 단어는 therapy(테라피)와 cure인데 Yalom(2005)은 이 두 용어의 차이에 주목하였다. 그는 초기 저작에서는 치료적 요인으로 curative factors라는 표현을 썼으나 이후에 therapeutic factors라는 표현을 사용하였다. 그는 이렇게 용어 선택을 바꾼 이유를 설명하면서 치료자로서 오랜 경험을 통해 깨달은바, 치료자의 역할은 고치는 것이 아니라 성장을 방해하는 것을 치워 주는 역할을 하는 것임을 확신하게 되었기 때문이라고 하였다. 그리고 자신이 생각하는 치료 활동을 더 잘 반영하는 단어는 고친다는 의미의 cure가 아니라 therapy라는 설명을 별도로 첨언하였다. 이러한 Yalom의 설명에 의하면 심리치료에서 하는 치료 활동은 병을 고치는 치료가 아니라 내담자의 성장 지향성 복구라는 의미를 담는다. 그런데 우리에게는 치료라는 한 단어밖에 없기 때문에 이렇게 다른 뉘앙스를 지닌 치료적 국면을 구별하여 표현할 수 있는 방법이 없다. 치료라는 용어가 병을 고치는 치료의 의미로 해석될 때, 내담자를 병자로 대하게 되고, 치료 과정에서 상담자가 하는 활동은 내담자의 문제를 병으로 진단하여 그 병을 고치는 활동이라는 뉘앙스를 강하게 풍기게 된다. '치료'라는 한국어에서 풍기는 이런 뉘앙스 때문에 심리치료라는 용어 사용 자체에 강하게 반대하는 상담자들도 있다.

치료라는 용어와 비슷하게 번역의 문제를 갖고 있는 또 다른 용어는 내담자이다. 영어로 심리치료를 받는 사람은 client보다 patient로 표현되는 경우가 더 많다. 그 이유는 영어권에서 client는 법률, 회계 등의 전문 서비스를 유료로 받는 고객을 의미하므로 심리치료에서 client라는 용어를 사용하게 되면 치료자와 내담자가 전문가와 고객 관계로 설정되면서, 이러한 관계에서는 심리치료에서 가장 중요한 인간적 접촉을 담아낼 수 있는 여지가 거의 없어지게 되기 때문이다. 이러한 이유 때문에 Yalom은 client 대신 patient라는 단어를 선택하겠다고 밝히고 있다. patient는 원어로 'pathos', 즉 '고통을 느끼는 사람'이라는 의미를 담고 있어서 상담 및 심리치료 현장에서 만나는 내담자의 상태를 반영하기에 더 정확한 단어라고 볼 수 있다. 그런데 심리치료의 대상자를 한국어 '환자'라고 번역하는 순간 우리는 자동적으로 병원을 떠올리게 되고 불편한 맘으로 잠시 망설이다가 내담자로 번역하는 경우가 많다.

번역 과정에서 생겨난 이러한 문제들 때문에 심리치료라는 용어 사용에 대해 불편함을 느끼는 한국 상담 및 심리치료자들이 많이 있는 것 같다. 그래서 서구에서는 therapy, therapist, patient로 표현된 용어들이 국내에서는 치료라는 용어로 사용되지 않고 상담, 상담자, 내담자로 번역되기도 한다. 그런데 나는 이 책에서 상담 그리고 심리치료라는 용어를 굳이 구별하지 않고 맥락에 따라 번갈아 사용하였고, 때로는 상담과 심리치료라는 표현을 함께 사용하기도 하였다. 또한 상담자, 치료자라는 용어도 같은 의미를 담고 번갈아 사용하였다. 그리고 내담자라는 용어는 사용하되 고통으로 아파하는 사람이라는 의미로 사용하였다. 용어 선택을 엄격하게 하지 않은 이유는 상담을 공부하고 있는 우리들에게 용어로 인한 혼돈이 이미 너무 많은데, 어떤 용어가 더 올바른가를 가려내기 위한 논의를 하느라 정작 중요한 본격적 논의는 제대로 하지 못하게 될까 하는 우려 때문이다. 상담 및 심리치료 이론이 지나치게 많은 학파주의로 팽창하고, 각 이론에서 제안하는 많은 신개념들이 생겨나는 어지러운 상황에서 또 다른 새로운 개념과 용어 사용을 주장하는 것은 더 큰 혼돈을 준다는 생각이 든다. 그보다는 이미 익숙하게 사용되고 있는 용어를 그대로 사용하되 어떤 의미로 그 용어를 사용하는지 명확히 하는 것이 보다 효과적인 의사소통 방식이라고 생각하였다.

심리치료라는 용어가 사용되는 어지러운 맥락을 마음 한 켠에 두고, 이 용어가 본래적으로 의미하는 바가 무엇인지를 명확히 함으로써 심리치료의 정수를 정리해 보자. 심리치료라는 용어는 상담이라는 용어와 달리 상담자/치료자들이 하는 활동의 목표와 대상이 명시되어 있는 용어로서, 우리의 활동 대상은 인간의 심리, 프시케이며, 우리의 활동 목표는 치료라는 것을 의미한다. 이때 프시케는 관찰과 측정 가능한 심리적 특성과 더불어 초자연적이고 영적인 특성을 담고 있다. 그리고 이러한 프시케, 심리를 치료하는 행위는 병을 고치는 치료가 아니라 내담자가 본래적으로 타고난 영혼의 힘이 발휘되지 못하고 있는 부분을 도와 성장을 복구하는 치료를 의미한다.

3) 상담과 심리치료의 상보적 관계

상담과 심리치료 용어의 개념적 분석에 따르면 상담은 '함께 이야기'하는 열려진 과정을 지칭하며, 심리치료는 심리, 프시케를 대상으로 원래의 성장력을 복구하는 치료 활동을 지칭한다. 이러한 어원적 의미를 고려해 보면 상담과 심리치료는 상보적으로 이루어질 때 상담 및 심리치료의 정수가 실천될 수 있음을 이해할 수 있다.

즉, 상담이 상담이기 위해서는 상담 과정을 통해 문제 해결을 넘어서 내담자의 심리가 치료될 수 있어야 하며, 또한 내담자의 심리가 치료되기 위해서는 상담자와 내담자가 진정으로 함께 이야기하는 상담이 이루어져야 한다는 것이다.

심리치료의 치료 대상은 내담자들이 호소하는 가시적 문제 자체가 아니라 그 문제가 어떤 문제이든지 그 이면에 사기가 꺾이고, 용기를 잃은 내적 상태, 즉 내담자의 프시케이다. 심리치료의 궁극적인 목적은 문제 해결을 넘어 프시케의 활성화, 살아갈 용기를 얻게 되는 것, 기가 살아나는 것이며, 이러한 목표 달성은 문제를 해결하거나 증상을 고치는 것 자체로 가능한 것이 아니라 그러한 과정 속에서 함께 이야기하는 소통, 즉 상담이 이루어질 때 가능하다. 문제 해결을 위해 내담자와 함께 작업적 동맹을 구축하고, 상호적 관계 형성을 이루게 될 때, 그리고 그러한 동맹과 상호성을 기반으로 내담자와 함께 문제 해결 과정을 거치면서 내담자의 이야기가 상담자와 함께 재구성될 때 진정으로 내담자의 심리가 치료된다. 상담은 심리치료를 지향해야 하며, 심리치료는 상담을 통해서 가능하다는 것이 내가 생각하는 상담 및 심리치료의 상보성이다.

나는 대부분의 심리적 문제는 대인 관계의 문제에서 출발한다고 생각하는데, 그 이유는 관계를 통한 연결이 인간의 가장 핵심적인 욕구에 해당하기 때문이다. 사람들은 핵심적 관계 욕구가 파손되거나 만성적으로 무시되면 이 세상을 살아갈 수 있는 영혼의 힘을 지탱하는 것이 어려워진다. 살아갈 수 있는 기력은 타인과의 연결을 통하여 생성되고, 유지되는 것이며 자생적으로 만들어질 수 있는 것이 아니다. 그러므로 핵심 관계에 문제가 생기면 인간은 살아갈 수 있는 힘을 잃게 되며 프시케가 고통을 받게 된다. 그런데 살아갈 수 있는 힘을 공급하는 친밀한 관계의 단절로 인한 문제는 워낙 치명적이고 핵심적이라 그 문제는 교묘하게 숨겨지고 다양한 유형의 다른 문제로 가시화되곤 한다. 그래서 내담자는 가시적인 문제를 들고 상담을 받으러 오게 되며 다양한 문제를 다루기 위해 상담하는 과정, 함께 이야기를 구성해 가는 과정을 통해 상담자와 접촉이 이루어지면서 가시적 문제의 근원이 되는 프시케가 회복되는 심리치료가 이루어진다.

2. 역사적 맥락에 드러나는 심리치료의 원형

인간에게 가장 소중한 일은 언제나 탁월함에 대해 논하고 자신과 이웃을 성찰하는 것이라네. 그리고 성찰하지 않은 삶은 살 가치가 없는 것이지.

– Socrates

인간의 고통은 인류의 역사와 함께 시작하였다고 해도 과언이 아니며 고통의 치유는 문명 초기부터 다양한 형태와 방법으로 행해졌다. 이러한 치유 의례의 핵심에는 지정된 치유자가 있었고, 사회적으로 용납되는 치유 절차가 있었다(Shapiro & Shapiro, 1997). 인간의 고통과 고통의 치유가 인류의 문명과 그 역사를 같이하고, 대부분의 문화권에 치유 의례가 있었다면 과연 어떤 원형적 치료 요소가 치유 행위 안에 담겨 있기에 치유의 형식과 절차가 지속되는 것일까? 19세기 말에 과학적인 심리치료가 Freud에 의해 '말로 하는 치료'로 등장하기 이전부터 종교적 치유, 마술에 의한 치료, 의료에서의 플라시보 등 다양한 치유 형태가 있었다(Frank & Frank, 1991). 그리고 심리치료가 대중화되고 보편화된 현대에도 여전히 종교적, 주술적 형태의 치유 의례는 과학적 심리치료와 함께 공존하고 있다. 그렇다면 형식과 내용은 다르지만 인간의 고통을 치유하는 다양한 치료 행위를 관통하고 있는 치료적 요인은 무엇이며, 그 치료적 요인이 근대적 심리치료에서는 어떻게 구현되고 있는 것일까?

과학자–실무자 모델(scientist-practitioner model)이 심리치료의 이상적인 모델로 지속적으로 제안되고 있으나 심리치료 현실에서는 과학과 실무의 간극이 여전히 좁혀지지 않고 있다. 또한 다양한 이론적 모델들이 개발되고 개별 이론들에 대한 연구와 훈련은 이루어지고 있으나 '내담자가 어떻게 변화하는지'에 대한 핵심과 통합적 안목을 키우기에는 지나치게 세분화되어 있는 것이 심리치료의 현실이다. 이러한 현실을 고려할 때 역사적 맥락 속에서 면면히 유지되고 있는 치료 요인의 원형을 살펴보는 것은 상담 및 심리치료의 핵심적 원리에 대한 논의를 초점화할 수 있는 효과적인 접근이라고 할 수 있다. 그런데 심리치료의 역사적 맥락을 통해 치료적 원형을 밝히고자 하는 논의에서 부딪히는 문제는 과학적 심리치료와 다른 형태의 치료 전통과의 관계를 어떻게 규정하느냐는 것이다. 과학적 치료 이전부터 있었던 치유 형태를 심리치료의 원형으로 인정하고 다양한 치료적 수행을 관통하는 공통의 치료적 요인을 탐구할 대상으로 포함할 것인가? 아니면 과학적 심리치료를 그 이전의 비과학적 치료 행위와 구분 짓는 것에 보다 초점을 두고 과학적 연구 방법으로 근거가 밝혀진 치료적 요인을 차별적으로 검증하는 데 중점을 두어야 할 것인가?

전자의 입장은 치료의 공통요인을 강조하는 입장으로, 인간의 치유적 변화에 관여하는 요인들은 종교적, 신화적, 과학적 치료의 형태를 막론하고 공통된 특성을 지니고 있다는 입장이다. 예를 들면, Frank와 Frank(1991)는 인간의 고통과 심리적 어려움을 경감시키는 치료적 절차와 의례에는 설득을 통한 행동과 태도의 변화, 그리고 이에 따른 치유적 결과가 공통적으로 나타난다고 본다. 이들에 따르면, 인간 고통의 치유는 과학 이전의 종교나 마술, 그리고 수사학적 기원으로부터 출발하며, 치료 과정에서 이루어지는 심리적 문제에 대한 설명과 개입의 형태 및 내용은 과학적 심리치료와 전혀 다르지만 인간을 변화시키는 근본 요소는 유사한 특성을 지닌다고 본다. 반면, 후자의 입장은 심리치료의 과학성을 입증하여 고유 영역으로서 심리치료의 정당성을 확보하려는 입장이다. 이들은 19세기 서구 사회의 계몽주의라는 시대적 흐름 속에 경험주의와 실증주의를 통해 인간 문제의 원인과 개입 방법을 고안해야 한다고 강조하는 입장이다. 이들은 비과학적인 신념에 근거한 인간 문제에 대한 종교적, 미신적 가설은 철저히 타파되어야 하며, 그 대신 과학적 경험주의에 기초한 연구 결과로 밝혀진 이론에 근거한 문제 진단, 그리고 성과 연구를 통해 효과가 입증된 개입, 즉 증거에 기반한 실무(evidence-based practice)를 하는 것이 심리치료의 정수라고 보는 입장을 취한다.

심리치료의 역사적 맥락을 통해 치료적 원형을 탐색하는 과정에서 나타나게 되는 이러한 입장 차이는 범주가 다른 치료 형태를 인정하면서도 그들과는 차별화되는 고유한 범주 경계를 유지해야 하는 심리치료의 정체성에 대한 고민에서 출발한다. 이는 심리치료가 지니고 있는 이중 전통(dual heritage), 즉 과학적 전통과 비과학적 전통을 어떻게 통합할 것인가 하는 문제와 맞닿아 있다. 과학적 심리치료가 등장하기 이전부터 있었던 치료적 전통은 오랜 역사를 지니고 있을 뿐만 아니라 본격적인 심리치료가 등장한 이후에도 사라지지 않을 만큼 실제적인 치료적 힘을 가지고 있기 때문에 그 안에 스며 있는 치료적 원형을 무시할 수 없다. 그러면서 동시에 심리치료가 독자적이고 전문적인 정체성을 확고히 하기 위해서는 과학 이전의 종교, 무술, 철학에 기반한 치료 수행과는 차별화되는 과학적 정체성을 확고히 해야만 한다. 이러한 심리치료의 이중적 전통은 딜레마이기도 하지만 이 모순된 특성의 통합이 심리치료의 핵심적 원리를 이해하는 데 매우 중요한 단서가 될 수도 있다. McWilliams(2004)는 "모순처럼 보이는 역설을 잘 포용하라"는 Winnicott의 제언을 인용하여 치료 현장에서 일어나는 현상을 다양한 각도에서 바라보려는 노력을 경주하라고 제언한다. 이러한 제언을 받아들인다면 심리치료가 기반하고 있는 모순적인 이중 전통, 즉 과학적 전통과 인본주의적 전통(Messer, 2004), 의료적 지향과 종교적 지향(Bion, 1970), 혹은 과학과 예술(Bowlby, 1988)이라는 이중성의 프리즘을 통해 내담자의 경이로운 변화 현상을 다양한 각도로 이해하려는 노력을 기울일 필요가 있다.

이 절에서는 심리치료가 기반한 이중 전통을 심리치료의 역사적 맥락을 통해 살펴보고자 한다. 이를 통해 심리치료의 핵심적 원리, 내담자 변화의 핵심적 치료 요인의 특성이 무엇이고, 이러한 요인이 과학적 심리치료에서 어떻게 실천될 수 있는지에 대한 생각을 정리할 수 있을 것이다. 오랜 역사를 통해 면면히 이어 내려온 인간 고통의 치유 현상 이면에 작동하는 치료적 요인들을 이해하고 이러한 치료적 요인이 심리치료 장면에서 거시적인 치료적 맥락으로 펼쳐질 때 구체적 심리치료 기법이 효과를 발휘할 수 있다고 생각한다. 역사적 맥락에서 고통의 문제 해결에 실제적으로 기여하고 있는 치료적 원형을 적극적으로 탐색하는 것은 심리치료의 정체성을 손상하는 것이 아니다. 오히려 경험적 자료에 근거한 상담 성과의 연구 결과 밝혀진 상담자 효과, 치료적 관계 등 공통요인의 특성을 구체적으로 이해하고, 이를 심리치료 기법과 어떻게 실제적으로 접목할 수 있을지 창의적으로 생각하는 데 도움이 될 수 있다.

심리치료의 역사적 흐름을 정리한 Ehrenwald(1976)는 시간 순서에 따라 심리치료의 전통을 크게 마술적 접근, 종교적 접근, 과학적 접근, 정신분석 이후의 접근으로 분류하고 있으며, Frank와 Frank(1991)는 치료 접근의 특징에 따라 종교/마술적 접근, 수사학적 접근, 과학적 접근으로 분류하였다. 여기서 나는 인간의 고통과 고통 치유에 있어서 종교/마술적 접근과 수사학적 접근에 초점을 두고, 이들 접근이 과학적 심리치료와 치유 절차, 형식은 전혀 다르지만 서로 공유하고 있는 이면의 치료적 원형에 초점을 맞추어 치료적 요인에 대한 이해를 구체화하고자 하였다.

1) 심리치료의 종교적 전통

심리치료를 프시케, 즉 영혼의 치료로 본다면 심리치료의 기원은 인류의 시작으로 거슬러 올라가며, 과학적 심리치료에서는 배제하려고 하는 영혼에 대한 치유적 관심은 고대 사회의 종교와 신화에서 가장 먼저 나타났다. 『심리치료의 역사』라는 저서에서 Ehrenwald(1976)는 심리치료의 역사적 기원은 마법과 종교에서 나타나는데 마술은 '전능함을 추구함(searching for omnipotence)'으로써, 그리고 종교는 '구원을 추구함(searching for salvation)'으로써 인간의 고통 문제를 해결하려 하였다고 설명한다. 종교적, 마법적 접근에 따르면, 인간의 고통은 초자연적이거나 마법적인 사건과 관련된 것, 혼을 잃은 것, 악령이 씌운 것, 마법의 저주에 걸렸기 때문인 것으로 설명된다. 고통의 원인을 이렇게 설명하기 때문에 종교와 마법에 의한 고통의 치료는 영적인 힘과 치유적 힘을 가진 강력한 종교적 지도자에 의해 시행되는 치료적 의례에 의해 이루어지게 된다. 이러한 치유 의례에는 강력한 정서적인 동요가 일어나고 고통을 받는 당사자 혹은 가족들이 치유 의례에 적극적으로 참여할 것이 요구된다. 이러한 치료적 의례가 성공하게 되면 초자연적인 치유 결과가 나타나 고통을 받던 사람의 건강이 회복되고, 정신이 온전하게 되었다(Frank & Frank, 1991).

인간의 고통 치유를 위한 종교적, 마법적 치료적 전통은 동서양 대부분의 문화권에서 나타나고 있는데, Ehrenwald(1976)는 아시리아, 바빌론, 이집트, 아프리카 등 문명의 초기부터 다양하게 나타난 마법적 치료 전통을 비롯하여 불교, 기독교 등 현대 종교에서 나타나는 치료 역사를 소개하고 있다. 종교성이 강한 우리나라에서도 심리적, 정신적 문제 해결을 위해 무속 신앙이나 종교의 힘에 호소하는 것은 전통 사회에서는 물론 현대에서도 매우 일반적인 현상이다. 그리고 과학적 심리치료를 가장 강조하고 있는 미국의 경우에서도 종교적 치료 전통은 오래전부터 시작되어 지금까지 지속되고 있다. 그런데 종교적 치료 전통과 과학적 치료 전통이 공존하는 근대 사회에서는 종교적, 영적인 접근을 하는 것은 비과학적이라 위험하고, 의학적, 과학적인 접근을 하는 것은 안전한 것이라는 이분법적인 신념이 암묵적으로 존재한다. 물론 종교적이고 마술적인 치유적 접근은 치료 성과를 객관적인 증거로 제시하지 못하고, 때로는 초자연적이고 영적인 힘을 과시하는 종교적 지도자들에 의해 심신이 약해진 사람들의 불안과 의존성을 부추길 수 있는 위험이 존재한다. 그러나 인간은 유한한 존재로서 해결이 불가능하다고 보이는 문제에 맞닥뜨렸을 때 종교적 신념과 의례를 통하여 인간 실존적 조건에 대한 반추, 절대적인 구원과 전능함에 대한 갈망, 해답이 담보되지 않으나 발견 지향적인 노력 등의 모습을 나타낸다. 이는 인간의 종교적 지향이 고통에 처한 인간에게 얼마나 큰 치유력을 발휘하는지를 보여 준다.

Wampold(2010)는 미국의 심리치료 발달 과정에서 의사가 수행하는 치료만이 과학적인 치료이며, 공익을 위한 치료라고 강조하게 된 시대적, 사회적 배경을 제시하고 있는데 그 내용을 간략히 살펴보면 다음과 같다. 1909년 Freud에 의해 정

두개골에 구멍을 내어 정신병 치료를 시도하는 장면,
Cutting the Stone(Hieronymus Bosch, 1494년 作)

신분석이 미국의 정신과 의사들에게 소개되기 이전에 미국에서는 크리스천 사이언스(christian science), 새로운 생각 운동(new thought movement)과 같은 정신치료(mind cure)와 내과 의사들, 기독교 성직자들을 중심으로 한 임마누엘 운동(1906)을 통해 정신질환을 치료하고자 하였다. 이러한 운동을 통해 신앙, 마음, 영적인 치료로 수행하는 교육과 서비스가 제공되었고, 실제 치료 개입을 시연하면서 대중으로부터 강한 호응을 받고 있었다. 이러한 움직임에 대해 심각한 우려를 하게 된 정신과 의사들에게 과학성을 강조하는 정신분석의 출현은 매우 환대할 일이었다. 그 결과 미국에서는 Freud의 원래 의도와는 다르게 정신분석의 과학성을 내세우면서 의사들만 수행할 수 있는 심리치료 기법으로 정신분석을 변질시키게 되었다. 그러나 Freud는 정신분석을 성직자들이 하는 종교 행위와 구분하고자 노력하였지만 동시에 심리치료를 의사들만이 국한되어 할 수 있는 치료 행위로 제한하지도 않았다.[2] Freud의 이러한 원래 의도와는 달리 미국의 정신분석, 그리고 이후 심리치료는 과학성의 기준을 엄격히 내세우면서 의학적 모델에 근거한 치료를 이상적인 모델로 정착시키게 되었다. 이후 의학적 모델과 같은 방식으로 치료 효과를 검증하려는 노력들은 증거기반치료(evidence-based practice)의 기초가 되었는데 이에 대한 자세한 논의는 2장에서 본격적으로 다루기로 하겠다.

심리치료의 과학성이 강조되면서 종교적, 영적 치유 전통에 대해 심각한 문제 제기가 되었음에도 불구하고 크고 작은 고통, 심리적 혹은 신체적 고통을 당하게 될 때 많은 사람들은 여전히 종교적, 영적인 도움을 청한다. 그리고 실제적으로 고통 중의 사람들은 종교적 치료 의례를 통해 도움을 받아 때로는 실제적인 기적을 경험하기도 하고, 무엇보다 고통스러운 사건이나 경험 자체에 대한 수용력이 커져 문제 상황에 훨씬 유연한 대처를 하게 된다. 이렇듯 고대로부터 지금까지 고통을 받는 사람들이 치료적 도움을 받고 있는 종교적 치유와 심리치료가 공유하고 있는 치료적

2) Freud(1928)는 『The Question of Lay-Analysis』(1926)와 『The Future of an Illusion』(1928)이라는 저서에 대해 Oskar Pfister에게 보낸 편지에서 "나는 자네가 lay analysis와 illusion 간에 숨겨진 고리를 보았는지 궁금하네. 나는 전자를 통해서는 의사로부터, 후자를 통해서는 성직자들로부터 정신분석을 보호하고 싶었네. 나는 영혼을 돌보는 세속적인 성직자(weltlichen seelsorgern) 전문가들에게 이 일을 넘겨주고 싶은데 이들은 의사도, 종교인도 아니라네"라고 적고 있다(Tyler, 2016에서 재인용).

요인은 무엇일까? 종교적 치료 의례의 위험성을 경계해야 하는 것과는 별개로 종교적 치료 전통의 치료적 순기능과 이득은 적극적으로 검토해야 할 대상이다. 이러한 관심은 치료의 공통요인을 체계화한 Frank와 Frank의 관심사로 이들은 다양한 문화에 나타나는 다양한 종교 집단의 치유 의례에서 인간의 고통을 경감시키는데 기여하는 치료적 요인들을 찾아내고, 이러한 요인들이 심리치료의 변화 과정의 기제와 매우 유사하게 작용하고 있다는 사실을 자세히 보여 주고자 하였다. 이들이 제시한 종교 집단 내의 치유 과정에는 고통 치유에 대한 강력한 믿음이 뒷받침되어 있고, 특정한 종교적 의례에 적극적으로 참여하여 강렬한 정서적 경험을 거쳐 초자연적이거나 영적인 상태에 진입하는 경험들이 포함되어 있다. 물론 모든 종교적 혹은 주술적 의례가 건전한 치유를 보장하지 않으며 오히려 극단적인 위험한 결과를 초래하는 경우도 있다. 그러나 인간이 자신의 존재 범위를 넘어선 초월적 대상을 신뢰하고, 그와의 신뢰 관계를 통해 자기 고통이 이해받고 수용된다고 느낄 때 경험하게 되는 정서적인 안도와 변화에 대한 희망은 고통의 치유에 절대적으로 필요한 요소임은 분명하다. 종교적 의례와 절차는 절대적 존재와의 만남, 사회적인 관계와는 구별되는 거룩한 만남을 위한 특별한 준비, 그리고 지금-여기에서 나의 고통을 전지전능한 대상에게 이해받게 되는 강력한 존재 경험 등을 상징적으로 담아낸다. 그리고 이러한 과정에 고통을 당하는 당사자가 적극적으로 참여함으로써 고통을 당하던 입장에서 고통에 적극적으로 참여하는 주체자로 태도가 변화하게 된다.

심리치료 과정에서도 종교적 치료 의례에서 나타나는 이러한 치료적 요소들이 강도와 형태는 다르지만 중요한 치료적 맥락으로 작용한다. 내담자가 이 세상에서 만났던 그 누구보다 자기를 더 잘 이해하고 수용한다는 신뢰를 치료자에게 가지게 될 때, 내담자 자신도 미처 알아차리지 못하고 의식선상에서 밀어 놓았던 숨겨진 정서와 생각들을 먼저 알아차리고 오히려 그것을 거울처럼 비추어 주는 대상으로 치료자를 느낄 때, 그리고 치료 장면의 분위기와 경험이 사회적 관계에서 접하는 것과 질적으로 차별화되는 느낌을 갖게 될 때 심리치료 장면에서 내담자는 새로운 변화를 경험하기 시작한다. 내담자가 자신이 경험하고 있는 고통을 자기 초월적 관점에서 새롭게 보기 시작하고, 그 고통을 마치 자기 고통인 것처럼 이해하는 누군가와 함께하고 있다는 맥락을 지각하기 시작할 때 내담자들은 고통과 관계를 새롭게 할 수 있다. 상담자와 내담자 사이에 이루어지는 이러한 치료적 교감은 상담자가 내담자를 억지로 이론적 틀에 맞추어 이해하는 것을 넘어서 상호주관성에 기반하여 내담자의 문제 특성이 체험적으로 이해되고 이로부터 치료 과정이 자연스럽게 흘러가는 과정임을 의미한다. 이러한 치료적 맥락은 종교적 지도자를 통한 초월적 존재와의 접촉과 신뢰로 시작하는 종교적 치유 전통과 기본 기제가 매우 유사하다.

결국 심리치료의 종교적 전통은 구체적인 치료 방법보다는 그것이 시행되는 치유적인 맥락과 일맥상통하는 부분이 있는데, 이는 치료자와 내담자 간의 집중된 신뢰, 이를 기반으로 한 정서적인 충일함, 신뢰와 정서적 에너지를 담아낼 수 있는 상징적 절차, 그리고 그 절차에 적극적이고 협력적으로 참여하는 요소로 구성된다. Wilde(1894)는 "종교가 사실이라는 것이 증명되면 종교는 죽은 것이다. 그리고 과학은 죽은 종교를 기록한 것이다"라고 하였다. 이는 종교는 증거를 논하기 시작하는 순간 종교의 범주를 벗어나며, 과학은 증거가 없는 한 과학의 범주를 벗어난다는 것을 말한다. 증거에 집중하는 과학에는 변화의 동력이 되는 영혼의 생기가 메말라 있고, 증거 제시가 막연한 종교에는 구체적인 근거가 뒷받침되는 노하우 지식에 취약하다. 그런데 심리치료는 Bion(1970)의 말대로 종교적 지향과 과학적 지향을 모두 지닌 영역으로 인간 고통의 정점에서 종교적 치료 과정에 담겨 있는 치유의 설득력을 과학에 기반한 지식 체계로 발전시켜 구체적인 치료 효과를 발전적으로 구현해야 할 과제를 지니고 있다.

2) 심리치료의 수사학적 전통

사람들이 심리적 어려움을 갖게 되는 공통적 이유 중의 하나는 자신의 경험과 상황을 임의적으로 이해하는 부정적 방식이 자신에게 심리적 고통을 유발함에도 불구하고 그 해석 방식을 강박적으로 고수한다는 점이다. 경험에 대한 해석 방식의 경직성이 강하면 강할수록, 그리고 그러한 경직된 해석 방식을 적용하는 삶의 범위가 넓게 만연되어 있으면 있을수록 사람들이 경험하는 문제의 정도는 더 심해진다. 이러한 임의적 해석 방식의 부작용에도 불구하고 사람들은 자기 해석 방식을 강화하는 증거에 보다 주목하고, 다른 해석 가능성을 보여 주는 새로운 증거는 오히려 받아들이지 않는다. 그토록 괴로워하면서도 괴로움을 유발하는 쪽으로 자신과 세상에 대한 해석 방식을 고수하게 되는 이유는 자동화된 반응 체제의 작동, 방어로 얻게 되는 2차적 이득, 변화에 대한 무력감 등 다양한 이론적 설명이 가능하다. 어떠한 이론적 설명에 근거하든 심리치료를 통해 내담자의 변화를 유도하기 위해서는 내담자들이 기존의 해석 방식에서 벗어나 새로운 해석 가능성이 있다는 사실에 기대를 갖게 하고, 기대감으로 새로운 시도를 해 보고자 하는 마음이 생길 수 있도록 치료자가 설득력을 가질 수 있어야 한다는 것이다. 이때 설득이란 내담자의 해석 방식이 틀렸으니 치료자가 제안하는 해석 방식으로 교정하라는 설득이 아니라 내담자가 만성화되고 자동화된 괴로움에서 벗어나, 새로운 시각과 경험이 가능하며 이러한 가능성이 자신의 선택에 의해 좌우될 수 있다는 기대를 갖게 하는 설득을 말한다. 심리치료자가 이러한 설득력을 가지려면 내담자에게 정서적인 호소력이 있어야 하며, 설득의 내용이 논리적인 근거를 지니고 있어야 한다.

대화 과정을 통해 정서적 설득력과 논리적 설득력을 발휘하여 사람들의 변화를 유도하고자 하였던 전통은 고대 그리스 시대 수사학자들의 담론으로 거슬러 올라간다. 수사학(rhetoric)이란 설득적인 담화의 이론과 실천으로 아리스토텔레스는 『수사학』을 통해 설득적 담론의 이론과 기술을 체계화하였다. 아리스토텔레스는 수사학적 담론, 즉 설득적인 담론을 펴기 위해서 갖추어야 할 세 가지 요건으로 에토스(ethos), 파토스(pathos) 그리고 로고스(logos)를 제안하였다. 구체적으로 상대방을 설득하기 위해서 말하는 사람의 품격(에토스), 열정(파토스)과 논리적인 힘(로

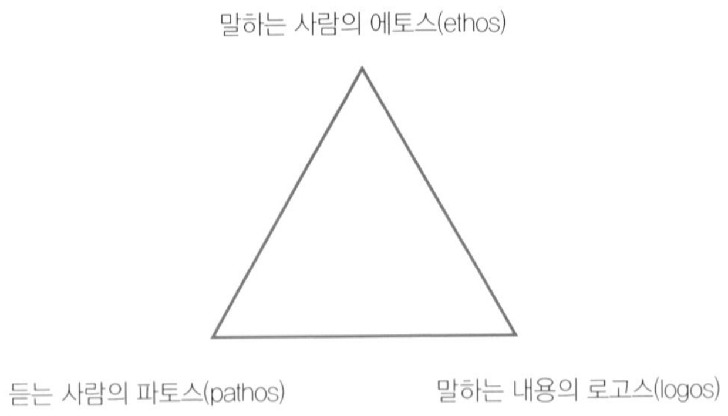

그림 1-1 아리스토텔레스의 수사학의 삼각형

고스)이 있어야 한다는 것이다. 심리치료의 역사적 맥락을 논의하면서 수사학을 거론하는 이유는 심리치료와 수사학 모두 대화를 통하여 상대방 생각을 변화시키는 것을 목적으로 한다는 점, 그리고 그 설득이 상대방의 주관적인 생각이나 느낌의 변화를 겨냥하고 있다는 점에서 매우 유사하기 때문이다(Frank & Frank, 1991).

Frank와 Frank는 심리치료는 실제 일어난 경험 자체 혹은 환경을 변화시키는 것이 아니라 그에 대해 사람들이 부여하는 의미를 변화시켜 좀 더 현실적이고 긍정적으로 살아갈 수 있도록 돕는 것을 목표로 하므로, 치료자는 경험에 대한 의미 부여를 달리할 수 있도록 내담자에게 설득력을 지녀야 함을 강조하였다. 내담자들이 심리적인 고통에서 스스로 헤어 나오기 어려운 이유 중 하나는 자신이 경험하는 고통의 원인을 이해하기 어렵거나 이해하는 방식이 더 큰 절망과 비탄을 가져오는 방식으로 이루어지기 때문이다. 그리고 이러한 부정적 의미 부여는 내담자들이 이미 지니고 있는 성격 구조, 사고방식, 가치 체계와 밀접하게 관련되어 있기 때문에 쉽사리 변화하지 않는다. 치료 과정을 통해 내담자가 지금까지 문제를 바라보던 방식에 지속적으로 매몰되지 않고 새로운 방식으로 그 문제를 바라보고자 하는 경각심이

아테네 학당(Raffaello Sanzio, 1509~1511년 作)

나 희망을 갖도록 치료적 분위기를 만들기 위해서는 치료자가 설득력이 있어야 한다. 내담자들이 치료적 담화에 마음을 열고 새롭게 자기 자신을 인식하려는 협력을 시도하기 위해서 치료자에게 내담자의 마음이 끌리고, 상담자의 말에 내담자가 귀를 기울일 수 있어야 한다. 그렇다면 치료자의 어떤 특성이 내담자의 마음을 끌 수 있는 설득력을 갖는가?

아리스토텔레스가 제안한 효과적인 설득을 위한 세 가지 근거인 에토스, 파토스, 그리고 로고스는 내담자의 변화를 유도할 수 있는 치료적 설득력을 갖기 위해 갖추어야 할 요건들에 주는 시사점이 크다. 아리스토텔레스는 대화를 통해 설득할 수 있는 세 가지 길이 있는데, 첫 번째는 말하는 사람의 품성(ethos) 안에 있고, 두 번째는 듣는 사람을 특정한 감상(pathos)의 상태로 이끌어 가는 데 있으며, 세 번째 길은 증명하거나 증명하는 것처럼 보이게 하는 말의 논리(logos)에 있다고 하였다(강태완, 2010). 여기서 에토스와 파토스는 정감적인 방향이라면, 로고스는 이성적인 방향이라고 할 수 있다(박성창, 2000). 내담자의 설득적 변화를 이끌 수 있는 심리치료의 치료적 대화의 원형으로서 수사학의 설득적 담론의 세 가지 요소는 매우 흥미로운 시사점을 준다. 그 자세한 내용을 살펴보면 다음과 같다.

첫째, 상대방의 관심을 끌고 신뢰를 획득하기 위해서는 말하는 사람은 설득적 인품(character)을 지니고 있어야 한다. 말하는 사람의 설득적 인품, 에토스는 설득적 담화의 세 가지 근거 가운데 가장 강력한 설득력의 근거가 되는데, 왜냐하면 듣는 사람이 말하는 사람을 한번 신뢰하기 시작하면 말하는 사람의 말을 곧이곧대로 받아들이는 경향이 있기 때문이다(강태완, 2010). 그런데 말하는 사람은 어떻게 하면 이러한 설득적 인품을 지닐 수 있을까? 아리스토텔레스는 『니코마코스의 윤리학』에서 에토스의 하위 개념으로 미덕(virtue), 실천적 지혜(good sense), 그리고 사심 없는 마음(good will)을 제안하였는데, 여기서 실천적 지혜는 지적인 덕이고, 사심 없는 마음은 윤리적인 덕이라면, 미덕은 이 둘을 아우르는 총체적인 개념이다(강태완, 2010). 즉, 화자가 신뢰를 얻기 위해서는 특정 분야에 대한 경험과 지식에 근거한 지혜가 있어야 하며, 상대방에게 호의를 베풀고자 하는 의도가 있어야 하며 이러한 모든 것에 앞서 치우침이 없는 품격을 지녀야 한다는 것이다.

Frank와 Frank는 수사학에서 설득적 인품, 에토스와 유사한 특성으로 심리치료자가 설득력을 가지기 위해 개인적인 카리스마와 맥락적인 설득적 요소를 갖추어야 한다고 제안한다. 개인적 카리스마는 상대방의 마음을 사로잡는 호소력이며, 맥락적인 설득적 요소는 상대방에게 신뢰를 줄 수 있는 배경과 지위라고 하였다. 개인적 카리스마는 주로 정치적, 종교적 지도자들이 지니는 카리스마로 이는 그들이 설파하는 주장에 확신을 갖고 자신이 믿는 가치와 지식을 사람들이 받아들이게 하는 것이다. 치료자가 내담자에게 지니는 개인적 카리스마는 어떤 특성일까? 내담자가 상담자를 만나면서 '이제까지 내 문제를 해결하기 위해서 정말 많은 노력을 기울여 봤으나 다 소용이 없었다. 그런데 왠지 이 상담자를 만나면서 뭔가 다른 희망을 느껴' 하는 마음을 갖게 되는 것이 치료자의 카리스마를 경험한 내담자의 내면적 반응이 아닐까 생각된다. 이러한 믿음이 내담자의 마음에서 움트기 시작하는 것은 치료자가 자기 문제를 해결하기 위한 실천적, 전문적 지식을 갖추고 있으며, 자기 자신을 위해 사심 없는 노력을 기울이며, 이는 치료자가 근원적으로 치료적 인품을 지니고 있기 때문이라고 믿고 감동을 받을 때이다. 이때, 내담자들은 만성적인 성격과 삶의 방식으로 굳어진 자신의 틀을 변화시키려는 불안하고 불편한 시도를 기꺼이 해 보고자 용기를 내 볼 수 있게 된다. 즉, 치료자의 에토스는 내담자에게 정서적인 호소력을 지닐 때 진정한 설득력을 지니게 되는데 이러한 정서적 호소력에 해당하는 것이 고대 수사학에서 제안하는 파토스이다.

설득적 대화의 두 번째 요건이 되는 파토스는 듣는 사람의 감정(sentiment)에 호소하는 것으로, 듣는 사람의 감정을 움직이는 방식으로 주장을 펴는 것이다. 다시 말해, 듣는 사람에게 일정한 정서적인 틀을 부여함으로써 말하는 사람의 말에 동의하도록 하는 것이다(강태완, 2010). 아리스토텔레스는 감정이나 정서들로 구성되는 정념(passion)은 '판단에 차이를 만들어 내고 고통과 즐거움을 수반하는 것'으로 보았다(박성창, 2000). 그런데 파토스는 어원적으로 단순한 느낌이나 정서 이상의 함의를 담고 있으며, 신체적 감각, 좀 더 정확히 고통을 느끼는 감각과 관련이 있다(강태완, 2010). 듣는 사람이 신체적 감각과 연결이 되는 핵심적인 정서를 중심으로 '정서적 틀'을 부여하며 담론을 펼쳐 나갈 때 말하는 사람과 듣는 사람 간에 강력한 공감적 유대가 형성될 수 있다. 물론 고대의 소피스트들이 감각이나 정념에 호소하여 청중들의 영혼을 미혹할 수 있다는 경고는 파토스에 지나치게 의존하는 수사학은 청중을 이데올로기적 조정(manipulation)에 빠지게 할 위험이 있음을 보여 준다.

심리치료에서 치료자의 설득력은 치료자가 내담자의 정서적 고통에 공감적으로 연결되고, 이러한 유대가 내담자에게 강력한 정서적인 호소력을 갖게 한다는 것은 수사학의 파토스적 설득 요소와 맥을 같이한다. 치료자의 설득은 내담자로 하여금 '내가 생각하는 것이 진실은 아닐 수도 있겠다'는 의문을 제기해 보고, 새로운 해석을 시도해 볼 수 있는 용기를 내도록 설득하는 것이다. 그리고 이러한 용기는 자신의 가장 취약한 부분을 드러내고 대면할 수 있는 정서적 위험을 감수하는 결정(Brown, 2010)으로서 이성적인 논거에만 근거한 설득으로는 이러한 용기를 독려하기 어렵다. 그러나 동시에 상담자가 정서적으로 취약한 내담자에게 정서적인 의존성을 지나치게 강화하여 치료자의 설득력을 발휘하는 경우, 고대 소피스트들이 젊은이들의 영혼을 미혹하였던 위험과 동일한 위험에 처할 가능성이 있다. 여기서 정서적 호소에만 근거한 담화가 아니라 이야기 자체가 지니는 논리적 근거(logos)를 지닐 필요가 등장한다.

논리적으로 추론하고 사유할 수 있는 능력에 근거하여 설득력을 지녀야 한다는 수사학의 세 번째 근거는 듣는 사람의 분별력과 이성적 작용을 자극하는 것이며 대화 내용 및 결론에 대해 이의 제기의 가능성을 항상 열어 놓는 것이다(박성창, 2000). 로고스에 근거한 담화는 말하는 사람의 변론의 기술에 의거한 논거가 아니라 '기술 외적' 논거를 제시하는 것을 말하는 것으로 재판에서 판례를 사용하는 것이 대표적인 예라고 할 수 있다(박성창, 2000). 그렇다면 상담 장면에서 상담자가 제시하는 대화의 내용 자체가 내담자에게 그럴 듯한 논리로 받아들여지고, 치료자의 인품이나 치료 기술과 별개로 이야기 자체가 설득력을 지닐 수 있기 위해서는 어떤 근거를 지녀야 할까? 시대와 문화에 따라 사람들이 지향하는 가치가 다르듯이 설득력을 지닌 가치도 다르다. 현대 사회에서 사람들에게 가장 큰 설득력을 가지는 가치 중의 하나는 과학적 가치이다. 현대인들은 "과학적 연구 결과에 따르면"이라는 조건이 붙을 때, 그 사실에 대해 놀라운 의미 부여를 하며, 그 과학적 사실은 설득력을 갖기 시작한다. 예컨대, 한국 사회의 문제를 제시할 때 OECD 국가 중에 자살률 1위, 이혼증가율 1위, 아동-청소년의 행복지수는 밑에서 1위라는 통계치를 제시하면 사람들은 금세 우리가 얼마나 불행한 사회에서 불행한 삶을 살고 있는지 주관적으로 체감하기 시작하며, 우리가 불행한 사회에 살고 있다는 사실에 설득되기 시작한다. 정치인들의 지지율도 "조사에 의하면"이라는 단서가 붙은 숫자가 제시되면 사람들은 거의 자동적으로 그 숫자의 의미를 믿기 시작한다. 똑같은 숫자라도 그 숫자가 과학적 숫자가 되는 순간 마법과 같은 효과를 보이게 된다. Godfrey-Smith(2003)는 현대 사회에서 '과학' 혹은 '과학적'이라는 용어는 수사학적인 힘을 갖고 있다고 하였다. 과학적 사실은 철저한 방법을 통해 규명된 사실이므로, 그 사실을 믿어야 한다는 강한 설득력을 갖고 있다는 것이다.

과학적 설명의 힘은 심리치료에서도 나타난다. 자위 문제로 고민하는 남자 청소년을 상담한 적이 있었다. 이 내담자에게 한국 청소년 대상 설문조사에서 얼마나 많은 남학생들이 자위 문제로 고민하고 있는지 통계치를 보여 주는 순간 내담자의 불안은 거짓말처럼 가벼워졌다. 이 내담자에게 상담자로서 내가 아무리 많은 설명을 해도 설문조사 결과 나타난 그 간단한 통계치만큼의 호소력을 갖지는 못했을 것이다. 그런데 대부분 내담자의 심리적 문제가 이렇게 간단한 통계치로 설명될 수는 없으므로 상담자들은 내담자가 경험하고 있는 복잡하고 고통스러운 내면세계를 그럴싸하게(plausible) 설명할 수 있는 논리적 설명 체계를 충분히 지니고 있어야 한다(Frank & Frank, 1991). 내담자가 왜 이러한 문제를 경험하고 있는지, 그리고 왜 특정한 방식으로 문제를 보는 것이 굳어졌는지를 같은 논리로 설명할 수 있고 이에 기반하여 일관된 치료적 개입을 시도하게 될 때 심리치료는 현대 사회의 내담자들에게 설득력을 지닐 수 있다. 물론 이때 상담자가 내담자에게 말로 설명하거나 실제 치료 행동으로 보여 주는 치료 개입과 치료적 자세의 일관성은 상담자의 에토스, 내담자의 파토스와 개입 내용의 로고스로 통합되어 자연스럽게 흘러나와야 하는 것이며 상담 이론서 어딘가에 적혀 있는 이론적 개념을 내담자에게 그대로 읊어 주거나, 기계적으로 상담 기법을 적용하는 것을 의미하는 것은 아니다.

고대 수사학적 전통에서 발견할 수 있는 설득적 담화의 근거에서 인간 변화 원리와 치료적 원형의 내용을 정리해 보면, 치료자의 인격에 근거한 지적, 윤리적인 감화력, 내담자의 변화에 대한 정념을 불러일으킬 수 있는 치료자와의 정서적 유대가 치료적 맥락을 구성하고, 실제 치료자의 개입 내용이 내담자에게 '그럴듯하게' 받아들여지기 시작할 때 내담자들은 기존의 경직된 이해 방식을 재구성하기 시작한다.

수사학적 전통에서 강조하는 에토스, 파토스, 로고스는 심리치료 장면에서 치료자 자신 및 내담자에 대한 이해, 그리고 개입의 논리에 대한 전문적 숙달을 통합적으로 요구하는 것으로 수사학적 담론이 지니는 이론적, 실제적 함의가 크다.

수사학적 담론의 치료적 적용을 직접 보여 주는 예로 소크라테스의 산파술을 들 수 있다. 소크라테스는 고대 그리스 시대에 현란한 말솜씨로 궤변을 일삼는 말장난을 경계하며 보편적인 진리가 존재함을 믿었다. 그런데 이 보편적 진리는 일방적으로 가르치는 것이 아니라 산파술을 통해 각기 자신의 진리에 도달할 수 있도록 도움으로써 접근해 가는 것이라고 보았다. 소크라테스의 논박, 산파술은 인지치료의 주요한 기법으로 제시되고 있는데, 이는 기법으로서만 받아들여져서는 안 되며 여기에는 고정된 자기 지식에 갇혀 있는 내담자의 틀을 점점 풀어내어 자신이 진실이라고 믿고 있는 것을 개방적으로 검토하며 보다 더 보편적인 진실에 다가갈 수 있도록 촉진하는 정신이 깃들어 있다. 이러한 대화는 내담자가 신뢰할 수 있는 치료자의 인품, 치료적 개입 자체가 지니는 설득적 논거, 그리고 내담자의 정서에 잘 조율된 정서적 틀에 근거한 대화로 심리치료에서 지향하는 설득적 대화라고 생각할 수 있다.

심리치료의 수사학적 전통에 따르면, 상담 과정은 무미건조한 정보의 전달이나 일방적인 충고의 과정이 아닌, 카리스마의 품격을 지닌 치료자가 내담자 문제에 대한 이해와 개입을 향해 정서적 확신과 및 일관성을 가지고 내담자를 대해야 하는 과정임을 시사해 준다. 치료자가 내담자를 설득할 수 있는 설명 체계, 즉 치료의 구조를 전달하기 위해서 상담자들은 다양한 상담 이론에 정통할 필요가 있으며, 이러한 이론적 지식을 습득할 때는 그 안에 스며 있는 이론 주창자의 에토스, 치료 이론의 로고스, 내담자의 파토스를 함께 체득할 수 있어야 할 것이다.

2장

상담 성과와 치료적 요인

신기한 역설은 내가 나 자신을 있는 그대로 받아들일 때, 나는 변화할 수 있다는 것이다.

– Carl Rogers

"상담을 통해 사람은 변화하는가?" 그리고 변화가 일어난다면 "어떠한 요인, 어떠한 기제를 통해 변화가 일어나는가?" 하는 질문은 상담 영역이 독립된 전문 영역으로서 책임 있게 답할 수 있어야 하는 핵심적이고 근원적인 질문인 동시에 상담자 각 개인이 정직하게 묻고 답할 수 있어야 하는 윤리적 질문이기도 하다. 개인적 차원에서 상담 성과에 대한 확신이 없거나 어떻게 해야 상담 성과가 생기는지를 알지 못하는 상담자가 내담자에게 어떻게 긍정적인 도움을 줄 수 있겠는가? 또한 한 전문 영역으로서 상담 성과에 대한 분명한 증거를 제시하지 못한 채로 상담 영역이 자기 몸집만 키워 나간다면 보편화, 대중화에 걸맞은 전문화에 대한 확증은 누가 해 줄 수 있겠는가?

이렇듯 "상담이 과연 성과가 있는가?"하는 질문은 상담 영역의 가장 핵심적인 연구 문제라고 할 수 있다. 상담 성과(counseling outcome)는 상담으로 인해 내담자에게 나타난 변화를 의미하며, 주로 상담을 받기 전과 후에 내담자에게 나타난 변화로 평가된다. 서구 사회에서 상담 성과에 대한 본격적인 요구가 가시적으로 이루어지게 된 배경은 1990년 중반 약물치료에 대한 증거기반치료(Evidence-Based Treatment: EBT) 요구가 심리치료에까지 확대 적용되면서부터이다. 증거기반치료에서 상담 및 심리치료 효과의 '증거'가 경험적인 연구로 지지된 연구 결과(Empirically Supported Treatment: EST)에 기반해야 한다는 요구 이면에는 미국 내 건강의학 시장에서 심리치료가 경쟁력을 가지기 위해 의학적 모델, 과학적 모델을 채택해야 했던 시대적 배경이 있다(Duncan, Miller, Wampold, & Hubble, 2010). 즉, 상담 성과가 약물치료 효과와 동일한 방식으로 측정한 경험적 증거를 보일 수 있을 때 심리치료가 약물치료와 대등한 자리매김이 가능했기 때문이다. 이렇듯 과학주의가 풍미한 시대적 분위기 속에서 서구의 상담 및 심리치료 연구는 엄밀한 과학적 분석을 통해 심리치료의 효과를 입증하는 데 열심이었고, 그 결과 상담 성과에 대한 확실하고 지속적인 증거들을 지속적으로 쌓아 오고 있다.

반면, 국내에서는 상담이 효과가 있는가에 대한 근거로 제시할 수 있는 연구가 아직 불충분하다(김계현, 2002). 이제까지 상담 관련 주요 학회지에 발표된 논문들의 연구 주제 가운데 상담 성과 및 상담 과정–성과 연구를 다룬 논문의 비율은 놀랄 만큼 저조하다. 그러나 국내 상담 서비스에 대한 요구가 급속하게 증대하면서 상담의 책무성과 학문적 정체성에 대한 논의가 본격화되고 있기에 상담심리학의 핵심적인 주제인 상담 성과에 관한 국내 연구가 이제는 본격적으로 이루어져야 할 시점이다.

이 장에서는 "상담이 과연 인간의 변화에 기여하고 있는가?" 하는 기본 질문에서 출발하여 이제까지 이루어진 국내외 상담 성과 연구에서 발견한 내용을 정리하고 이것이 상담 실무에 주는 의미가 무엇인지 재해석하고자 하였다. 상담심리학 분야가 오랫동안 지향해 온 과학자–실무자 모델(scientist-practitioner model)의 핵심은 학문적 연구와 상담 실무 간의 원활한 상호교류이다(안현의, 2003). 이 장에서는 상담심리학 분야의 국내외 성과 연구 결과들이 연구자들을 위한 연구에 그치는 것이 아니라 상담 실제와 통합되어 상담자에게 도움이 될 수 있도록 상담 성과 연구를 상담 실무와 연결하여 살펴보고자 하였다.

1. 상담 성과 연구가 우리에게 말해 주는 것

> 이미 있던 것이 후에 다시 있겠고 이미 한 일을 후에 다시 할지라. 해 아래에는 새 것이 없나니 무엇을 가리켜 이르기를 보라 이것이 새 것이라 할 것이 있으랴. 우리가 있기 오래전 세대들에도 이미 있었느니라.
>
> – 전도서 1:9,10

1) 상담은 과연 효과가 있는가: 상담의 절대적 효과

미국에서는 1995년 미국심리학회 산하 Clinical Psychology Task Force on 「Promotion and Dissemination of Psychological Procedures」의 보고서에 의해

서 경험적으로 지지된 치료와 증거에 기반을 둔 치료를 제공함으로써 미국 내 건강 의학 시장에서 심리치료가 경쟁력을 가지도록 하였다. 이 보고서는 경험적으로 증명된 치료(Empirically Validated Treatment: EVT) 목록을 제시하였는데 제시된 치료법들은 특정 장애를 가진 환자 집단에서 처치 효과(efficacy)[1]가 나타났고, 매뉴얼에 따른 치료 절차를 밟은 구체적 개입들로서, 적어도 2개 이상의 '무선 통제 치료(Randomized Controlled Trials: RCT)' 연구에 기반을 둔 것들이었다. 가장 효과적인 치료를 제공하여 내담자의 시간과 경비를 절감시키는 것이 가장 효과적인 상담 개입이라고 보고, 그러한 근거를 경험적 연구 결과에 근거하여 제시해야 한다는 증거기반치료(EBT)의 논리는 심리치료의 의학적/자연과학적 모델에 그 기반을 두고 있으며, 이의 시작은 미국 심리치료의 태동으로까지 거슬러 올라간다.

19세기에 Freud는 종교와 주술적 행위를 통한 치유 행위에 대비되는 '말로 하는 치료(talking cure)'로서 정신분석을 주창하면서 정신분석치료의 과학성에 대해 강조하였다. Freud가 1909년 미국의 클라크 대학 총장이었던 스탠리 홀이 주관한 미국 학회에서 5개 논문을 발표하면서 미국에 정신분석학이 본격적으로 소개되기 시작하였다. 이후 미국에서는 정신과 의사들에 의해서만 정신분석이 실시되면서 미국의 심리치료가 의학적 모델에 기초하게 되는 중요한 배경이 되었다(Wampold, 2010). 미국의 정신과 의사들에 의해 시행된 미국 내 정신분석은 미국의 실증주의와 교묘하게 병합되면서 Freud가 원래 의도했던 '과학성'과는 다른 의미의 과학성을 강조하는 치료법으로 자리 잡았을 가능성에 주목할 필요가 있다. Freud는 1930년 그의 논문에서 "미국에서 정신분석이 매우 보편화되고 있으며 유럽에서와는 달리 반대에 부딪히지 않고 있다고 들었다. …… (그러나) 미국에서 정신분석이라는 이름이 보편화되었다는 것이 정신분석의 본질에 대한 우호적인 태도를 의미하거나 정신분석에 대한 이해를 확장하거나 심화시켰다는 것으로 보이지 않는다. …… 미국의 의사들이나 작가들에게서 흔히 발견되는 것은 정신분석에 대해 매우 부적절하게 알고 있고, 단지 이름이나 슬로건만 알고 있는 정도임에도 불구하고, 그들이 확

1) 상담 성과 연구에서 '효과'를 의미하는 단어로 'efficacy'와 'effectiveness'가 사용되는데 우리말로는 모두 효과로 번역된다. 전자는 실험 연구에 근거한 효과를 지칭하고, 후자는 일반적인 상담 효과를 의미한다.

신을 갖고 판단을 내린다는 것이다."(Bettelheim, 1982, pp.18-19)라고 하였다. Freud 정신분석의 임상적 효과는 Freud의 여러 임상 사례(예를 들면, 안나 오, 도라, 어린 한스 등)를 통해 이미 확인되고 있었으나 이러한 치료들의 성과가 과학적으로 확인될 수 있어야 한다는 미국 내 사회적 압력이 강해졌고, 미국 심리치료 내에서도 심리치료의 효과를 검증할 필요가 제안되면서(Rosenthal & Frank, 1956) 과학적인 상담 성과 연구를 시작하는 계기가 되었다.

첫 상담 성과 연구는 Eysenck(1952)에 의해서 시작되었다. 그는 24개의 심리치료 연구들을 비교하여 상담 및 심리치료의 효과성을 분석하였는데, 분석 결과 심리치료를 더 받을수록 회복률이 더 낮았고, 치료를 받은 내담자들 중 66%가 치료의 종류와 상관없이 2년 내에 증상이 재발되었다는 것이 보고되었다. 상담 성과에 대해 이렇듯 회의적인 결과가 발표되면서 심리치료계는 충격과 긴장에 빠지게 되었으나, 이것이 오히려 보다 객관적이고 철저한 효과 검증 연구의 필요성을 자극하게 되었다. 이후 연구자들에 의해 Eysenck(1952)가 사용한 연구 방법론에 대한 문제점들-예를 들면, 분석 대상 논문에서 실제로 어떤 치료가 이루어졌는지 정확히 밝혀지지 않았고, 통제 집단을 사용하지 않았다는 점들이 지적되었다. 그리고 이러한 문제점들을 보완하여 어떤 치료를 하였는지를 명확하게 매뉴얼화하고, 치료 효과를 비교할 수 있는 통제 집단을 사용한 보다 체계적인 경험 연구들이 다수 이루어지게 되었다. 다행히 이들 연구들은 대부분 Eysenck의 연구 결과와 달리 상담 및 심리치료의 효과를 보여 주었다.

상담 성과 연구가 보다 본격화되기 시작한 것은 1970, 1980년대 메타분석이 심리치료 분야에 소개되면서부터이다. 메타분석이란, 여러 연구 결과를 객관적으로 종합할 수 있는 분석 방법으로, 개별 상담 효과에 대한 연구 결과들을 종합할 수 있다는 점에서 장점을 지닌다. Smith와 Glass(1977)는 최소한 한 개 이상의 심리치료 처치를 받은 집단과 무처치 혹은 다른 처치를 받은 통제 집단을 비교하는 375개의 연구를 리뷰하였고, 833개의 효과크기[2]를 계산하였는데, 그 결과 일반적으로 심리치

2) 효과크기는 처치 집단의 평균과 통제 집단의 평균 간의 차이를 통제 집단의 표준편차로 나누는 것으로 공식은 다음과 같다(Smith & Glass, 1977).

$$ES = \frac{\overline{X_T} - \overline{X_C}}{S_c}$$

료는 .68[3]로 중간 크기의 평균 효과를 가지는 것으로 나타났다. 즉, 심리치료를 받은 처치 집단의 평균(중앙치)이 심리치료를 받지 않은 통제 집단의 백분위 75%에 해당하며, 이는 심리치료를 받으면 평균(중앙치)이 50에서 75로 상승한다는 것을 의미한다. 만병통치약으로 알려진 아스피린의 효과크기가 .03인 것에 비교하면 심리치료의 .68의 효과크기가 얼마나 막강한 효과크기인지 알 수 있다. 이후의 여러 메타분석 연구(예를 들면, Casey & Berman, 1985; Shapiro & Shapiro, 1982; Smith, Glass, & Miller, 1980; Weisz et al., 2013)에서도 일관되게 심리치료의 절대적 효과성(absolute efficacy)이 확인되면서 이제는 심리치료가 인간의 심리적 증상 완화에 확실한 효과를 보인다는 사실은 기정사실화되었다. 심리치료의 절대적 효과성을 확인하면서 당시 증거 기반이 있는 약물치료 효과와 심리치료 효과를 비교하는 연구들도 진행되었는데, 그 결과 심리치료가 약물치료만큼의 효과크기를 가질 뿐만 아니라(Barlow, Gorman, Shear, & Woods, 2000; Hollon, Stewart, & Strunk, 2006; Imel, Malterer, McKay, & Wampold, 2008), 약물치료보다 효과가 오래 지속된다는 결과(Hollon et al., 2006)도 보고되었다.

심리치료를 받은 집단이 치료를 받지 않은 집단에 비해 증상 호전에 유의한 차이를 보여 심리치료의 절대적 효과를 확인하였고, 약물치료 효과보다도 효과가 오래 지속된다는 연구 결과는 상담 및 심리치료자들, 그리고 심리적 문제의 어려움을 경험하고 있는 사람들에게 매우 고무적인 소식이다. 하지만 실험실에서 확인된 처치 효과(efficacy)가 실제 임상 현장에서의 효과(effectiveness)로 바로 적용될 수 있는가에 대해서는 재고의 여지가 많다(Lambert, 2013; Wampold, 2007). 심리치료 효과 연구의 실제 연구 방법을 살펴보면 실제 상담 현장과 차이가 매우 큰데, 예컨대 대부분의 연구에서 세팅이 상담 현장이 아니라 대학 실험실이며, 치료 진행자가 임상 경험이 많은 치료자가 아니라 훈련받은 대학원생들이고, 내담자들이 실제 내담자들이 아니다. 상담 실제와 큰 간극이 있는 연구 현장에서 얻은 연구 결과를 상담 실무에 적용하는 문제에 주목한 연구자들(Shadish, Matt, Navarro, & Phillips, 2000; Weisz, Krumholz, Santucci, Thomassin, & Ng, 2015)은 이러한 간극을 좁히기 위해 실제 심리

3) Cohen(1988)에 의하면, ES(Effect Size)가 .2 정도이면 적은 크기의 효과, .5 정도이면 중간 크기의 효과, .8 정도이면 큰 크기의 효과라고 본다.

치료 현장에서 진행된 성과 연구들만 선별하여 메타분석을 다시 실시하였다. 그런데 그 결과도 기존의 메타분석의 결과와 같이 상담 및 심리치료의 유의한 효과를 보여 주었다. 이에 상담 성과는 실험실과 실제 상담 현장에서도 확인된바, 상담 및 심리치료가 인간의 심리적 문제 해결에 절대적인 효과를 보인다는 안정적인 결론을 내릴 수 있게 되었다.

2) 상담 성과의 '도도새 판결[4)]': 상담의 상대적 효과

상담의 절대적 효과가 여러 메타분석 연구를 통해 안정적 결과로 확인되면서 "이러한 상담의 효과가 무엇 때문에 가능한지?" 그리고 "특정 문제 치료에 있어서 어떤 상담 기법이 상대적으로 더 효과적인지?"에 대한 연구 관심으로 발전되기 시작했다. 심리치료의 절대적 효과를 평가하기 위한 연구 방법이 '치료 집단'과 '무처치 집단'의 내담자 상태를 사전, 사후에 비교하는 것이었다면, 심리치료의 치료 성분을 밝히기 위한 연구 방법은 '치료 집단'과 '플라시보 집단'의 내담자 상태를 사전, 사후에 비교하는 디자인을 사용하였다. 그리고 기법 간의 상대적 효과(relative efficacy)를 평가하기 위해서 '처치 A집단'과 '처치 B집단'을 비교하거나 두 집단 비교에 '플라시보 집단'까지 추가하여 세 집단 비교를 하는 방식을 채택하였다.

심리치료 개별 기법의 특수요인(specific factor) 효과를 과학적으로 검증하기 위해서는 약물 효과 검증 실험에서 요구되는 몇 가지 조건을 따라야 하는데, 이 조건은 첫째, 각 상담 이론에서 제안하고 있는 특정 치료적 요소들을 구조화된 치료 기법으로 매뉴얼화하고, 둘째, 이러한 기법이 어떤 문제 유형의 치료에 적합한지를 밝히기 위해 DSM에 근거하여 내담자의 문제 유형을 정확히 진단해야 하며, 셋째, 특정 기법의 효과를 객관적으로 측정하기 위해 무선 통제 실험(Randomized Control Trials: RCT)을 진행해야 한다(Weisz et al., 2015)는 것이다.

특정 치료 기법의 매뉴얼에 따라 치료를 진행한 처치 집단과 플라시보 집단의 치

4) 이 용어는 소설 〈이상한 나라의 앨리스〉에서 유래된 것으로, "모든 이들이 승리했으며 모두 상을 받아야 한다"는 도도새의 판결 일화에서 나온 것이다. Rosenzweig(1936)가 심리치료 기법의 효과가 차이가 없다는 '균일성 신화(uniform myth)'를 설명하기 위해 사용한 은유이다.

료 효과크기를 비교한 연구 결과는 처치 집단이 플라시보 집단보다 다소 유의한 효과를 보이는 것으로 나타났다. 그런데 심리치료에서 플라시보 조건 구성이 약물의 위약 조건과는 달리 사실상 구성 자체가 매우 어렵다는 문제가 제기되었고, 실제 연구에서 플라시보 조건을 살펴본 결과, 단지 치료 횟수와 기간, 형식 등의 구성을 처치 집단보다 엉성하게 제시하여 진행한 경우가 많다는 것을 발견하게 되었다(Wampold, 2010). 이러한 플라시보 조건 구성의 문제를 보완하고자 치료 형식은 갖추되 특정 기법 매뉴얼은 따르지 않는 심리치료를 제공하라는 지시를 주어 연구를 진행한 결과, 특정 치료 기법을 적용하지 않은 '일상적인 치료(usual treatment)'가 구체적인 기법을 매뉴얼에 따라 적용한 집단과 치료 효과에 있어서 거의 차이가 없는 것으로 나타났다(Baskin, Tierney, Minami, & Wampold, 2003; Wampold & Brown, 2005). 이러한 결과는 치료가 치료이게끔 하는 핵심적인 요소를 갖춘다면 특수한 기법을 사용하지 않아도 동일한 효과를 보인다는 결과로 해석된다.

특정 문제 유형에 가장 적합한 치료 기법을 찾아내기 위해 상담 및 심리치료의 개별 기법들의 상대적 효과를 검증한 연구들은 특정 치료 성분을 더하거나 빼는 방식의 성분 디자인(component design)을 사용하였다(Ahn & Wampold, 2001). 예를 들면, 우울증에 미치는 순수한 인지 기법의 효과를 검증하기 위해서 인지치료(인지 기법만 사용)와 인지행동치료(인지 기법과 행동 기법 모두 사용) 기법을 비교하여 인지 기법의 순수한 효과를 검증하는 방법이 사용되었다. 그러나 성분 디자인에 기초한 연구 결과들은 순수한 치료 기법이 특정한 문제를 치료하는 데 있어서 유의한 상대적인 효과가 있음을 발견하지 못했다.

여러 다른 심리치료 접근 간에 상대적인 효과성을 밝히고자 하는 비교 연구는 전통적으로 심리치료 접근을 크게 언어 기반 접근(예, 정신역동, 대인관계치료)과 행동 기반 접근(예, 인지치료, 행동치료)으로 구분하여(Lambert & Ogles, 2004) 메타분석을 실시하였으며 처음에는 행동 기반 접근이 상대적으로 우세한 성과를 보이는 것으로 나타났다(Dobson, 1989). 그러나 Robinson, Berman과 Neimeyer(1990)의 연구에서 서로 다른 치료 접근 간의 차이는 연구자들이 다른 치료법에 비해 특정 치료법을 선호하는 충성도(allegiance)의 영향임을 가정하였고, 이를 통계적으로 통제하자 여러 치료법의 효과성은 동등한 것으로 나타났다. 이후 대부분의 상담 성과의 상대적 효과를 비교한 메타분석에서도 상담 기법들 간의 '균일한(uniform) 효과성'이 반복적으로 입증되었다(Wampold & Imel, 2015). 물론 특정한 증상의 경우 특정한 기법이 상대적으로 효과적이라는 보고들도 있다. 예를 들면, 광장공포증에는 이완 기법보다는 인지행동치료가 우수하고(Siev & Chambless, 2007), 특정 공포증이나 공황장애의 경우 노출 기법이 유의한 효과를 보인다(Antony & Roemer, 2011). 그러나 기법의 상대적 효과를 비교한 대부분의 연구 결과는 기법의 상대적 차이는 유의하지 않고 기법들 간에는 유사한 효과를 보이는 것으로 나타났다.

메타분석을 통한 심리치료 성과 연구를 요약하면, 심리치료가 절대적 효과성을 보이지만 기법들 간의 상대적 효과 차이는 유의하지 않다는 것이다(Joyce, Wolfaardt, Sribney, & Aylwin, 2006). 미국심리학회는 이러한 결과에 근거하여 "심리치료의 다양한 종류를 비교한 결과 많은 경우 이들 간의 차이가 상대적으로 유의하지 않았으며, 기법이 상담 성과에 미치는 영향을 맥락적 요인과 관계 요인이 중재 혹은 조절하고 있다."(APA, 2013, p. 103)라고 밝히고 있다.

〈이상한 나라의 앨리스〉에 나온 도도새의 판결, "모든 이들이 승리했으며 모두 상을 받아야 한다."

3) 국내 상담 성과 연구의 동향

서구에서 1952년 Eysenck에 의해 본격적인 첫 상담 성과 연구가 이루어진 비슷한 시기에 국내에서는 1953년에 전문 영역으로서 상담이 처음 소개되었다. 그 이후 1964년에 심리학회 산하 임상 및 상담심리 분과가 설립되어 1973년에 첫 상담심리 전문가 3명이 탄생하였으며 1986년이 되어서야 독립된 학회로서 한국 상담심리 및 심리치료학회가 설립되고, 1988년부터 독립 학회지를 발간하기에 이르렀다. 이러한 역사적 배경을 생각해 보면 국내 상담 성과 연구가 서구에 비해 숫자도 적고 체계도 부족한 것은 이해할 만하다. 구체적으로 국내 상담 분야의 대표적 두 학회지에 발표된 상담 성과 및 상담 과정-성과 연구의 비율을 살펴보면, 2000년에서 2009년 사이에 출간된 연구 논문들 가운데 『상담학연구』에 발표된 상담 과정-성과 연구비율은 0.8%(조남정, 최은미, 최희진, 장선철, 2010)이며, 『한국심리학회지: 상담 및 심리치료』의 경우에는 2.9%(김계원, 정종진, 권희영, 이윤주, 김춘경, 2011)에 불과하다. 상담의 성과 연구가 이루어지기 위해서는 성과 연구를 진행할 만큼의 상담 서비스의 양적 확대가 이루어져야 하고 상담 실무자 및 연구자들의 전문가로서의 공동체 형성, 연구비의 지원과 같은 제반 연구 여건이 갖추어져야 한다. 최근 들어 본격적으로 상담 서비스에 대한 수요와 공급이 확대되기 시작한 국내 상담계 현실을 고려할 때, 국내 상담 서비스에 대한 책무성의 요구(이재창, 1996; 유성경, 2005), 상담자 교육 및 훈련의 전문성에 대한 요구(이숙영, 김창대, 2002; 최해림, 2002; 김인규, 2009), 서구 상담과 차별화되는 한국적 상담의 정체성에 대한 논의(이은경, 양난미, 서은경, 2007; 윤호균, 2005)가 이루어지는 것은 시의적절하다고 할 수 있다. 그리고 이러한 기반 연구들이 발전하여 "우리가 하고 있는 상담이 실제로 효과를 보이고 있는지?"를 국내 상담 성과 자료에 기초하여 체계적인 연구로 발전시킬 수 있는 연구 역량과 연구 여건이 갖추어지기를 간절히 바라본다.

이제까지 국내에서 이루어진 상담 효과성에 대한 메타분석은 방대한 자료에 기초하여 체계적인 연구가 진행된 서구의 연구 결과에 비해 매우 부족하다. 그런데 서구에서 방대한 상담 성과 연구가 체계적으로 진행되게 된 데는 학문적인 관심과 더불어 사회적, 정책적 분위기가 상당한 영향을 주었던 것을 고려할 필요가 있다. 서구에서는 경험적으로 지지된 개입(EST)을 상담 실무에 적용해야 한다는 국민건강보험 정책이 수립되면서(Barkham & Mellor-Clark, 2003) 이러한 제도를 뒷받침하기 위해 과학적 방법에 의해 상담 효과성을 검증하는 연구에 대한 연구비 지원이 많이 이루어졌다. 서구에서는 이러한 사회적 배경에서 다양한 상담 성과 연구가 가능하였지만, 한편으로 상담자의 자율적인 임상적 판단과 개입의 선택을 상당히 제한하는 부작용도 나왔다. 상담 성과 연구를 둘러싼 서구의 이런 분위기와는 전혀 달리 국내에서는 상담 성과 연구가 개인 연구자들의 관심에 따라 간헐적으로 이루어지고 있으며 결과적으로 체계적인 상담 성과 검증이 어려운 실정이다. 그러나 국내에서 이루어지고 있는 상담 및 심리치료가 인간의 심리적 문제를 해결함에 있어서 얼마나 효과적인지에 대한 객관적인 증거를 제시할 수 있는 것은 전문 영역으로서 중요한 사회적 책임이기도 하며, 학문적 자존심이자 정책적 지원을 위한 현실적인 과제이기도 하다.

국내에서 이루어진 상담 성과 연구들을 살펴보면 성인들을 대상으로 한 개인 상담의 경우는 주로 질적 연구와 개념도 연구가 이루어졌는데, 상담 성과에 대한 효과크기를 밝히는 것보다는 치료적 요인이 내담자들에게 혹은 상담자들에게 어떻게 지각되는지를 살펴보는 연구들이다. 이에 대한 내용은 다음 절 '치료적 요인 및 변화 기제'에서 제시하도록 하겠다. 국내에서 메타분석을 통한 효과크기 검증은 주로 집단상담의 성과를 중심으로 이루어졌다. 집단상담의 메타분석은 특정 치료 유형(예, 인지행동치료, 해결중심치료, 미술치료, 놀이치료 등) 혹은 특정 문제 유형군(예, 비행청소년, 인터넷 중독 등)이나 특정한 목적을 가진 집단상담 프로그램(진로, 감사, 용서, 공감 집단상담 등)에 초점을 맞추어 이루어졌다. 2000년대 이후로 출간된 학술지 및 학위 논문을 중심으로 살펴본 결과, 우선 국내에서 치료 유형이나 대상군에 제한을 두지 않고 전체 집단상담의 효과크기를 살펴본 메타연구에서는 평균 효과크기가 .99로 큰 효과가 나타났다(김계현, 이은주, 왕은자, 2002). 특정 치료 유형별로는 인지행동치료의 경우 평균 효과크기 −1.20(이안나, 2003), 해결중심치료는 .92(이혜은, 2009), 미술치료는 .52(홍은주, 조미영, 2010), 놀이치료는 .65(손명희, 송영혜, 2009)로 모두 중간 이상의 평균 효과크기가 나타났다. 최근 구훈정, 최승미, 권정혜(2012)는 아동·청소년을 대상으로 한 심리치료의 메타분석을 실시한 결과, 전체 평균 효과크기는 .80으로 큰 효과크기가 나타났으며, 치료 유형별로 인지행동치료 .80, 해결중심치료 .62, 놀이 및 미술치료 1.04로 높게 나타났지만 치료 유형 간에 유의한 차이는 나타나지 않았다. 이 연구는 심리치료의 효과성을 확인하기 위해 문제 유형과 심리치료 유형을 총망라하여 통합적으로 살펴보려는 시도를 하였으나 대상을 아동, 청소년으로 제한했다는 한계점을 지니고 있다. 이에 따라 국내 집단 상담의 심리치료의 효과를 통합적인 관점에서 분석하고자 하는 시도가 활발히 이어져야 할 필요가 있으며, 더불어 개인 상담의 효과 검증에 대한 연구 역시 필요한 시점이다.

4) 상담 성과 연구 결과의 실천적 함의

반세기 동안 이루어진 방대하고 체계적인 상담 성과 연구 결과는 상담이 인간의 심리적 문제를 해결하는 데 절대적으로 효과적인 전문 분야임을 입증하였다. 상담 및 심리치료의 절대적 효과를 확인한 뒤로 이어진 연구에서 특수 기법의 상대적 효과는 거의 유의하지 않으며 균일한 효과를 보인다는 상담 성과 결과는 과연 무엇을 의미하는가? 그리고 상대적 효과를 검증하는 과정에서 예상하지 않았으나 발견된 결과들(예를 들면, 플라시보 효과가 치료 효과와 유사한 효과를 지닌 결과, 연구자의 기법에 대한 충성심이 상담 성과 연구 결과에 영향을 미친다는 결과들)의 의미는 어떻게 해석할 수 있을까? 여기에서는 상담 성과 연구에서 얻은 다양한 연구 결과를 중심으로 이러한 결과들이 상담 실무에 어떠한 함의를 지니는지에 대해 구체적으로 살펴보도록 하겠다.

첫째, '어떤 개입'이 중요한 것이 아니라 '어떻게 개입'을 하느냐가 중요하다

상담의 절대적 효과는 확실히 나타났지만 기법 간의 상대적 효과가 유의하지 않고, 균일한 효과를 보인다는 결과는 상담 기법의 효과가 없다는 것이 아니라 검증된 상담 기법은 모두 효과가 있다는 결과로 해석되어야 한다. 이러한 결과는 심리치료의 "도도새 판결, 즉 모두가 이겼으니 모두가 상을 받아야 한다."라는 Rosenzweig(1936)의 직관적 지혜를 확인하는 결과이다. 그리고 상담 성과는 가시적으로 드러나는 상담 기법의 '무엇' 때문이 아니라 기법의 저변에 흐르고 있으나 그 무엇으로 아직 규정되지 않고 세분화되지 않은 요인들(non-specified factors), 혹은 개별 기법들이 공유하고 있는 공통요인들(common factors) 때문일 수 있음을 시사한다(Weinberger, 2014). 즉, '무슨 개입'을 하였느냐가 아니라 각 개입을 '어떻게' 하였느냐가 더 중요하다는 것이다. 물론 상담 성과에 기법 효과가 균일하다는 결과가 기법 이외의 비특수요인이나 공통요인이 효과가 있다는 것을 그대로 반증하는 것은 아니다. 그러나 '상담 성과는 나타나는데 그것이 기법 때문은 아니라는 성과 연구의 주된 결과'는 상담 성과에 표면적으로 드러나는 기법의 종류보다는 훨씬 복잡한 치료적 기제가 작동한다는 사실을 보여 준다. 그리고 이러한 결과는 기법이 아니라 성과에 영향을 미치는 그 무엇, 즉 치료적 기제는 무엇이며, 이는 어떻게 작동하는지에 대한 추후 연구의 필요를 자극하는 결과로 해석할 수 있다. 이에 상담 현장에서 상담자는 내담자의 문제에 맞는 적절한 개입이 따로 정해져 있다는 생각에 매이기보다는 선택한 개입을 통해 치료적 맥락이 활성화될 수 있도록 개입의 수행을 조정해 나가는 것이 더 중요하겠다. 상담 과정에서 특수요인과 공통요인 및 비특수요인의 관계가 어떠하며, 이들이 어떻게 치료적 성과에 기여하는지에 대한 논의는 최근 상담 성과 연구의 주요 연구 주제이며, 이는 상담 실무에 직접적인 함의를 줄 수 있는 이론적, 실제적으로 매우 중요한 주제이다.

둘째, 상담자의 치료에 대한 믿음이 중요하다

상담 기법의 상대적 효과를 검증하는 과정에서 얻어진 몇 가지 예상치 않았던 결과들 가운데 하나는 연구자들의 이론에 대한 충성도(allegiance)가 치료 효과에 유의한 영향을 미친다는 것이다(Robinson et al., 1990). 연구자가 인지행동 이론적 오리엔테이션을 가지고 있으면 그 연구에서는 인지행동 기법이 효과가 있는 것으로 나오는 등 연구자가 치료 효과가 있다고 믿는 이론에 기반한 기법이 연구 결과에 유의한 영향을 미친다는 것이다. 이러한 결과는 실제 상담에서 상담자의 치료에 대한 믿음이 기법 자체보다 상담 성과에 더 중요한 영향을 미친다는 사실을 시사한다. 즉, 상담자가 자신이 효과가 있다고 믿는 치료를 수행할 때 치료에 대한 확신이 있고 이러한 확신이 내담자의 변화를 촉발하는 데 영향을 미친다는 것이다. 당신은 상담을 하면서 자신의 상담이 효과적인 상담이라는 것을 얼마나 확신하는가? 혹은 특정 기법을 사용하면서 그 순간 이 기법을 통해 상담자로서 의도했던 치료적 효과가 나타날 것이라고 얼마나 확신하는가? 연구 결과에 따르면, 상담자가 이러한 확신이 없이 슈퍼바이저가 혹은 교과서에서 시키는 대로, 혹은 습관에 따라 수행하는 개입은 내담자에게 도움을 줄 수 없다는 것을 확증해 주고 있다.

상담자의 치료에 대한 확신이 기법보다 더 중요한 영향을 미친다는 사실은 상담자의 개입 매뉴얼에 충실한 정도(adherence to treatment protocols)에 대한 연구 결과에서도 확인되고 있다. 여기서 매뉴얼에 충실한 정도란 이론에 대한 충성심과는 상반된 개념으로 기법에 대한 주관적인 확신이 아니라 매뉴얼대로 얼마나 정확히 따라 하느냐 하는 것이다. Webb, DeRubeis와 Barber(2010)는 상담자가 매뉴얼에 충실한 정도가 상담 성과와 아무런 상관이 없음을 밝혔다. 즉, 매뉴얼에만 충실하게 따라가는 상담자는 내담자의 사기를 진작시키고 변화에 대한 동인을 유발할 수 있는 영감과 자극을 제공할 수 없다는 것이다. 더구나 내담자가 치료에 대한 저항이 있는 경우 매뉴얼에 충실한 치료는 오히려 상담 성과에 부정적인 영향을 미친다는 결과를 보였다(Boswell et al., 2013). 상담자가 정형화된 치료적 수행을 하는 것에만 집중하면 그만큼 내담자에게 주의 집중하기 어렵게 되고, 이러한 상담자의 태도는 상담에 대해 회의적인 내담자들에게는 부정적으로 지각된다는 것을 보여 준다. 상담은 상담자가 하는 것이며 매뉴얼이 상담자를 대신할 수는 없다.

셋째, 변화에 대한 내담자 기대가 중요하다

상담 기법의 효과를 검증하기 위해 사용한 플라시보 집단의 효과가 기법 효과와 거의 비슷한 수준의 효과를 보인다는 사실은 변화에 대한 내담자의 기대가 실제 내담자 변화에 얼마나 중요한 영향을 미치는지를 보여 준다. 플라시보 효과는 심리치료뿐만이 아니라 항우울제 약물치료에서도 실제 치료 효과와 유사한 것으로 나타났다(Kirsch, 2000, 2009; Kirsch, Moore, Scoboria, & Nicholls, 2002). 이러한 결과는 내담자가 치료를 받으면서 갖게 되는 변화에 대한 기대가 상담 성과에 지대한 영향을 미치는 변인임을 반증하는 것이다. 내담자는 상담자의 개입에 반응하는 수동적인 대상이라기보다는 개입 이전에 혹은 개입과 더불어 자신의 변화에 대한 기대를 갖고, 이러한 기대를 통해 상담에 적극적으로 관여하고 변화에 대한 동기를 갖게 됨으로써 주체적으로 자신의 변화를 이루어 나가는 변화의 주체이다.

넷째, 내담자의 고유성에 맞춘 개별화된 평가와 치료가 필요하다

상담 기법 효과 검증 연구에서 따라야 하는 중요한 조건 중의 하나는 내담자의 문제를 DSM 기준에 따라 정확히 진단하는 것이다. 이는 철저한 의학적 모델에 기초한 것으로 특정한 문제에 적절한 기법을 찾기 위해서는 일차적으로 내담자 문제에 대한 정확한 진단이 요구되기 때문이다. 그런데 개별 진단을 받은 내담자들에게 상대적으로 효과가 높은 기법 효과를 발견하는 것이 몇몇 특수 진단군을 제외하고는 어려웠다. 예컨대, 우울증, 공황장애 등 개별 문제 유형에 특별히 효과적인 기법이 따로 있는 것은 아니라는 결과이다. 여기서 문제는 DSM은 내담자 문제의 원인에 따른 병인론적(etiological) 진단 체계가 아니라 내담자 문제의 특성에 기초한 기술적(descriptive) 진단 체계라는 점이다(Widiger & Trull, 2007). 예를 들면, 우울증 진단의 기준으로 DSM에서 제시하고 있는 기준은 우울증 원인에 대한 진단이 아니라 우울증으로 인해서 나타난 다양한 우울증 증상들을 기준으로 진단하는 것으로 같은 우울증으로 진단을 받았다고 해도 서로 다른 우울 증상을 보이며, 저마다 우울증의 원인도 다양할 수 있다. 약물치료의 처방은 병인론적 진단에 따른 처방인 반면, 심리치료의 처방은 기술적 처방에 따르는 것이므로 진단과 처방의 일대일 대응을 하기가 훨씬 복잡하다. 내담자 문제를 기존의 진단 체계에 맞추어 진단하려는 것은 인간의 심리적 문제의 복잡성을 제대로 반영하지 못하기 때문에 진단명에 일대일로 맞추어 재단된 치료로는 효과를 보기 어렵다. 그러므로 내담자가 개별적으로 보이는 고유한 문제 표현 방식에 맞는 보다 세밀하고, 개별화된 문제 평가와 그에 따른 개별화된 치료 절차들이 필요하다(Follette & Houts, 1996; Weisz et al., 2015). 한편, 보다 세밀한 진단을 해야 한다는 입장과는 반대로 내담자들이 상담실에서 호소하는 문제는 다양한 형태로 표현되나 그 이면에는 몇 가지 공통된 특성을 지니고 있다는 점을 고려할 필요가 있다고 보는 입장도 있다. Frank는 이러한 내담자의 상태를 사기가 저하된(demoralized) 상태로 보았고, Erickson은 낙담된(discouraged) 상태로 보았다. 그리고 이러한 내적인 상태는 내담자들이 어떠한 진단을 받았든지 불안이나

우울과 같은 공통된 무드로 표현된다(Moses & Barlow, 2006). 이러한 논의들은 내담자의 문제를 지나치게 단순화하여 진단하려고 하는 접근보다는 심리적 문제에 대한 보다 이면적이고, 내담자 중심적인 이해가 바탕이 되어야 함을 시사한다. 나는 후자의 입장을 지지한다. 진단의 정확성이 부족하기 때문에 상대적 기법 효과를 발견하지 못했다는 것보다는 진단 이면에 공유된 내담자들의 사기 저하, 고통의 문제를 깊이 공감하지 못할 때 기법 효과는 나타날 수 없다고 생각하기 때문이다. 정확한 진단을 하기 위해 상담자가 내담자 문제를 더 작은 단위로 해체하기 시작할 때 한 인간으로서 내담자에 대한 이해와 접촉은 오히려 방해될 수 있는 위험이 있다. 이러한 나의 입장은 '3장. 내담자: 증상의 피해자에서 고통의 주체 그리고 변화의 주체로'에서 보다 구체적으로 제시하였다.

2. 치료적 요인 및 변화 기제

> 초심 치료자 시절에 나는 "어떻게 이 사람을 다루고, 치료하고, 변화시킬 수 있을까?" 하는 질문을 했다. 그런데 지금은 "이 사람이 고유한 개인으로 성장하도록 하기 위해서 필요한 관계를 어떻게 제공할 수 있을까?"라고 바꾸어 질문하고 싶다.
>
> – Carl Rogers

"상담 및 심리치료의 효과가 있다면 과연 어떤 요인과 기제에 의한 것인가?" 하는 질문은 상담 실무와 직결된 문제이면서 동시에 상담심리학의 학문적 정체성과 관련된 문제이기도 하다. 서구에서 이루어지고 있는 상담 성과와 치료적 요인에 관한 논의는 상담 효과를 보다 엄중하게 검증하려는 지극히 자연과학적인 연구로부터 시작되었으나 이후의 논의들은 상담 및 심리치료의 효과 이면에 자리 잡고 있는 치료 원리나 변화의 기제와 같은 상담 및 심리치료의 정체성과 관련된 핵심적인 연구 문제로 확장 발전되어 가고 있다.

서구에서는 19세기 후반 Freud에 의해 '말로 하는 치료'가 시작되면서 이전의 미신이나 종교와는 차별화되는 '과학적'인 심리치료라는 정체성을 확립하였다. 그리고 약물치료와 버금가는 '효과적'인 치료의 책무성도 확립해야 하는 강도 높은 내외적 압력 속에서 상담 성과 연구 흐름이 이어졌다. Freud는 이전의 종교와 주술적 행위를 통한 치유 행위에 대비되는 정신분석을 주창하면서 최초로 심리치료의 과학성을 강조하였다. 그는 저서 『꿈의 해석』에서 "나 이전에도 시인들과 철학자들이 이미 무의식을 발견하였다. 그러나 내가 발견한 것은 그 무의식을 과학적으로 발견할 수 있는 방법이다."(Freud, 1899/1955)라고 하여 심리치료가 전통적 마음 치료법들과 차별화되는 과학적 정체성을 지니고 있음을 강조하였다. 이후 Freud의 정신분석이 미국에 소개되면서 미국에서는 주로 정신과 의사들이 정신분석을 수행하였고, 더불어 미국의 행동주의 심리학이 비슷한 시기에 엄밀한 과학성을 강조하면서, 미국 정신 의학계에서는 '증거기반치료'에 대한 요구가 강화되었다. 이러한 사회적, 역사적 맥락은 서구에서 이루어진 상담 성과 연구 결과를 해석하는 데 있어 고려해야 하는 매우 중요한 배경 정보이다. 1952년 Eysenck의 연구가 시발점이 되어 서구의 상담 성과 연구가 시작되었으며, 과학적으로 엄밀하게 실시된 무선 통제 실험을 통해 상담의 절대적 효과성을 확인하는 쾌재를 올렸다. 더구나 1970, 1980년대에는 메타분석이 상담 성과 연구에 도입되면서 상담 효과성을 보여 준 개별 연구들을 일반화할 수 있는 또 다른 도약을 보이기도 하였다.

상담 및 심리치료의 절대적 효과성이 지속적으로 확인되면서 "심리치료의 어떤 요인과 기제로 인해 그러한 효과를 보이는지"에 대한 관심으로 연구 주제가 발전하였다. 그리고 심리치료가 절대적 효과성을 지닌다면 이제는 내담자들의 문제를 정확히 진단하여 각 특수 문제에 상대적 효과를 보이는 치료를 제공하자는 주장이 설득력을 얻게 되었다. 그러나 수차례에 걸친 상대적 효과 검증 연구는 치료 기법 간의 차이가 거의 유의하지 않은 것으로 나타났으며, 오히려 상이한 기법들 간에 공유하고 있는 공통요인들이 치료의 효과에 유의하게 기여한다는 과학적인 증거들이 속속 보고되기 시작하면서 이러한 결과를 상담 실무, 교육, 연구 방향에서 어떻게 담아내야 하는가에 대한 논의들이 활발히 진행되고 있다.

심리치료의 효과가 개별 기법 및 이론의 특수한 요인(specific factors)—예컨대, 인지행동치료가 인지행동치료이게끔 하여 다른 치료법과는 차별화되게 하는 특수한 특성—때문이 아니라 개별 기법 및 이론들이 공유하고 있는 특성—예컨대, 모든 치료이론에서 강조하는 치료 관계, 내담자의 변화에 대한 기대, 정서적 카타르시스 등-인 공통요인(common factors)에 의한 것이라는 경험적 연구 결과들은 상담 실무, 연구, 교육에 실제로 많은 시사점을 던진다. 치료로서의 특성을 갖춘 '치료다운 치료(bona fide therapy)'라면 그것이 어떠한 형태이든지 내담자의 변화에 기여할 수 있다는 연구 결과(Wampold, 2007)는 상담 및 심리치료가 이미 종교적, 주술적 형태의 태곳적인 치유 의례에 이미 그 원형이 담겨져 있으며(Frank & Frank, 1991; Rosenzweig, 1936), 고대 철학자들의 인간 문제에 대한 접근에 그 기본 방향이 이미 암시되어 있음을 시사한다(Orange, 2010). 이러한 논의는 인간의 심리, 나아가 영혼의 문제를 다루는 상담 및 심리치료가 과학주의에 담길 수 없다는 감상에 젖은 선언적 주장이 아니라 오히려 과학적 연구 결과에 기반을 두어 이루어진 논의라는 점에 주목할 필요가 있다(Laska, Gurman, & Wampold, 2014)

상담 및 심리치료의 절대 효과를 입증한 연구들로부터 시작하여 심리치료 성과가 기법보다는 치료 과정 기저에 흐르는 핵심적 공통요인에 더 많은 영향을 받을 것이라는 상담 성과 연구의 결론은 상담 및 심리치료가 의학적 모델과는 차별화되는 심리치료 모델에 기반을 두어야 한다는 학문적 패러다임에 대해 제고하게 한다(Orlinsky, 2009; Wampold & Imel, 2015). 또한 상담의 효과가 무엇에 의해, 어떻게 일어나는지에 초점을 둔 심리치료의 변화 기제에 대한 본격적인 연구들이 이루어지고 있다. 이를테면, 상담 기법 간의 효과 검증을 상담 현장에 밀착되어 진행하는 연구들(예를 들면, Shadish et al., 2000; Westen, Novotny, & Thompson-Brenner, 2004), 상담자, 내담자, 상담 관계와 같은 공통요인들이 상담 성과에 미치는 영향들에 주목하여 상담자 효과, 내담자 효과, 기법 효과를 함께 분석할 수 있는 다층 모형 분석을 적용한 연구들(예를 들면, Lutz, Leon, Martinvich, Lyons, & Stiles, 2007), 공통요인과 특수요인의 상호 관계를 분석하려는 연구들(예를 들면, Ulvenes et al., 2012 등), 그리고 상담 실제에서 내담자로부터 얻은 피드백을 상담 성과의 증거로 하여 진행된 상담 성과에 관한 연구들(Anker, Duncan, & Sparks, 2009; Barkham, Hardy, & Mellor-Clar, 2010; Duncan et al., 2010 등)이 최근 새롭게 진행되고 있다.

이 절에서는 국내외에서 이루어진 상담 성과의 치료적 요인 및 변화 기제에 관한 연구의 흐름을 개관하고 이를 통해 "상담이 효과가 있다면 그것은 어떤 요인에 의해, 어떤 기제에 의해 나타나는지?"에 대한 주제를 다루고자 한다.

1) 공통요인의 개념 및 종류

상담 및 심리치료 성과가 개별 기법에 따라서는 별다른 차이가 나타나지 않는다는 연구 결과들은 증상에 일대일로 대응되는 기법보다는 기법들이 공유하고 있는 공통요인, 혹은 기법들로 환원될 수 없는 비특수요인들에 주목하는 계기가 되었다. 물론 특수요인의 상대적 효과가 나타나지 않는다는 결과를 공통요인의 효과를 반증하는 직접적인 증거로 해석해서는 안 되지만(Kazdin, 2005), 기법 자체가 효과에 직접 기여하지 않는다는 것은 "어떠한 변화의 기제 혹은 치료적 요인이 상담 과정에 작동하는가?"에 대한 탐색의 계기를 마련하였다. 여기서는 먼저 치료적 요인의 핵심으로 주목되고 있는 공통요인이 무엇인지 살펴보고, 이러한 공통요인과 특수요인은 어떤 관계를 지니고 있는지에 대해 살펴보도록 하자.

상담이 절대적인 효과가 있으나 그 효과가 상담에서 사용하는 개별적 기법의 차이 때문이 아니라는 결과는 개별적 기법의 특수 효과가 아니라 다른 요인, 즉 기법들이 공유하는 공통요인(common factors), 비특수요인(non-specific factors), 혹은 아직 특수화되지 않은 요인(non-specified factors)에 의한 효과일 것이라는 관심을 불러일으켰다. 그런데 치료적 요인이 기법 자체가 아니라 기법들의 저변에 흐르는 핵심적인 변화 원리라는 인식은 경험 자료에 기초한 상담 성과 연구 결과가 보고되기 이전부터 있어 왔다. 다만 이러한 치료적 요인에 대한 직관적 지혜, 임상적 통찰이 지난 20여 년에 걸쳐 진행된 상담 성과 연구의 결과를 통해 경험적으로 뒷받침되면서 변화 기제 및 치료적 요인에 대한 보다 본격적인 논의로 부상하게 되었다.

변화의 기제, 치료적 맥락, 핵심원리, 치료적 요인[5], 비특수요인 등으로 개념화되는 공통요인이 직관적으로는 상당히 설득력을 지니는 개념이지만 막상 공통요인을 주장하는 학자들의 입장을 자세히 들여다보면 공통요인에 대한 개념적인 합

5) 치료적 요인은 therapeutic factors 혹은 curative factors로 표현되는데 Yalom은 초반에 curative factors라는 표현을 썼으나 이후 therapeutic factors를 사용하겠다고 하였다(Yalom, 2005).

의가 부족하고, 공통요인이 변화의 어떤 측면을 지칭하는지가 불분명하여 공통요인에 대한 논의는 상당히 혼란스럽다(Lampropoulos, 2000; Orlinsky, Ronnestad, & Willutzki, 2004; Tschacher, Junghan, & Pfammatter, 2014). 또한 공통요인의 특성상 실험 조작이 어렵고 이에 따라 상담 성과와의 관계를 논의함에 있어서 공통요인과 상담 성과와의 상관관계만을 보여 줄 수 있을 뿐 인과 관계를 보여 줄 수 없다는 한계를 지니고 있다(Wampold, 2010). 그러나 이러한 한계에도 불구하고 공통요인이 상담 및 심리치료를 통한 내담자 변화의 핵심적인 기제나 맥락을 이해하는 데 중요한 시발점이 된다는 것은 분명하다.

공통요인이 무엇인가를 확인하는 방식은 크게 두 가지 방식으로 이루어지고 있는데, 첫 번째 방식은 실제 심리치료 경험을 바탕으로 공통요인의 종류와 특성을 도출해 내는 방식이고(예를 들면, Frank, 1971; Frank & Frank, 1991; Rosenzweig, 1936; Rogers, 1942), 두 번째 방식은 개념도 혹은 군집분석, 그리고 상담성과 연구의 메타분석 결과를 분석함으로써 경험적 자료를 바탕으로 공통요인을 확인하는 방식이다(예를 들면, Grencavage & Norcross, 1990; Laska et al., 2014; Tracey, Lichtenberg, Goodyear, Claiborn, & Wampold, 2003; Tschacher et al., 2014 등). 전자는 직관적이고 이론적인 방식이라면, 후자는 과학적이고 경험적 방식이라고 할 수 있다.

먼저, 공통요인을 상담 실무의 경험을 바탕으로 이론적 수준에서 제안하고 있는 학자들의 논의는 다음과 같다. 우선, 공통요인이라는 용어를 최초로 사용한 사람은 Rosenzweig(1936)이다. 그는 심리치료의 "도도새 판결, 즉 모두가 이겼으니, 모두가 상을 받아야 한다."라는 심리치료의 '균일성 신화(uniform myth)'를 예견하였는데 그는 의도적으로 사용되는 개입 방식들보다 중요한 몇 가지의 잠재적이고 암묵적인(implicit) 공통요인이 존재한다는 것을 가정하였다. 그가 제안한 공통요인은 네 가지로, 첫째, 영감이나 자극을 불러일으키는 치료자의 인성, 둘째, 치료적 이념을 일관되게 적용함으로써 나타나는 성격의 재통합, 셋째, 암묵적인 심리적 과정(예, 카타르시스, 사회적 재조건화 등), 마지막으로, 심리적 사건의 재조직화이다. 그가 제안한 공통요인에는 치료자의 인성, 치료 과정 원리, 그리고 내담자가 경험하게 되는 변화 내용이 포함되어 있는 것을 볼 수 있다. 이후 Rogers(1942)가 『상담 및 심리치료』 저서에서 치료 과정의 원리로서 무조건적 존중, 공감적 이해와 일치성을 변화의 필요충분조건으로 제안하였는데, 이는 치료 관계가 모든 변화에 가장 기본 요건임을 보여 주는 것으로 이후에도 치료적 관계, 치료적 동맹은 공통요인의 핵심적인 요소로 일관되게 주목받는다.

이후 공통요인 연구의 대표자로 주목받는 Frank(1971)는 공통요인을 역사적이고 문화적인 관점에서 접근하며 여섯 가지의 공통요인을 제시하였다. 특히 그는 내담자와 치료자 간의 정서적으로 충만하고 서로를 신뢰하는 관계를 모든 심리치료의 필요조건이라고 하였으며, 그 외에 내담자가 느끼는 고통의 원인과 회복에 대한 근거(rationale) 혹은 신화(myth)를 제공하고, 그 문제를 다룰 수 있는 대안적 방법을 제시하는 것, 내담자가 성공 경험을 하는 것과 정서적 각성을 경험하는 것, 그리고 치료자의 개인적 자질과 내담자의 변화에 대한 기대를 공통요인으로 꼽았다. 이후에 Frank와 Frank(1991)는 이전에 강조되었던 내담자와 치료자 관계 외에 내담자의 변화에 대한 기대를 강화하고 안전감을 줄 수 있는 치료 세팅(healing setting)을 추가하고, 고통의 원인과 치료 방법에 대한 근거와 신화 제공, 그리고 상담 과정에서 이루어지는 치료적 절차와 의식을 포함하여 공통요인을 네 가지로 재개념화하였다. Rosenzweig, Rogers, 그리고 Frank는 공통요인을 본격적으로 언급하기 시작한 심리치료자들로 기법보다는 상담자의 인성, 상담 관계, 상담 과정의 고유한 구조, 내담자 이해와 개입의 일관성, 내담자에게 나타나는 경험을 중요하게 다루고 있는 것을 볼 수 있다.

공통요인을 확인하는 또 다른 방식은 경험적이고 과학적인 방식이다. 이러한 방식으로 공통요인을 밝히려고 한 대표적인 연구들은 다음과 같다. Grencavage와 Norcross(1990)는 치료적 공통요인과 관련된 문헌 50개를 개괄하여, 89개의 공통요인을 추출하고, 이들 중 적어도 5개 이상(검토한 전체 논문의 10%)의 문헌들에서 언급한 공통성(commonality)을 바탕으로 공통요인을 35개로 제한하였고, 이를 바탕으로 연구자들 간에 가장 합의된 공통요인이 무엇인지 탐색하고자 하였다. 연구자들은 35개의 공통요인을 다시 5개의 상위 범주(내담자 특성, 치료자 자질, 변화 과정, 치료구조, 관계)로 분류하였다. 이들의 연구에 따르면, 공통요인 연구에서 가장 많이 언급되는 요소는 치료적 동맹으로 50개의 연구 가운데 56%의 연구자들이 치료적 동맹을 공통요인으로 포함하였다. 그다음으로는 카타르시스의 기회를 제공하는 것(38%), 새로운 행동을 습득하고 연습하는 것(32%), 내담자의 기대(26%), 치료자의 좋은 자질(beneficial therapist qualities)(24%), 치료적 해석(therapeutic rationale)을 제공하는 것(24%)의 순으로 나타났다. Greencavage와 Norcross의 연구는 기존 공통요인 연구들을 토대로 공통요인의 공통성(commonalities)을 정리하여 이름을 부여하는 체계를 세운 점에서 가치가 있다(Tracey et al., 2003).

Tracey 등(2003)은 Grencavage와 Norcross(1990)가 제시한 35개 공통요인의 공통성을 가지고 다차원 척도법과 군집분석을 이용한 경험적인 방법을 통해 상위 범주로 분류하였으며, 이들 간의 관련성을 탐색하고자 하였다. 그 결과 공통요인을 개념화하는 데 있어 공통요인은 2개의 차원과 3개의 군집으로 확인되었다. 확인된 두 차원은 먼저 '뜨거운(감정) 대 차가운(인지) 과정' 차원과 그리고 '치료 과정 내 활동 대 치료 과정 밖 활동' 차원으로 나타났는데 치료자에 따라 어떤 차원을 더 강조하는지에 차이가 있을 수 있다. 그리고 공통요인의 세 가지 군집은 치료적 유대감, 유용한 정보 제공, 그리고 상담 과정의 구조화로 나타났다. Tracey 등(2003)의 연구는 공통요인의 종류와 더불어 이들이 발현되는 차원을 구별하여 제시함으로써 치료적 요인이 어떻게 변화 기제로 작동하는지를 경험적 자료를 통하여 보여 주었다는 데 의미가 있다(Joyce et al., 2006).

Laska 등(2014)은 그동안 이루어진 상담 성과 연구의 경험적 결과들을 메타분석한 결과들을 제시하였다. 이들은 공통요인의 중요성을 강조하는 것은 '너무 당연하고 상식적인 주장이 아니라 과학적 연구 결과에 근거한 결론'임을 구체적으로 보여 주고자 하였다. 그들은 선행 연구의 결과를 바탕으로 공통요인과 특수요인의 효과크기를 제시하였다. 이들이 검토한 주요 공통요인의 효과크기와 분석 대상이 된 연구 숫자를 살펴보면 작업동맹(.57, 190개 연구), 공감(.63, 59개 연구), 목표 합의 및 협력(.72, 15개 연구), 긍정적 존중(.56, 18개 연구), 일치성(.49, 16개 연구) 그리고 치료자 효과(.46, 46개 연구)였다. 이러한 공통요인의 효과크기는 통계적으로 거의 유의하지 않은 수준으로 밝혀진 특수요인의 효과와 비교할 때 공통요인이 상담 실무와 연구에서 보다 주목해야 할 요인이라는 것을 과학적으로 입증한 결과라고 하겠다.

공통요인의 종류를 임상적 경험을 바탕으로 도출해 내는 경우와 경험적 자료를 기반으로 과학적 분석을 통해 확인하는 경우를 구별하여 공통요인의 종류를 살펴본 결과는 〈표 2-1〉에 요약하여 제시하였다. 여기에 제시된 공통요인의 종류를 살펴보면, 임상적 결과로 도출된 요인들이 실제 경험적 자료에서도 중요한 요인으로 타당화되고 있는 것을 볼 수 있다. 여러 연구자에게서 공통적으로 주목되고 있는 핵심적 공통요인은 치료적 관계, 상담자의 치료적 자질, 내담자의 문제 설명 틀과 개입의 일관성, 상담자와 내담자 간에 공유된 목표와 과업, 내담자의 기대, 내담자의 심리적 과정 및 행동의 변화 등으로 정리될 수 있다. 이러한 핵심적 공통요인이 어떻게 상담의 성과에 기여하는지는 상담 과정과 구조 속에서 이들이 어떻게 작동하는지에 관한 변화 과정과 기제에 대한 탐색을 필요로 한다. 이러한 필요는 공통요인, 특수요인의 차별성과 더불어 이들이 어떤 관련성을 갖는지에 대한 논의를 촉발하고 있다.

〈표 2-1〉 공통요인의 종류 및 특성

연구자	공통요인	주안점
Rosenzweig (1936)	1) 영감이나 자극을 불러일으키는 치료자의 인성 2) 치료적 이념을 일관되게 적용함으로써 나타나는 성격의 재통합 3) 암묵적인 심리적 과정(예, 카타르시스, 사회적 재조건화 등) 4) 심리적 사건이 재조직화	다양한 심리치료 접근들 간의 암묵적인 공통적 요인에 주목함
Frank (1971)	1) 치료자와 내담자 간의 강렬하고, 정서적으로 충만하며 신뢰로운 관계 2) 고통의 원인과 회복에 대한 근거 혹은 신화 제공 3) 문제의 근원과 특성에 관한 정보를 제공, 대안적 방법 제시 4) 치료에 대한 기대를 강화 5) 희망과 숙달감을 가질 수 있는 성공 경험 제공 6) 정서적 각성 촉진	다양한 치료에서 심리치료의 성과로 이어지는 일반적인 특징들을 역사적이고 문화적인 관점으로 접근함
Frank & Frank (1991)	1) 치료자와 내담자 간의 정서적으로 충만하며 신뢰로운 관계 2) 치료 세팅 3) 증상에 대한 그럴듯한(plausible) 설명(rationale), 치유 절차 및 의식을 제공하는 근거 제공 4) 내담자와 상담자 모두 치료적 의식과 절차에 참여	치료적 관계와 더불어 내담자 문제에 대한 설명과 치료적 개입의 일관성, 내담자와의 공유를 강조함

Grencavage & Norcross (1990)	1) 내담자 특성(client characteristics) 2) 치료자 자질(therapist qualities) 3) 변화 과정(change process) 4) 치료 구조(treatment structure) 5) 관계(relationship elements)	공통요인의 연구들을 검토하여 공통성(commonality)을 정리하고, 이를 5개의 상위 범주로 묶어서 제시함
Tracey 등 (2003)	1) 2개의 차원: 뜨거운(감정) 대 차가운(생각) 과정, 치료 내적인 활동 대 치료 외적인 활동 2) 3개의 군집: 유대감, 정보 제공, 구조	Grencavage & Norcross (1990)에서 도출된 공통성을 경험적인 방법으로 상위 범주로 묶고 그 관계를 탐색함
Laska 등 (2014)	1) 작업동맹 2) 공감 3) 공유된 목표/협력 4) 일치성/진정성 5) 치료자 효과	선행 연구에서 보고된 공통요인의 실제 효과크기를 제시하여 공통요인의 영향력을 과학적으로 입증하고자 함

2) 변화 기제에 대한 이해: 공통요인과 특수요인의 상보적 관계

공통요인을 제시한 초기의 모델들은 개별 이론들이 공유하는 '요인'들을 밝히는 '공통요인 모델(the common factors model)'이라면(예를 들면, Frank, 1971; Rosenzweig, 1936 등), 이후에 공통요인을 제시한 모델은 상담 과정에서 변화가 어떻게 일어나는지를 보다 메타적인 관점에서 분석하여 변화의 기제를 밝히려는 '맥락 모델(the context model)'(예를 들면, Duncan et al., 2010; Frank & Frank, 1991; Wampold, 2003; Wampold & Imel, 2015 등)이다(Joyce et al., 2006). 이렇듯 '요인'에서 '기제'로의 논의 초점이 변화한 것은 공통요인의 특성에 대한 이해를 통해 상담 및 심리치료 과정에서 이루어지는 변화가 과연 '어떤 요인들에 의해' '어떤 맥락에서' '어떠한 기제를 통해' 이루어지는지를 보다 구조적으로 탐색하려는 노력의 진보라고 생각할 수 있다.

공통요인을 목록화하는 것에서 논의가 그칠 경우 마치 공통요인이 특수요인과 대비되는, 혹은 경쟁하는 또 다른 종류의 기법처럼 보게 될 위험성이 있다. 이에 반해, 맥락 모델은 보다 메타적인 관점에서 심리치료의 목적, 그리고 상담 과정/구조 그리고 상담자/내담자의 역할을 봄으로써, 목록화된 공통요인이 서로 어떻게 연결되는지를 구조적으로 보여 주어, 상담 과정에서 변화 기제가 어떻게 작동하는지에 대한 초점을 갖게 한다. 그리고 심리적 변화의 맥락과 기제에는 공통요인과 특수요인간의 상보적 관계가 있음을 전제하고 있다. 공통요인과 특수요인의 상보적 관계는 Yalom(2005)의 치료적 요인에 대한 논의에서 잘 표현되어 있다. 그는 상담 '표면에 드러나는 것(front)'과 치료과정에 '내재화되어 있는 핵심(core)'을 구별하여 전자는 치료 과정에서 겉으로 드러나는 것들, 형식, 기법, 특정한 언어, 특정 이론에서 풍겨 나오는 분위기에 해당하는 것이며, 후자는 치료 과정에 내재화되어 있는 '골수와 같은 변화 기제(bare-boned mechanisms of change)'에 해당한다고 하였다. 그리고 치료 과정의 핵심이 바로 치료의 원리(therapeutic factors, not curative factors)이며, 이러한 원리는 치료 전면에 드러나는 기법에 담겨야 하는 상호보완적 관계임을 강조하였다. 비슷한 맥락에서 Duncan 등(2010)은 공통요인이 '어떻게(how)'에 해당하는 것이라면, 특수요인은 '무엇을(what)'에 해당하는 것으로 설명한다. 이들은 심리치료에서 무엇이 효과적인지를 밝히려는 노력보다는 이미 효과적이라고 밝혀진 다양한 기법들을 어떻게 전달하는가에 관심을 기울여야 함을 강조하였다.

Tschacher 등(2014)은 실제 상담 장면에서 공통요인이 특수요인을 통해 어떻게 구현되는지를 경험적으로 분석하고자 하였다. 선행 연구에 기초하여 22개의 공통요인을 선정하고, 4개의 주요 상담 이론(정신역동, 인지행동치료, 인본주의적 치료, 체계적 접근)에서 제안하고 있는 22개의 상담 기법을 목록화하여 이들이 상호 어떻게 연결되는지를 일종의 매트릭스로 제시하고자 했다. 총 68명이 연구에 참여하였는데 이들은 심리치료 실무와 연구를 활발히 진행하고 있는 독일어를 사용하는 심리학자들이였다. 이들에게 "각 공통요인이 22개 개별 기법에 의해 얼마나 시행될 수 있다고 생각하는지?"를 5점 척도에 표시하도록 하여 각 공통요인을 가장 잘 반영하는 기법들의 종류와 잘 반영하기 어려운 기법들을 표로 제시하였다. 예를 들면, 작업동맹은 '정서를 언어적으로 표현하기' '긍정적 강화' '포커싱' 기법으로 잘 수행이 되지만 '바이오피드백 훈련' '성찰팀(reflective team)[6]을 활용한 기법' '점진적 근육 이

6) 성찰팀 기법이란 가족 치료에서 사용하는 기법으로, 일방경을 통해 실제 가족 치료 과정을 관찰한 치료진들이 치료 과정의 가족 상호작용에서 나타난 특성과 문제점에 대해 토의하는 것을 가족들이 관찰하도록 하는 방법이다.

완 훈련 기법'으로는 잘 수행이 되지 않는다는 결론을 얻었다. 22개의 공통요인과 22개의 기법을 연결 지어 방대한 매트릭스를 작성한 이들 연구는 공통요인의 구현이 어떤 구체적 기법을 통해 이루어지는지를 실제 치료자들의 보고에 기초하여 밝히고자 했다는 의미를 지닌다. 그러나 공통요인과 특수요인의 상호적 관계는 상담 실제 장면의 현장성과 관계성에 민감하게 영향을 받는 역동적인 특성을 지니고 있어서 이 둘의 관계를 고정된 규칙을 세워 설명하는 것에는 한계가 있다. 공통요인과 특수요인의 통합은 상담의 예술적 기예에 해당하는 부분이라고 할 수 있다. 그렇기에 상담자는 되도록 효과성이 입증된 다양한 기법들에 능숙할 수 있도록 훈련을 받는 것이 매우 중요하며, 동시에 공통요인의 암묵적인 특성에 대해서도 받아들일 필요가 있다(Laska et al., 2014; Wampold, 2010; Yalom, 2005).

상담 성과 연구의 대표적 연구자인 Wampold는 Budge와 함께 상담 성과 연구 초기부터 방대한 메타분석의 자료를 치밀하게 분석하여 상담의 치료적 기제를 구체적으로 제시하였다([그림 2-1] 참고). Wampold와 Budge(2012)는 맥락 모델을 통해 공통요인과 특수요인이 치료적인 관계 안에서 어떻게 함께 작용하면서 심리치료 성과를 만들어 가는지 제시하였다. 이 맥락 모델은 수십 년에 걸쳐 이루어진 치료 요인의 연구에서 확인된 핵심 치료 요인들(치료동맹, 치료자 자질, 내담자 특성)을 바탕으로 "치료 기제가 어떻게 작동하는지?"를 보여 주려는 모델로 이론적, 실제적 시사점이 크다. 맥락 모델에서는 내담자와 상담자가 만나서 형성하는 초기 유대의 중요성을 인간의 진화적 특성에 근거하여 매우 중요하게 다룬다. 상담 초기 유대 관계는 내담자가 상담자를 만나는 순간, 찰나에 형성되는 것으로 내담자의 초기 애착 관계, 공감 가능성에 생물학적 근거를 두고 있는 신뢰, 안정성 형성의 핵심적인 부분에 해당한다. 물론 내담자의 의식선상에서는 상담자의 전문성, 자신의 스키마에 기초한 이해를 통하여 상담 관계의 기반이 형성된다. 상담에서 이러한 신뢰와 안정성이 형성되고 나면 실제 관계(real relationship)(Gelso, 2002, 2009), 기대 형성(Frank & Frank, 1991), 치료적 행동에 참여라는 세 가지 치유의 통로가 작동하기 시작하면서 내담자의 삶의 질이 나아지고 증상이 완화되는 형태로 심리치료의 성과가 나타나게 된다. 여기서 공통요인과 특수요인의 역동적인 상호작용을 살펴볼 수 있는데, 기대 형성의 경우 치료자와의 만남을 통해서 자신이 가지고 온 문제가 해결될 수 있을 것이라는 희망을 가지게 된다. 이때 상담자가 내담자 문제에 대해 그럴듯한 설명을 제공해 주고, 일관된 개입을 하게 될 때 내담자가 이를 수용하게 되면 내담자와 치료자는 치료적 동맹을 형성하고 치료 목표에 합의하며 실제로 과업을 수행하게 되는데 이 과정에서 초기 기대는 더욱 공고해진다. 또한 치료적 관계는 내담자로 하여금 치료적 활동에 참여하도록 유도하는 역할을 하며 이러한 활동이 치료적 성과로 이어지는 동시에 기대를 형성하는 데도 중요하게 작용한다. Wampold의 맥락 모델은 [그림 2-1]에 제시된 바와 같다. 맥락 모델은 고정되어 있는 하나의 모델이 아니라 상담자의 이론적 배경이나 내담자의 고유한 특성에 따라 구체적인 개입의 내용이 담길 수 있는 구조이며 기제라는 것을 이해하는 것이 중요하다.

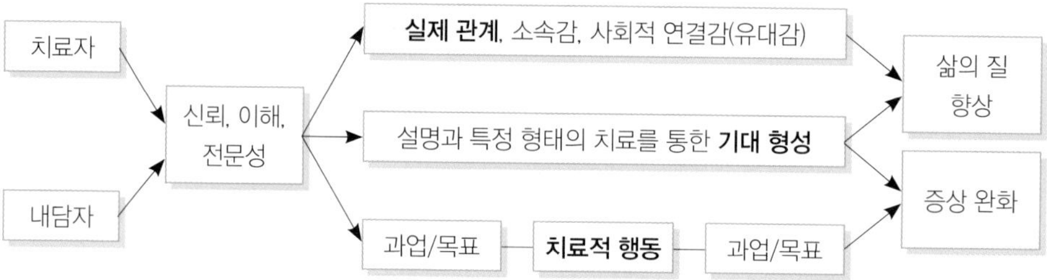

그림 2-1 맥락모델(Wampold & Budge, 2012, p. 605)

3) 치료적 요인 및 변화 기제에 대한 국내 연구 동향

국내의 치료적 요인에 관한 연구들은 상담자 혹은 내담자 특성을 중심으로 이루어진 경우가 대부분이다. 상담 성과에 기여하는 상담자 요인으로는 상담자의 태도, 상담자와의 관계, 상담자가 사용하는 기법 혹은 개입, 상담자의 외적 특성, 상담자의 전문성, 자기 관리 능력, 새로운 시각 제시 등이 제시되고 있다. 상담자 요인을 다루고 있는 개별 논문에 대한 정보는 〈표 2-2〉에 제시하였다. 최근에는 치료 요인 관련 연구를 개관한 연구들이 발표되고 있는데 주은선과 박영주(2015)는 한국심리학회지의 창간년도인 1983년부터 2012년까지 발표된 연구 논문들 중 상담자를 주제로 한 107편의 논문들을 검토하였다. 이들이 검토한 바에 따르면, 국내의 상담자 관련 연구는 2000년도 이후부터 연구 편수가 많이 늘었고, 연구 내용도 상담자의 기술에서 상담자의 추론된 특성(개인적 특성, 가치관, 성격, 태도)이나 상태(치료 관계, 이론적 지향, 윤리)로 확장되고 있음을 보고하였다. 국내에서 상담 성과 연구가 비교적 많이 진행된 집단상담 연구 분야에서도 치료적 요인을 중심으로 논문 결과를 재분석한 논문이 발표되었다. 이윤주(2015)는 1994년부터 2013년까지 국내, 국제 학술지에 발표된 논문들에서 집단상담의 치료적 요인에 관한 연구 동향이 어떻게 나타나고 있는지를 분석하였다. 분석 결과, 국내의 집단상담 참여자들은 '통찰-진보' 영역의 요인을 가장 중요하게 평가하였고, 반면 서구의 경우는 '관계-분위기'를 가장 중요한 치료적 요인으로 평가하고 있는 것으로 나타났다. 그런데 이러한 차이는 국내의 경우 일반인을 대상으로 하는 집단상담이 주로 진행되었고, 서구의 경우는 특정 유형의 임상 집단이 분석 대상에 많이 포함되어 있음을 고려하여 해석할 필요가 있다. 이렇듯 최근 들어 국내 상담의 치료적 요인에 관한 논문을 총체적으로 리뷰하고자 하는 노력들은 국내 상담 성과 및 치료적 요인 연구의 현시점, 그리고 나아가야 할 방향을 제공하였다는 점에서 매우 의미 있는 노력이라고 볼 수 있다.

국내 상담 성과 연구에서 개별 요인으로 가장 많이 연구된 변인은 작업동맹이다. 김은하, 박승민(2011)은 국내 작업동맹 연구 동향을 분석하였고, 최한나, 권윤주, 강귀옥(2015)은 작업동맹의 효과크기가 국내 상담에서도 유의한 효과크기(.57)를 갖는다는 것을 확인하였다. 또한 실제 상담 현장에서 얻어진 종단 자료를 분석하여 작업동맹과 상담 성과의 상호작용을 확인하였으며(윤정숙, 유성경, 홍세희, 2012), 상담기대와 상담 성과의 관계에서 작업동맹이 매개 효과를 보이는 것을 확인하기도 하였다(유성경, 손난희, 2010). 이러한 논문들은 상담 성과와 관련된 요인들 간의 관계를 성과와 관련지어 경험적 분석을 하였다는 데서 국내 성과 연구가 진일보한 것이라 보인다.

국내 상담 성과 요인들 가운데 주목해야 할 영역 중의 하나는 문화적 차이로 인해 차별화되어 나타나는 한국적 상담의 고유한 치료 요인에 관한 연구들이다(예를 들면, 김창대, 권경인, 한영주, 손난희, 2008; 이은경 외, 2007; 장성숙, 2002 등). 이들 연구 결과에 따르면, 한국 상담자들에게 부모 혹은 어른으로서의 역할, 개입에 있어서의 적극성이 기대되는 것으로 나타났다. 그런데 이러한 한국의 고유한 상담자의 치료적 자질이 서구에서 논의하고 있는 공통요인과 대비되는 특성으로 볼 것인지 아니

〈표 2-2〉 치료적 요인에 관한 대표적 국내 연구 결과

구분	연구자	상담성과(도움경험)를 가져오는 요인
상담자 요인	김창대 등 (2008)	1) 내담자에 대한 이해, 2) 상담 관계, 3) 상담자 태도, 4) 상담 기법, 5) 상담자 자기 관리
	김창대 등 (2009)	1) 상담자의 태도, 2) 상담 관계, 3) 내담자에 대한 이해 능력, 4) 상담 기법, 5) 상담자의 외적 특성
	김영근(2013)	1) 내담자에 대한 존중적 태도, 2) 상담자의 수용적 태도, 3) 대하기 편안한 상담자, 4) 경험이 풍부한 상담자, 5) 전문가로서의 상담자, 6) 문제를 인식하게 하는 개입, 7) 변화를 실천하게 하는 개입
	박수영, 최한나 (2013)	1) 내담자에 대한 종합적 이해, 2) 내담자에 대한 기본적 태도, 3) 상담 개입 1(정서적-현상학적 탐색), 4) 상담자의 전문성, 5) 상담 구조화, 6) 상담 관계의 치료적 활용, 7) 상담 개입 2(인지적, 교육, 학습, 정보 제공)
	신재호, 정남운 (2007)	1) 공감, 2) 편안한 분위기 유도, 3) 새로운 시각 제시, 4) 상담자의 보편화, 5) 자기 개방, 6) 지지, 7) 개인적 노력
	박가람, 정남운 (2008)	1) 상담자의 경청, 2) 공감과 이해, 위로, 3) 친절하고 따뜻한 태도, 4) 문제 해결 방법을 제시하고 조언해 줌, 5) 새로운 시각 제시
내담자 요인	박가람, 정남운 (2008)	자신의 이야기를 함(자기 개방)
	신재호, 정남운 (2007)	1) 솔직한 자기 개방, 2) 적극적 태도, 3) 실생활과 상담 연계, 4) 자기 성찰
	강현주, 장성숙 (2006)	1) 솔직한 자기 개방, 2) 문제 해결에 적극적인 태도와 행동, 3) 일상생활에서 상담과 관련된 행동과 태도를 보인 것
변화 조건	김창대(2009)	1) 진정성의 경험 2) 자기 타당화 3) 패턴의 수정 4) 다양한 지식과 기술의 습득 5) 실존적 선택과 책임의 수용
치료적 기제	윤호균(2005)	1) 온전한 이해와 수용의 경험 2) 공상의 자각: 문제와 현실이 자기가 만든 공상임을 자각하는 것 3) 탈동일시와 참 존재

면 인간 변화에 관여하는 보편적인 치료 요인 및 변화 기제에서 나타나는 문화적 표현 양태로 볼 것인지는 보다 심도 있는 논의들이 필요하다고 보인다.

국내 연구에서 상담 성과에 기여하는 내담자의 특성으로 보고되고 있는 것은 상담에 대한 기대, 자기 개방, 상담에 대한 적극적 태도와 실생활과 및 상담을 연계하는 것, 자기 성찰 태도 등이 있는데 자세한 연구 목록은 〈표 2-2〉에 제시되었다.

한편, 국내에서도 치료적 요인 혹은 변화 기제에 대한 가설을 제시하는 시도들이 이루어지고 있다. 김창대(2009)는 상담의 궁극적인 목적인 내담자의 변화를 중심으로 상담 이론을 재구조화하여 내담자 변화를 촉진하는 다섯 가지 조건으로 진정성의 경험(authenticity), 자기 타당화(self validation), 패턴의 수정(pattern change), 다양한 지식과 기술의 습득(acquisition of knowledge and skills), 그리고 실존적 선택과 책임의 수용(taking existential position)을 제시하였다. 또한 윤호균(2005)은 연구자의 상담 경험을 바탕으로 한 온 마음 상담의 치료적 기제의 세 가지로 온전한 이해와 수용의 경험, 공상의 자각(문제와 현실이 자기가 만든 공상임을 자각하는 것), 그리고 탈동일시와 참 존재를 제안하고 있다. 서구에서 제안되고 있는 변화 기제 모델들이 상담 성과와 관련된 경험 연구 결과에 기초하였다면, 국내에서 제안되고 있는 변화 기제 모델은 이론에서 공통점을 추출하거나 연구자 자신의 개인적 임상 경험을 바탕으로 하였다는 점에서 차이가 있다. 그렇기에 국내에서도 상담 실무와 연구의 긴밀한 협력을 통한 실무 기반 연구, 연구 기반 실무의 바탕을 마련하는 것은 앞으로의 과제라고 하겠다.

4) 치료적 요인 및 변화 기제에 관한 연구 결과의 실천적 함의

이제까지 국내외에서 이루어진 상담 성과에 기여하는 치료적 요인에 관한 논의를 살펴보았다. 상담 성과는 상담자의 치료적 자질이 치료적 관계 맥락을 통해 내담자에게 설득적으로 전달되고, 내담자의 사기가 진작되어 상담자와 내담자가 공유한 목표와 과업을 가지고 새로운 시각, 감정, 행동을 시도해 볼 수 있는 협력의 기회가 제공될 때 이루어지는 것으로 나타났다. 이러한 치료적 과정은 공통요인과 특수요인의 상보적 관계, 역동적 과정을 담아낼 수 있는 변화 기제 모델로 제안되고 있다. 반세기 동안 효과가 검증된 기법들, 400여 개 이상으로 발전된 상담 이론들은 이 기제에 담길 '무엇'을 충분히 드러내었고, 앞으로의 연구와 실무는 새로운 '무엇'을 찾기 위한 노력보다는 이미 밝혀진 치료적 '무엇'을 '어떻게' 구현해야 할 것인지에 대한 집중적인 노력을 기해야 한다. 이것이 상담 성과와 치료적 요인에 관한 이제까지 연구들의 제언을 함축한 것이다. 상담 실무와 상담자 교육 및 훈련에 주는 보다 구체적인 함의는 다음과 같다.

첫째, 상담 개입을 통해 변화의 원리와 기제가 함께 작동되어야 한다

상담 성과 연구 결과가 상담 실무에 주는 가장 중요한 시사점은 특수요인과 공통요인의 상보적 관계가 원활히 이루어져 상담 과정에서 변화 기제가 작동할 때 상담의 성과를 보인다는 것이다. 이에 상담자가 실제 상담 개입을 할 때 그 개입을 통해 공통요인이 작동되고 있는지를 늘 유념할 필요가 있다. 상담 기법의 기계적인 적용—예를 들면, 공감적 관계를 위해서는 적극적 경청, 정서적 환기를 위해서는 빈 의자 기법, 통찰을 위해서는 해석 등—과 같이 마치 기법 자체가 어떤 기능을 한다고 이해하게 되면 상담은 혼이 빠진 기술로 전락하고 만다. 매뉴얼에만 매인 개입은 내담자들에게 설득력이 없었지만, 상담자가 자신이 신뢰하는 기법을 사용할 때는 효과가 나타났다는 성과 연구의 결과는 상담자가 다양한 상담 기술을 사용하되 그 기술을 왜, 어떻게 사용해야 하는지에 정통하고 있어야 함을 보여 준다.

둘째, 상담자가 '무엇을' 하느냐보다 '어떤 사람'인지가 중요하다

공통요인으로 주목되는 상담 관계, 내담자 기대 형성, 공감 등의 요인들은 상담자의 기법보다 상담자가 어떤 사람이냐에 더 많은 영향을 받는 요인들이다. Mahoney(1991)는 "상담자가 어떤 사람인가 하는 것이 상담자의 이론적 오리엔테이션 그리고 구체적으로 사용하는 상담 기법보다 적어도 8배는 더 많은 영향을 미친다."라고 하였다. 기법 간의 차이보다는 같은 이론적 오리엔테이션 내에서 상담자 간에 보이는 차이가 더 유의한 차이가 있다는 결과(Beck, Greenberg, & McWilliams, 2012)도 상담에서 무엇을 하느냐보다 누가 하느냐가 더 중요하다는 사실을 보여 준다. 내담자의 문제 유형이나 사용하는 기법의 종류와 상관없이 상담 성과가 좋은 상담자들이 있다는 결과(Critis-Cristoph & Mintz, 1991; Wampold & Brown, 2005)도 상담자가 누구인가가 얼마나 중요한가를 보여 주는 결과이다. 그런데 '무엇을' 하고 있는가는 전면에 드러나는 가시적 행동이므로 측정과 훈련이 용이하지만, '어떤' 사람인지는 전면에 드러나지 않는 암묵적이고 비가시적인 특성이라서 측정하기도 훈련하기도 어렵다.

상담자가 어떤 사람인지에 대한 내담자의 지각은 상담자가 어떤 개입을 시작하기 이전부터 이루어지고, 이러한 지각은 이후 상담자 개입의 가장 중요한 맥락이 된다. Wampold와 Budge(2012)의 관계 모델에서는 치료의 기제가 작동하기 가장 초반에 형성되는 치료 관계 형성의 중요성을 강조하였는데, 이는 내담자가 상담자를 처음 대하게 되는 아주 초기의 순간에 상담자가 얼마나 안전하고 신뢰할 수 있는 사람인가를 본능적으로 지각한다는 점을 보여 준다. 이러한 결과는 상담자 스스로가 어떤 치료적 자질을 가지고 있는지에 대한 끊임없는 성찰과 더불어 내담자에게 자신이 어떤 사람으로 지각되고 있는지에 대한 세심하고, 개방적인 검토가 중요함을 시사해 준다.

셋째, 내담자 피드백에 기반을 두고 상담 성과를 지속적으로 모니터링해야 한다

상담 성과의 증거로 실험실에서 검증된 효과성(efficacy)만을 기준으로 삼는 '경험적으로 지지된 치료(EST)'의 한계가 지적되면서, 실제 상담 현장에서 내담자의 증상의 호전 정도를 상담 성과의 증거로 삼아야 한다는 주장이 제기되고 있다. 실제 상담 현장에서 내담자의 호전 정도를 측정하고 그 결과를 상담자에게 피드백하여 주는 '실제에 기반을 둔 증거(Practice-Based Evidence: PBE)'는 상담의 책무성을 보장하되 상담 실제에 적절한 증거를 사용한다는 점에서 고무적이다. 실험실 결과뿐만 아니라 상담 실제로부터 얻은 증거에 기반하여 상담자가 개입의 방향을 조정하게 될 때, 난관에 봉착되었던 상담 관계가 회복되어 중도 탈락률이 줄어들고, 상담 성과가 호전되었다는 이러한 결과는 실제 상담에서 상담 성과의 지속적인 모니터링이 중요함을 보여 준다.

상담 현장에서 상담 성과에 대한 지속적인 모니터링을 하기 위해서는 상담 성과 평가 체계를 도입해야 하고, 이와 더불어 상담자 개인이 자신의 상담에 대한 내담자의 피드백을 적극적으로 듣고자 하는 열린 태도가 필요하다. 자신이 제공하는 상담이 내담자에게 별로 도움이 되지 않거나 오히려 해를 주고 있을지도 모른다는 생각은 상담자로서는 직면하기 매우 어려운 사실일 수 있다. 그러나 상담 실제에서 얻게 되는 피드백을 자신의 상담 능력에 대한 평가로 받아들이기보다는 내담자와 동맹을 형성하기 위해 필요한 정보로 이해할 필요가 있다. 상담자와 내담자가 목표와 과업을 공유하는 것이 상담 성과에 기여하는 매우 중요한 공통요인이라는 연구 결과를 고려할 때, 내담자의 피드백을 통해 상담 성과를 지속적으로 모니터링하여 상담 목표와 과업을 탄력적으로 조정해 나가는 과정은 상담 과정에서 매우 중요한 부분이다. 물론 내담자 증상의 호전이나 상담 회기에 대한 평가에 따라 상담자의 개입 내용이나 방향이 전적으로 결정되어서는 안 되며 상담 개입의 최종적인 결정은 결국 상담자가 내려야 한다(Weisz et al., 2015). 그러나 실제 상담이 진행되면서 나타나는 내담자의 증상 호전 정도는 상담자의 개입 결정 과정에서 고려해야 하는 중요한 판단 자료가 될 것이다.

넷째, 상담자는 다양한 상담 기법에 능숙해야 한다

상담 기법에 따른 상대적 효과의 차이가 거의 없다는 연구 결과를 개별 이론이나 이론에 근거한 기법이 중요하지 않다는 의미로 해석해서는 안 된다. 대표적인 공통요인의 중요성을 지지하는 연구자들도 공통요인과 특수요인의 상보적 관계를 강조하여 그 어느 것도 소홀히 해서는 안 된다는 입장을 분명히 밝히고 있다. 공통요인은 치료적 맥락과 변화 기제를 보여 주는 것이며 이것이 하나의 기법으로 해석되어서는 안 된다. 이 점에 대하여 Laska 등(2014)은 '공통요인 치료(common factor treatment)'가 따로 있는 것이 아니라 각각의 내담자와 상담자에 맞게 공통요인과 특수요인의 조합이 고유한 방식으로 이루어질 수 있다는 점을 강조하였다. Yalom(2005)도 과학적으로 효과성이 입증된 다양한 상담 기법을 상담자가 숙지하여, 필요에 따라 다양한 개입을 구사할 수 있어야 함을 시사한 바 있다. 내담자 특성, 상담 단계, 상담자 이론적 배경에 따라 공통요인이 특수요인과 어떤 관계로 성과에 기여하는지를 밝히려는 최근의 상담 연구들은 상담 실무에 보다 근접한 시사점을 주는 연구들로 볼 수 있다.

다섯째, 상담자는 내담자 문제 이해와 개입에 일관되게 적용할 수 있는 이론에 정통해야 한다

상담자는 내담자 문제에 대한 이해와 개입의 일관성을 유지하기 위해 상담 이론에 정통해야 하며, 그 이론의 가치와 설명력에 대한 믿음이 있어야 한다. 내담자의 문제를 내담자의 세계관에 맞는 방식으로, 그러나 내담자가 봉착해 있는 특정 방식의 설명 틀에서 벗어날 수 있는 방식으로 '그럴듯하게' 설명할 수 있어야 하고, 그것이 상담 개입과 일관될 때 내담자의 감정, 사고, 행동의 변화가 촉발될 수 있다. 상담자는 이론적 오리엔테이션을 가지고 자신의 세계관, 성격, 가치, 자기 문제를 가장 설득력 있게 설명한다고 여겨지는 이론을 택하여 발전시켜 나가야 한다(Corey, 2012). 상담자가 자신이 선택한 이론의 가치와 설명력에 대한 신뢰를 갖지 못하게 될 때 내담자에게 믿음을 주고, 상담 과정에 협력자로 참여시키기 어렵다. 상담자가 매료되고 설득된 이론으로 내담자를 이해하고 문제 해결의 전략을 구사하게 될 때 내담자가 견고하게 믿고 있던 자기만의 틀에서 벗어나 새로운 방식으로 자신과 문제를 바라볼 수 있도록 설득될 수 있을 것이다.

여섯째, 동맹을 이루는 상담 관계의 중요성은 아무리 강조해도 지나치지 않다

공통요인 가운데 가장 많이 언급되고, 연구된 요인은 작업동맹이다. 이는 작업동맹을 측정할 수 있는 타당하고 신뢰로운 측정 도구가 있기 때문이기도 하고, 작업동맹이 실제로 핵심적인 치료 요인때문이기도 하다. 치료적 동맹과 상담 성과는 상호적인 결과로서 작업동맹이 성과에 영향을 주기도 하지만 성과가 좋아지면서 동맹이 강화될 수 있다는 연구들(Crits-Christoph, Gibbons, & Hearon, 2006; DeRubeis, Brotman, & Gibbons, 2005)은 상담 성과에서 작업적 동맹의 역할을 보다 구체적으로 이해할 수 있도록 한다. Wampold와 Budge(2012)가 제안한 맥락 모델에서는 Horvath와 Greenberg(1989)가 제안한 작업동맹의 3개 하위 구인을 정서적 유대와 목표 및 과업의 공유를 분리하여 제시하고 있다. 이들의 관계 모델에서는 작업동맹의 3차원 가운데 정서적 유대 차원이 가장 초반에 형성되어야 하는 관계적 요소임을 보여 주고 있다. 이러한 시도는 치료적 관계의 다면적인 특성을 보다 구조적으로 접근할 수 있는 가능성을 열어 놓았다.

일곱째, 내담자 문제 진단보다는 내담자 이해가 중요하다

의학적 모델에 기초한 증거 기반 개입에서는 우선적으로 내담자 문제의 진단을 중요시한다. 그러나 인간의 심리적 문제는 병인론적으로 문제를 진단하여 문제 처방을 하는 것은 불가능할 뿐만 아니라 실제 효과성도 적은 것으로 나타났다. 이러한 결과는 내담자에게 문제 중심으로 접근하는 것 대신에 내담자를 한 사람으로서 이해하는 것이 필요하다는 점, 겉으로 드러나는 증상과 더불어 그 증상을 경험하고 있는 내담자의 이면적 상태, 증상이 표현된 삶의 맥락을 통합적으로 이해하는 것이 필요하다는 점을 시사한다. 그리고 이러한 이해에는 일관된 설명 체계가 있어야 한다. '내담자가 왜 하필이면 이 시점에 도움을 받으러 왔는가?' '어떠한 경험이 내담자에게 어떻게 받아들여졌기에 견딜 수 없는 고통을 유발하고 있는가?'를 이해하려는 접근은 특정 문제가 내담자의 문제를 유발했다고 설명하는 기계적 설명과는 패러다임 자체가 다르다. 원인론적으로 내담자의 문제를 설명하고 그 원인을 처치하여 문제를 해결하려는 시도는 의학적 모델에 기초한다. 반면, 내담자에게 문제가 고통으로 경험되는 배경과 내면 상태를 상담자가 이해하고, 이 이해 방식이 내담자 스스로에게도 자신의 고통을 이해하는 방식으로 수용되어 공유된 관계 속에서 내담자가 힘을 얻고 좀 더 나은 시도를 해 볼 수 있도록 하는 접근은 '심리치료 모델'에 기초한다. 이렇듯 상담 실무에서 상담자가 내담자 문제를 진단하려는 자세와 내담자를 한 사람으로 이해하려는 자세는 외현적으로는 비슷한 내담자 평가 활동으로 드러나지만 이 둘은 매우 상반된 치료적 맥락을 형성하게 된다.

3장

내담자: 증상의 피해자에서 고통의 주체 그리고 변화의 주체로

유일한 치료는 삶이다. 내담자는 분열, 갈등, 양면성과 더불어 살아가는 것을 배워야 한다. 이러한 것들은 어떤 치료도 제거할 수 없는 것들이다. 만약 치료를 통해 이것들을 제거해 버리게 된다면 삶의 실제적 활력을 함께 제거하게 될 것이다.

– Otto Rank

내담자들이 상담에서 호소하는 문제들은 다양하지만 이들은 고통을 경험하고 있다는 점에서 공통적이다. 그리고 고통을 당하는 모든 사람들이 도움을 요청하지는 않는데 이들은 문제의 쳇바퀴에서 벗어 나와 도움을 구하였다는 점에서 특별하다. 고통 속에서 용기를 내어 상담실을 찾기까지 내담자들은 어떤 경험을 하게 되는 걸까? 그리고 상담실 문을 두드릴 때 내담자의 심리 상태는 어떤 상태일까? 또한 상담 과정을 경험하면서 내담자들은 어떠한 내적 과정을 거쳐 변화에 도달하게 되는 것일까?

내담자들이 상담 서비스의 실수요자이자, 실제 변화의 주체임에도 불구하고 상담 연구나, 상담 교육에서 내담자의 경험 및 변화 과정에 대한 관심은 매우 적었다(Klein, Stone, Hicks, & Pritchard, 2003; Wilcox-Matthew, Ottens, & Minor, 1997). 그런데 상담자와 내담자가 상담에서 중요하게 느끼는 점이 다를 수 있다는 점에 주목하며 Yalom(1974)은 같은 상담 시간을 경험했지만 내담자와 상담자로서 자신이 주목했던 내적 경험이 매우 달랐음을 보고하였다. 상담 교과서에서 상담이 진행됨에 따라 상담자들이 무엇을 해야 하는지에 대하여 주로 기술이 되어 있지만 내담자들이 어떤 변화를 경험하게 되는지를 강조한 교재는 드물다. 우리는 상담자 버전의 상담 과정에 익숙하다. 첫 면접, 상담 구조화, 내담자와의 라포 형성, 사례 개념화, 상담 목표 설정, 통찰을 위한 개입, 변화를 공고히 하기 위한 개입, 상담 종결과 같은 시리즈로 이어지는 상담 과정은 상담자 버전이다. 상담자 버전의 상담 과정에 전제되어 있는 내담자는 전문 상담자가 상담에서 하는 개입을 수동적으로 받아들이고, 이에 반응하는 존재이다. 그러나 내담자들은 첫 만남의 순간부터 상담과 상담자를 평가하고, 이 과정에서 자신에게 울림을 주는 경험들을 활용하여 자기의 기존 방식과 다른 방향으로 변화를 일구어 내는 주체적인 존재이다(이장호, 정남운, 조성호, 2005; Elliott & James, 1989; Macran, Ross, Hardy, & Shapiro, 1999). 당신이 개인상담을 받은 경험이 있다면 내담자의 자리에 앉아 있을 때와 상담자의 자리에 앉아 있을 때 당신의 지각의 초점, 마음 자세가 얼마나 달랐는지 한번 떠올려 보기 바란다. 상담자와 내담자는 질적으로 다른 패러다임을 사용하여 상담 시간을 경험한다는 것을 금세 느낄 수 있을 것이다. 과연 내담자 버전의 상담 과정은 어떻게 전개되는 것일까?

이 장에서는 상담실을 찾기까지 그리고 상담 과정을 통해 내담자들이 경험하게 되는 변화의 과정을 내담자의 버전으로 그려 보고자 하였다. 상담의 성과는 결국 내담자의 변화를 통하여 나타나며 상담 과정에서 가장 중요한 변화의 주체는 내담자이다. 내담자 버전의 상담 과정을 이해하기 위해 우선 내담자들의 핵심 경험인 고통에 주목하고자 한다. 내담자들은 어떤 문제로 상담을 요청하게 되든지 공통적으로 '고통'스러워 상담실을 찾게 된다. 고통을 특정 문제와 증상으로 호소할 수밖에 없는 내담자를 이해하기 위해 고통과 증상이 어떤 관계를 지니고 있는지 먼저 살펴보자. 심리학에서는 증상을 중심으로 내담자의 문제를 정확히 진단하는 데 주 관심을 가져왔기 때문에 증상 이면의 고통의 문제를 직접 다루고 있는 상담 관련 문헌은 매우 드물다(Miller, 2004). 그러나 상담을 통해 도움을 요청하는 내담자들의 핵심적 경험은 고통이다. 나는 고통의 특성과 종류를 이해하기 위해 관련된 철학, 의학 문헌을 매우 제한적으로 참고하였다. 이들 문헌들을 참고하면서 인간 고통의 문제에 대해 보다 오랜 기간 동안 진지한 관심을 기울인 타 학문이 상담자들에게 던져 주는 통찰에 감탄했고, 인간 고통의 최전선에 있는 우리 상담자들이 이들로부터 배울 임상적 지혜가 더 있을 것이라는 기대를 할 수 있었다.

1. 증상의 피해자에서 고통의 주체로

고통을 느끼는 것보다 더 좋지 않은 유일한 것은 고통을 느끼지 못하는 것이다.

– Mary Pipher

병명을 들으면 대부분의 환자는 침묵을 지킨다. patient라는 초기 뜻 중 하나는 '불평 없이 곤경을 견디는 자'라는 것이다.

–Paul Kalenithi

내담자들이 자기 힘으로 대처하기 어려운 고통스러운 일을 경험하면서 상담을 받으러 올 때 대부분의 내담자들은 자신을 그 고통스러운 일에 대한 피해자로 인식하고 있으며, 이렇게 '당했다, 덮쳤다, 걸렸다'는 인식 때문에 상황이 변하지 않는 이상 꼼짝달싹할 수 없는 상태라고 생각한다. "이런 상황에서 어떻게 우울하거나, 분노하거나, 불안하지 않을 수 있다는 말인가?" 하며 호소한다. 이러한 인식에는 뿌리 깊은 피해자 의식(sense of victim)이 자리하고 있다. 즉, 고통을 유발하는 상황이 독립변수이고, 그런 고통을 당하는 나 자신은 완전한 종속변수로 인식된다.

그런데 강신익(2002)에 따르면, 인간이 병을 이해하는 방식에는 소극적 방식과 적극적 방식 두 가지가 있는데 소극적으로 이해하는 경우는 병에 '걸리다', 병이 '나다' 또는 '들다'로 생각하는 경우이고, 적극적으로 이해하는 방식은 병을 '앓다'로 생각하는 경우이다. 소극적인 방식에서는 병이 주체가 되고, 사람이 객체인 반면, 적극적인 방식에서는 사람이 주체가 되고, 병이 객체가 된다. 같은 병이라도 병에 걸린 객체로 자신을 이해하느냐 혹은 병을 앓고 있는 주체로 이해하느냐에 따라 사람들의 병에 대한 인식과 병에 대해 취하는 자세가 달라진다. 예를 들면, 소극적으로 이해하는 경우, 예컨대 '나는 우울증에 걸렸다'라고 이해하는 경우, 자신이 경험한 부정적인 사건의 결과로 우울증이 나를 덮치거나 나에게 들어온 것이므로 나는 당하는 대상이 되고, 우울증이 물러나지 않는 이상 나는 꼼짝없이 우울증에 시달리게 된다. 반면, 적극적으로 병을 이해하는 방식, 즉 '나는 병을 앓고 있다' '나는 아프다'로 병을 이해하는 방식은 그 병을 인간이 주체가 되어 경험하고 있음을 전제한다. 우울증의 예로 돌아가 '나는 우울증을 앓고 있다'로 생각하는 경우는 내가 앓는 것으로 주어가 내가 된다.

병과 환자의 관계에 대한 이러한 접근 방식은 심리적인 문제를 호소하고 있는 내담자들이 자신의 심리적 문제와 어떤 관계를 맺고 있는지에 대해 의미 있는 이해의 틀을 제공한다. 인간이 주체적으로 심리적 문제를 경험하는 경우, 괴롭히는 경험, 사건 등은 이해와 해석의 대상이 되는 것이다. 그래서 같은 부정적인 사건, 경험, 질병을 경험한다고 해도 그것을 경험하는 주체로서 인간이 어떻게 해석하고 이해하느냐에 따라 아픔의 정도나 내용이 달라질 수 있다. 따라서 내담자가 변화의 첫 발걸음을 떼는 과정은 증상의 희생자가 아니라 고통의 주체가 될 수 있다는 인식이 싹트기 시작하는 과정인 것이다. 이 절에서는 내담자가 심리적인 증상에 압도되어 괴로움을 호소하는 증상의 희생자에서 자신의 고통 경험을 주체적 관점에서 조망하게 되는 변화 과정을 살펴보도록 하자.

1) 고통과 증상

증상은 내담자와 접촉하기 위해 시발점이 되는 중요한 지점이며, 많은 내담자는 자신의 증상 및 문제에 집중되어 있어서 상담자는 증상을 통해 내담자와 접촉할 수 있는 기회를 얻는다. 대부분의 내담자는 "이 문제만 고쳐 달라"고 호소하고, 상담자는 이러한 내담자의 기대에 협력할 필요가 있다. 그리고 그 문제가 내담자에게 왜, 이 시점에서 그토록 괴로운 문제가 되는지 알아 가는 과정을 통해 내담자를 이해하게 된다. 상담 초반에 내담자의 주요 호소 문제를 내담자 이해의 맥락에서 탐색하지 못하면 이후 상담 초점을 놓치기 쉽다. 증상의 정도, 역사, 촉발 계기, 처음 나타난 시기 등을 탐색하면서 상담자가 이해해야 하는 부분은 내담자가 왜, 하필이면 이 시점에 이러한 종류의 증상으로 어려움을 경험하고 있는지, 그리고 자신의 증상에 대해 내담자는 심리적, 인지적, 행동적으로 어떻게 반응하고 있는가 하는 점이다. 이 과정은 증상에 대해 진단을 내리기 위해 사실적인 정보를 수집하는 과정이 아니라 내담자의 맥락에서 내담자의 증상을 이해하고, 증상의 심리적 의미를 해석하는 과정이다. 이때 주 호소 문제가 구체적이지 않고, 명확한 촉발 계기가 있었던 것도 아니고, 괴로움의 정도나 반응이 만성화되어 있는 경우 성격 문제로 평가할 수 있다. 이런 경우 초기 경험에 대한 탐색을 시도하거나 갈등 에피소드의 구체적 탐색을 통해 상담자가 내담자 증상 경험에 대해 마음에 와 닿는 살아 있는 문제로 다가갈 수 있도록 도와야 한다. 여기서 강조하고자 하는 것은 상담자가 내담자의 증상을 통해 내담자 증상의 의미와 내담자의 고통 경험에 접근할 수 있도록 문을 열기 시작하여야 한다는 것이다.

내담자가 호소하는 증상은 내담자의 내면세계(inner world)를 이해하기 위해 그 의미를 해독해야 하는 암호와 같은 것이다. 드러내어 경험하기에는 너무 고통스러워 무의식 속에 잠겨 있고, 그래서 자각되지 않고 있는 내담자의 고통 경험은 "한 번도 입 밖으로 내어 본 적은 없으나 내담자가 말하는 모든 것에 묻어나고 있는 그 무엇"(Grondin, 1994, p. 119)이다. 상담자는 표현 가능한 증상 혹은 문제 상황에 대한 묘사를 들으며 '내담자가 말하는 모든 것에 묻어나고 있는 그 무엇'에 관심을 두어야 한다.

Miller(2004)는 인간 고통의 문제는 상담심리의 핵심임에도 심리학에서 이를 직접 다룬 학자나 이론이 없음을 지적하였다. 내담자가 상담을 받으러 오게 된 구체적인 문제, 증상의 종류는 다양할 수 있으나 이들은 공통적으로 심리적인 고통을 경험하기 때문에 상담에 찾아온다. 심리치료가 발달하기 이전부터 종교, 철학, 의학에서는 인간의 고통 문제에 관심을 가졌다. 심리치료는 기본적으로 인간이 고통 감소를 통하여 보다 행복한 삶을 영위하고, 고통에도 불구하고 살만한 가치가 있다는 마음을 갖도록 돕는 것을 목적으로 한다. 이를 위해 내담자가 괴로워하는 문제와 증상을 직접 다룸으로써 문제를 해결하고, 증상을 완화함으로써 내담자가 경험하는 고통을 경감시키고자 한다. 그러므로 내담자의 증상, 문제, 고통에 대한 이해와 이들 간의 관계를 이해하는 것은 내담자 이해를 위해 매우 중요하다.

이제까지 상담 및 임상심리에서 가르치거나 연구하는 대상의 초점은 증상이나 문제이지 그 이면의 고통 자체를 다룬 경우는 매우 드물다(Miller, 2004). 그런데 정신병리(pathology)는 '질병의 원인과 특성을 연구하는 학문'으로 정의되는데, 여기서 pathos의 그리스 어원은 고통(suffering)을 의미하는 것으로 병리학에서는 궁극적으로 고통에 대한 논리적인 탐색이 이루어져야 한다. 즉, 내담자에게 드러나는 다양한 정신병리, 심리 증상을 심도 있게 이해하기 위해서는 각종 병리와 증상을 망라하는 고통이라는 공통분모에 대하여 먼저 이해하는 것이 필요하다. Miller(2004)에 따르면, 인간의 고통은 다양한 형태(우울, 강박, 중독, PTSD 등)로 표현되지만 이러한 표현 이면의 공통적 경험은 '고통스럽다'는 것이다. 즉, 증상은 정말 고통스럽다는 것을 보여 주는 것이지, 고통 자체는 아니다.

그러므로 내담자를 병리와 증상으로 환원시키지 않고, 병리와 증상을 내담자가 고통을 표현하는 고유한 아우성이라고 이해할 때 증상을 통해 내담자와 접촉할 수 있다. 증상은 그 이면의 고통을 드러내는 고유한 표현 방식이다. 또한 증상으로 인해 심리적 고통이 가중되기도 하기 때문에 고통과 증상은 상호적 이해가 필요한 개념이다. 그러므로 내담자가 호소하는 증상은 그 이면에 있는 고통의 내면세계로 들어가기 위한 티켓을 얻는 것이며(Frank & Frank, 1991), 증상을 통해 상담자는 내담자의 고통에 접촉할 수 있어야 한다. 내담자와 상담자의 접촉은 증상에 대한 공감을 통해서가 아니라 증상 이면에 있는 내담자의 고통에 대한 공감을 통해서만 가능하다. Yalom(1980)은 "내담자들이 호소하는 많은 증상들은 실존적 위기를 감추기 위한 것"일 수 있다고 하여, 증상은 실제 접촉해야 할 내적 위기를 오히려 덮어 버리는 기능을 하고 있음을 지적하고 있다. 요약하면, 증상은 내담자 고통의 실제, 실존의 위기를 이해할 수 있는 출입구이다. 그래서 상담에서 매우 중요하게 다루어야 하며, 이를 통해 내담자의 내면으로 들어갈 수 있는 티켓을 얻어야 한다.

내담자들은 특정 증상이나 문제 때문에 상담을 받으러 오게 되는데, 왜 하필이면 내담자 인생의 이 시점에, 이 특정 경험이 계기가 되어, 지금 형태의 증상이나 문제로 표면화된 것인지를 이해하려는 노력은 내담자 고통의 내러티브를 이해하려는 집중된 노력이며, 상담 장면에서 본격적으로 시도될 수 있는 고통에의 고유한 접근이다. 그런데 상담 초기에 문제 평가 단계에서 상담자가 내담자 증상 및 문제의 객관적 평가와 그에 대한 치료 계획에만 치중하게 되면 호소 문제 이면의 내담자의 고통은 간과하기 쉽다. 많은 내담자는 자신의 고통이 특정 증상, 문제로 인한 것이므로 상담을 통해 그 증상이나 문제를 해결하는 것이 자신의 고통을 제거하는 방법이라고 생각하여 당면한 특정 문제나 증상의 제거에 강박적으로 매달리는 경우가 매우 많다. 그리고 증상 이면의 고통에 직면하는 것은 고통에 시달리는 괴로움보다 더 두려운 경험이라는 것을 무의식적으로 감지하고 증상 이면 경험에 들어가는 것에 저항하기도 한다. 그래서 상담자 또한 내담자의 강력한 호소에 설득되어 증상 제거와 문제 해결에만 몰두하게 되기 쉽다. 그러나 증상이 제거된다고 하여 고통이 제거되는 것이 아니며 상담은 궁극적으로 고통의 제거가 목표가 아니다. 게다가 고통의 제거는 가능하지가 않다. 상담은 고통에 대한 내담자의 인식과 감정이 변화되어 견디기 어려운 고통이 다룰 만한 고통으로 변화되고, 고통으로 인한 부정적인 생각과 감정이 여전히 있더라도 이와 더불어 긍정적인 생각과 감정이 공존할 수 있게 되는 과정이다. 즉, 고통으로 인해 축소되었던 내담자의 경험 세계가 고통으로 인해 오히려 확장된 경험으로 전환될 수 있도록 돕는 과정이다.

상담자들은 인간의 정서적 고통 문제 현장에 가장 집중적으로 노출된 전문가들이면서도 정작 인간의 고통에 대한 이론적, 개념적 이해를 교육받거나 훈련받은 경험이 부족하다. 그 이유는 심리치료 발달 역사에 깊숙이 스며 있는 과학으로서의 심리학의 학문적 정체성과 극단화된 과학주의의 영향 때문이다. 그러나 과학적 방법론에 기초한 상담 성과 연구에서 확인한 바와 같이 상담의 치료적 요인은 보이는 것 이면의 보이지 않는 맥락과 기제이다. 내담자의 고통을 진단 가능한 증상으로 환원하고, 상담자 개입을 매뉴얼화하여 특수 기법으로 축소하는 것으로 인간의 변화를 설명할 수 없다는 과학적 증거에 기반하여 상담 실무를 이해할 필요가 있다. 이에 좀 더 본격적으로 내담자 상담 경험과 상담자 개입의 핵심이 되는 고통의 문제를 생각해 보자.

2) 고통의 의미와 특징

인간의 고통에 대해 이론적, 학문적으로 접근하기 위해, 심리치료가 발달하기 이전부터 고통에 대한 논의를 시작한 의학, 철학 분야의 내용을 잠시 살펴보기로 하자. 일반적으로 고통은 "(신체적) 조건의 실제적 혹은 가능한 파손과 관련되어 겪게 되는 불쾌한 감각적 그리고 정서적 경험, 혹은 그 파손이란 표현을 사용하여 서술되는 불쾌한 감각적, 정서적 경험"(International Association for the Study of Pain: IASP, 1994)을 의미한다. 손봉호(1995)는 고통은 직접 정확하게 정의하기 어려우며, 고통을 느끼게 되는 상황이나 원인을 기술함으로써 고통의 경험에 다가갈 수 있으며, 어떤 경험이나 상황을 피하려고 하는 것을 보고 그 사람이 고통을 당하고 있다고 평가할 수 있다고 하였다. 고통은 '고(苦, suffering)'와 '통(痛, pain)'의 결합어인데 '고'는 의식적 작용이 관여된 주관적인 심리적 상태라면, '통'은 바깥으로부터 주어지고 대체적으로 육체적이며 감각적 상태이다. 그러나 심리적인 고통이 육체적인 아픔으로 표현되기도 하고, 육체적인 아픔의 최고조라고 할 수 있는 산통이 심리적인 괴로움을 유발하지 않는 것을 볼 때 심리적 고통과 객관적인 아픔의 구분이 그렇게 분명하지는 않다. 그러나 이 둘은 밀접한 관계를 지니고 있다(손봉호, 1995).

상담 장면에 오는 내담자들은 많은 경우 외부적인 손상, 아픔으로 인한 괴로움을 가지고 오는데 어떤 경우에 심리적인 고통이 보다 증폭되고, 견디기 힘들어질까?

Cassell(1994)은 『고통받는 환자와 인간에게서 멀어진 의사를 위하여』라는 저서에서 다음과 같이 설명하였다. "고통 속에 있는 사람은 고통을 통제할 수 없다고 느낄 때, 고통이 감당할 수 없을 만큼 큰 것일 때, 고통의 원인이 무엇인지 알지 못할 때, 그리고 고통의 끝이 보이지 않을 때 고통 때문에 괴로워하게 된다. 이러한 상황 속에서 사람들은 고통을, 자신의 생명뿐 아니라 온전한 인격으로서의 존재 자체를 위협하는 것으로 느끼게 된다. (그러나) 통증의 원인을 밝히고, 통증의 의미를 새롭게 하며, 그것을 통제할 수 있으므로 언젠가 멎을 것이라고 믿게 되는 경우 환자가 느끼는 고통은 현저히 줄어든다."(p. 101)라고 하였다.

이러한 Cassell의 논의에 근거하여 인간 고통의 정도에 영향을 주는 핵심 요소를 정리해 보면, '고통에 대한 통제감'과 '고통의 원인에 대한 이해'로 요약할 수 있다. 즉, 사람들은 감당할 수 없는 크기의 고통, 그리고 언제 끝날지 모르는 고통을 경험할 때 그 고통은 통제가 불가하다고 느낀다. 그리고 자신이 왜 이런 고통을 겪어야 하는지 원인을 알지 못하여 고통에 대한 해석이 불가능할 때 극심한 괴로움의 상태로 빠져들게 된다는 것이다. 이렇듯 통제도, 해석도 되지 않는 고통이 밀려오게 되면 사람들은 자신이 근본적으로 무언가 잘못되었기 때문에(fundamental wrongness) 그러한 고통을 겪게 되었다는 느낌에 빠져들면서 타인이나 세상과 차단하기 시작한다. 남들은 겪고 있지 않는 고통을 당하고 있는 것은 무엇인가 자신이 잘못되었기 때문이라고 생각하게 되는데 이러한 인식은 깊은 수치심과 더불어 타인과의 단절을 가져오게 된다. 고통 경험 자체가 통제도, 해석도 되지 않아 혼돈된 상태에서 그러한 고통으로부터의 압도감, 혼돈감을 나누거나 타당화해 줄 수 있는 타인과도 단절감을 갖게 될 때 내담자들은 각종 증상들을 만들어 내어 고통에서 증상으로 도망갈 수밖에 없게 된다. 결국 통제 불가, 해석 불가한 고통 경험은 공유 불가한 고통으로 발전하며 내담자들은 증상을 통하여 그 고통을 소통하기 위한 아우성을 하게 된다.

고통의 정도에 관련된 이 세 가지 요소(통제감, 해석 가능성, 공유 가능성)는 고통이 극심한 수준으로 치달아 어떻게 각종 증상으로 발전하는지를 이해하는 데도 중요하지만 역설적으로 고통을 '수동적으로 당하는 경험'이 아니라 '주체적으로 다룰 수 있는 무엇'으로 바라볼 수 있게 하는 요소들로 상담 및 심리치료에 매우 중요한 치료적 단서를 제공한다. 고통에 있어서 통제 가능성, 해석 가능성, 공유 가능성이 희박하다고 지각할수록 괴로움이 극심하여 심각한 심리적 문제로 발전할 수 있으나, 반대로 이러한 가능성이 보이기 시작할 때 객관적 문제 상황의 절대 한계에도 불구하고 내담자들은 변화의 기대를 갖기 시작한다. 그러므로 상담 장면에서는 증상 자체를 다루는 것에서 끝나는 것이 아니라 내담자의 증상에 대한 통제 가능성, 해석 가능성, 공유 가능성을 확장함으로써 내담자의 고통 경험의 변화를 촉발할 수 있게 된다.

그러면, 고통의 정도에 영향을 미치는 세 가지 핵심 요소들을 좀 더 자세히 살펴보면서 이러한 요소들이 어떻게 고통을 더 가중하고, 동시에 어떻게 고통을 경감시킬 수 있는지 생각해 보자.

(1) 고통에 대한 통제감

사람들은 자신이 경험하는 사건 혹은 사건으로 인한 결과가 자신의 통제 범위를 넘어서는, 감당할 수 없는 크기의 아픔으로 경험될 때 심각한 공포와 불안을 느끼게 된다. 그런데 우리는 어떤 일이 일어났을 때 그 사건, 경험이 나의 통제를 벗어난다고 느끼게 되는가? 우리는 기존에 내가 지니고 있던 세상에 대한 믿음, 나에 대한 믿음, 미래에 대한 믿음, 인간에 대한 믿음 등등 의식적, 무의식적으로 당연하게 받아들이고 있는 나의 신념 체계를 일순간에 무너뜨리는 사건이 일어났다고 지각될 때 그 경험이 나의 통제를 벗어났다고 느낀다. 트라우마 연구의 대가인 Park(2010)은 사람들은 자신의 삶의 오리엔테이션을 잡아 주는 체계를 가지고 있다고 하였다. 이 체계란 세상과 자신에 대한 신념과 목적의식으로 구성되는 '전반적인 의미 체계'이며, 이것을 크게 위배하는 사건을 경험할 때 전반적 의미 체계가 파손되며 외상적 고통을 경험하게 된다. 예를 들면, '가까운 사람이 갑자기 떠날 수도 있다'는 의미 체계가 없는 사람이 급작스러운 이별 혹은 상실을 당하게 되었을 때, '나에게 큰 사고가 생기지는 않을 것이다'라고 당연히 생각하는 사람이 예기치 않은 사고를 당했을 때 사람들은 어떻게 대처해야 할지 몰라 통제감을 상실하고 만다. 이처럼 사람들은 자신의 확고한 신념 체계를 평소에는 자각하지 못한 채 살아갈 수도 있지만, 그 신념이 깨어지는 경험을 했을 때 각종 부정적인 감정적 반응을 보이게 된다.

삶에 대한 통제감을 갖는다는 것은 '내 행동으로 결과에 영향력을 미칠 수 있다'는 믿음으로, 이러한 통제감은 안정된 삶의 구조와 지속성을 담보하기 위해서는 매우 중요한 믿음이다. 이러한 믿음이 있을 때 사람들은 뭔가 해 보려는 노력, 미래에 대한 기대와 소망을 갖게 된다. 그런데 세상 속에서 내 삶의 방향을 잡아 주는 신념 체계가 더 이상 나의 경험을 담아내지 못하게 될 때, 즉 내가 지녀 온 전반적인 의미 체계 속에 담기지 않는 사건을 경험하게 되었을 때 우리는 그 경험이 자신의 통제 범위를 넘어서는 것으로 지각하게 된다. 왜냐하면 우리는 삶의 오리엔테이션을 잡아 주는 전반적인 의미 체계 안에서 특정한 경험을 받아들이고, 해석하고, 예측할 수 있으며, 그 체계 안에서 나의 행동의 영향력을 믿고 살기 때문에 그 체계가 손상되면 그 경험은 수용, 해석, 예측이 모두 불가능해지기 때문이다.

그런데 여기서 우리에게 삶의 오리엔테이션과 목적감을 주는 일반적 의미 체계에 근거한 통제감에 대해 근본적인 질문을 해 보도록 하자. 과연 자신의 삶을 통제할 수 있다고 믿는 통제감대로 우리는 실제 우리의 삶을 통제할 수 있는가? 우리가 믿는 대로 세상이 돌아가리라는 통제감이 기능적으로는 우리의 삶을 지탱해 주는 데 유익한 것은 사실이지만 실제로 우리 자신에 대해서나 세상에 대해서 많은 경우에 그러한 통제력을 갖고 있지 못하는 것이 사실이다. '통제감'은 우리의 믿음이며, '통제력'은 실제로 우리가 통제할 수 있는 능력이라고 할 때, 통제감과 통제력은 어떤 관계를 지니며, 이들의 관계에 따라 사람들의 심리적인 스트레스는 어떤 영향을 받는가? 그리고 통제감이 고통의 주제와 밀접히 관련되어 있다고 할 때 상담에서 우리는 통제감과 통제력의 주제를 어떻게 다루어 가야 할 것인가?

우리가 통제할 수 있는 여지가 있는 상황에서조차 '내가 무엇을 해 봤자 결과에 아무런 영향을 미치지 못한다.'라고 믿는 '학습된 무기력(learned helplessness)'의 태도는 통제감을 완전히 상실한 상태로서 실제로 가능한 통제력조차도 발휘하지 않고, 자신, 세상과 미래에 대해 부정적인 조망을 반영하는 우울의 모드이다. 반면, 사람들은 자신의 노력이 거의 영향력을 미치지 못하는 상황(예를 들면, 복권 당첨 상황)에서도 자신의 행동에 따라 그 상황을 통제할 수 있다는 '통제의 착각(illusion of control)'을 보이는 경우도 있다. 어떤 상황에서 사람들은 '내가 상황을 통제할 수 있다'고 믿게 되는 것일까? 사회심리학자인 Langer(1975)는 이와 관련하여 매우 흥미로운 연구 결과를 발표하였다.

그녀에 따르면, 사람들이 통제감을 갖게 되는 것은 그 상황이 실제로 통제 가능한 정도에 따라 좌우되는 것이 아니라 그 상황에 선택, 친숙함, 관여, 그리고 경쟁의 요소가 포함되면 사람들은 그 상황을 자신이 통제할 수 있다고 믿는 경향이 있다고 하였다. 실제 주어진 상황은 나의 행동의 결과에 따라 어떤 결과가 나타날지 알 수 없는 매우 불확실한 상황임에도 불구하고 그 상황 속에 자신이 선택할 수 있는 무언가가 있거나, 그 상황에 익숙한 요소가 있는 경우, 그리고 그 상황에 경쟁의 요소가 가미되었다고 느끼면 사람들은 '그 상황을 통제할 수 있다'는 통제의 착각을 보인다는 것이다. 그리고 그 통제의 착각은 사람들에게 긍정적인 정서를 갖게 한다는 것을 확인하였다. 사람들은 통제력을 발휘할 수 없는 상황임에도 불구하고 착각일지라도 통제감을 가지게 되면 삶에 대한 참여적 태도와 긍정적인 정서를 지니게 된다는 결과는 실존치료에서 말하는 치료적 전제나 맥락과 일맥상통하는 부분이다. 실존치료의 핵심적인 명제는 인간은 자신의 의지와 상관없이 절대적 한계 속에서 '던져진 삶(throw-ins)'을 살아가야 하지만 실존적 선택을 통하여 의미와 목적을 구성해 나갈 수 있다는 것이다. 그리고 이러한 실존적 삶의 조건에서 자유로운 사람은 아무도 없으며, 모든 삶은 불확실성의 조건에 놓여 있다. 그러나 이렇듯 통제를 담보할 수 없는 불확실한 상황이라도 그 상황에서 무언가를 선택할 여지가 있다고 느낄 때, 친숙한 무언가를 발견하여 그 상황에 관여하게 될 때, 그리고 경쟁이라는 맥락을 통해 나 아닌 타인의 존재가 있다는 것을 인식하게 될 때 사람들은 통제감을 갖게 된다고 Langer(1975)는 역설한다. 실제로 '통제력 발휘'가 불가능한 상황에서 '통제감을 복구'하는 것이 가능하게 하는 요소로 제안된 선택, 친숙함, 경쟁의 요소는 상담에 주는 시사점이 크다.

충격, 급격한 사건이나 변화로 기존의 의미 체계가 손상된 내담자들이 통제감이 와해되어 극심한 고통 중에 빠지게 될 때 상담자는 내담자들의 '통제력'을 회복시킬 수는 없다. 그러나 내담자가 그 충격의 경험 속에서 선택할 수 있는 여지를 발견하거나 어떤 측면에서라도 친숙함을 발견하고(예를 들면, 이전 경험과 유사한 점의 발견, 유사한 어려움을 극복했던 경험의 기억 등), 와해된 삶 속에서 작은 것이라도 무엇인가에 관여할 수 있는 지점을 발견하고, 그 사건에만 주의가 집중된 것이 아니라 유사한 경험을 하고 있는 타인이 보이기 시작하면 통제감을 서서히 회복할 수 있도록 도울 수 있다. Langer(1989)는 불확실한 상황과 통제감에 대한 관심을 발전시켜 최근에는 사회인지적 마음챙김(mindfulness) 개념을 제안하고 있다. 사회인지적 마음챙김의 기본 전제는 객관적 현실(노화, 질병, 스트레스 상황 등)을 고정된 방식으로 보지 않고 새로움에 대한 기대와 추구, 융통성 있는 사고를 하게 될 때 같은 상황이라도 다르게 보이고, 다르게 대응할 수 있다는 것이다. 우리의 전반적인 신념 체계를 무너뜨린 사건 속에서도 무너지지 않은 통제 가능한 작은 행동 하나를 발견하는 것, 하늘이 무너지는 것 같은 충격 속에서 가만히 생각해 보면 정도는 다르지만 그와 유사한 경험을 직접, 간접적으로 경험했던 적이 있었음을 떠올리는 것, 그리고 나만 이런 어려움을 당하는 것 같아 수치스럽고 억울했으나 나와 유사한 혹은 더 심한 어려움을 경험하고 있는 타인이 마음에 보이기 시작할 때 사람들은 상황은 변하지 않아도 상황에 대한 자신의 반응이 달라짐을 느낄 수 있다.

통제감을 상실하여 막심한 절망, 두려움, 불안 중에 있을 때 우리는 어차피 인간의 삶이 통제 불가능한 삶이라는 사실을 처음 대면하게 된다. 우리는 알게 모르게 '나에게 이런 일은 절대 일어날 수 없지', 혹은 '내가 이것은 마땅히 누려야 하는 것이야'라는 생각을 하며 살아간다. 그러다가 나에게 절대 일어나서는 안 된다고 생각했던 일이 실제 삶에 일어났을 때, 혹은 내가 꼭 가져야만 한다고 생각하는 그 무엇을 갖지 못하게 되었을 때 당황감, 충격, 불안, 우울 등을 경험한다. 하지만 아무리 노력을 해도 상황을 변화시킬 수 없다는 것을 경험하면서 통제 불가능한 삶의 현실을 받아들이게 된다. 이러한 수용이 어려울 때 우리는 그 경험에 끝없이 강박적으로 매달리며 증상에 시달리게 된다. 그러나 앞에서 말한 선택, 관여, 타인에 대한 지각과 같은 요소를 통해 통제 불가능의 한계 속에서도 자신이 살고 있는 세상과 자신에게 목적감과 의미를 줄 수 있는 의미 체계를 재구성해 나갈 수 있을 때 사람들은 자신과 삶에 대하여 좀 더 정확한 인식을 하게 된다. 삶의 현실은 통제할 수 없다는 것, 그리고 완전 통제 가능하다고 믿는 것은 환상이라는 것을 정확하게 바라볼 수 있게 된다. 그리고 동시에 통제할 수 없는 현실 속에서도 자기의 선택과 관여할 수 있는 여지가 있다는 것을 발견하게 될 때, 자기 안의 신비한 내적 힘과 접촉할 수 있게 된다. 그리고 이러한 체험은 지금 구성된 의미 체계가 앞으로 다가올 또 다른 인생의 격동 속에서 또다시 파괴되고 재구성될 가능성이 있다는 사실을 겸허하게 받아들이게 한다. 객관적 상황을 변화시키고, 통제해서가 아니라 나의 태도를 변화시킴으로써 상황에 대한 고통의 정도를 내가 조절할 수 있다는 경험을 통해 격동하는 주관적인 고통감은 견딜 만한 수준의 고통으로, 마음 한편은 여전히 아프지만 이와 더불어 수용이 가져다주는 안도감이 공존할 수 있다는 경험을 하게 된다.

(2) 고통에 대한 해석 가능성

사람들은 자신이 겪고 있는 괴로운 일이 '왜' 일어났는지를 이해하면 괴로운 상황을 힘들지만 받아들이고, 보다 현명한 대처를 하게 된다. 예를 들면, 자녀와 갈등이 극심했던 엄마가 자녀와 같이 성격 검사를 받아 보고 자기와 자녀가 정반대의 성격이며 자기에게 자녀가 너무 위험하게 보이지만 자녀의 성격 유형을 지닌 사람들이 잘 살아가고 있다는 사실을 접하면 자녀를 한결 여유 있게 대하게 된다. 그리고 결과적으로 부모-자녀 갈등이 줄어들게 된다. 자녀와의 갈등이 성격 유형의 차이 때문이라고 이해하게 되면 자녀의 행동이 황당하고 위험해 보여도 바로 통제해야 할 것은 아닐 수도 있다는 생각을 할 수 있게 되기 때문이다.

반대로 사람들은 신체적, 심리적 통증의 원인이 무엇인지 알지 못할 때 극도의 불안과 혼돈을 경험한다. 예를 들면, 원인을 알 수 없는 두통에 시달리는 환자가 일시적인 진통제로 증상을 가라앉혔을지라도 두통의 원인을 알지 못하는 경우에는 '혹시 뭔가 근본적인 문제가 있지 않을까'에 대해 갖은 상상을 하지 않겠는가? 마찬가지로 사람들은 예상치 않은 어려운 일을 당하게 되어 심리적으로 고통이 밀려오면 거의 본능적으로 "이런 일이 나에게 왜 일어났지?"에 대해 가능한 모든 이유를 다 떠올리게 된다. '벌을 받나? 나는 역시 운이 없는 사람이기 때문인가? 나는 망할 인생이기 때문인가?' 등등의 생각을 반복적으로 계속 한다. 그런데 어떤 이유도 자신의 괴로움을 정확히 설명한다는 확신이 없기 때문에 내담자들은 강박적으로 그 문제의 원인에 대해 지치도록 생각하고 또 생각한다. 내담자들이 상담을 받으러 올 때 보이는 공통점 중에 하나는 "왜 하필이면 이런 일이 나에게 일어났는가(Why me)?"에 대한 의문이다. 이에 대해 나름대로의 답을 아무리 찾고자 해도 찾지 못할 때의 혼돈감, 그런 일을 당할 마땅한 이유가 없는데 그 일을 겪어 내야 하는 것에 대한 분노와 억울함, 그리고 그런 일을 또 경험할지도 모른다는 두려움에 시달리게 된다. 내담자들은 상담자를 찾기 전에 무수히 자신에게 일어난 아픈 사건, 부정적인 경험의 이유를 부단히 찾고자 하며 그렇게 애써 찾은 사건에 대한 해석이 지나치게 자기 파괴적, 반사회적, 자의적인 경우 이중 고통을 경험하게 된다. 특히 내담자들이 어렸을 때 이해가 되지 않는 충격적인 경험을 하였고, 그 충격을 알아봐 주고 나눌 수 있는 믿을 만한 대상이 없으면 어린아이들의 '자기중심적 사고 특성'으로 인해 모두 '나 때문에' 그렇게 되었다는 생각을 근거 없이 하게 된다. 부모님이 이혼한 것도 왠지 내가 뭔가 잘못해서 그렇게 된 것 같고, 부모님이 일찍 돌아가셔도 나 때문인 것 같아서 막상 위로를 받아야 할 자기를 비난하고 자신을 무의식적으로 벌주는 경우가 생긴다. 그리고 이러한 경향성이 성격 구조로 굳어지게 되어 만성적인 고통을 경험하게 된다.

Frank와 Frank(1991)는 사람들이 자신이 왜 이러한 경험을 해야 하는지에 대해 이해하고자 하는 욕구는 음식과 물에 대한 욕구와 같이 가장 근본적인 욕구에 해당한다고 하였다. 그들은 망상도 사람들이 도저히 이해할 수 없는 일이 생겼을 때 그 이유를 필사적으로 찾아내기 위한 하나의 자구책으로 이해할 필요가 있다고 하였다. 신경생리학적으로 볼 때, 사람들은 어떤 사건이 생기면 자동적으로 그 사건을 해석하고자 뇌에서 반응을 하게 되며 이러한 생리적 구조에 기반하여 자신의 참조체계(assumptive world), 스키마를 발달시키게 된다.

사람들이 고통을 당하게 될 때 떠올리게 되는 "왜? 이런 고통을 당하는가?"의 질문은 종교, 철학에서 이미 주요한 논제로 다루어진 문제이다. 박승찬(2014)은 고통의 원인을 죄에 대한 신의 징벌, 혹은 인간의 정화와 교육을 위한 수단 등으로 보며 고통의 유용성을 강조하는 변신론[1]의 입장을 비판적으로 고찰하였다. 고통으로 괴로워하고 있는 타인에게 "이 고통은 하나님이 정금같이 훈련하기 위해 주신 걸 거야"라거나 "좋은 상담자가 되기 위한 기회가 될 거야"와 같이 고통의 유용성을 들어 고통 자체를 미화하려고 하는 것은 고통을 당하는 당사자를 더욱 고통스럽게 만드는 것으로 고통 자체보다도 더 악한 것일 수 있다. 그는 인간의 고통이 자신을 확장, 정화할 수 있는 초월성을 발견하는 소중한 기회가 될 수 있으나 이것은 고통을 당하

1) 변신론(辯神論, theodizee)은 이 세상에 존재하는 모든 악이란 죄에 대한 벌 혹은 의인의 교육이나 정화를 위해 신이 행한다는 것으로 '변신론'이란 용어를 처음 사용한 근대 철학자는 라이프니츠(Gottfried Wilhelm von Leibniz, 1646-1716)이다(박승찬, 2014).

는 타인에게 가르쳐야 할 사안이 아니라고 강조한다. 이러한 고통 경험의 초월적 극복은 '상처에 취약한 타인의 얼굴'에 현현된 고통을 내 안의 고통으로 받아들이고, 고통을 감내해 줄 때 가능한 것임을 시사한다(강영안, 2005). 이러한 논의는 고통 중의 내담자에게 상담자가 '고치는 자'라는 타이틀을 내려놓고, 내담자 얼굴에 현현한 고통에 공명하며 공감적 맥락을 마련해 주는 것이 상담자가 내담자의 고통에 대해 취할 수 있는 최선이며 기본이라는 명제와 맥을 같이한다. 내담자들 중에는 자기 자신의 고통의 원인을 변신론적인 태도로 성급하게 미화하면서 내면 깊숙이 자리한 슬픔과 분노를 다루지 않고 있는 경우가 있다. 상담자들 가운데에서도 자신의 고통에 직면하기보다는 자신의 고통을 상담자가 되기 위한 동기로 너무 빨리 전환하는 경우도 많이 있다. 어떤 경우이든 고통에 대한 머무름, 고통의 내러티브보다 완결된 구성 없이 너무 기능적인 형태로 고통을 처리하는 것은 문제를 덮는 결과를 낳고 때론 위험하다.

신체적인 통증을 다루는 의학에서는 통증의 병인론에 근거하여 통증의 원인을 정확히 진단하여 근본 원인을 치료함으로써 통증을 제거하려는 접근 방식을 취하고 있다. 이것은 고통에 대한 가치중립적이고 과학적이고 객관적인 접근이다. 이러한 의학적 모델을 기본으로 삼고 있는 전통적인 심리치료 모델에서도 심리적 문제에 대한 인과론적 모델에 근거하여 내담자들의 심리적 고통의 원인을 정확히 규명하여 고통을 설명하고자 한다. 대부분 심리치료 이론들은 이러한 정신병리의 원인과 치료에 대한 설명 체계를 제공하고 있다. 예를 들면, 어린 시절 부모와의 관계에서의 외상적 경험이 친밀한 관계에서의 반복적인 갈등의 원인이 된다거나, 부정적 인지 도식의 경직성이 우울증의 원인이 된다거나, 자각되지 않은 미해결된 정서의 덩어리가 만성화된 분노의 원인이 된다는 등의 설명 체계를 제공한다. 풍부한 임상적 결과와 과학적 연구를 통해 상담심리학에서 제공하는 심리적 문제에 대한 이러한 설명 체계, 그리고 이에 기초한 개입 효과들은 상담자들이 가장 많이 접하는 교육과 훈련의 내용이다. 이러한 훈련을 통해 상담자들은 내담자들의 문제를 체계적으로 이해하고, 자신이 이해한 바를 토대로 개입 전략을 구상한다. 상담의 성과에 중요한 기여를 하는 주요한 공통요인 중에 하나도 "내담자 증상의 원인에 대한 그럴싸한 설명(plausible explanation), 그에 근거한 치료적 논리와 전략을 제공"하는 것

(Frank & Frank, 1991)으로 제안되고 있다. 자신의 어려움에 대해 납득할 만한 고통의 이유를 제공받게 될 때 내담자는 변화에 대한 기대를 갖게 되고, 상담 과정에 협조적인 참여를 하게 된다는 것이다.

그런데 여기서 내담자에게 어떠한 설명 체계가 자신의 고통을 설명하는 '그럴싸한' 설명 체계로 설득력 있게 전달되고, 기존에 가지고 있는 자신의 설명 체계를 대신하여 새로운 설명 체계로 받아들여질 수 있을까? 상담 기법 가운데 가장 효과적으로 알려진 해석 기법의 효과성에 대한 논의에서 Hill은 해석의 정확성보다는 상담자가 제공하는 해석에 대한 내담자의 신뢰가 해석의 효과성에 더 중요한 영향을 미친다고 보고하였다(Hill, 2004). 이는 고통을 내담자가 어떻게 해석하였을 때 고통을 경감시킬 수 있는가와 관련하여 중요한 시사점을 준다. 즉, 의학적 모델에서 전제하고 있는 병인론에 기초하여 정확한 고통의 원인을 규명하려고 노력하는 것보다 더 중요한 것은 자신의 고통을 상담자가 제대로 이해하고 있다는 믿음을 내담자가 갖게 되는 것이다. 즉, 내담자들에게 그럴싸하게 받아들여지는 설명 체계는 내용이 중요한 것이 아니라 그 설명을 전달하는 상담자를 내담자가 얼마나 신뢰하느냐에 달려 있다는 것이다. 자기를 자기보다 더 잘 이해하고, 그 이해하려는 온정적인 관심과 전문성이 믿어지고, 진심으로 전달될 때 내담자들은 상담자가 설명하는 "당신이 고통을 받는 이유는 ……이고, 그래서 이런 변화가 필요한 것 같다"는 설명이 그럴듯하게 들려 마음을 움직인다는 것이다. 어린 시절에 방만한 성관계를 맺은 자기 자신을 용서하지 못하고 괴로워하는 내담자가 있었다. 부모가 이혼한 후 어린 자기를 조부모님 댁에 맡겨 두고 들여다보지도 않는 부모가 너무도 원망스러웠지만 '아빠 때문에 고생하던 엄마가 사랑하는 남자를 만나 잘 살게 되었는데 엄마를 원망해서는 안 된다'는 결심을 하고, 부모를 대신하여 양육을 맡아 주신 조부모님께 떼 한번 쓰지 않는 모범생으로 자라면서 그 분노와 서글픔, 외로움은 어디에 자리할 수 있었을까? 내담자가 자신의 비밀스러운 애정 행각을 문란함으로 규정지으며 괴로워할 때 아마 그 아이가 성관계를 갖지 않았으면 정신병원에 진작에 입원했어야 했을 거라는 해석을 했던 적이 있다. 나에게는 정말 그렇게 믿어졌다. 나의 해석이 정확한 해석인지를 누가 증명할 수 있겠는가? 그러나 내담자가 나의 진심과 전문성을 신뢰하고 나의 해석을 '그럴듯한 해석'으로 받아들였을 때 이를 계기로 오랫동안 괴로워하며 치를 떨었던 자기 비도덕성에 대한 질타에서 내담자가 벗어나기 시작했다.

인간의 고통 경험이 과학적으로 정확히 설명할 대상이 아니라 진정성을 가지고 이해할 대상이라는 전제를 받아들일 때, 해석학의 대가인 Gadamer의 입장은 많은 공감을 불러일으킨다. Gadamer는 "누군가를 이해한다는 것은 상대방과 거리를 두고, 그에게 영향을 받지 않으면서 그를 알게 되고, 평가하는 것이 아니다. 이해한다는 것은 소속감이라고 하는 특수한 유대감(a specific bond of belonging)을 지니고 마치 자기도 그와 같은 영향을 받는 것처럼 상대방을 따라가며 생각하는(think along the other) 것이다"라고 했다.

Gadamer가 말하는 이해 과정에서 요구되는 '특수한 유대감(a specific bond of belonging)' '심오한 소속감(a profound sense of belonging)'은 내담자가 자신의 고통스러운 경험에 대해 상담자가 제공하는 설명과 논리를 '그럴싸하다'고 귀 기울일 수 있는 신뢰 기반이 된다. 상담 과정에 상담자와 내담자가 대화를 통해 공동 참여를 하게 될 때, 내담자의 고통스러운 경험의 의미가 재해석되고 내담자가 이제까지 혼자서 구성했던 고통의 의미는 상담자와 공유하는 해석으로 확장된다. 그래서 내담자 단독으로 써 내려갔던 내담자의 고통 경험의 내러티브는 상담자와 함께 쓰는 내러티브(joint authored narrative)로 다시 쓰이기 시작한다. 이 과정은 상담자와 내담자의 신뢰를 기반으로 하는 이해와 해석 과정이다. 이러한 신뢰가 바탕이 된 해석이 가능할 때 내담자는 자신의 고통스러운 경험에 대해 만성적으로 고집하고 있었던 병리적 해석 방식 혹은 해석이 부재한 혼돈 속에서 걸어 나와 상담자와 협력을 도모할 수 있게 된다.

그런데 이때 기억해야 할 것은 대부분의 내담자들은 삶의 중요한 관계에서 배신과 폭력을 경험한 경우가 많아 구체적인 한 사람으로서 상담자를 바로 신뢰할 것이라고 기대하기는 어렵다는 것이다. 그러나 고통받는 타인의 경험에 대해 관심을 기울이고 이를 도와주려고 하는 상담의 기본적인 지향점과 추구하는 가치를 상담자와 내담자가 함께 신뢰하게 될 때, 내담자들은 태어나서 한 번도 경험하지 못한 안전감을 상담 장면에서 경험할 수 있다. 그리고 세상에 신뢰할 수 있는 사람도 있을 수 있다는 사실 그리고 그러한 신뢰의 세계에서 자기 자신의 경험도 신뢰할 수 있다는 것을 처음으로 배우게 된다. 이러한 신뢰의 분위기에서 상담자가 내담자의 이야

3장

기를 들으면서 뭔가를 배우고자 하고, 내담자로 인해 자신도 기꺼이 변화되기를 기대할 때 상담자와 내담자는 이제까지 한 번도 드러나지 않았던 내담자의 내면세계에 접근하는 것이 가능해진다.

이렇듯 신뢰에 기초하여 내담자의 고통을 해석하며 이해하는 해석학적 접근은 과학주의에 근거한 계량적 진단과 병인론에 근거하여 고통의 원인을 객관적으로 설명하고, 고통의 제거를 목표로 하는 의학적 접근과는 크게 대비된다. Frank와 Frank(1991)는 고통에 대한 해석학적 접근이 고통에 대한 의학, 종교적 접근보다 심리치료와 공유하는 부분이 더 많을 수 있다고 제안하였다.

고통은 겪고 있는 사람에 따라 그 정도가 달라지므로 고통은 병의 문제가 아니라 인간의 문제일 수밖에 없다(Cassell, 1994). 그러므로 내담자가 호소하는 문제를 증상으로 국한하지 않고 내담자 삶의 고유한 텍스트로 이해하고(Frank & Frank, 1991), 그것이 놓여 있는 총체적이고 보편적인 맥락과 연결 짓는 과정을 통해 고통 속에서 내담자는 존재 이해, 그리고 자기 이해를 할 수 있다(노성숙, 2014). 이러한 고통에 대한 해석학적 접근은 내담자와 상담자와의 신뢰 관계에 기반한 대화 과정을 통해 내담자의 고통에 대한 해석 가능성을 높여 줄 뿐 아니라 공유 가능성을 열어 주는 접근으로 상담에 주는 함의가 매우 크다. 즉, 고통의 해석학은 고통에 대한 해석 가능성을 높여 구체적인 개별 사건의 해석에만 머무는 것이 아니라 내담자의 자기 이해, 존재 이해로 이해의 범위를 확장해 주며, 이러한 이해와 해석은 상담자와의 대화를 통한 특유의 소속감을 바탕으로 하기 때문에 공유 가능성을 높여 준다. 상담자와 고통을 공유함으로써 단절에서 소통으로 나아가도록 한다는 점에서 고통의 해석 가능성은 공유 가능성과 맞닿아 있다.

철학 이론에 대해 상담자들이 지니고 있는 부담감, 예컨대 구체적인 내담자의 문제에 적용하기에 너무 추상적이고 사변적이라는 인식을 나도 깊이 공감하는 터라 해석학 이론에 대한 본격적인 소개와 설명은 여기에 부적절하고, 또한 이는 나의 역량을 벗어난 일이기도 하다. 하지만 앞에서 살펴본 바와 같이 고통의 해석학이 상담의 핵심 문제인 고통, 관계, 자기 이해 등의 문제를 깊이 다루고 있다는 점을 고려하여 상담과 맞닿아 있는 고통에 대한 해석학의 어원이 함의하는 것을 잠시 살펴보도록 하자. 해석(hermeneutic)의 어원인 '헤르메스(hermes)'에 주목한 Gadamer의 논의는 이해와 해석의 근본적인 특성을 이해하는 데 매우 흥미로운 통찰을 준다. 헤르메스에 대한 신화를 간략히 소개하면 다음과 같다. 헤르메스는 일리아드와 오디세이의 신화에 출현하는 인물로 그 의미는 메신저이다. 그는 제우스로부터의 메시지를 다른 사람들에게 전달하는 메신저로서 신의 영역에 해당하는 메시지를 인간의 영역으로 전달하는 역할을 담당하고 있다. 정신분석가인 Orange(2011)는 신의 메시지를 인간에게 전달하는 헤르메스의 역할을 존재론적인 간극을 연결하는 다리의 역할로 부각한다. 이는 마치 상담 장면에서 상담자와 내담자는 서로 개별적인 존재로서 도움을 주는 자와 도움을 받는 자, 그리고 고통에 압도된 자와 그 고통을 해결해 주려고 도와주는 자로 그 존재의 간극이 매우 크지만 해석은 상담자와 내담자의 존재론적 간극을 찰나적으로 연결 지어 주는 다리와 같은 역할을 한다는 것이다. 즉, 상담자가 자신의 경험 세계와는 전혀 다른 경험 세계에 있는 내담자의 극히 고유하며 개인적인 고통의 경험을 들으며 찰나적으로 연결되었다는 느낌이 들었을 때 진정한 해석이 되었다고 볼 수 있다.

헤르메스 신화에 의하면, 헤르메스가 메시지를 전달할 때 세 가지 도구—마술 모자, 마술 신발, 그리고 마술 막대기—를 지니고 있는데 이의 상징적인 의미가 흥미롭다. 세 가지 마술 도구 각각의 용도는 다음과 같다. 마술 모자를 쓰면 자기가 보이지 않게 되고, 마술 신발을 신으면 아주 먼 거리도 순식간에 움직일 수 있으며, 마술 막대기를 사용하면 다른 사람을 잠들게 하거나 깨울 수 있다.

모든 신화가 그러하듯이 해석의 어원이 되는 헤르메스가 보여 주는 이 세 가지 마술 도구의 상징적인 의미는 해석을 어떻게 해야 상담자와 내담자의 존재론적 간극을 이어 주는 해석이 될 수 있는지에 대한 힌트를 준다. 첫째, 마술 모자는 보이는 세계와 보이지 않는 세계를 넘나들 수 있도록 하는 것으로 해석을 통해 상담자와 내담자는 무의식과 의식을 넘나들 수 있게 된다는 것을 암시한다(Palmer, 2002). 내담자에게 잠들어 있는 영역, 한 번도 의식 상태에서 만나지 못했던 부분을 깨워 일으키는 것이 해석의 중요한 기능이라는 상징이다. 진정한 해석을 통해 내담자는 이전에는 보이지 않던 경험의 어떤 측면, 느끼지 못했던 감정, 미처 생각지 못했던 깨달음들이 의식화되는 경험을 하게 된다. 두 번째 도구인 마술 신발은 아주 먼 거리라도 순식간에 움직일 수 있도록 하는 것인데 이는 물리적인 시간의 한계를 넘어서 상

Flying Mercury Hermes
(Giovanni da Bologna, 1580년 作)

담 장면의 지금-여기에 과거나 미래를 펼쳐 내어 상담자와 내담자가 함께 경험하는 것이 해석의 과정에 들어 있다는 것이다. 실제로 상담에서 내담자의 해석되지 않고 묻어 두었던 과거 경험들 혹은 아직 현실이 되지 않은 두려운 미래 사건을 지금-여기 상담 장면에 가져와 실제 체험되는 사건으로 경험하는 경우가 종종 있다. 내담자의 기억 속에서는 선명치 않은 기억으로 계속 맴돌면서 게슈탈트로 구성되지 못했던 미해결 과제들이 상담자와 함께한 지금-여기에서 또렷한 형태로 생생하게 경험될 때 그것은 더 이상 과거의 사건이 아니라 현재의 사건으로 경험되는 것이다. 헤르메스의 마술 신발은 이렇듯 시간과 공간을 자유자재로 넘나들면서 해석되지 않았던 고통의 경험을 지금-여기의 경험으로 통합해 주는 해석의 요소를 상징한다. 마지막으로, 마술의 막대기는 잠들게도 하고 깨우기도 하는 도구이다. 마술의 모자와 마술의 신발을 신고 무의식과 의식을 넘나들며 물리적 시간성을 초월하는 과정에서 상담자는 내담자를 자기의 흐름에 그대로 맡겨 두기도 하지만 각성하여 자각을 촉구해야 할 때도 있다. 해석에는 이러한 역동성이 들어 있다.

각각 다른 기능을 하는 세 가지 상징 도구를 지닌 헤르메스라는 메신저를 통해 존재 간극의 극복, 물리적 시간성의 초월, 무의식의 의식화가 핵심적으로 포함되는 해석이 이루어진다. 상담자는 상담 과정의 헤르메스가 되어 내담자와 자신의 존재 간극을 극복하여 물리적 시간성을 초월하고, 무의식과 의식을 넘나들고, 내담자의 심리적 각성과 이완을 조절하면서 내담자의 고통 경험을 해석해 나간다. 물론 상담자가 마술 도구를 들고 있지 않으나 상담 장면에서 이루어지는 해석에는 이러한 신비한 접촉과 경험의 재구성의 요소가 포함되며 내담자는 자기 고통 경험에 대한 진정한 메시지를 찾아가게 된다.

메신저로서 헤르메스의 메시지 전달 과정에서 Gadamer가 주목한 또 다른 측면은 제우스가 헤르메스에게 그 어떠한 전갈도 내리지 않았다는 점이다. 즉, 헤르메스가 제우스의 메신저이기는 하지만 제우스의 메시지를 누구에게나 똑같이 단순히 반복해서 하나의 소식으로 전한 것이 아니었다(노성숙, 2014, p. 130). 이는 해석학의 무전제성을 강조하는 것으로 어떤 사건이나 경험에 대한 이해에는 하나의 정답이 따로 전제된 것이 아니며 내담자 각자 자신의 삶의 맥락에서 고유한 방식으로 표현될 수 있다는 것이다. 내담자의 고통이 자신의 고유한 언어와 표현 방식으로 해석되어야 한다는 이러한 강조는 "이해에 도움이 되는 해석은 해석을 하고 나서 해석의 내용이 사라지는 해석"(Gadamer, 2004)이라는 설명과 맥을 같이 한다. 상담자의 해석 내용이 너무 강렬하게 남아 이해 과정에 흡수되지 않는 것은 상담자의 해석을 강요하거나 그것이 옳다는 것에 매이게 하는 경우이며 이러한 해석은 내담자의 자기 이해를 오히려 방해할 수 있게 된다는 것이다. 말로 표현되면서 이해 과정에 흡수되어 사라지는 것이 잘된 해석이다. 예를 들어, 내담자, 상담자 모두 표현된 해석의 내용 자체에 매달리지 않고, 해석으로 인해 확장된 이해 과정에 몰두하게 될 때, 상담자의 해석이 내담자의 이해의 동심원을 넓히는 데 도움이 된다.

고통에 대한 이유를 알지 못하는 상태가 지속될 때 사람들은 고통의 감옥에서 빠져나오기 어려우며 그 안에서 감정, 생각, 행동이 경직된다. 이러한 고통은 해석될 때 그 감옥에서 빠져나올 수 있고, 그 고통을 대상화하여 주체적으로 다룰 수 있게 된다. 해석하는 상담자는 헤르메스처럼 내담자와의 존재론적 간극을 극복하며 찾아가는 메신저로서 내담자가 고통의 주체로 자기 고통 경험을 해석해 낼 수 있도록 돕는다.

(3) 고통에 대한 공유 가능성

자신에게 일어난 부정적 사건, 경험들이 통제 범위를 벗어나고 해석이 되지 않을 때 내담자들은 이를 자신의 치명적인 결함으로 받아들이고 '이렇게 특이한 문제는 아무도 겪지 않았을 것이며 그래서 아무도 나를 이해할 수 없다'는 생각을 갖기 시작한다. 타인과 공유할 수 없을 것으로 생각하여 마음에 쑤셔 넣은 경험들은 타인과의 소외를 조장하게 되고, 경험에 대한 타당화 그리고 정서적 지지를 얻을 수 있는 기회를 점점 더 박탈한다. Yalom(2005)은 내담자들의 이러한 인식, 즉 '내 문제는 너무 특이해서 아무도 이런 일은 이해하지 못할 것'이라는 인식은 어느 정도는 타당할 수 있다고 하였다. 내용적으로 똑같은 고통을 겪는 경우는 드물 수 있기 때문이다. 그러나 내용은 다르더라도 모든 사람들이 이러한 자기만의 비밀스러운 경험, 용서할 수 없는 자신 혹은 타인이 포함되어있는 경험에는 유사한 프로세스가 존재한다. 사람들이 자신의 고유한 고통을 타인과 나누면서 고통의 보편성을 받아들이게 될 때 '나만'이라는 독특성의 벽이 무너지며 안도하기 시작한다. 서양 속담에 "비참함은 친구를 좋아한다(Misery loves company)."라는 말이 있다. 이는 사람들이 고통을 공유 가능한 경험으로 받아들일 때 상황은 변하지 않았음에도 불구하고 나눔에서 오는 타당화, 그로 인한 안도를 경험하게 됨을 의미한다.

고통 경험을 공유하는 어려울 때 고통이 점점 더 극심해진다. 그런데 사람들은 어떤 경험을 공유하기 어려워할까? Yalom(2005)은 집단 상담의 치료적 요인 중의 하나로 '보편성'을 다루면서 이 주제에 관련된 간단한 연구 결과를 소개하였다. 일반인들을 대상으로 하여 자신의 비밀 목록 1순위를 무기명으로 적도록 하였는데 그 결과 자기 부적절감, 소외감, 그리고 성(性)적인 경험이 1순위 비밀 내용으로 꼽혔다. Yalom은 이러한 결과에 대해 해석하기를 사람들은 자기 가치감이 추락하고, 대인 관계 문제가 생길 때 가장 자신을 고립시킨다고 하였다. 국내 연구에서 성공적 종결을 한 내담자들을 대상으로 치료적 전환점이 무엇이었는지를 분석한 논문(한영주, 2010)에서 내담자들은 아무에게도 공개하지 않았던 비밀을 상담자에게 개방했던 경험을 결정적 전환 시점으로 지목하였다. 내담자들이 평생 마음의 감옥에 가두었다가 결정적으로 상담자와 나누었던 비밀로 가장 많이 보고된 내용은 성(性)과 관련된 경험이었다. 나의 상담과 슈퍼비전 경험을 미루어서 생각해 보면 나 역시 위의 연구 결과들과 유사한 경험을 하였다. 성적인 주제와 관련된 내용들, 그리고 부모님과의 관계에서 학대 혹은 거절을 경험한 내용을 내담자들은 가장 드러내기 어려워하는데 실상 그 문제 때문에 상담을 받으러 온다. 우리나라의 문화적 특성상 성적인 문제나 가족 내에서 일어난 경험을 어떤 식으로든 공개한다는 것은 참으로 어려운 일인 것 같다.

자신의 고통을 공유 불가능한 경험으로 지각하면서 타인과의 관계가 소원해지고 대인 관계의 소외감이 커지면서 자기 소외도 함께 자라난다. 남에게 보일 수 없는 비참한 자기는 세상 밖으로 나와서는 안 되는 괴물처럼 취급되어 마음 깊이 지하 감옥에 철장으로 가두어 놓는다. 그런데 이 핵심적인 경험은 자신의 가치감, 중요 타자와의 친밀감 주제와 긴밀히 관련되어 있어서 이 괴물을 마주 앉아 받아 주고, 안아 주지 않으면 자신의 가치감이나 친밀감 회복의 기회는 가질 수가 없게 된다. 그래서 좀 산뜻하고 쿨하게 문제 해결만 하고 싶은 마음은 간절하지만 마음 밑바닥의 괴물이 꿈틀거릴 때마다 사람들은 혼돈에 빠지거나 느낌을 차단해 버린다. 트라우마 가운데 대인 관계 트라우마가 가장 폐해가 크고, 부정적인 영향이 장기화된다. 그 이유는 관계와 관련된 트라우마가 그만큼 타인들과 공유가 어렵고, 공유를 통해 타당화되지 않은 고통은 내적으로 통합되지 못하기 때문이다. 상담은 내담자가 타인과 공유할 수 없다고 생각하고 자기도 외면한 고통스러운 경험, 그 속에 버려 놓은 자기와의 화해이며 수용을 기반한다. 내담자가 버려 놓았던 경험이 상담자 마음에 들어오고, 그에게 손과 마음을 내밀 때 공유와 접촉이 시작된다.

상담 관계가 내담자의 변화에 핵심이 되는 이유는 이렇듯 내담자 고통 경험에 대한 공유가 관계에 기반하기 때문이다. Wampold와 Budge(2012)의 맥락 모델에 따르면, 내담자는 상담자와의 첫 대면의 찰나 같은 순간에 놀라운 감각적 예민성을 발동하여 상담자가 얼마나 안전한 사람인가를 평가한다. 그리고 이 기제는 애착 이론의 근간이 되는 생물학적인 근거로 설명된다. 유아들이 몸으로 알아차리는 안전성 기제가 상담 과정에서 그대로 작동이 된다. 내담자가 상담을, 상담자를 안전하게 지각하여 문제의 해결이 아니라 자기 경험을 공유를 통해 안전하게 펼쳐 낼 수 있을 때 내담자는 고통 중에서도 숨을 쉴 수 있다. 그 숨 쉴 수 있는 공간이 상담 장면에서 마련되어야 한다.

그렇다면 심리적 에너지를 가장 많이 점유하고 있는 핵심적 고통 경험 및 사건을 내담자들이 어떻게 상담자와 깊이 공유할 수 있을까? 내담자들은 자기만이 아니라 다른 사람도 같은 종류의 어려움을 경험했다는 것을 아는 것만으로도 심리적 긴장이 완화된다. 그래서 같은 종류의 어려움을 호소하는 사람들로 집단 상담을 하게 되는 경우 내담자들은 다른 사람들의 경험을 들으며 그들의 이야기 속에서 자기를 발견하며 문제를 객관화하고, 자기 경험을 타당화하며, 또한 다른 사람들을 공감하고 자기 자신이 공감받는 느낌을 받게 된다. 자위를 너무 많이 해서 자기가 더럽다고 생각하고, 성인이 되어 정상적인 부부 생활을 하지 못할 것 같아 고민하는 남자 고등학생을 상담한 적이 있었다. 그 내담자에게 얼마나 많은 한국 남자 고등학생들이 자위 문제로 고민하고 있는지 청소년 대상 실태 조사 결과를 보여 주었다. 50%가 훌쩍 넘는 또래 청소년들이 자기와 같은 고민을 하고 있다는 결과를 보고 이 아이가 해맑게 웃으며 이후 상담에서 얼마나 수다스러워졌던지 따뜻한 기억으로 남아 있다.

무엇보다 중요한 타당화의 조건은 상담자가 내담자 비밀의 지점을 감지하고, 내담자가 비밀을 개방했을 때 당황하지 않고 받아 줄 수 있는 안정감을 형성해 주는 것, 그리고 드러내기 시작한 비밀을 보다 완결된 내러티브로 만들어 가는 데 내담자와 협력하는 것이다(한영주, 2010). 최근 미국 상담심리학회가 주관이 되어 제작한 '3명의 상담 대가의 심리치료 접근'(Beck, Greenberg, & McWilliams, 2012) DVD를 학생들과 함께 공동 번역 작업을 하였다. 실제 여자, 남자 내담자를 대상으로 정서치료접근의 Greenberg, 정신역동 접근의 McWilliams, 그리고 인지치료 접근의 Beck이 만나 각각 2회기의 상담을 진행하고 그중의 한 회기 전체를 담은 영상 자료이다. 각 주요 이론을 대표하는 대가들의 실제 상담 시연과 각 상담 회기에 대한 논의가 매우 흥미롭고, 많은 것을 배울 수 있는 자료이다. 그 가운데 내담자 비밀을 다루는 주제와 관련하여 남자 내담자 케빈과 작업했던 McWilliams의 작업을 소개하고 싶다. 케빈은 9살에 아버지를 잃고, 자식들을 어른처럼 보호해 줄 수 없었던 어머니에게서 양육된 매우 예민한 감성을 지닌 아마추어 음악 연주가이다. 케빈은 일찍이 부인과 헤어지고 경제적인 어려움 가운데 혼자 딸을 키우고 있다. 고등학교를 곧 졸업하는 딸과 함께 부모님 집 지하에서 눈치를 보며 살아야 하는 상황에서 연주 활동을 계속하고 싶지만 현실적인 어려움이 많다. 슬픔과 외로움, 그리고 불안이 많이 전달되는 내담자이다. 딸과의 문제, 그리고 낮은 자존감의 문제로 상담을 신청하였다. McWilliams와 진행된 회기에서 사람들과의 접촉을 간절히 원하지만 다가가기 어려운 자기 자신의 문제를 상담 안팎의 경험을 들어 이야기하는 내담자에게 상담자가 "많은 사람들에게 자기 문제가 다 노출이 되어 매우 취약해질 수밖에 없는 상담 시연 프로젝트에 지원하게 된 동기가 무엇인지?"를 묻는 대목이 있다. 내담자에게 얼마나 어려운 질문이었겠는가? 내담자는 역력하게 고통스러운 감정을 그대로 드러냈고 긴 침묵 속에 오열하며 "돈을 벌기 위해서"라는 솔직한 답을 하는 대목이 나온다. 상담 시연 그것도 녹화가 되어 국제적으로 자기 이야기가 퍼지게 될 수 있는 위험이 있는 상황에서 매우 놀라운 개입이며, 반응이었다. 이 대목의 내용만 떼어 놓고 생각하면 상담자가 지나치게 밀어붙인 것 같고, 경제적으로 취약한 내담자를 너무 수치스럽게 만든 것처럼 생각될 수도 있다. 그러나 이러한 비밀 공개가 있기까지 상담자와 내담자 간에 이루어진 대인 관계적 맥락을 살펴보면 이 대화가 얼마나 강력한 치료의 순간이었는지 동의하게 된다. 내담자는 가장 취약한 자기의 내면, 수치스러워서 드러내 놓고 싶지 않은 그 부분을 내적인 고투를 하며 상담자와 공유한다. 그리고 긴 침묵 동안 많이 울고, 이제야 자기 자신이 살아 있는 사람처럼 느껴진다는 이야기를 나눈다. 그 용기가 놀랍고, 그 용기가 가능하도록 신뢰와 공감의 맥락을 만들어 준 상담자의 직관과 힘이 놀라운 회기였다.

내담자가 자기 혼자서는 정면으로 대하지 못하는 고통스러운 경험을 상담자와 함께 공유할 때 내담자는 상담자에게 자기의 경험을 처리하거나, 해결해 달라고 기대하지 않는다. 그 경험에 놀라서 상담자가 당황하거나 도망가지 않고, 심정적으로 버텨 주며 보듬어 주는 컨테이너가 되어 주길 기대할 뿐이다. 내담자가 자기의 통제 범위를 넘었다고 생각되는 경험, 왜 그런 일을 겪어야 하는지 이해가 되지 않는 경험을 아무와도 공유하지 않으면서 고통의 나락으로 점점 떨어질 때 내담자가 다시 복구할 수 있는 전환점은 경험의 공유로부터 시작된다. 내담자가 자신의 고통스러운 사실 자체를 그저 상담자를 대상으로 하여 인정하고 드러내기 시작할 때, 그리고 상담자가 고통을 가감 없이 있는 그대로 공유하기 시작할 때 내담자에게 통제감과 해석 가능성이 열리기 시작한다.

3) 사기가 꺾이고 낙담한 내담자

Frank와 Frank(1991)는 내담자들이 더 이상 혼자 힘으로 어쩔 수 없다고 느끼는 순간, 자신의 고통과 더 이상 투쟁을 벌일 수 없는 상태가 되었을 때 상담실 문을 두드린다고 하였다. 내담자가 통제 불가, 해석 불가, 공유 불가한 고통을 경험하며 그 고통을 나름대로 버티고, 해결하기 위해 각고의 노력을 하였으나 도저히 그 상황에서 빠져나올 수 없다고 느끼게 되는 경우 내담자는 더 이상 버티거나 새로운 시도를 할 수 있는 기력을 상실하게 된다. 그리고 상담실 문을 두드린 내담자의 내적 상태는 공통적으로 사기가 저하되고(demoralized), 용기를 상실한(discouraged) 상태이다. 증상 자체보다, 고통의 무거움보다, 내담자들을 더 두렵게 하는 것은 더 이상 그러한 증상과 고통을 감당할 수 없을 것 같은 사기와 용기가 꺾인 상태이다.

내담자들이 전문적 도움을 요청하는 것은 공식적으로 자기 부적절감을 인정하는 것이며, 이는 남들은 지니고 있지 않은 문제를 나는 지니고 있다는 것을 공식화하는 행동으로 자신에 대한 수치심을 한층 부각시키는 결정이다. 그렇기 때문에 도움 요청이라는 것은 상당한 저항을 불러일으키기 마련이다. 그래서 내담자들은 문제를 지각하고서도 최종적으로 상담실 문을 두드리기까지 나름대로 다양한 문제 해결을 위한 노력을 기울여 본다. 그러나 그러한 노력이 더 이상 도움이 되지 않고, 자신의 상태가 점점 악화된다는 것을 확인했을 때, 더 이상 문제를 대면할 기력과 용기를 낼 수 없을 때 상담실 문을 두드린다. 혹은 상태가 점점 악화되면서 자기 자신은 이를 자각하지 못하나 주변 사람이 더 이상 내담자를 감당할 수 없다는 판단을 하게 되는 사태에 이르게 되기도 한다(Frank & Frank, 1991). 내담자들이 상담실을 찾는 시점이 단지 심리적으로 어려워서가 아니라 더 이상 문제를 직면할 용기와 사기를 가질 수 없을 때라는 사실은 내담자들의 첫 증상 발견과 실제 도움 요청까지 일정한 시간이 걸린다는 연구 결과를 통해 간접적으로 확인할 수 있다. 첫 증상 발견과 도움 요청 시간 간격에 대한 연구를 보면 일반 대학생 내담자들의 경우는 6개월에서 2년 정도(Karasu, 1982), 알코올 중독의 경우 평균 5년(Mandell, 1983), 그리고 공황장애의 경우 평균 12년(Shader, Goodman, & Gever, 1982)의 시간 경과 후에 전문적 도움을 요청한다고 보고되고 있다(Frank & Frank, 1991에서 재인용). 첫 증상 자각에서부터 전문적 도움 요청을 하기까지 내담자들은 스스로 가용할 수 있는 여러 자원, 대처 전략을 스스로 활용하여 문제 해결 노력을 기울이지만 결국 감당해야 할 고통에 압도되어 문제를 직면할 용기와 사기를 소진하게 되었을 때 거의 최종적 선택으로 상담실 문을 두드리게 된다는 것이다. 그러므로 상담 초기에 상담자가 공감해야 할 매우 중요한 지점은 내담자의 상태가 더 이상 고통에 항거할 수 없을 것 같은, 사기가 꺾인 무력과 좌절의 상태라는 것이다. 그래서 고통에 대한 공감과 더불어 자신이 할 수 있는 것을 모두 시도해 보았으나 나아질 실마리가 보이지 않을 때의 무망감과 힘겨움에 대한 공감이 상담 초기에 절실하다.

내담자들이 치료 시점에서 호소하는 증상과 상관없이 내담자들에게서 공통적으로 경험되는 정서는 우울과 불안의 모드이다(Moses & Barlow, 2006). 또한 이들은 공통적으로 사회적 고립감, 무력감, 실패감과 무가치감을 보고하고 있다(Galassi & Galassi, 1973; Vaillant, 1972 등). Dohrenwend, Shorout, Egri와 Mendelsohn(1980)은 사기 저하를 모든 정신병리의 공통된 요소로 보고 이를 측정할 수 있는 도구를 개발하였다. 그들은 각종 정신병리 증상이 결국 하나의 차원으로 수렴되는 특성을 발견하였고, 임상적 손상이 있는 사람들의 4/5에 해당하는 사람들이 사기 저하 수준 척도에서 높은 수준을 보이는 것을 확인하였다. 내담자의 구체적인 증상이 어떠하든 이들이 공통적으로 보이는 사기 저하, 용기 상실이 증상을 보다 악화하고, 혹은 주변의 사람들이 더 이상 도울 수 없도록 포기하도록 만들게 한다면 내담자들에게 일차적으로 도움을 주어야 할 부분은 사기와 용기를 회복하는 것이라고 할 수 있다. 이에 대해 Frank와 Frank(1991)는 내담자의 사기가 진작될 때 내담자들에게 변화에 대한 기대가 생겨나고, 내담자들이 고통에서 놓일 수 있을 거라는 안도감을 경험하게 한다고 하였다. Moses와 Barlow(2006)는 내담자들이 증상과 무관하게 공통적으로 보이는 사기 저하의 무드가 상담에서 초점을 두어야 할 핵심 작업임을 강조하여 증상 치료보다는 내담자들의 사기 진작을 먼저 도울 것을 제안하였다.

구체적 문제 해결에 앞서 내담자의 사기와 용기가 진작되어야 한다는 제언들은 극심한 위기 상황에도 불구하고 이러한 어려움을 완충해 줄 수 있는 삶에 대한 용기와 근성을 지니고 고유한 삶의 의미를 구축해 내는 적응 유연한 사람들의 삶을 통해 그 가치가 입증된다. 삶의 위기와 고통'에도 불구하고(in spite of)' 살아갈 수 있는 용기와 사기를 가졌을 때 사람들은 그 고통을 '통하여(through)' 살아갈 의미를 창조해 낼 수 있다(Masten, 2001). 이러한 논의들을 고려할 때 상담자들은 내담자들을 처음 상담실에서 대면하며 이들이 자신의 고통과 마주할 수 있는 사기가 어느 정도인지를 가늠할 수 있어야 하며, 구체적인 개입을 하면서 내담자들에게서 이러한 용기와 사기가 어떻게 회복되고 있는지를 살펴볼 필요가 있다.

내담자들의 사기 진작이 상담 성과, 즉 내담자들의 궁극적인 변화를 위해 선행되어야 할 중요 요소임을 보여 주는 근거들로 상담 초기 단계에 내담자가 보이는 변화가 상담자와의 작업동맹 수준을 높이고 이것이 궁극적으로 내담자의 최종적인 변화에 긍정적으로 기여하게 된다는 연구 결과(윤정숙, 유성경, 홍세희, 2012)들을 들 수 있다. 상담 성과에 핵심적인 요소로 주목되는 작업동맹이 내담자들의 증상 호전에 영향을 미치지만 내담자의 초기 증상 호전이 역으로 작업동맹 수준을 높인다는 연구 결과들은 작은 변화라도 상담을 통해 긍정적인 변화를 경험하면서 내담자들이 변화에 대한 기대, 즉 사기를 북돋게 되고, 함께하는 상담자를 신뢰하고 상담 과정에 협력자로 적극 참여하게 됨으로써 궁극적인 자신의 문제를 해결해 낼 수 있게 된다는 것이다. 이러한 결과들은 상담 초기에 내담자들에게 "이 상담을 통해서는 뭔가 해 보고 싶다"는 기대를 창출해 내는 것이 상담 관계 그리고 궁극적인 내담자 변화를 위해 얼마나 중요한 요소인지를 가늠케 한다.

그렇다면 극심한 고통 중에 자신의 고통에 직면할 수 있는 용기와 사기를 잃고 상담실 문을 두드린 내담자가 어떻게 자신의 고통에 직면할 용기, 이 어려움에도 불구하고 살아갈 수 있는 사기를 회복할 수 있을까? 그리고 사람들이 어려움에 직면할 수 있고, 고통에도 불구하고 새로운 삶의 의미를 창출하게 되는 용기와 사기는 어떻게 발휘되는가?

2. 변화를 향하는 내적 힘

> 자기 이야기를 소유하는 것은 어렵다. 그러나 자기 이야기로부터 도망가기 위해서 삶을 허비하는 것만큼 어렵지는 않다. 자신의 취약함을 끌어안는 것은 위험하다. 그러나 우리를 가장 취약하게 만드는 경험인 사랑, 소속, 기쁨을 포기하는 것만큼 위험하지는 않다. 우리 자신의 어두움을 탐색할 만큼 충분히 용기를 갖게 될 때, 우리는 우리 빛의 무한한 힘을 발견하게 될 것이다.
>
> – Brené Brown

이제까지 우리는 내담자들의 고통, 고통과 증상, 고통의 증감에 영향을 주는 요소로 고통에 대한 통제감, 해석 가능성, 그리고 공유 가능성에 대해 살펴보았다. 내담자의 증상은 내담자가 자신의 통제 수준을 벗어나고, 왜 그런 고통을 당해야 하는지에 대한 해석이 불가하고, 타인과 공유 불가능한 고통으로 단절되었을 때 나타나는 내담자 고유의 소통으로 이해하였다. 내담자들의 고통이 자기 고립을 강화하면서 내담자들은 점점 사기를 잃고, 용기를 잃어 간다. 그런데 축소된 세계 속에 움츠러든 내담자가 상담자에게 손을 뻗는 시도는 참으로 의미가 있다. 고통을 당하는 모든 사람들이 고통 밖의 타인에게 도움을 요청하는 것은 아닌데 어떤 이유로 이들은 상담자를 찾게 되는 것일까?

전문적 도움 추구 행동과 관련된 연구들에 따르면, 실제 심리적 문제가 심각하여 전문적 도움이 필요하지만 도움을 요청하지 않는 사람들이 상당히 많다. 심리적 어려움이 있을 때 전문적 도움 행동에 영향을 미치는 요인에 관한 연구들에 따르면, 환경적으로 상담 서비스의 가용성, 접근 가능성, 용이성, 그리고 인종, 성별 등 인구통계학적인 변인들이 도움 추구 여부에 유의한 영향을 미치지만 내담자들의 심리적 요인들도 도움 추구 행동에 유의한 영향을 미친다. 구체적으로 내담자의 심리적 스트레스의 정도가 높을수록, 정신병리 및 도움 추구에 대해 지각하는 개인적, 사회적 낙인의 수준이 낮을수록, 자기 은폐 성향이 낮을수록 도움 추구를 많이 하는 것으로 알려져 있다. 많은 사람들은 심리적인 어려움이 생기면 이를 개방하고 도움을 청하기보다는 오히려 은폐하고 세상과 단절하는 경향을 보인다. 이는 앞서 살펴본 바와 같이 고통의 수준이 높을수록 사람들은 자기의 어려움은 무언가 자신의 치명적인 결함을 반영하는 것으로 귀인하고, 이 상태를 개방하는 것이 수치심과 두려움을 유발하여 세상과 단절하는 경향을 보이기 때문이다. 자기 은폐 성향(self-concealment)이 높은 사람들은 일반적으로 보다 많은 심리적인 스트레스를 경험하지만 도움을 청하기 어려워 한다는 연구 결과들(Larson, 1994)도 이러한 경향을 잘 반영한다. 그러나 이렇게 혼자 고립되어 나름대로 문제를 해결하려고 애쓰던 사람들이 상담실 문을 두드리게 되는 것은 내담자들의 어떤 상태를 반영하는가?

1) 고통과 대면할 수 있는 용기

'사기가 저하되었다(demoralized)'는 것은 사전적으로 "사람에게서 영혼(spirit)과 용기(courage)를 빼앗아 낙담되고 혼돈된 상태로 던져지다."로 정의된다. 내담자의 이러한 상태를 Adler는 '병든' 상태가 아니라 '낙담된(discouraged)' 상태라고 강조하였다. 사람이 아무리 고통스러운 경험에 처해 있다 하더라도 이를 대항할 수 있는 영혼과 용기를 가지고 있어야 하며, 고통을 딛고 새로운 의미로 확장하기 위해서는 이러한 사기와 용기의 회복이 우선되어야 한다는 것이다. 이러한 핵심적인 삶의 동력이자 고통을 마주할 수 있는 힘의 본질은 과연 무엇일까? 내담자들의 증상 치료에 앞서 회복되어야 할 용기와 사기가 무엇인지 생각해 보자. 이 본질적인 힘의 특성을 이해할 때 이것이 박탈된 상태, 그리고 그것이 회복된 상태에 대한 이해를 좀 더 실제적으로 할 수 있을 것이다.

먼저, '용기(courage)'의 라틴어 어원은 'cor'로 심장을 의미하는데 심장은 신체적으로는 피돌기의 핵심부를 지칭하며, 심리적인 의미로는 성격의 핵심으로 특별히 직관과 감정을 지칭한다. 용기의 사전적 의미는 "어려움, 위험, 고통에 직면할 수 있도록 하는 마음과 영혼의 특성"이며, 이것은 용감한 행동의 특성을 표현하는 대담함(brave)과는 달리 이러한 행동 이전의 내적 특성을 지칭한다. 수치심 연구가인 Brown(2010)은 용기의 초기 의미는 "자신의 심장에 있는 것, 자기 마음을 말하는 것"이었으나 이러한 일상적 의미의 용기가 점차 영웅적인 행위로서의 용기로 의미가 변화되었다고 지적한다. 그녀는 원래 용기의 의미는 목숨을 거는 영웅적 행위가 아니라 자기 바닥의 취약함(vulnerability)을 드러내는 것이라고 말한다. 나는 앞서 고통 중의 사람들이 모두 상담실을 찾는 것이 아닌데 극심한 고통 가운데 문제를 직면할 용기와 사기를 잃은 내담자들이 상담실 문을 두드린 것은 매우 주목할 만한 일임을 언급한 바 있다. Brown(2010)이 말하는 용기, 즉 자기의 가장 핵심에 있는 취약함을 드러내는 것을 용기라고 할 때 내담자들이 상담실에 찾아와 자신이 취약함을 드러내기 시작하겠다는 결단은 참으로 용기 있는 행위의 시작이라고 볼 수 있다. 내담자는 자신의 취약함이 공적으로 드러나는 행동을 감행한 것에 대해 낙인을 찍고, 다양한 저항을 보일 수 있으나 상담자는 취약함을 드러내는 행위가 얼마나 용기 있는 행동인지에 대한 신뢰와 인정이 필요하다. 이러한 용기에 대한 정확한 의미가 내담자에게도 진심으로 전달될 때 내담자는 상담 과정에서 점점 자신의 취약함을 드러내고 이와 직면할 수 있는 용기를 발휘할 수 있을 것이다. 내담자가 용기의 본래적인 의미를 오해하여 내적인 취약함을 드러내는 것은 수치스러운 것이고, 뭔가 힘 있고 적극적인 변화를 보이는 것을 용기라고 생각하여 지나치게 애쓰는 노고에서 상담자는 내담자를 해방시켜 줄 필요가 있다. 가장 용기 있는 것은 자신이 얼마나 약하고, 힘든지를 적절한 환경과 신뢰 속에서 드러내고 머물러 바라보고자 하는 것임이 상담자와 내담자에게 공유되어야 한다. 용기의 아이러니는 가장 기꺼이 취약해질 수 있을 때가 가장 용기 있는 순간이라는 것이다. 내담자는 한 번도 보이지 않았던 취약함을 자신과 상담자에게 드러내 보이는 용기를 발휘할 수 있을 때 변화의 주체로서 첫 발걸음을 내디딘 것이다. 그리고 이때 내담자는 정작 대면해야 할 고통의 민낯을 대할 수 있게 된다.

2) 변화의 근원적인 동력: 프시케

다음으로 상담에서 회복해야 할 내담자의 사기(morale)에 대해서 생각해 보도록 하자. 사기는 자기 자신이나 과업에 대한 열정, 확신, 충성심을 보여 주는 정신적, 정서적 상태를 의미하는 것으로 정서적 에너지를 대변하는 개념으로 이해할 수 있다. 심리치료를 받으러 온 내담자들은 사기 저하된 상태(demoralized)로 오는 것이며 심리치료의 목적은 사기 회복(remoralization)이라고 하였던 Frank와 Frank(1991)는 환경의 스트레스를 견디고 더 나아가 이로부터 이득을 얻게 해 주는 삶의 에너지를 스태미나 개념과 유사한 개념으로 보고 있는데, 이는 Freud가 인간을 에너지의 총체로 보고, 인간을 움직이게 하는 힘의 원천을 리비도(libido)로 보았던 관점과 일맥상통한다. 인간이 삶의 역경, 자신의 증상과 고통에서 회피하지 않고, 진실에 직면하여 자신을 지속적으로 해방시켜 나갈 수 있는 원천적인 힘으로서 리비도는 상담을 통해 회복하고자 하는 사기의 원천으로 볼 수 있다.

그런데 Freud가 인간의 가장 원초적인 삶의 에너지로 주목한 리비도는 성적 추동(sexual drive)으로서 Freud가 가장 많이 오해받는 개념 중의 하나이다. '성적'이라는 번역에서 Freud가 함의하였던 에로스의 본래적 의미가 생략되었고, 추동을 본능(instinct)으로 번역하면서 생긴 오해는 인간의 본능적 에너지를 지나치게 생물학적인 에너지로만 국한했다. Bettelheim(1982)은 Freud의 개념이 영어로 번역되는 과정에서 영혼이 빠진 개념들이 된 것들에 대한 깊은 안타까움으로 『Freud와 인간의 영혼』을 저술하였다. 그리고 Freud가 Jung에게 보낸 서한 중에 "정신분석이란 본질적으로 사랑을 통한 치유입니다"라는 문구를 책 맨 앞에 소개함으로써 Freud 이론이 혼이 빠진 기계적 분석으로 추락한 사태에 대한 문제를 제기하였다. 여기서는 인간의 원초적인 힘에 대한 이해를 Freud의 프시케에 대한 이해를 통해 접근하기 위해 Bettelheim이 소개하고 있는 Freud의 프시케에 대한 이해에 주목해 보기로 하겠다.

Freud(1920)는 "정신분석의 성에 관한 확대된 개념은 거룩한 플라톤의 에로스와 아주 똑같이 일치한다"고 강조하였고, Bettelheim은 Freud의 에로스를 제대로 이해하기 위해서는 영혼을 의미하는 프시케에 대한 깊은 사랑이 에로스의 본질임을 이해해야 한다고 강조하였다. 정신분석이 "사랑을 통한 치유"라고 할 때 이 사랑은 영혼을 향한 사랑과 헌신이며, 성적 추동, 즉 에로스는 인간의 생득적인 에너지로서 모든 사람은 이를 통해 자신의 프시케를 만나게 된다. Freud는 psychoanalysis라는 용어를 통해 프시케에 대한 분석, 즉 "무시되고 감춰진 영혼의 측면들을 조사하고 분리시킴으로써 영혼들이 우리의 삶에서 해 내는 역할을 우리가 이해하고 이러한 측면들을 알 수 있다."라는 것을 강조(Bettelheim, 1982)하고자 하였다.[2] 고통 중에 있는 내담자가 심리치료를 통하여 회복하게 되는 것은 고통 혹은 증상 뒤에 무시되고 감춰진 자신의 영혼의 측면들을 대면하고 끌어안는 것이다. 그리스 신화에서 프시케는 영혼을 상징하며, 영혼의 초자연적인 특성을 지닌 새와 나비의 날개를 지닌 것으로 묘사되고 있는데, 이러한 상징들은 프시케라는 단어에 아름다움, 연약함, 비실체성이라는 개념을 포함하고 있다. 그리고 이러한 프시케에 이르게 되는 에로스는 존중, 보살핌, 배려를 통해 프시케에 이른다(Bettelheim, 1982). 영혼을 상징하는 프시케에 대한 관심은 고대 서양 철학사에서 지속적으로 있어 왔다. 운동의 원리, 생명의 원리로서의 프시케에 대한 소크라테스 이전 고대 철학자들의 이해로부터 물질적인 영혼관, 이원론적인 영혼관에 이르기까지 프시케에 대한 이해는 다양하다(박승찬, 2014). 심리학은 "감정이 부여되어 있고, 포괄적으로는 인간적이며 비

2) psychoanalysis가 영어에서는 analysis에 악센트가 들어가고, 독일어에서는 첫 번째 음절, 영혼을 의미하는 프시케에 놓이는 점은 미국의 정신분석은 과학적인 활동을 강조했다면 Freud는 영혼을 보다 강조했다는 것을 보여 준다(Bettelheim, 1982).

과학적인" 영혼을 과학적으로 검토해야 하는 과제를 지니고 있다(Bettelheim, 1982). 상담은 내담자 자신의 프시케를 향한 에로스 사랑을 회복할 수 있도록 돕는, 사랑을 통한 치유 과정이며, 이러한 과정은 합리적 기술주의의 과학적 논리로 모두 환원될 수 없는 측면이 존재함을 기억할 필요가 있다. 분석과 논리가 내담자의 감춰진 영혼의 측면들을 드러내어, 무지에서 오는 두려움으로 회피하고 은폐하던 자신을 이해하게 하고 그것이 변화의 동력으로 건강하게 작동할 수 있도록 해야 한다. 즉, 프시케에 악센트가 들어가는 분석과 논리이어야 하며 분석과 논리에 악센트가 들어가 프시케가 도구적으로 환원되어서는 안 된다.

인간이 삶 속에서 경험하게 되는 어찌할 수 없는 고통의 경험은 새로운 의미 창조를 통해서 견뎌 낼 수 있고, 나아가 더 큰 도전의 기회로 전환될 수 있다. 그런데 모든 의미의 창조는 인간의 자기 초월성(self-transcendence)을 기반으로 하며, 자기 초월성은 자기를 뛰어 넘는 존재(신, 공동체, 타인, 환경 등)에 대한 헌신을 통해 실현된다. 상담에서의 분석과 논리는 자신의 경험이 너무 괴로워 그 경험에 거리를 두고 바라볼 수 있는 초월적 가능성을 상실한 내담자에게 메타적인 접근을 시도할 수 있는 상징적 놀이로서 의미를 지닌다. 그래서 내담자가 고통스러운 경험 자체에 매몰되지 않고, 거리가 생기고 초월성을 발휘하게 될 때 내담자의 프시케, 변화의 근원적인 동력이 움직이기 시작한다.

3장

3. 변화의 주체

자아실현이라는 목표는 실현시킬 수 있는 것이 절대로 아니다. 자아실현을 갈구하면 할수록 더욱 더 그 목표에 이르지 못하게 된다는 단순한 이유 때문이다. 다른 말로 하자면, 자아실현은 자아 초월의 부수적인 결과로서만 얻어진다는 말이다.

– Viktor Frankl

내담자가 고통에 압도되어 증상 뒤로 회피하지 않고, 고통을 자신이 조절할 수 있는 그 무엇으로 자기 자신과 떼어 놓고 보기 시작할 때 내담자들은 취약한 자기 자신을 대면할 수 있는 용기를 발휘하게 된다. 그리고 관심의 초점이 문제, 증상에서 자기 자신으로 전환된다. '왜 나에게 이런 일이…….'의 원망이 줄어들고, '그 경험으로 내가 어떤 영향을 받고 있지?'로 초점이 문제에서 나로 옮겨 가기 시작한다. 내 삶이라는 인식, 내가 내 문제에서 손을 놓으면 누구도 도울 수 없다는 문제에 대한 주인 의식(ownership)이 싹트기 시작할 때 내담자의 변화는 비로소 시작된다. 즉, 고통의 현실 직면과 삶에 대한 책임감을 수용하면서 내담자는 문제의 피해자가 아니라, 문제에도 불구하고 변화를 주도할 수 있는 주체로서의 전환적 모드를 경험할 수 있다. 이때 내담자의 책임 의식, 주인 의식을 문제가 생긴 것에 대한 원인을 자기 자신에게 돌려 자기를 비난하게 되는 모드와 혼돈해서는 안 된다. 여기서 책임 의식이란 실존적 책임을 의미하는 것으로 어쩔 수 없는 비극적 삶의 조건을 수용하고 그 안에서 자신이 감당해야 하는 선택과 책임을 감당하는 것이다. 즉, 선택에 따르는 책임으로 내담자는 어찌할 수 없는 상황에서도 자신이 선택할 수 있는 여지가 있다는 것을 알아차리는 것이다. 상황은 선택할 수 없었지만 그 상황을 어떻게 생각하고, 받아들일 것인지는 선택할 수 있다는 것을 보는 것이 책임 의식의 시작이다.

내담자가 고통의 주체로서 고통 경험을 재구성할 수 있는 것처럼, 내담자는 변화의 주체로서 상담 과정에서 새롭게 접하는 경험들을 주관적으로 재구성하여 주체적인 변화의 방향과 속도를 조절해 나가는 존재이다. 이들은 상담자와 상호작용하면서 상담 관계의 맥락 속에서 상담을 통한 새로운 경험들을 나름대로의 내러티브로 구성하는 존재이다. 내담자들이 상담실 문을 조심스럽게 두드리며 가장 취약한 자기 모습을 대면할 용기를 발휘하며 변화의 주체로 변화되어 가는 과정을 내담자 입장에서 생각해 보고자 하는 것이 이 절의 목적이다.

1) 변화의 주역은 내담자: 경험적 증거

이 절에서는 상담을 통한 변화 과정에서 내담자가 지니고 있는 영향력을 경험적 자료들을 통해 잠시 검토해 보고자 한다. 이러한 자료들을 통해 내담자들이 내적으로 움직여야 진정으로 변화가 시작된다는 전제에 상담자들이 동의하게 되길 바란다. 상담을 통한 변화의 드라마에서 궁극적인 변화 주체는 내담자임에도 불구하고, 상담 성과 연구에서 가장 주목을 받지 못한 변인은 아이러니하게도 내담자 변인(Bohart & Tallman, 1999; Duncan, Miller, & Sparks, 2004; Hubble & Miller, 2004)이다. 이는 내담자를 단지 상담자 개입에 반응하는 대상으로, 혹은 저항하는 대상으로 보는 입장을 반영하며, 변화를 유발하기 위해서는 상담자 개입에 보다 초점을 두어야 한다는 상담 연구의 기본 전제를 보여 준다. 이에 대해 Lambert, Garfield와 Bergin(2004)은 "내담자들은 생명력 없는 물체나 상담 기법을 적용할 진단적 범주가 아니며, 상담 기법이라는 독립변인이 영향을 미치는 종속변인도 아니다. …… 그들은 주체적인 존재들로서 원인이 되는 사건들의 복잡성에 영향력을 가하는 존재들이다."(p. 814) 라고 밝히고 있다.

상담 성과에 관한 메타분석 결과들은 상담 성과에 막강한 영향력을 미치는 것은 내담자이며 상담 기법은 상대적으로 매우 미미한 영향력을 미친다는 것을 일관되게 보여 주고 있다. Asay와 Lambert(1999)에 따르면, 상담 성과의 40% 정도가 내담자 및 상담 외적 경험을 통해서 설명될 수 있다고 하였다. 또한 Wampold(2001)는 상담 성과 연구들의 메타분석에서 상담 관련 변인(상담자 변인, 관계 변인, 기법, 위약효과)의 설명량은 단지 13%에 불과하며, 그 외 87%은 내담자 혹은 상담 외적 변인에 의해 설명된다고 하였다. 이러한 상담 성과 연구 결과들은 궁극적으로 내담자 변화 여부 및 정도를 반영하는 상담 성과에서 내담자의 경험이 적극 탐색되어야 할 필요성을 보여 준다. 상담 전후, 그리고 상담 과정에서 내담자들은 어떤 경험을 하게 되며, 변화를 촉발하게 되는 내담자 특성은 무엇인가?

Orlinsky, Ronnestad와 Willutzki(2004)는 50년간 이루어진 상담 성과 연구를 리뷰하면서 "상담 성과에 있어서 가장 중요한 결정적 요인은 내담자가 상담 과정에 참여하는 질(quality)"이라고 하였다. 내담자의 질적인 참여는 상담 장면에서 주도적, 협력적으로 참여하고, 상담 외적 장면에서도 지속적으로 변화를 시도하는 것으로 나타난다. 상담자의 개입은 내담자의 사기를 진작시키고, 자원을 활성화하며, 변화에 대한 동기를 강화하여 내담자의 '질적인 참여'가 이루어질 수 있도록 조력하는 것이 가장 중요한 역할이 되어야 한다. 즉, 상담 과정에서 변화의 주역은 내담자이며 상담자 혹은 상담자 개입은 내담자 변화의 맥락일 뿐이다.

심각하고 만성화된 문제들에 대한 사람들의 자기 주도적 변화 경험에 관한 연구들은 내담자들에게 내재되어 있는 자기 치유력에 대한 신뢰를 일깨운다. 예를 들면, Gurin(1990)의 연구에서는 연구 참여자의 90%에 해당하는 사람들이 연구 참여 이전 해에 심각한 건강, 정서, 중독 혹은 삶의 방식과 관련된 문제를 스스로 해결한 경험이 있다고 보고하였다. Prochaska(1999)는 심리치료 도움 없이 스스로 문제를 해결한 사람들의 변화 과정에 대한 연구를 하였는데, 내담자 자가 치료(self-managed therapy) 과정에 심리치료 과정의 치료적 요인들이 공통적으로 포함된 것을 발견하고, 심리치료는 전문가의 코치를 받은 스스로의 변화(self-change)라고 하였다(Prochaska, Norcross, & DiClemente, 1994).

이러한 관점들은 내담자의 변화는 상담자 개입의 결과가 아니라 내담자가 이미 지니고 있는 잠재적 치유력을 활성화함으로써 가능하다는 것을 보여 준다. Wampold(2007)는 심리치료가 발전하고 효과를 보일 수 있었던 것은 심리치료가 인간의 고유한 치유적 특성을 활용하고 있기 때문이라고 하였다. 그는 동물도 자기 치유력을 가지고 있으나 '신념을 통한 치유력(faith healing)'은 인간만이 지닌 고유한 능력이라는 사회생물학자인 Wilson(1978)의 논의를 인용하였다. Wampold와 Budge(2012)는 인간만이 지니고 있는 '신념을 통한 치유'를 뒷받침하고 있는 역사적 증거들을 제시하였다. 예를 들면, 인류의 정신치료의 역사적 맥락을 연구한 Painter(1913)는 의료 역사의 태곳적 시기에 나타난 미신적, 신화적, 종교적 치유와 현대 의학은 공통적으로 치료를 위해 환자들의 상상력에 호소하고 있다고 지적하였다. 즉, 고통을 당하는 사람들이 상상하는 것, 마음속에 그리는 것을 다루는 것이 치료 과정에서 매우 중요한 역할을 한다는 것이다. Frank와 Frank(1991), 그리고 Shapiro와 Shapiro(1997)도 심리치료가 기반하고 있는 치유적 원형이 이미 역사적으로 종교, 신화적 의례에 담겨 있음을 논의하고 있다. 종교와 신화적 의례는 사람들에게 실제 치료를 가하는 것이 아니라 치료적 상징을 담고 있는 절차와 규례에 고통을 당하는 사람이 참여함으로써 치료되는 과정으로 상징성에 기초한 치료 과정이라고 볼 수 있다. 이렇듯 고통을 당하고 있는 사람들이 믿는 바를 치료에 활용한 것은 문화와 역사를 초월하여 보편적으로 나타나고 있는 인간 본래적인 치유적 특성이었다.

상담 과정에서 인간의 본래적 치유적 욕구를 신뢰하고 이를 활성화하는 것, 변화에 대한 사기를 진작시켜 내담자가 변화의 주체로서 기능할 수 있도록 상담자가 개입하는 것을 목표로 하는 경우 상담자들은 내담자 버전의 상담 경험에 대해 관심을 기울이게 된다. 상담에서 변화 주인공인 내담자가 상담 과정에서 과연 어떤 경험을 통해 변화를 결심하며, 변화를 시도하게 되는가? 내담자가 상담실에 들어서면서부터 상담 회기를 거듭하는 동안 어떤 경험을 하는지는 상담자 자신이 내담자가 되어 보는 경험을 통하여, 그리고 실제 내담자를 상담 현장에서 한 사람으로 만나기 시작하면서 가장 잘 이해할 수 있다. 상담자 훈련과 교육의 과정에서는 "상담자가 무엇을, 어떻게 해야 하는지"에 대한 지식과 기법을 습득하고 훈련하는 데 주된 초점을 두고 있으므로 내담자 입장이 되어 볼 수 있는 여지가 별로 없어 보인다. 그러나 막상 상담자가 실제 내담자의 자리에 앉아 보는 경험을 하게 될 때, 상담을 받기로 결심하는 순간 어떤 마음이 올라오는지, 상담 신청서에 어떤 문제를 주요 호소 문제로 적을 것인지, 상담자를 처음 대면하여 자기에 관한 이야기를 하는 것이 얼마나 큰 용기를 필요로 하는 것인지, 상담자가 자신에게 보이는 모든 반응 하나하나가 얼마나 많은 의미를 지니는 것인지 등 변화의 주체로서 내담자들의 구체적인 경험을 이해할 수 있게 된다. 그러면서 변화는 일방적인 상담자 개입의 종속적인 결과로 이루어지는 것이 아니라 상담자 개입을 통해 내담자 변화에 대한 기대, 동기, 주인 의식이 활성화되고, 내담자 스스로가 구체적인 변화를 시도하고, 지속하면서 이루어지는 것임을 확신하게 된다.

개인적으로 나는 수련 기간 1년 반 동안 개인상담을 받고 박사과정 수학을 위해 미국 유학을 떠났었다. 유학 첫 학기 새로운 문화에 적응하기 위해 외롭고 서러운 순간들을 맞을 때 떠나기 전 받았던 상담 경험이 큰 위로가 되었었다. 상담을 통해 내 마음에 만들어진 마음의 방은 마치 알프스 산속 하이디가 힘들 때마다 찾아가 마음을 달래고 위로를 받았던 밀짚 가득한 천장 다락방 같은 곳이었다. 그곳은 따뜻한 아침 햇살이 비치고, 나에게 익숙하고 사랑스러운 어린 시절 인형, 장난감, 동화책, 사진첩, 일기장이 뒹구는 곳이었다. 그런데 참으로 신기했던 것은 그 비밀의 방은 1년 반 동안 상담자와 만나면서 함께 만들어 간 방인데 상담 종결 후 그곳에 들어가면 상담자가 했던 말, 개입, 구체적인 의사소통은 하나도 기억이 나지 않았다. 다만 그곳은 나 자신을 오롯이 만날 수 있는 참으로 안전한 내 마음의 방이었다. 그래서 그 방에 들어가면 나는 항상 나를 만났다. 나는 내가 받은 이 상담이 얼마나 성공적이었으며, 훌륭한 상담이었는지를 그때 깨달을 수 있었다. 상담자의 전문적 개입, 멋진 한마디, 근사한 개입이 내담자의 경험보다 두드러지지 않고 상담자의 개입과 존재는 완전히 내담자의 안전한 배경으로 사라져 있는 상담, 내담자가 자기 자신의 내러티브에 온전한 주체가 될 수 있도록 그 과정을 강력히 촉진하되 상담자는 드러나지 않는 상담이었기 때문이다.

상담자의 개입과 이에 대한 내담자의 반응은 상호작용하면서 상담 과정이 진행되지만 내담자는 상담자 개입에 대해 단지 수동적으로 반응하는 존재가 아니라 상담자와의 첫 만남부터 변화에 대한 가능성에 희망을 갖기도 하고, 혹은 좌절하여 첫 상담 이후 발걸음을 돌려 버리기도 하는 능동적 선택자이다. 또한 상담자의 구체적 행동 반응, 상담실의 구성, 상담 진행 방식을 경험하면서 상담에 오기 전 자신이 가졌던 기대와 견주어 보며 상담 과정에 대한 몰입의 정도, 상담자에 대한 신뢰 수준을 조절해 나가는 존재이다. 물론 이러한 과정이 의식적으로 이루어지는 과정은 아니지만 내담자가 상담자와 상담 목표 및 상담 과업을 공유하는 과정에 이러한 내담자의 기대 조절 과정이 포함된다(Frank & Frank, 1991). 그리고 이러한 내담자의 변화에 대한 기대, 상담자와 공유된 목표와 과업은 내담자 변화에서 핵심적인 역할을 하는 치료적 요인으로 확인되고 있다.

고통의 주체에서 변화의 주체로의 전환은 외부자적인 관점에서 제공하는 교육이나 설득으로 이루어지는 과정이 결코 아니다. 이러한 전환은 고통을 함께 나누는 상담자와 동반자적 공유를 통해 가능하다. 내담자가 증상의 피해자에서 고통의 주체로 그리고 변화의 주체자로 전환되는 과정이 상담에서 가장 중요한 전환 시점이라고 볼 수 있다. '상담자가 해결해 줄 문제'가 아니라 '내가 해결해야 할 문제'라고 기꺼이 수용할 수 있는 전환……. 과연 이러한 내담자의 패러다임 전환은 어떻게 이루어지는가 하는 부분은 상담 관계, 상담자 역할, 상담 기법 모두와 관련된 핵심 주제로서 이 책을 읽으면서 지속적으로 생각해 볼 수 있기를 바란다. 이 절에서는 고통의 주체에서 변화의 주체로 내담자 모드의 변화 과정을 변화에 대한 기대, 변화에 대한 동기 그리고 주체성 회복이라는 내담자 관점에서 조망해 보기로 하자.

2) 변화에 대한 기대

상담을 받기 시작하면서 그리고 받는 동안에 내담자는 상담에 대해 대체로 두 가지 기대를 한다. 첫 번째 기대는 "이 상담을 통해 내가 얼마나 변화할 수 있을 것인가?" "내가 과연 얼마나 좋아질 수 있을까?" 하는 성과에 대한 기대(outcome expectation)이고, 두 번째 기대는 "상담 과정은 이러이러하게 진행될 것이다" "상담에서 상담자는 이런 역할을 해 줄 것이다"와 같은 개입에 대한 기대(treatment expectation)이다(Constantino, Arnkoff, Glass, Ametrano, & Smith, 2011; Greenberg, Constantino, & Bruce, 2006). 첫 번째 '성과에 대한 기대'는 내담자가 변화에 대해 긍정적인 예후를 조망하게 되는 것으로서, 자신이 나아질 것이라는 기대를 갖기 시작할 때 사기가 저하되었던 내담자는 안도감, 자신과 문제에 대한 통제감, 그리고 긍정적인 정서를 갖게 됨으로 문제 해결의 실마리가 풀리기 시작하는 동력이 생긴다. 두 번째 '개입에 대한 기대'는 역할에 대한 기대(role expectation), 상담 과정에 대한 기대(process expectation), 상담 길이에 대한 기대(duration expectation)를 포함하는데(Constantino et al., 2011), 이러한 기대가 실제 상담에서 내담자가 경험하게 되는 상담에서의 역할, 상담 과정, 상담 길이와 일치할수록 내담자들은 상담자와 단단한 동맹을 맺을 수 있다(Frank & Frank, 1991). 이 두 형태의 내담자의 기대에 대해한 좀 더 구체적으로 살펴보도록 하자.

(1) 성과에 대한 기대: 상담을 통해 내가 좋아질 수 있을까?

상담 성과에 영향을 주는 내담자 변인들 가운데 가장 주된 변인으로 주목을 받고 있는 변인은 상담에 대한 긍정적인 기대와 변화에 대한 희망이다(Frank & Frank, 1991). 내담자들은 상담을 받기 이전부터 상담에 대해 모종의 기대를 갖게 되는데 이것이 이후 상담 과정 및 성과에 영향을 준다(Joyce & Piper, 1998). 상담에 대한 내담자의 긍정적인 기대는 내담자로 하여금 상담을 통한 변화 가능성에 대한 희망을 촉진하여 상담자가 어떤 상담 이론 및 기법을 적용하느냐와 상관없이 대부분의 상담 접근에서 성과에 영향을 미치는 주요한 공통요인으로 밝혀지고 있다(Orlinsky et al., 2004). 반면, 상담을 통한 변화에 대해 긍정적인 기대를 갖기 어려운 경우, 내담자들은 상담자를 만나기도 전에 상담에 오는 것을 포기하기도 한다. Hampton-Robb, Qualls과 Compton(2003)은 12편의 연구를 검토한 결과 40%에 해당하는 내담자들이 첫 번째 상담 약속을 한 이후 첫 약속에 나타나지 않아 상담자를 만나지조차 않고 상담을 포기한다고 하였다. 내담자에 의한 일방 조기 종결은 해외의 경우 메타분석 결과 19.7%의 발생 비율을 보였고(Swift & Greenberg, 2012), 국내의 경우도 19.4%(윤정숙, 유성경, 2016)로 비슷한 비율로 나타났는데 이들 조기 종결 내담자들은 대부분 상담 초기 3회기 이내에 일방적으로 종결하였다. 물론 상담을 중도에 탈락하는 것이 모두 상담의 실패를 의미하는 것이 아니고 내담자가 원하는 바를 얻었기 때문에 중단한 것으로 해석할 수도 있지만 함께 작업하던 내담자가 일방적으로 상담을 종결하는 경우 상담자와 합의하여 종결을 한 경우보다 내담자의 이후 적응에 부정적인 영향을 미친다(Klein et al., 2003). 또한 일방적으로 내담자가 상담에 오지 않게 되는 경우 상담자는 '애매모호한 상실(ambiguous loss)'을 경험하게 되고, 이러한 경험은 상담자 소진의 원인이 되기도 한다(Skovholt, 2001). 상담의 조기 종결과 관련된 연구 결과들까지 들여다보지 않더라도 상담 현장에서 내담자들이 변화에 대한 기대가 너무 없는 경우 상담자가 아무리 내담자를 돕고자 하는 의욕과 유능성을 갖고 있더라도 함께 작업할 기회조차 가질 수 없다는 것은 참으로 안타까운 일이다.

상담이 성과가 있을 것이라는 긍정적인 기대 자체가 내담자의 증상 호전에 유의한 기여를 한다는 것은 약물치료와 심리치료의 플라시보 효과 검증에서 확고한 경험적 지지를 얻고 있다. 플라시보 효과는 익히 알고 있는 바와 같이 위약 효과로서 약물 성분을 넣지 않은 가짜 약을 내담자에게 처방하였으나 이것이 진짜 약물인 줄 알고 있는 내담자에게 실제 치료 효과를 보인다는 것이다. 그리고 실제 치료 성분과 비슷한 정도로 놀라운 치료 효과를 낸다는 것이다.[3] 실제 치료 성분이 포함되지 않은 치료를 받았는데 플라시보 효과가 나타나는 것은 대체 어떤 이유 때문인가? Frank와 Frank(1991)는 플라시보 효과가 나타나는 것은 상징적 치유력(symbolic power) 때문이라고 언급하고 있다. 즉, '치료받는다는 사실' 혹은 '치료자의 전문성'

3) 플라시보 효과에 관한 경험적 연구들의 구체적 결과는 2장 상담 성과 연구 부분을 참고하기 바란다.

이 지니는 상징성의 영향력이 실제 내담자 증상 완화 내지 문제 해결의 효과를 보여준다는 것이다. 인간은 자신이 믿는 바에 의해 치유가 되는 유일한 존재(Wampold & Budge, 2012)로서 상담 전문 영역, 그리고 전문가가 그들의 도움에 대해 믿는 상징적인 힘이 내담자에게 긍정적인 영향을 미친다. 살아갈 기력이 하나도 없다고 느꼈던 내담자가 자신을 위해 찾아갈 곳이 있다는 사실, 혼돈스러운 사건들과 감정에 휩싸인 내담자가 단아하게 정돈된 상담실의 문을 열고 들어갔을 때 불현듯 갖게 되는 기대, 나의 이야기를 전문가가 듣고 뭔가 짐을 덜어 줄 것이라는 막연한 기대가 내담자에게 주는 안도감과 희망은 무엇보다 중요한 변화의 준비라고 할 수 있다.

그런데 상담자가 플라시보 효과, 즉 상담 개입과 무관하게 내담자의 긍정적인 기대를 고양하는 것을 본격적으로 상담 개입에 고려하는 것은 왠지 전문적이지 않다고 생각할 수도 있겠다. '전문가 의식(professionalism)'은 전문가만이 할 수 있는 차별화된 개입을 통해서 내담자 변화에 기여해야 한다는 정신으로 '증거기반치료' 운동 이면에 깊이 전제되어 있다. 상담자가 딱히 무언가를 하지 않고 내담자의 기대감이 변화를 촉발할 것이라고 바라는 것이 마치 비전문적 태도인 것 같아서 석연치 않은 느낌을 갖게 되는 측면도 있다. 실제 '플라시보(placebo)'라는 용어의 라틴어 어원은 '기분을 맞추어 주다(I shall please)'의 의미를 가지고 있고, 사전적 정의는 '실제 치료 성분이 빠진 가짜 약을 처방하여 진짜 약인 줄 알고 먹는 환자의 기분을 단지 만족시키는 것'이라고 되어 있다(Frank & Frank, 1991). 이러한 정의에 의하면 플라시보 효과는 '단지 내담자의 기분이 나아지도록' 하여 내담자들이 변화의 방향으로 힘을 낼 수 있도록 하는 준비 단계이며 플라시보 효과가 상담 자체의 목표를 대신할 수는 없다. 왜냐하면 상담은 내담자가 긍정적인 느낌을 갖는 것 이상으로 진정한 용기를 내어 자신의 가장 취약하고 고통스러운 부분을 대면하고 변화에 대한 주체적 선택을 하는 것을 지향하기 때문이다. 내담자의 긍정적 변화에 대한 기대와 그로 인한 긍정정서 획득은 변화의 필요조건이기는 하지만 충분조건은 아니라는 것이다.

내담자가 변화에 대한 긍정적인 기대를 할 수 있는 상징적 치유력을 적극적으로 활성화하기 위해서 상담자가 고려해야 할 부분은 내담자의 안전성에 중요한 두 가지 요소를 제안하고 있는데 안전감의 구축과 교육을 통해 치료 과정에 대해 내담자를 준비시키는 것이다. McWilliams(2004)는 내담자들이 정신치료에 대해 적절한 기대를 가지고 치료에 임하여 상담자와 협동적인 관계 속에서 자신의 역할을 잘 수행하도록 준비시키기 위해 이 두 가지 요소 가운데 안전감의 구축이 필수적인 요소라고 하였다. 안전감 구축이 될 때, 내담자가 상담자와 상담의 효과를 신뢰하여 상담 과정에 몰두하고 긍정적인 자기 변화를 이루어 낼 수 있다. McWilliams는 심리치료를 받으러 온 내담자들에게 있어 안전감은 최우선적인 관심사임을 제시하고 안전감을 신체적인 안전감과 정서적인 안전감으로 나누어 어떻게 치료 과정에서 내담자가 안전감을 구축할 수 있을지에 대해 논의하였다.

내담자에게 상담 첫 만남에서 신체적인 안전감을 보장해 주기 위해서 상담자는 상담실 세팅, 상담 절차와 구조, 상담자의 자격과 자세 등 매우 섬세한 부분까지를 내담자 입장에서 고려할 필요가 있다. 상담 신청을 하는 절차, 상담 대기실 분위기, 상담자와 내담자 앉는 곳의 위치, 상담실의 방음 여부, 상담 신청 서식, 상담자 복장과 첫 인사 등 가장 기본적인 상담 구조에서 전달하는 상징적인 메시지가 내담자로 하여금 이곳에서는 어떤 이야기를 꺼내도 안전하다는 느낌을 가질 수 있게 할 때 내담자는 상담이 도움을 받을 수 있는 곳이라는 기대를 싹 틔우게 된다.

내담자가 만약 직접적인 위험(자살 및 자해의 위험, 타인의 폭력으로부터의 위협 등)에 노출되어 있는 것이 드러났을 때 상담자가 이러한 가시적인 위험으로부터 내담자의 안전성을 확보하고자 하는 것은 내담자의 신뢰 구축에 매우 중요한 역할을 하게 된다. 내담자가 위험한 행동의 가능성, 위험한 환경에 대한 직접적인 언급을 하지 않더라도 상담자가 이를 직관적으로 감지하게 될 때 이러한 상담자의 우려를 내담자와 직접 다루는 것이 필요하다. 지속적인 자해 행동으로 손목에 칼집을 내는 청소년 내담자를 만나는 상담자는 "얼마나 힘들면 네 몸에 칼을 댈 수 있을까. 선생님이 마음이 너무 아프구나. 그리고 너를 해치는 행동을 계속하는 것을 선생님이 그냥 지켜보고만 있을 수는 없지. 네가 안전해야 하는 것이 선생님의 일차적인 관심사야"라는 메시지를 분명히 전달해야 한다. 이를 통해 내담자와 자살, 자해의 위험성을 진지하게 고려하고 그러한 위험을 예방하는 방법에 대해 솔직하고 설득력 있게 이야기를 나눌 수 있다. 위험성에 대한 상담자의 우려를 적극적으로 드러내고, 위험으로부터 내담자를 보호하는 것이 상담자의 1차적인 목표라는 것을 내담자가 진심으로 받아들일 때 내담자는 상담실을 안전 지역으로 경험하게 된다. 그리고 지금까지 경험했던 타인들과 다른 상담자의 적극적이고 진심 어린 배려가 내담자에게 '이 상담자라면 나를 도울 수도 있을 것 같다'는 기대를 갖게 한다. 그리고 이러한 상담이 안전하게 자신을 보호하는 곳이라는 상징적 기대를 하게 되면서 상담에서 가장 중요한 요인으로 밝혀진 동맹이 형성되기 시작한다.

경험적 연구들은 내담자의 상담에 대한 기대가 상담 성과에 직접 영향을 미치기 보다는 작업동맹을 통하여 성과에 영향을 미친다는 결과를 보여 주고 있다. 상담에 대해 긍정적인 기대를 가지고 있는 내담자가 상담 과정에 적극적이고 협력적으로 참여하면 상담자와 좋은 동맹 관계를 형성할 것이고 그 결과 좋은 상담 성과를 보일 것이라는 기대를 할 수 있다. 높은 상담 성과에 대한 기대는 작업동맹의 질을 높이고 그 결과 상담 성과가 좋게 나타날 것이라는 기대-동맹-성과 매개 모형은 이론적으로도 제안되었고(예를 들면, Castonguay, Constantino, & Holtforth, 2006; Horvath, Del Re, Flückiger, & Symonds, 2011), 몇몇 경험 연구들을 통해서 경험적 지지를 얻었다.

그런데 상담 과정과 성과에 다양한 방식으로 영향을 미치는 상담에 대한 기대는 어떻게 형성되는 것일까? 일반적으로 긍정적인 성격적 특성을 지닌 내담자들이 상담에 대해서도 더 긍정적인 기대를 한다는 것은 쉽게 예측할 수 있다. 그러나 플라시보 효과에 영향을 미치는 요인에 대한 연구에서 Liberman(1964)는 성격적인 특성보다는 내담자들 고통의 원천과 내담자들의 상태가 상호작용하면서 플라시보 효과에 더 많은 영향을 준다고 하였다. Wampold와 Budge(2012)는 내담자들이 상담자를 만나는 첫 장면의 매우 찰나적인 순간에 상담자의 신뢰 정도를 가늠한다고 하였다. 이는 인간의 애착 형성에 관한 생물학적 근거에 기반한 것으로 거의 무의식적이며 자동적으로 내담자들은 상담자가 얼마나 자기에게 도움을 줄 수 있는 사람인지, 안전한 사람인지에 대한 판단을 내리게 되고, 이를 기반으로 상담자와의 공동 목표와 과업 참여 정도를 조절한다는 것이다. 이러한 과정에는 내담자와 상담자가 생애 초기에 형성한 애착 유형이 상호적으로 영향을 미치게 되며, 이 과정은 언어적 소통을 넘어 비언어적으로 전달되는 섬세하고 감각적인 내적 반응을 통해 이루어진다.

내담자들이 상담자와의 첫 대면에서 정서적 안전성 정도를 평가하는 것은 내담자가 상담자에게 자신의 취약함을 온전히 드러내기 전에 자기 보호를 위한 정당한 시험의 과정이라고 볼 수 있다. 그러므로 상담자는 내담자와의 첫 만남에서 내담자가 상담자, 상담 장면을 어떻게 지각하고 있으며 자신의 고통을 그 과정에 어떻게 투영시키고 있는지를 민감하게 지각할 필요가 있다. 내담자들은 개인적인 경험에 따라 차이가 있겠지만 상당히 복잡한 감정으로 상담자 앞에 앉아 있다. '상담 과정에서 원치도 않는 이야기를 다 끄집어내게 되는 것은 아닐까?' '원하지 않는 순간에 눈물이 나오는 것은 싫은데 감정이 올라오면 어쩌지?' '내 이야기를 일목요연하게 설명하지 못해서 상담자가 나를 답답해하면 어쩌지?' '난생 처음 보는 사람에게 이런 부끄러운 이야기를 꺼내는 것은 너무 당황스러운 걸?' 등등 복잡한 자기 자신에 대한 감정을 지니고 최대한 자기를 조절하고 버티려고 노력하고 있다. 또한 상담자에 대한 감정 또한 만만치 않게 복잡하다. '상담자가 초보 상담자로 보이는데 내 경험을 이해나 할 수 있을까?' '결혼도 하지 않은 것 같은 미혼 상담자가 남편과의 복잡한 내 이야기를 들으면 놀라지 않을까?' '내 이야기를 듣고 나를 너무 불쌍한 사람이라고 동정이나 하는 것 아닐까?' '겉으론 안 그런 척 하지만 속으로는 나를 미쳤다고 생각할지도 몰라' 등등 상담자에 대한 내담자의 불신감, 경계심, 회의감도 내담자의 마음속에서 요동치고 있다.

이러한 시험의 과정, 조율의 과정에서 상담자가 내담자의 정서적 안정감을 쌓아갈 수 있는 토대를 마련하는 과정은 그 자체로 가장 중요한 치료적 개입이 된다. 초심 상담자들이 흔히 저지르는 실수 중 하나는 내담자를 돕고 싶다는 마음이 너무 앞선 나머지 내담자가 상담자를 어떻게 지각하고 상담 시간에 어떤 내적 경험을 하고 있는지를 충분히 다루지 않고 '문제에 대한 개입'을 서두른다는 것이다. 내담자가 느끼는 상담자에 대한 불신, 혼돈, 두려움 등을 지각하고 이러한 감정을 다룬다고 해서 그러한 감정이 바로 해결되지는 않는다. 그러나 상담자가 이러한 감정을 지각하였을 때 내담자보다 먼저, 혹은 내담자를 대신하여 이를 알아차리고 내담자에게 그러한 감정들을 표현할 수 있는 공간을 마련해 줄 필요가 있다. 내담자가 상담과 상담자에 대해 어떤 경험을 하고 있는지에 관심을 가지고 있으며 이를 표현할 수 있는 기회를 지속적으로 제공해 줌으로써 내담자는 다른 관계에서 경험할 수 없었던 존중을 경험할 수 있다. 예를 들면, 첫 면접이 끝나고 나서 "오늘 상담하면서 어떠셨어요?" "저와 이야기하는 것이 괜찮으셨어요?"와 같은 질문을 통해 내담자들이 상담에서 경험하게 되는 실망과 두려움에 대해 상담자가 들을 준비가 되어 있음을 알려 줄 필요가 있다. 내담자로부터 상담에 대한 실망, 불만, 분노의 감정을 접하게 되는 것은 상담자로서 유쾌한 경험은 아니다. 그러나 이러한 감정을 견디어 내고 버텨 주는 상담자를 경험할 때 내담자는 부정적인 감정을 토로하면서도 한편으로 묘한 정서적인 안정감을 경험할 수 있게 된다. 상담 초기의 상담자에 대한 내담자의 감정, 내담자에 대한 상담자의 감정은 정신역동적 치료에서 전이, 역전이의 주제로 다루고 있는 핵심적 주제임을 독자들은 익히 알고 있을 것이다. 내담자의 무의식적인 대인 관계 갈등 구도가 상담 관계에서 재현되며, 상담자가 이렇게 재현되는 강력한 관계 역동을 알아차리되 이에 압도되거나 반응적 대응(reactive response)을 하지 않고, 견뎌 내고, 그 의미를 참여 관찰적으로 다룰 수 있을 때 내담자와의 작업동맹은 공고히 될 수 있다.

내담자 문제 파악과 탐색에 지나치게 마음이 분주한 상담자는 내담자가 첫 시간에 상담자가 얼마나 믿을 만한지, 안전한지를 매순간 조심스럽게 가늠하고 있으며 이 과정을 통해 자신의 기대를 조절하고, 앞으로 상담에 계속 올 것인지, 그만 둘 것인지를 마음속으로 가늠하고 있다는 사실을 놓치기 쉽다. 상담자가 내담자의 문제를 넘어 지금-여기서의 내담자 경험에 보다 집중해야 하는 이유가 여기에 있다.

(2) 개입에 대한 기대: 상담은 어떻게 진행될까?

상담 성과에 대한 기대와 더불어 내담자가 상담에 대해 갖는 기대는 상담 과정에서 어떤 개입이 이루어질 것인지에 대한 기대이다. 구체적으로 상담에서 상담자와 자신의 역할은 무엇이며, 상담은 어떻게 이루어지며, 상담의 길이는 얼마나 될 것인지에 관한 것이다(Constantino et al., 2011). 내담자와 상담자가 목표와 과업을 공유하는 것은 작업동맹의 중요한 요소로서 상담 성과에 영향을 미치는 중요한 공통요소로 주목되어 왔다. 상담자와 내담자가 상담 목표와 과업에 대한 기대가 유사하면 할수록 상담 성과에 긍정적인 영향을 미친다.

내담자들은 상담을 처음 받으러 올 때 더 이상 자기 문제를 버틸 수 없는 상황에서 상담실 문을 두드린다고 하였다. 사기가 저하되고, 용기가 꺾인 내담자가 상담이 무엇이고, 어떤 것을 기대해야 하는지에 대한 정보를 모두 알고 상담실을 찾는다고 기대하기는 어렵다. 상담에 대한 기본 정보가 부족한 내담자와 동맹을 형성하기 위해서 필요한 것은 내담자와 '공유'를 시작하는 것이다. 상담이 무엇이며, 어떤 이득을 기대할 수 있는지, 그리고 무엇을 어떻게 해야 하는지에 대해 내담자와 함께 기준과 방향을 만들어 가는 과정이 필요하다. 이 과정을 '구조화(structuring)' 혹은 '역할 유도(role induction)'라고 부른다. 상담 구조화의 과정은 일회적이거나 일방적인 과정이 아니라 내담자와 상담자가 불일치된 기대를 가지고 있는 경우 지속적으로 맞추어 나가야 하는 과정이며, 내담자와 상호적으로 공유된 기대를 만들어가는 과정이다. 동맹(alliance)은 공유를 통해 이루어지는 것이며, 이러한 공유 과정 자체가 내담자에게 치료적일 수 있다. 물론 상담의 기본 원칙에 위배된 목표와 활동을 기대하는 내담자에게 그러한 기대를 수정하는 과정을 통해 상담에서 도움을 받기 위해 내담자가 무엇을 해야 할지를 스스로 생각해 볼 수 있는 기회를 제공할 수 있다. 숙련된 상담자들의 초기 3회기 상담 과정을 분석한 결과, 상담자들의 이론적 오리엔테이션과 상관없이 상담자와 내담자가 상담에서의 역할 및 개입 기대를 다룬 내용이 전체 상담의 20~50%를 차지했다(Lennard, Bernstein, Hendin, & Palmore, 1960). 이러한 결과는 내담자가 호소하는 문제를 직접 다루기 이전에 상담자와 내담자간에 상담에 대한 기대를 상호 조절해 나가는 과정이 치료적 맥락 구성으로 얼마나 중요한가를 보여 준다.

내담자와 상담 개입에 대한 공유 과정이 특히 중요한 경우는 내담자가 타인에 의해 의뢰된 비자발적 내담자인 경우, 혹은 이전 상담 경험이 있는 내담자의 경우이다. 비자발적인 내담자들의 경우 본인의 의도와 상관없이 부모, 교사, 의사 혹은 힘을 가진 누군가에 의해서 상담에 보내졌을 때 이들은 상담은 자신의 잘못을 고치는 곳, 벌을 대신하는 곳, 부모가 포기하고 내버리는 곳 등등 부정적인 오해를 갖고 매우 방어적인 마음으로 상담실에 들어서는 경우가 대부분이다. 상담에서 자기 자신을 위해서 무엇을 기대해야 할지, 상담이라는 곳이 무엇을 하는 곳인지, 상담에서 무슨 이야기를 꺼내야 하는지, 얼마나 긴 시간, 그리고 얼마나 자주 상담자를 만나야 하는지도 모르는 내담자가 상담 과정에 협조적이길 기대하기는 어렵다. 상담에 오게 된 것 자체가 타인에 의해 오게 된 내담자가 어떻게 상담에서 무엇을 기대할지 능동적으로 생각할 수 있겠는가? 비자발적 내담자의 상담 예후가 부정적인 이유는 상담자와 공유할 목표와 과업에 대한 동의를 얻어 내기가 어렵기 때문이다. 그러므로 비자발적인 내담자와의 작업의 핵심은 의뢰된 문제의 해결이 아니라 내담자가 상담에서 무엇을 어떻게 해야 하는지에 대한 기대를 상담자와 함께 만들어 가고자 동의하는 것이다. 이 과정에 실패하면 내담자의 문제 해결 또한 실패할 가능성이 매우 높다.

내담자가 이전 상담 경험이 있는 경우 내담자가 이전 상담 경험을 통해 상담과 상담자에 대해 어떤 기대를 가지고 있는지를 반드시 탐색할 필요가 있다. 그리고 이전 상담 경험이 내담자에게 어떤 도움을 주었는지, 혹은 실망을 주었는지를 함께 탐색하여 내담자의 상담에 대한 기대를 구체적으로 확인하는 과정이 필요하다. 이 과정 또한 상담자와 내담자가 기대를 조절하여 공유하는 과정임을 명심할 필요가 있다. 내담자가 이전 상담으로부터 갖게 된 상담 기대를 상담자가 이번 상담을 통해서도 다 충족해 주어야 한다는 부담을 갖는 것은 바람직하지 않다. 간혹 상담자는 내담자의 이전 상담자와 보이지 않는 경쟁 관계에 스스로를 놓기도 하고 혹은 내담자가 의식적, 무의식적으로 이전 상담과 현재 상담을 비교함으로써 상담자를 조정하려고 할 위험이 있다. 작업동맹은 현재 상담자와 내담자와의 관계에서 기대를 공유함으로써 실제 상담 과정에서 협력을 공고하게 함으로 가능한 것이다.

상담 초기에 내담자에게 상담이 무엇인지, 내담자가 어떻게 할 때, 상담을 통해 최대한의 도움을 받을 수 있는지를 안내함에 있어 McWilliams(2004)는 상담에 대한 인지적인 설명보다는 좋은 비유를 들어 설명하는 것이 유용하다고 설명한다. 상담자들은 아마 자신의 이론적인 오리엔테이션에 따라 상담에 대한 비유를 가지고 있을 것이다. 예를 들면, 상담은 내담자와 함께 퍼즐 맞추기를 하는 과정으로 작은 경험의 부분들이 맞추어지기 시작하면서 이제까지 조각조각 분산되었던 전체 그림이 드러나기 시작한다는 것을 암시하거나 혹은 상담은 두 사람이 함께 떠나는 미지 세계로의 여행으로 소개할 수도 있다. 상담자가 생각하고 있는 상담에 대한 비유와 내담자가 생각하고 있던 비유를 서로 나누면서 서로가 가지고 있는 상담에 대한 기대와 오해를 조절해 나가는 과정은 상담에 대한 장황한 일방적인 안내보다 친절하고 따뜻한 안내가 될 수 있을 것이다. 또한 상담을 받으면서 내담자에게 나타날 수 있는 변화들이 긍정적이지만은 않을 것이라는 예상을 미리 알려 줌으로써 그러한 저항적 경험을 내담자가 실제로 하게 되었을 때 이를 알아차릴 수 있도록 도울 수 있다. 상담을 하면서 초기에는 마음을 나누고 이해받는 경험을 하고 허니문 같은 감정을 느낄 수 있으나 점차 자신의 밑 마음이 드러나면서 상담에 오기 싫거나 우울과 불안이 고조될 수 있는 가능성도 있음을 미리 예상해 줄 필요가 있다. 그리고 그러한 경험을 하게 되었을 때 상담자와 함께 나누는 것이 내담자의 자기 이해, 문제 해결을 위해 얼마나 필요한 과정인지 알려줄 필요가 있다.

우리는 이제까지 변화 주체로서 내담자가 상담 이전 혹은 상담 초기에 변화에 대해 갖는 기대, 구체적으로 자기 자신이 좋아질 것이라는 희망적 기대와 더불어 상담에서 어떤 경험을 하게 될 것인지에 대한 기대를 갖고 있다는 사실에 주목하였다. 그리고 이러한 기대는 이후 상담 과정과 성과에 중요한 영향을 미치는 내담자 변인으로, 상담 과정에서 내담자가 가능한 긍정적 기대를 지닐 수 있고, 상담자와 공유할 수 있는 상담 목표와 과업에 대한 기대를 가짐으로써 이후 상담 과정에 주체적 참여를 도모하게 한다. 이를 위해 내담자의 구체적인 문제를 다루기에 앞서 상담 및 상담자에 대한 내담자의 신뢰와 기대를 명료화하고, 긍정적이고 현실적인 기대를 형성할 수 있는 맥락 조성이 필요하다. Constantino 등(2008)은 내담자의 상담 기대에 관한 지속적인 연구를 통해 내담자 기대 중요성을 확인하고 실제 상담 장면에서 내담자 기대 증진을 위한 프로그램을 제안하기도 하였다. 이들은 상담 이전 혹은 초기에 내담자들의 상담 기대를 평가하고, 상담에서 내담자의 적극적인 참여가 가져오는 이득에 대해 설명하고, 상담자의 치료적 입장에 대해 미리 알려줌으로써 내담자가 상담에 대해 어떤 기대를 해야 할지 스스로 조절할 수 있는 기회를 제공하도록 할 것을 제안하고 있다.

3) 주체성 회복

내담자들의 변화 시도는 내담자가 자신의 문제에 대한 피해자 의식에서 벗어나 주인 의식(agency)을 갖기 시작하면서부터 본격화될 수 있다. 증상에 시달리면서, 왜 그러한 증상이 나타나는지에 대해 이해는 되지 않고, 증상을 조절할 수 있는 통제감도 상실하게 되었을 때 사람들은 증상에 압도되고, 그로 인한 우울과 불안에

덮쳐 증상을 자신과 떼어 놓고 생각하기 어려운 상태, 즉 증상과 자아 동조적(ego-syntonic) 상태에 처해 있다. 대부분의 내담자들은 불운한 운명, 학대적인 부모, 마땅히 받아야 할 존중과 사랑을 받지 못하고 거절당한 경험 등 각자 고유한 삶의 트라우마를 경험하면서 어쩔 수 없을 것 같은 피해 의식에 사로잡혀 있다. 피해 의식은 변화의 고삐를 자신이 잡고 있다고 전혀 생각할 수 없게 만들기 때문에 내담자들은 새로운 상황이나 관계에서도 자동적으로 병리적인 패턴을 반복하게 된다. 그리고 그러한 반복은 병리적인 패턴을 점차 강화하여 성격으로 굳어지고, 내담자들은 그러한 반복을 하나의 기정사실(fact)로 받아들이게 된다.

증상과 자신을 한 운명체처럼 받아들이던 내담자가 증상과 연합하는 것이 아니라 상담자와 동맹을 맺기 시작하면서 증상은 자신의 일부가 아닌 상담자와 함께 싸워야 할 자아 이질적(ego-dystonic)인 것으로 객관화되기 시작한다. 증상이 어린 시절에 형성되었을수록, 증상이 내담자의 핵심적인 욕구와 깊이 관련되어 있을수록 증상과 내담자의 연합이 공고하기 때문에 상담자가 이를 뚫고 내담자의 건강한 측면과 동맹을 맺는 것은 더 어렵고, 오랜 시간이 걸릴 수 있다. 증상과 자아 동조적인 상태에서 증상에 끌려다니던 내담자가 상담자와 함께 작업해야 할 대상으로 증상을 보기 시작한다는 것은 변화를 위해 가장 핵심적인 변화 지점이라고 볼 수 있다. 내가 곧 증상과 동일하다는 것은 증상과 무관한 자신의 경험과 생활의 국면을 보지 못하게 하고, 오히려 자신의 모든 경험과 생활을 증상과 같은 구조로 재정렬함으로써 증상을 벗어난 자신의 건강한 부분을 축소하고 부인한다.

증상에 잠식되어 있지 않은 나를 접촉하기 시작하면서 증상은 나의 일부분일 뿐이며 내가 어떻게 증상과 관계를 맺느냐에 따라 증상이 나에게 미치는 영향력을 조절할 수 있다는 통찰에 이르게 된다. 이러한 통찰을 갖게 될 때 내담자는 객관적 상황, 자신의 증상은 동일하게 반복되어도 내적으로는 질적으로 다른 상태를 경험하게 된다. 이러한 내적인 변화는 완전히 무력한 피해자에서 자신의 문제, 그리고 나아가 삶의 주인은 자기 자신이라는 전격적인 패러다임의 변화라고 볼 수 있다. 이와 같은 내적인 변화가 겉으로 드러나는 측정 가능한 가시적인 변화로 공고하게 되기 위해 새로운 행동적 시도와 학습이 필요하지만 일단 내적으로 내담자가 자신의 주체성, 자율성, 주인 의식을 접촉해야 하는 것은 변화 과정에서 가장 중요한 전환점이 된다.

피해자에서 주인으로 패러다임의 전환, 증상에 압도되었던 경험에서 증상이 다룰 만한 '놀이'로 보이기 시작하는 변화는 어떻게 이루어지는가? 여기서 '놀이'라고 할 때 강조하고자 하는 것은 놀이의 '상징성'이다. 고통을 유발하는 상황을 내가 어떻게 보느냐에 따라 다르게 보이고 다른 정서를 유발할 수 있다는 상상이 가능하게 되고, 꼼짝달싹도 못 하게 다가오는 경험을 거리를 두고 바라볼 수 있는 그 무엇으로 대상화할 수 있을 때, 즉 증상과 고통의 경험을 메타적으로 처리할 수 있는 공간이 생길 때 증상은 내가 보기에 따라 괴물이 될 수도 있고, 단지 하나의 사건일 수도 있고, 반복되고 있는 패턴이 될 수도 있다는 것을 깨닫게 되는 것이다. 발달심리적으로 아이들이 상상놀이가 가능한 시기는 5세 전후로 인지적으로 "as if"의 설정이 가능한 시기이다. 자기중심성을 벗어나 타인의 관점을 취하는 것이 가능해지면서 공감도 가능하며, 상상놀이도 가능하다. 마찬가지로 충격적인 사건에 대한 특정 해석과 정서에 '체포당해(arrested)' 고착된 내담자들이 그 특정한 반응 방식이 다른 경험과 상황에도 동일하게 자동적으로 나타나고 있다는 것을 메타적으로 알아차리게 되면 "as if"의 선택이 가능하게 된다. '만약 이 상황을 이렇게 해석을 한다면 어떨까? 혹은 이런 방식으로…….' 이러한 증상에 대한 가상적 놀이가 가능하게 될 때 내담자들은 자동화되고, 충동적으로 반응하던 방식이 유일한 선택은 아님을 경험할 수 있게 된다.

내담자가 증상과 이러한 거리 두기, 가상적 놀이를 하게 되는 것은 상담자가 내담자가 자각하지 못하고 있는 내면적 고통까지를 담아내 주고(containment), 공감해 주고(empathy), 타당화(validation)해 주는 과정을 통해서이다. 이 과정을 통하여 내담자들은 상담자 내면에 비친 자기의 고통을 자기와 떼어 내어 볼 수 있게 된다. 그리고 상담자가 자신의 고통 경험에 압도되지 않고 놀이처럼 다루어 가는 과정을 함께 경험하며 배우게 된다. 혼자서 경험하기에는 너무 위험한 경험으로 감지되어 접촉하기 어려웠던 경험을 상담자가 내담자가 견딜 만한 경험으로 소화하여 전달해 주는 과정을 통해 내담자들은 자기 자신의 경험을 제대로 접촉하고 수용할 수 있게 된다. 이러한 상담자의 개입은 인간적인 관여, 정서적 민감성, 인간 고통에 대한 깊은 이해, 동료 인간으로서 내담자에 대한 진정한 동지애를 바탕으로 하는 고도의 예술과 과학적 이해의 만남이라고 할 수 있다.

증상의 희생자가 아닌 증상 형성과 반복에 기여하는 자기의 책임을 받아들이는 내담자의 선천적 특성은 여러 이론에서 다양한 내담자의 성장 지향적 유기체적 특성으로 제시되었다. 예를 들면, 인간은 선천적으로 통합(integration; Ryan, 1995), 종합(synthesis; Freud, 1923/1962), 조직화(organization; Piaget, 1971), 그리고 자기실현 경향성(self-actualization; Rogers, 1959)을 지니고 있다(Deci & Ryan, 2008). 상담은 이러한 선천적 경향성이 발현되지 못하도록 방해하는 내적 장애를 직면하여 그러한 내면적 힘의 실제적 영향력을 내담자와 검토하여 자발적이고 주체적인 선택과 결단을 할 수 있도록 돕는 과정이다.

내담자의 주체적 선택을 상담 과정에서 가장 강조하는 이론적 접근은 실존적 접근이다. 사르트르는 인간은 어떠한 고통과 어려움에도 결국은 자신의 삶에 대한 '저작권(authorship)'을 가졌다고 하였다. 인간은 자신이 선택하지 않은 인생 조건에 '던져(throw-in)'졌으며 이러한 삶의 조건 속에서 궁극적인 주제들인 죽음, 자유, 무의미성, 고립의 문제를 실존적으로 해결해 나가야 하는 존재들이다(Yalom, 1980). 실존적인 해결이란 외부적으로 존재하는 정답이 따로 있는 것이 아니라 자신의 고유한 삶의 조건 속에서 현존하는 주체로서 스스로 선택하고, 의미를 창조해 나가야 하는 독자적이며, 고유한 삶의 자세를 전제한다. 내담자의 주체성과 직접 관련이 되는 개념은 실존적 자유이다. 실존적 삶을 살아가기 위해 사람들은 자신의 실존적 자유를 자각하고, 이에 근거한 책임 있는 선택을 할 수 있어야 하며, 이러한 자유를 회피하는 것은 실존적 죄책감을 유발하게 한다. 삶의 주체로서 자유를 책임 있게 구사하기 위해서 필요한 두 가지 요건은 '원함(wishing)'에 대한 자각과 원함에 기초한 '선택(deciding)'이다. 자기가 무엇을 원하는지를 자각하는 것은 진정성(authenticity) 발현을 위한 가장 기본적인 조건이다. 문제의 피해자로 자동화된 감정에 자동화된 반응을 반사적으로(reactive) 하며 살아가는 존재가 아니라 그 상황에서 자신의 경험을 정직하게 대면하고 내가 원하는 것은 과연 무엇인지를 선명하게 가려낼 수 있는 작업은 내담자가 변화의 방향을 결정하기 위한 기초 작업이다. 선명한 자기 욕구의 자각을 방해하는 내담자의 방어적 대처는 감정을 차단하거나 충동적으로 발산해 버림으로써 감정에 담겨있는 자신의 소망을 보지 못하게 한다.

내가 무엇을 해야 하는가, 즉 외부에서 기대되는 것은 쉽게 알아차리지만 내가 진정으로 원하는 것은 무엇인지를 알아차리지 못하는 자기에게서 소외된 상태의 문제는 자기 결정성 이론(Self-Determination Theory: SDT)에서 기본적으로 강조하는 내용이다. 내담자가 진정으로 원하는 내재적 동기에 기초하여 자신의 행동 변화를 결정할 때 자신이 지향하는 목표를 효과적으로 달성할 수 있을 뿐만 아니라 지속적인 성장과 변화가 가능하다고 본다(Deci & Ryan, 2008). 이들에 따르면, 상담에서는 결국 내담자가 자신이 진정으로 바라는 바를 개방성과 호기심을 가지고 탐색해 나갈 수 있도록 돕기 위해 자율성을 지지해 주는 환경을 조성해 주어야 한다고 하였다. 자율성을 지지한다는 것은 자기 조절 및 자기 조직화 경험과 행동을 촉진하는 것으로 상담자가 내담자의 내적 참조 체계를 있는 그대로 따라가는 공감, 타당화를 통해 이루어진다. 내담자는 상담자의 공감과 타당화를 통해 자신의 내적 경험을 있는 그대로 받아들이고 정교하게 표현하면서 내적 경험에 대한 주의가 환기되고 마인드풀하게 자기 내적 경험을 알아차리게 된다. 상담자가 내담자의 자율성을 지지하게 될 때 내담자는 변화에 대한 자율적 동기(authonomy), 변화에 대한 유능감(competence), 그리고 관계성(relatedness)을 경험하게 되고 이러한 경험을 통해 내담자는 궁극적으로 변화에 이르게 된다는 것이다.

자기 결정성 이론에서 말하는 내담자들의 내재적 동기는 자신이 원하는 대로 마음대로 하는 충동적인 행동을 말하는 것이 아니다. 궁극적으로 자기 조절과 통합을 지향하는 행동과 경험을 촉진하는 과정으로 자율성, 유능성, 관계성의 기본 심리 욕구를 충족함으로써 자기 안에 내사된 외부의 압력과 자기의 욕구를 변별해 내고 자기 욕구와의 접촉을 선명하게 하는 과정이다. 이러한 과정은 내담자의 실존적 자유를 '바람(wishing)'과 '행동(action)'의 두 요소로 제안하는 실존치료 이론과 맞닿아 있다. 실존치료 이론에서는 자기의 소망, 욕구, 바람을 알아차린 후 이를 구체적인 행동으로 실행하기 위해서 내담자의 주체적인 선택을 강조한다. 선택은 바람과 행동을 연결해 주는 다리와 같은 것이다. 내담자의 새로운 변화에 대한 선택은 자신이 진정으로 원하는 것을 자각하는 것만으로 가능한 것이 아니며 이를 기꺼이 실천하려는 태도가 함께 필요하다. 자신의 삶에 대해 주체 의식을 갖고 선택하는 것은 자신이 책임질 수 있는 부분과 책임질 수 없는 것에 대한 분별을 정직하게 할 때 가능하다. 여기서 한계는 내적인 한계와 외적인 한계 모두를 포함하는 것인데 내적인 한계란 타고난 기질, 선천적인 능력, 극적인 경험으로 인해 두뇌에 경험의 흔적이 남아 비슷한 자극에 대해 자동적으로 반응하게 되는 행동 경향성 등이 포함된다. 외적 환경의 한계는 물적, 인적 환경과 가용 가능한 자원의 제한성이 포함될 수 있다. 이러한 한계에도 불구하고 자신이 책임질 수 있는 부분에 대한 책임을 기꺼이 수용하고자 하는 태도는 실로 용기를 필요로 하는 것이다. 그러나 이러한 주체적 선택을 감수하려는 용기는 내담자들의 변화에 대한 내러티브에 빠질 수 없는 요소임은 분명하다.

나는 오래전에 비행 청소년들을 위한 상담 모델 개발 연구를 진행한 적이 있었다. 비행 청소년 상담은 변화에 대한 자발성과 변화를 지원할 수 있는 자원이 동시에 부족한 경우가 대부분이므로 가장 도전적인 상담 분야 중 하나이다. 진행했던 연구는 이렇게 변화가 어려운 상황에서 탈비행의 과정으로 돌아선 청소년들을 심층 인터뷰하여 그들의 변화 과정을 통해 비행 청소년 상담 개입의 실마리를 얻고자 하는 '밑에서 위로(bottom-up)' 방식의 접근이었다. 전국 청소년 상담실을 통해 비행 청소년에서 탈비행 과정으로 돌아선 대상자들을 어렵게 섭외하여 10명 남짓의 탈비행 청소년들을 만났다. 그들에게 물었던 질문은 "어떻게 그 어려운 전환, 비행에서 탈비행으로의 전환을 할 수 있었는지?"였다. 일단 이들은 낙인찍힌 비행 청소년에서 그 보장되지 않은 탈비행으로의 선택을 하였으나 나와의 인터뷰 전까지 아무도 '어떻게 마음을 고쳐먹게 되었는지'를 물어본 적이 없다고 하며, 자신의 변화 과정을 처음으로 회고해 보는 인터뷰에 매우 고무되기 시작했다. 사실 인터뷰 허락을 받는 과정에서 이들의 부모님들은 이전에 나쁜 행동을 이야기하다가 다시 나빠질까 봐, 생각하기도 싫은 과거 경험을 왜 새삼 들춰내느냐는 반응을 많이 하셨고 그래서 결국 인터뷰 거절을 한 부모님들도 계셨다. 그러니 이 아이들이 '왜 내가 마음을 고쳐먹었는지' 생각해 볼 기회가 정말 없었을 듯하다. 아이들의 답변에서 놀라왔던 것은 자신들이 방향 전환의 시기를 분명히 기억하고 있었고 그 결정은 바로 '자신의 결정'이였다는 것을 모두 강조했다는 것이다. 물론 그런 방향 전환의 결정을 했던 계기에는 자기 결정성 이론에서 말하는 자율성, 유능성, 관계성의 기본 욕구가 채워지는 자율성 지지의 경험이 모두 있었다. 그러나 결정적인 전환은 내담자의 주체적인 결정에 따른 것이며, 이는 한 순간의 충동적 결정이 아니라 자율적 동기와 변화의 유능성을 확인할 수 있는 관계적 경험이 뒷받침되어 있었다.

내담자가 상담자의 전문적인 개입에 의해서 고쳐야 할 대상이 아니라 자기 문제에 대한 책임질 부분을 받아들이고 주체적 선택을 해 나가는 존재라는 진정한 믿음과 이에 대한 경험적 확신이 있을 때 상담자는 내담자의 성장 가능성 발동을 상담의 목표로 삼을 수 있다. 물론 이러한 성장 지향성을 방해하는 복잡한 심리적 구조와 역동을 이해하고 대처할 수 있는 전문적 역량 없이는 내담자에 대한 신뢰 또한 제대로 발현되기는 어렵다.

4장

상담자: 변화 맥락

심리치료가 효과적인 것은 치료자가 한 사람으로, 그리고 치료자로서 계속 성장하기 때문이다.

– Jed Diamond

상담 분야에 입문하여 교육과 훈련을 받고, 실제 내담자를 만나면서 '상담자로서 나는 어떤 장점이 있고, 어떤 약점이 있는지'에 대한 고민을 많이 해 보게 된다. 그리고 가끔은 '나는 상담자로서 적격한 사람이 아닌 것 같다'는 생각이 들어 위축되고 괴로웠던 적도 한두 번쯤은 있었을 것이다. 상담 전공 대학원생들을 대상으로 한 연구들을 보면 '보고 싶지 않은 자기 자신을 대면하는 경험'이 가장 고통스러운 경험이었다고 보고하고 있다(이은진, 이문희, 2015). '보고 싶지 않은 자기 자신'을 대면하는 경험은 내담자를 통해, 슈퍼비전을 통해, 상담 서적을 읽으며, 혹은 상담 공부를 함께 하는 동료들을 통해서도 만나게 된다. 보고 싶지 않은 자기 자신의 모습을 괴로워하면서도 대면해야만 하는 것은 진정성 없이는 내담자를 깊이 만나는 것이 불가능하기 때문이다. 이렇듯 상담자들은 상담자가 되지 않았다면 만나지 않아도 될 자기 모습을 괴롭게 대면하며 전문 상담자로 성장해 나간다.

그런데 각 상담 이론들은 어떤 상담자가 되어야 하는지에 대해서 매우 다른 분위기의 상담자상을 제시한다. 빈 스크린, 교사, 산파, 촉진자, 인생 동료, 치유적 부모 등 이론에서 제시하는 상담자의 역할은 다양하고, 때로는 상충되기도 한다. 당신이 지향하는 상담자의 상은 무엇인가? 역동적 실존치료를 지향하는 Yalom(2005)은 『집단치료의 이론과 실제』 5판 서문에서 "나는 이제껏 (내담자) 변화의 기제를 'curative factors'라고 지칭했었다. 그러나 지난 수년간 교육받고, 겸허해지면서 심리치료를 통해 수확하는 것은 '치료(cure)'가 아니라는 것을 알게 되었다. 그러한 생각은 우리 분야의 환상일 뿐이다. 심리치료를 통해 얻게 되는 것은 치료가 아니라 변화와 성장이다. 이러한 엄중한 현실에 항복하는 마음으로 변화의 기제를 'therapeutic factors'로 지칭하고자 한다."(p. iii)라고 하였다. 내담자를 고치는 것이 상담자의 역할이 아니고, 내담자의 성장과 변화를 저해하는 방해물을 치워 주는 것이 상담자가 할 역할임을 겸허하게 깨달았다는 이 상담 대가의 고백에는 진심과 확신이 담겨 있어 마음으로부터 깊은 수긍을 하게 된다.

상담자들은 상담 경험이 쌓여 감에 따라 내담자의 증상을 넘어 내담자의 고통을 깊이 만나게 되고, 그 고통은 상담자가 해결해 주거나 덜어 줄 수 있는 어떤 것이 아니라는 정직한 무력을 경험하게 되는 것 같다. 고통을 없애 주기 위해 치료자로서 딱히 뭔가를 해 줄 수 없다고 느끼는 치료자의 무력은 물론 병리적인 무력감과는 근본적인 차이가 있다. 치료적 무력은 타인의 무력에 함께 처하기로 선택하고, 자기 자신을 타인의 무력에 내어 준 무력으로 내담자가 경험하는 압도된 무력과는 질적인 차이가 있다. 치료적 무력은 타인의 무력을 수용하기 위해 개방된 무력이며 자각된 무력으로, 이를 통해 가장 중요한 변화의 계기가 마련된다. 내담자의 고통과 무력을 깊이 공감할수록 내담자가 상담자와의 진정한 내면적 접촉을 통하여 용기를 얻고, 자기 자신 및 세상과 접촉하기 시작한다. 상담이 전문 영역으로 기반하고 있는 가장 중요한 원리 중의 하나가 이러한 변화의 역설적 원리이다. 상담자가 변화를 주도하는 것이 아니라 오히려 무력에 함께 머무는 것이 변화의 계기가 되는 변화의 역설이다. 변화의 역설은 상담자가 공감적 맥락이 되어 줄 때 작동하는 것으로 이는 상담자가 치료 과정에서 어떤 일이 일어날지 미리 계획하거나 주도하지 않지만 치료 과정이 어떻게 진행되어야 하는지를 조절하고 통제력을 가지고 있을 때 가능하다.

변화를 나서서 주도하는 것이 아니라 변화의 맥락으로서 자기를 내어 주는 상담자는 나에게 악기의 이미지로 떠오른다. 악기는 스스로 소리를 낼 수 없으며 연주를 하는 사람이 누구냐에 따라 다른 빛깔의 소리를 낸다. 내담자들은 증상으로 변질된 고통으로 자기의 목소리를 낼 수 없는, 어쩌면 자기의 목소리를 잃은 사람들이다. 상담자는 상담 과정에서 자기 자신을 악기로 내담자에게 내어 줌으로써 내담자의 소리를 대신 공명해 준다. 이를 통해 내담자는 상담자로부터 공명된 자기의 소리를 듣게 되고, 상담자를 통해 자기 음악을 연주할 수 있게 된다. 공감은 내담자 내면의 소리를 상담자가 공명하여 내담자에게 다시 돌려주는 과정이며 이러한 공감의 과정에서 상담자는 스스로 자기 소리를 내는 것이 아니라 상담 과정의 변화 주체인 내담자의 소리, 노래, 외침, 신음을 담아내는 악기로 자신을 내어 준다.

악기는 소리 자체가 아니라 도구이므로 상담자는 내담자가 자기의 소리를 정확하게, 자기 고유의 음색으로 공명할 수 있도록 도구를 잘 관리해야 한다. 그렇다면 상담자가 내담자의 소리를 담아내는 도구로 사용하는 것은 무엇인가?

1. 치료적 도구: 상담자의 '자기'

치료자가 자기 자신을 도구로 활용하기 위해서 치료자는 엄청난 자기 훈련이 필요하다. 치료자가 내담자에게 자신이 느끼는 것을 뭐든 이야기해서는 안 된다. 치료자의 감정이 신경증적 감정일 수 있고, 이러한 감정을 그냥 개방하게 되면 안 그래도 힘든 내담자에게 더 무거운 짐을 지우는 것이다. 치료자는 자기 훈련, 자기 정화 과정을 거쳐 자기 자신의 신경증적 경향이나 왜곡을 괄호 치기 할 수 있어야 한다.

– Rollo May

오페라 가수에게 목소리가, 야구 투수에게 팔이, 목수에게 장비가, 발레리나에게 다리가, 그리고 교수에게 정신이 가장 중요하듯이 상담자에게 가장 중요한 것은 무엇일까(Skovholt, 2010)? 이것은 어쩌면 너무 단순한 비유인지 모르겠으나 각 전문분야에서 전문성 발휘를 위해 가장 핵심이 되는 도구가 무엇인가를 선명하게 생각해 보게 하는 비유이다. 상담자의 전문성 발휘에서 가장 중요한 도구는 무엇일까? 상담자 자신(self)이다. 상담 기법, 학력, 경력, 이론적 오리엔테이션 등등이 아니라 상담자 자신이 상담자가 가장 소중하게 갈고 닦아야 할 도구이다. 이 답변에 공감이 되는가? 상담자 자신이 상담 전문성 발휘에서 가장 중요한 도구라는 이 답변이 자명해 보이기는 하지만 그 정답의 근거를 좀 찾아보도록 하자.

상담 대가들은 상담자가 '어떠한 사람인가(who he/she is)' 하는 것이 상담자가 상담 과정에서 '무엇을 하는가(what he/she does)'보다 훨씬 중요한 치료적 요인임을 주장하고 있다. Mahoney(1991)는 "치료자의 인간 됨이 내담자 변화에 미치는 영향은 그가 사용하는 특정한 기법이 미치는 영향의 8배 이상이 될 것"(p. 346)이라고 하였고, 이동식(2008)은 "치료자가 자신의 인격으로써 동토에 떨고 있는 내담자에게 봄을 가져다 줄 수 있으며, 상담자가 자신의 인격을 수양하여 내담자에게 자비심을 베풀 수 있어야 한다"고 하여 치료자 인격이 치료 도구임을 강조하였다. 또한

McWilliams(2004)는 치료법의 적절성과 유용성은 상담자가 얼마나 표준적인 기법을 잘 따라 했느냐에 달린 것이 아니라 내담자가 얼마나 자유롭게 말하고 자신의 고통스러운 감정을 내보이며 치료 과정에 깊이 몰입했느냐에 달려 있다고 보았다. 그리고 이러한 치료의 성과는 특정 기법이 아니라 치료자들의 오랜 경험에 기반한 지식 체계, 이론과 치료의 바탕이 되는 정신분석적 감수성에 달려 있다고 보았다. 이들 모두는 상담 실무, 연구, 교육에 오랫동안 몸담고 있었던 상담 전문가/대가들로 이들의 견해는 실무와 연구에서 얻은 자신들의 경험을 바탕으로 하고 있는데 한결같이 치료자의 인격, 감수성의 중요성을 강조하고 있다.

상담자는 오랜 기간의 수련을 통해 이론적 지식, 기술, 경험 등을 자신에게로 통합하고, 그것을 도구로 삼아 내담자와 실제 작업을 하게 된다. 상담자 전문성 발달 연구에 따르면, 초심 상담자들은 외부에서 배운 지식을 전수받은 대로(received knowledge) 사용하지만 전문 상담자들은 자기 성찰을 통해 자기 구성적 지식(constructed knowledge)으로 발전시켜 나간다(Skovholt & Rønnestad, 1995). 즉, 상담 지식과 기법이 날것으로 상담 장면에 적용되는 것이 아니라 상담자에 의해 재해석되고 재구성된다는 것이다. 또한 상담 장면에서 상담자는 자기 자신을 신뢰하여 진정성을 발휘할 때 내담자와 진정한 접촉이 가능하며 이러한 접촉이 내담자 변화의 촉발점이 될 수 있다. 즉, 상담자는 지식과 기법을 받아들일 때도, 내담자를 만날 때도 상담자 자신을 통해 그 의미가 재구성되므로 상담자가 어떤 사람이냐에 따라 지식과 기법의 수행, 내담자와의 접촉이 달라지게 마련이다. 그런데 기존의 상담 연구나 상담 교육 및 훈련에서 상담자 자체에 주목하고 있는 경우는 매우 드물다.

기존의 상담 연구에서는 상담자보다는 주로 상담 기법과 이론에 주목하였고, 상담 교육 및 훈련에서는 '과학자-실무자 모델'을 이상으로 삼아 '과학'에 해당하는 이론과 기법, '실무'에 해당하는 실습, 슈퍼비전의 수업에 주로 강조를 두었다. 그러면서 기법을 수행하는 주체이며, 과학과 실무를 연결 짓는 다리로서 상담자는 정작 상담 연구나 상담 교육에서 주된 초점이 되지는 못했다. 그래서 상담자들이 '나는 어떤 상담자가 되어야 하는지' '상담에서 실무와 연구는 어떻게 통합해야 하는지'에 대한 고민은 상담자 각자에게 맡겨진 개인 수준의 발달 과제가 되었다.

'어떤 상담자가 되어야 하는가?'의 주제는 상담자 개인적인 차원에서 고민해야 할 중요한 주제일 뿐만 아니라 이것은 상담 성과와 관련된 요인임이 연구를 통해 밝혀지고 있다. 상담 성과 연구 결과에 따르면, 상담자들이 내담자 변화에 기여하는 데 유의한 개인 차이가 나타났다(Blatt, Sanislow, Zuroff, & Pilkonis, 1996; Crits-Christoph et al., 1991; Luborsky et al., 1986). 즉, 어떤 상담자를 만나느냐에 따라 상담 성과에 유의한 차이가 나타났다. 그리고 이러한 상담 성과에 차이를 내는 상담자의 특성을 분석해 보니 그것은 상담자의 훈련 정도나 사용하는 상담 기법의 차이 때문이 아니라 상담자가 상담에 대해서 가지고 있는 변화에 대한 믿음(Blatt et al., 1996), 그리고 상담자의 관계 능력에서의 차이 때문이었다(Wampold & Imel, 2015).

어떤 분야이건 다른 사람들보다 수행이 뛰어난 사람이 있기 마련이고 상담 영역에서도 다른 상담자들보다 상담을 잘하는 상담자가 있다. 그런데 상담자들 간에 나타나는 개인차가 그들이 인지행동치료자인가, 정신역동치료자인가, 혹은 인간중심치료자인가와 같은 이론적 입장과 상관이 없고, 또한 이들의 경력 수준과도 관련이 없다면 상담자의 어떤 특성이 내담자들 변화에 도움을 주는 것일까? 변화에 대한 믿음, 관계 능력으로 개념화된 상담자의 특성은 좀 더 세분화되고, 상담자들이 지향할 수 있는 방향성으로 구체화될 필요가 있다. 과연 내담자들의 변화에 효과적으로 기여하는 상담자들, 상담을 잘하는 상담자들은 어떤 특성을 지니고 있을까? 이것이 본 장에서 생각해 보고자 하는 주제이다. 먼저, 상담 관련 연구에서 치료자 효과에 대해 어떤 결과를 보고하고 있는지를 살펴봄으로써 상담 성과에 영향을 미치는 치료자 효과를 살펴보려고 한다. 그리고 상담을 잘하는 상담자의 특성을 탐색해 보기 위해 '과학자-실무자 모델'에서 지향하고 있는 상담자 모습이 무엇인지 살펴볼 것이다. 그리고 상담 전문성 발달 연구 결과 전문성의 가장 높은 단계에 이른 상담자들은 어떤 특징이 있는지를 '관계 전문가'라는 렌즈를 통해 구체적으로 조망해 보고자 한다. 여기서 '상담을 잘하는 상담자'라는 애매하고, 다소 거슬리는 표현을 사용하는 것에 대해 양해를 구한다. 상담자들이 지향하는 상담자상이며, 상담자 교육과 훈련에서 목표로 삼고 있는 방향을 담을 수 있는 상담자를 어떻게 표현해야 할지가 사실 간단하지가 않다. 그래서 여기서는 일단 '내담자 변화에 효과적으로 기여하는' 혹은 '상담을 잘하는 상담자'로 일단 표현해 두고 이후 논의에서 그 의미가 좀 더 구체화되기를 기대해 보자.

2. 연구를 통한 경험적 증거

인간에게 가장 소중한 일은 언제나 탁월함에 대해 논하고 자신과 이웃을 성찰하는 것이라네. 그리고 숙고하지 않는 삶은 살 가치가 없는 것이지.

– Socrates

1) 기법 효과 < 상담자 효과

이제까지 상담 성과 연구들은 어떤 이론적 기법이 효과적인가를 밝힘으로써 증거기반치료를 제공하는 데 중점적인 노력을 기울였으며, 막상 상담자의 개인적 특성이 상담 성과에 미치는 영향을 분석한 연구들은 드물다. 오히려 상담자 개인 특성은 기법 효과를 밝히는 데 방해가 되는 요소이므로 철저한 매뉴얼 훈련을 통해 통제되어야 할 변인으로 취급되었다. 즉, 상담자들은 매뉴얼에서 지시한 대로만 상담을 하여 자신의 개인적 특성이 상담 개입을 최대한 방해하지 않도록 하였다. 그런데 연구 결과에 따르면, 상담자가 상담 이론에 맞추어 개발된 표준화된 매뉴얼에 따라 충실하게 상담을 진행하는 정도(adherence to treatment)는 내담자 변화에 유의하게 기여하지 않았으며(Webb, DeRubeis, & Barber, 2010), 오히려 상담에 대한 저항이 심한 내담자들의 경우는 매뉴얼에 충실한 상담일수록 일방적 종결을 많이 하는 것으로 나타났다(Castonguay, Goldfried, Wiser, Raue, & Hayes, 1996). 이러한 연구 결과를 통해 '효과적인 상담'은 이론적 기법에 얼마나 충실했는가로 평가될 것이 아니라 상담 결과 '실제 내담자의 변화가 얼마나 나타났는가'로 재평가되기 시작하였다(Wampold & Imel, 2015). 이렇게 상담의 결과에 기반하여 평가된 '잘된 상담', 즉 내담자를 효과적으로 변화시킨 상담에 상담자가 얼마나 기여하는지, 혹은 상담자의 개인적 특성에 따라 상담 성과의 효과크기가 얼마나 나타날 수 있는지를 분석하는 연구들이 이루어지게 되었다. Wampold와 Imel(2015)은 그들의 최근 저서에서 그동안 진행되어 온 상담 성과 연구 결과를 체계적으로 정리하고, 그러한 상담 성과 연구 결과를 토대로 상담 실무에 시사하는 바를 설득력 있게 제시하였다. 이들은 상담 성과에 미치는 치료자 효과를 저서의 독립된 한 장으로 다루면서 치료자 효과를 분석할 수 있는 분석 방법과 결과를 심도 있게 제시하였다.[1]

이들은 대표적인 상담자 효과 분석 연구들(예를 들면, Blatt et al., 1996; McKay, Imel, & Wampold, 2006; Luborsky et al., 1986; Luborsky, McLellan, Diguer, Woody, & Seligman, 1997)과 메타분석한 연구들(Baldwin & Imel 2013; Crits-Christoph et al., 1991; Saxon & Barkham, 2012 등)의 결과를 요약하면서 상담자 효과에 대해 다음과 같은 중요한 사실들을 제시하였다. 우선, 치료자 효과 연구의 결과, 치료자 효과가 기법의 효과보다 유의하게 내담자 변화에 영향을 미친다는 것이다. 서구 상담의 경우 상담 성과에 치료자가 미치는 영향은 평균적으로 전체 내담자 변화에 대한 총 설명량 가운데 5%에서 12% 정도의 설명크기를 갖는 것으로 나타났다. 이러한 숫자의 절대적 크기가 내담자 변화를 설명하기에 다소 작은 크기로 보이지만 거의 효과가 없는 것으로 나타난 기법 효과보다 훨씬 유의한 값이라는 사실에 주목해야 한다. 저자들은 이제까지 기법 간의 차이를 검증하는 연구들에서 상담자 개인차 효과를 고려하지 않고 분석함으로써 1종 오류가 발생하여 기법 효과크기가 실제보다 더 부풀려져서 보고된 점들을 문제점으로 지적하고 있다. 즉, 같은 이론적 기법을 시행하더라도 그것을 누가 시행하느냐에 따라 유의한 차이가 남에도 불구하고 이를 고려하지 않고 기법의 효과만으로 해석한 오류가 있었다는 것이다. 한국에서도 유성경 등(2010) 연구팀이 2008년부터 2010년에 걸쳐서 44명의 현장 상담자, 350명의 성인 내담자들을 대상으로 현장 상담 자료를 모아 3층 다층분석(상담자, 내담자, 회기)을 한 결과, 상담자 효과는 4%로 통계적으로 유의하게 내담자 변화에 기여하는 것으로 확인하였다. 이 연구는 실제 상담 현장에서 얻어진 방대한 자료 분석을 통해 국내 상담이 내담자 변화에 유의한 영향을 미치고, 여기에 상담자들이 유의하게 기여한다는 것을 확인한 것으로 매우 고무적인 결과였다.

상담자 개인적 특성이 내담자 변화에 유의하게 기여하며, 기법의 차이보다 더 큰 영향력을 갖는다는 주요 연구 결과에 더하여 다음과 같은 흥미로운 결과들이

---

1) 상담자 효과 분석 방법론에 대해 보다 자세한 정보를 원하는 독자들은 Wampold, B. E., & Imel, Z. E. (2015). *The Great Psychotherapy Debate: The Evidence for What Makes Psychotherapy Work* (2nd ed.), New York: Routledge의 6장을 참고하기 바란다.

발견되었다. 먼저, 실험실에서 진행된 연구(clinical trials)에서보다 실제 상담 현장(naturalistic settings)에서 진행된 연구에서 상담자 효과가 더 크게 나타난다는 것이다(Baldwin & Imel, 2013; Crits-Christoph & Mintz, 1991). 이러한 결과는 상담을 잘하도록 매뉴얼을 통해서 상담자의 개입을 규격화할 때 이 같은 노력이 실제 상담자가 보일 수 있는 자연스러운 치료 효과를 오히려 반감시킬 수도 있다는 연구 결과로 해석될 수 있다. 즉, 치료는 상담자가 하는 것이며 매뉴얼이 상담자를 결코 대치할 수 없음을 확인해 주는 결과이다. 또 다른 흥미로운 결과는 내담자의 문제가 심각한 경우에 경미한 수준의 증상을 보이는 내담자들 경우보다 상담자 효과가 2배로 높게 나타난다는 것이다(Wampold & Brown, 2005). 이러한 결과는 내담자의 심리적 스트레스가 극심할수록 상담자와의 인격적인 접촉이 중요하며 이러한 치유적 접촉을 할 수 있는 상담자의 특성이 더 큰 영향력을 발휘한다는 사실을 보여 준다. 실상 가벼운 적응상의 문제를 지닌 내담자들은 어떤 상담자들을 만나더라도 자신의 자원을 변화의 자원으로 잘 활용할 수 있는 반면, 증상이 만성화되고 고립감이 심한 내담자들의 경우 자신과 세상에 대한 신뢰가 어렵고 이로 인해 변화 가능성이 훨씬 적다. 이런 경우 상담자가 어떤 사람이냐 하는 것이 상담 성과에 중요한 차이를 낼 수 있다.

상담자 효과와 관련하여 주목하고 싶은 또 한 가지 결과는 상담자 효과가 몇 명의 특출한 상담자들(outliers)에 의해 주로 많이 설명된다는 것이다. 특출하게 상담 성과가 뛰어난 아웃라이어 상담자들에 대한 관심은 Ricks(1974)이 문제가 매우 심각한 청소년 상담 성과 연구에서 발견한 결과인데 이후 치료자 효과 연구들에서도 지속적으로 발견된 현상이다. 예를 들면, Lutz, Leon, Martinvich, Lyons와 Stiles(2007)의 연구에서는 상, 하위 아웃라이어 상담자를 분석에서 제외하였을 때 치료자 효과가 반으로 줄어들었다. 앞에서 언급한 국내 연구에서도 한 명의 아웃라이어 상담자를 제외하였을 때 치료자 효과크기가 4%에서 1.3%로 급격히 하락함을 보여 주었다. 이러한 결과들은 특출하게 상담을 잘하는 상담자들은 어떠한 특성 때문에 이런 차별적인 영향을 미칠 수 있는가에 대한 지대한 관심을 불러일으킨다. 다양한 문제를 지닌, 다양한 특성의 내담자들을 무선적으로 배정하였음에도 불구하고 문제 유형이나 내담자의 특성에 상관없이 특출한 상담 효과를 보이는 이들은 앞으로 상담자 연구에 보화 같은 존재라고 할 수 있다. 이들의 인간적, 전문적 특성 연구, 실제 사례 분석 연구 등은 상담자들의 치료자 특성을 이해하는 데 중요한 실마리를 제공할 것이며, 상담 실제에 많은 시사점을 줄 수 있을 것이다.

상담 성과와 관련된 치료자 연구에서 또 한 가지 주목할 결과는 우수한 아웃라이어 치료자와 반대로 상담 성과가 유난히 저조한 상담자들에 대한 결과이다. Saxon & Barkham(2012)은 상담 성과 연구에 참여한 119명 가운데 평균 이하의 성과를 보인 19명 상담자를 대상으로 이들의 상담 성과를 분석한 결과, 그들이 만났던 내담자 1,947명이 다른 상담자를 만났다면 적어도 265명의 내담자들은 증상이 호전되었을 것이라고 통계적으로 분석하여 제시하였다. Orlinsky와 Howard(1980) 또한 연구에 참여한 23명의 상담자들 가운데 수행이 매우 저조한 상담자들 5명은 'X 등급의 치료자들'로 구분되었고, 이들이 만난 내담자들의 10%는 종결 시에 상담 초기보다 더 안 좋은 상태가 되었다. 물론 내담자가 종결 시 상담 초기보다 상태가 더 안 좋게 된 데는 여러 가지 복잡한 원인이 작용했을 것이므로 이러한 결과의 책임을 상담자에게 모두 돌리는 것은 적절하지 않다. 그러나 이러한 결과는 우리 상담자들에게 객관적으로 나의 상담이 내담자에게 어떤 영향을 주고 있는지를 진지하게 생각해 보게끔 한다. 초심 상담자 슈퍼비전을 하다 보면 "만약 이 내담자가 나보다 실력이 좋은 상담자를 만났다면 훨씬 많은 도움을 받았을 텐데……." 하며 괴로워하는 것을 종종 듣게 된다. 그러나 그런 마음이 어디 초심자들에게만 드는 마음이겠는가? '내가 좀 더 상담을 잘했다면 내담자가 더 짧은 시간 안에 더 효과적인 도움을 받았을 것' 같은 마음을 우리는 종종 갖는다. 상담 대가로 손꼽히는 Harry Grater(1988)가 "나는 여전히 심리치료를 어떻게 하는 것인지 모르겠다"는 고백을 했다는 것을 보면 (Skovholt & Jennings, 2016) 자기 상담 성과에 대해 확신을 갖는 것이 상담의 유능성과 늘 정비례하는 것은 아닌 것 같다. 오히려 상담 전문성이 높아질수록 자기 상담의 결과에 대한 주관적 확신은 높아지지만(Walfish, McAlister, O'Donnell & Lambert, 2012), 자기 상담 능력에 대해 객관적인 평가는 제대로 하지 못한다는 연구 결과(Dunning, Johnson, Ehringer, & Kruger, 2003)들은 상담을 통해 내담자가 어떤 도움을 받고 있는지를 늘 검토하고 이를 상담 개입에 반영하려는 태도가 상담자로서 훨씬 윤리적이고 전문적인 태도라고 볼 수 있음을 시사한다. Ericsson, Prietula와

Cokely(2007)는 "진정한 전문성을 발달시키기 위해서는 고투, 희생, 정직함, 그리고 종종 고통스러운 자기 평가가 필요하다. 달리 전문성에 빨리 갈 수 있는 방법은 없다."(p. 115)고 하였다.

그러므로 상담자 때문에 내담자들이 적절히 도움받을 수 있는 기회를 놓칠 수도 있다는 연구 결과를 접하고 위축되거나 두려움을 갖게 되지 않게 되길 바란다. 그러나 이러한 결과를 여기에 소개하는 것은 상담자가 상담 성과에 미치는 영향력이 실제로 유의하며, 거기에는 상담자들 간에 개인차가 존재한다는 사실에 정직하게 직면할 필요가 있다는 것을 강조하고 싶기 때문이다. 그리고 상담자들이 주의를 기울여야 할 것은 '내가 특정 상담 이론을 얼마나 잘 수행하고 있는가?'보다는 '내가 만나고 있는 내담자가 변화를 실제로 보이고 있는지'이며, 나의 어떤 특성이 치료를 촉진하고 혹은 방해하는지에 대해 철저한 자각과 성찰이 필요하다는 것을 말하고 싶다. 상담을 통해 우리가 지향하는 것은 내담자들이 자신의 객관적, 심리적 현실을 정직하게 바라볼 수 있는 용기를 가질 수 있도록 돕는 것이며, 정직한 현실 수용을 바탕으로 책임 있는 선택을 주체적으로 해 나갈 수 있도록 격려하는 것이라고 나는 믿고 있다. 그런데 내담자에게 이러한 가치 지향을 격려하면서 정작 상담자 자신이 상담자로서 자신을 정직하게 대면하고 수용하며, 이에 기반하여 변화의 선택을 할 수 없다면 내담자의 변화도 기대하기 어려울 것이다. '내가 상담에서 내담자를 진정으로 만나고 있는가? 이러한 만남이 내담자의 삶 속에 어떤 변화를 일으키고 있는가?'에 대한 직면이 어려울 때 상담자는 상담 회기에 '무엇을' 해야 할 것인가에 몰두하게 되고, 정작 내담자에게 주의를 기울이기 어렵게 된다. 이렇게 상담이 진행되면 이미 접촉을 통한 생기의 활성화가 이루어지기 어렵고 그저 정형화된 상담 절차를 지루하게 따라가는 상담 회기로 추락할 가능성이 크기 때문이다.

2) 불분명한 치료적 특성

상담자에 따라 상담 성과에 유의한 차이가 있다면 상담을 잘하는 상담자들은 대체 어떤 특성을 지닌 상담자들일까? 이 장 전체에서 이 주제를 지속적으로 다룰 것이지만 여기서는 연구를 통해 확인된 유능한 치료자의 특성에 대해 먼저 살펴보도록 하자. 기존의 치료자 연구들(Dinger, Strack, Leichsenring, Wilmers, & Schawenburg, 2008; Lambert, 2007; Okiishi, Lambert, Nielsen, & Ogles, 2003; Wampold & Brown, 2005)에 따르면, 상담자 효과를 설명하기 위해서 포함되었던 변인들, 예컨대 상담자의 나이, 성, 학력, 종교, 경력, 주당 사례 수, 슈퍼비전 횟수들 그 어느 것도 상담 성과를 설명하지 못하는 것으로 나타났다. 국내 상담자 효과 종단 연구에서도 서구 연구에서 사용하였던 치료자 특성 변인들(나이, 성별, 경력, 학력, 사례수, 슈퍼비전 시간, 종교)을 분석에 투입하였으나 그 변인들이 상담 성과를 설명하지 못한다는 동일한 결과를 얻었다. 그러나 최근 유럽에서 실제 상담 자료를 분석한 연구(Tschuschke et al., 2015)에서는 상담자의 경력이 상담 성과에 유의한 기여를 하였으며, 특별히 증상이 심각한 내담자들의 경우는 경력 수준이 높은 상담자들이 유의하게 상담 성과가 높은 것으로 나타났다. 상담 경력 수준이 상담 성과에 미치는 영향이 일관되지 않게 나타난 이유는 연구에 참여한 상담자들의 전반적인 경력 수준에 차이가 있었으며 상담 세팅, 내담자들의 증상 수준 등이 매우 다양하였기 때문이다.

반면, 상담자들이 사용하는 기법이 무엇이냐, 그리고 각 기법을 이론에서 제시한 대로 얼마나 충실히 수행했느냐에 따라서 상담 성과에 유의한 차이가 없었다는 것은 일관되게 발견된 결과이다. 이와 같은 결과는 상담자 대학원 교육과 상담 센터 훈련 프로그램에서 기법 훈련에 주요 초점을 두고 있는데 정작 상담의 성과를 좌우하는 상담의 치료적 특성은 훈련 과정에서 직접 제공하지 않는 다른 무엇일 수 있다는 문제를 제기한다(Lambert & Okiishi, 1997; Okiishi et al., 2003).

상담자들의 치료적 유능성에 차이가 나는 것이 그들이 사용하는 기법이나 상담자들의 인구통계학적인 특성 때문도 아니고 심지어 상담 사례 수나 슈퍼비전 횟수도 일관된 영향을 주지는 않는다는 결과를 자칫 상담자 훈련과 교육의 무용론으로 해석할까 조심스럽다. 그리고 그러한 피상적이고 위험한 해석은 상담이 전문적인 훈련이나 교육이 필요한 분야가 아니라 남을 돕고자 하는 마음과 열정, 훌륭한 인격이 있으면 충분하다고 하는 단순한 결론으로 치달을 수 있는 위험이 있다. 나는 수년 전 상담 자원봉사자들 교육에 참여한 적이 있었는데 봉사자들은 대부분 청소년 자녀를 두고 있는 엄마들이었다. 교육 중 놀랐던 이들 반응 중 하나는 '정식 대학원에서 아무리 상담 이론과 기법을 훈련받아 봤자 직접 자식을 길러 보고, 청소년 내담자를 자식처럼 사랑하는 우리만 하겠냐?'는 인식이었다. 상담 전문성을 폄하하는 이러한 인식은 사회적으로도 팽배하여 상담 전문 자격증을 공인화하는 과정에서도 어려움을 주고 있다. '상담 분야에 왜 전문 자격증이 필요한지'에 대한 가장 근본적인 설득을 이끌어 내지 못하는 부분이 있다. 상담 경력자들이 일반인들이나 초보자들에 비해 현격하게 심리적 문제 해결에 뛰어나다는 분명한 연구 결과를 제시할 수 없다는 것이 참으로 안타까운 현실이다.

치료자 효과 특성이 무엇인지 양적 연구로 밝히는 데 실패하였는데 과연 이 결과를 어떻게 해석해야 할까? 나는 이러한 결과는 상담 성과를 가져오는 상담자의 치료적 특성은 수량화하여 측정하기가 대단히 어려운 특성이라는 것을 보여 주는 중요한 결과라고 생각한다. 상담의 성과를 가져오는 치료자의 특성은 단지 상담자 경력의 연수, 슈퍼비전의 기계적 횟수, 매뉴얼에 따른 기법의 수행 측정으로 감환시킬 수 없다는 것이다. 우리는 앞서 2장에서 상담 성과의 특수요인과 공통요인의 논의에서 무슨 기법을 사용하는가가 아니라 같은 기법이라도 어떻게 사용하느냐에 따라서 기법 효과에 차이가 나타남을 자세히 살펴보았다. 상담 과정에서 변화는 특수한 치료 성분을 기계적으로 수행함으로써 일어나는 것이 아니다. 치료적 맥락, 구체적으로 변화에 대한 상담자와 내담자의 상호 신뢰, 동맹 관계가 형성되고 이에 기반한 치료적 절차와 구조가 마련될 때, 그 속에서 내담자가 자신과 세상에 대해 새로운 감정과 이해를 갖게 됨으로써 변화는 촉발되는 것이다. 상담자가 상담 경력 햇수가 쌓이고, 슈퍼비전 횟수가 늘어난다고 해도 이러한 치료적 맥락과 기제에 대한 경험적 지식이 획득되지 않으면 치료자로서의 유능성은 발휘되지 않을 수 있다. 그런데 치료적 맥락과 기제에 대한 경험적 지식 획득 여부는 양적 연구로는 제대로 포착이 되지 않는다는 것이다.

치료자 효과에 관한 양적 연구를 진행했던 대표적 연구자들은 상담 성과에 기여하는 치료자 특성에 대한 전반적인 방향성을 다음과 같이 제시하고 있다. Wampold와 Imel(2015)은 치료자 효과에 대한 챕터를 마무리하면서 치료자 효과를 내는 것은 상담자가 치료를 통해 도움을 줄 수 있다는 신념과 치료동맹을 맺는 능력과 관련된 특성에서 비롯된다고 결론을 내리고, 이러한 특성이 무엇인지에 대한 추후 연구의 필요성을 피력하였다. Blatt 등(1996)도 치료자 특성 연구를 마무리하면서 치료자들의 유능성 차이는 '임상적 오리엔테이션'과 특별히 치료에 대해 상담자가 어떻게 생각하고 있느냐에 따라 차이가 나타났으며, 상담을 잘하는 상담자들은 다른 상담자들보다 내담자들 문제 해결에 필요한 예상 상담 회기를 보다 길게 잡는 경향이 있다고 보고하였다. 단기 치료로 내담자가 도움을 받을 수 있다고 믿는 상담자들과 내담자가 제대로 도움을 받기 위해서는 더 긴 시간이 필요하다고 믿는 상담자들은 상담을 통해 다루어야 하는 문제가 무엇이며, 상담을 통해 어떤 도움을 주어야 하는지에 대한 생각에 있어서 기본적인 차이가 있을 것으로 예상할 수 있다.

공통요인을 최초로 언급하였던 Rosenzweig는 "치료자가 효과적인 성격(effective personality)을 지니고, 자신이 정통하게 된 이론적 개념의 체계를 일관되게 수행하면서 병리적인 성격으로 인해 생기는 문제에 결정적인 방식으로 잘 대처할 수 있다면 그 상담자가 어떤 기법을 사용하느냐 하는 것은 별로 문제가 되지 않는다." (Rosenzweig, 1936, pp. 414-415)고 하여 치료자의 인격과 이론적 깊은 이해를 기법 사용보다 중요하게 여겼다. 21세기 대표적 치료자인 Yalom은 특수요인과 공통요인의 통합의 필요성을 논의하면서 상담과정 '전면에 드러나는 것(front)'과 '그 이면에 흐르는 핵심(core)', 혹은 치료 과정의 '내용(content)'과 '과정(process)'을 구분 지었다. 그리고 이 둘은 그 어느 하나가 더 중요한 것이 아니라 상보적으로 통합되어 치료 과정에서 구현되어야 하는 것임을 설득적으로 제안하였다. 그에 따르면, 상담자들은 내담자들을 효과적으로 돕기 위해서 복잡하고 까다로운 기법과 전략들을 숙달해야 하며, 기법에 대한 깊은 인지적 이해를 가지고 있어야 한다. 그리고 모든 상담 회기는 매 회기가 새로우며, 내담자는 모두 다 고유하기 때문에(Yalom, 2002), 상담자들은 각 임상 상황에서 창의성과 영감을 사용할 수 있어야 한다고 하였다. 그는 이러한 기법 사용은 비전도, 영감도 없이 노동자처럼 기법을 사용하는 것과는 전혀 다른 결과를 낼 수 있음을 피력하였다. 그는 상담자들이 상담 기법에 대해 이론적으로 이해하고, 실제 적용에 있어서 창의성과 영감을 갖기 위해서는 상담자가 직접 연구를 수행하지는 못하더라도 상담과 관련된 다양한 연구들, 예컨대 임상, 사회, 심리 내용을 담은 연구들을 지속적으로 접해야 한다고 하였다. 또한 상담자에게 가장 중요한 도구로서 자기 자신을 잘 활용하기 위해 상담자 자신이 심리치료를 받는 것이 상담 교육에서 가장 중요한 부분이라고 제안하였다. 이러한 Yalom의 제안은 상담자가 기법 수행 및 이론적 이해, 매 순간 살아 있는 내담자와의 접촉, 연구를 통한 새로운 지식에 대한 끝없는 충전, 그리고 상담자 자신에 대한 진정성이 균형 있게 이루어질 때 치료적인 상담자가 될 수 있음을 보여 준다. 이렇게 균형 잡힌 상담자의 경력을 통해 상담자에게 쌓이는 그 무엇이 치료적 효과에 기여하는 상담자 특성이 될 것이다.

비슷한 맥락에서 McWilliams(2004)는 상담자의 치료적 자질은 치료자들의 오랜 경험에 의해 축적된 지식 체계이며 정신분석 감수성으로 임상 현장에 녹아든다고 보았다. McWilliams는 그녀 특유의 이론적 깊이와 치료적 현존이 드러나는 글쓰기를 통해 정신분석 감수성의 특징들로 호기심과 경외심, 복잡성, 동일시와 공감, 주관성과 정서적 교감, 애착 그리고 신앙을 소개하고 있다. 이러한 각 특성들이 치료자를 통해 어떻게 현현되고, 치료 장면에 펼쳐지는지를 경험적 지식으로 전달하고 있다.

도정신 치료를 주창하고 국내 상담 대가로 주목받은 이동식(2008)은 치료자의 전문성은 치료자의 인격에서 나오는 것으로 보았으며, 이러한 인격은 구도의 과정을 통해 닦아지는 것으로 보았다. 또한 치료는 치료 장면에만 국한된 상담자의 개입에 의해서만 이루어지는 것이 아니라 상담자의 전반적인 인격에 의해 영향을 받으며 상담자는 자신의 인격 수양을 평생 동안 해야 함을 강조하였다. 이렇듯 상담 실무의 풍부한 경험과 통찰에 근거하여 대가들은 치료적 인격, 치료에 효과적인 성격, 치료적 감수성으로 표현되는 특성이 구체적으로 어떤 특성인지 나열 하지는 않았으나 상담자가 기술 수행자를 넘어 한 인격체로서 상담에 헌신되어야 함을 강조하였다. 그러면서 동시에 상담자는 자신이 정통한 이론이 있어야 하며 이를 체계적으로 일관되고, 융통성 있게 적용할 수 있는 유능성 또한 겸비해야 함을 강조하고 있다.

지금까지 치료자 효과에 관한 기법 적용에서의 창의성과 직감, 자신의 상담 효과에 대한 믿음, 그리고 내담자와 동맹을 단단히 맺을 수 있는 상담자의 특성이 상담 성과의 차이를 만들어 낸다는 것을 살펴보았다. 이러한 능력은 기계적인 기법 수행, 영혼이 없는 수련 과정을 통해 키워질 수 없는 것이며 또한 전문적 훈련이나 교육 없이 타고난 선천적 자질만으로도 수행될 수 없는 역량이다. 그런데 안타깝게도 현재의 치료자 특성 연구의 현주소는 이러한 역량에 기여하지 않는 요소는 밝힐 수 있었지만 기여하는 요소가 무엇인지를 적극적으로 밝히지는 못하고 있다.[2] 이러한 역량을 구체화할 수 있는 연구를 진행해야 하는 것이 상담자들의 중요한 책임이다. Yalom(2005)은 상담자들의 치유적 특성을 엄격하고, 적절하고 엄격한(rigorous and relevant) 연구를 통해 밝혀 나가는 것이 전문성 확보를 위해 관심을 기울여야 하는 부분임을 강조하였다. 그는 미국의 경우 보험 시장의 압력 때문에 지나치게 수량화된 연구들이 진행되고 있지만 점차적으로 상담 현장의 특성—인간 대 인간의 만남이 핵심이고, 극히 주관적이어서 수량화하기 어려운 경험들을 다루는 특성—에 맞는 연구가 진행되어야 함을 강조하였다. 그러면서 동시에 그는 상담에서 가장 핵심적인 부분은 상담자와 내담자의 진정성 있는 만남이며 이것은 엄격한 과학적 분석으로 모두 담아낼 수 없는 부분을 가지고 있음을 또한 역설하였다.

연구는 일어나고 있는 현상에 대한 탐색이 주목적이라고 한다면 교육은 앞으로 이루고자 하는 것에 대한 지향점의 제시라고 할 수 있다. 그러므로 상담자의 치료적 특성에 관한 연구를 통해서는 치료적 요인에 영향을 미치지 않는 요인을 규명하는 소극적인 결과밖에 얻지 못했으나 상담자 교육의 지향점을 살펴보면 우리가 되고자 하는 상담자, 키우고자 하는 상담자의 모습에 대한 구체적인 상을 보다 적극적으로 가늠할 수 있지 않을까? 그래서 다음 절에서는 상담자 교육과 훈련의 이상적 모델로 제시되는 '과학자–실무자 모델'의 기본 정신을 살펴봄으로써 상담자의 치료적 특성을 좀 더 구체화해 보려고 하였다.

4장

2) 물론 치료자 특성을 탐색하는 질적 연구들이 국내외에서 진행되고 있다. 그러나 이들 연구 전체를 아우를 수 있는 담론의 형성은 아직 시작 단계라고 할 수 있다.

3. '과학자–실무자': 과학과 실무의 연결자

> 과학으로서의 심리치료는 무엇을 말해야 할지 아는 것이라면, 예술로서의 심리치료는 언제 말해야 할지 아는 것이다.
>
> –Jonathan Kellerman

초심 상담자가 상담 영역에 입문하여 지속적인 교육과 훈련을 받고, 꾸준한 임상 경험을 쌓아 갈 때 상담자에게 쌓이는 전문적 역량과 자질은 구체적으로 무엇일까? 상담 교육을 담당하는 상담 전공 교수, 슈퍼바이저, 상담 센터장들은 그들이 교육, 훈련하는 상담자들이 어떤 상담자들이 되기를 기대하며 교육과 훈련을 하는 것일까? 전문가 자격증의 기준으로 상담 서비스의 책무성을 담보하려고 할 때 전문가 자격증의 세부적인 기준을 충족하게 되면 어떤 전문적 자질이 보장되는 것일까? 이러한 질문들은 상담자들, 상담 교육자들에게 모두 중요한 질문들이며, 단번에 답하기 어려운 질문들이기도 하다. 상담자가 되기 위해 받아야 하는 교육과 훈련은 기간도 길고, 내용도 복잡한데 과연 이를 통해서 어떤 상담자를 키워 내려고 하는 것일까?

상담 교육 훈련의 이상적 모델로 공식적으로 제시되고 있는 것은 '과학자–실무자 모델(scientist-practitioner model)'이다. 이 모델에서 강조하는 것은 상담자들이 과학적 기능과 실무적 기능을 균형 있게 훈련받아 '과학적으로 일하는 임상가'를 키우는 것이다(Shapiro, 2002). 이 모델이 등장하게 된 데에는 제2차 세계대전이 종료되면서 미국 사회에서 심리치료에 대한 필요가 급증하였고 이에 따라 실제 내담자들의 문제 해결에 효과적 도움을 줄 수 있는 유능하고 전문적인 상담자 배출이 시급하게 된 역사적 배경이 있다. 책무성 있는 상담 서비스에 대한 사회적 요구에 대응하기 위해 1941년부터 1949년까지 관련 학회들이 머리를 맞대어 이상적인 상담자 교육 훈련 교육 목표와 교육 과정을 마련하였고, 그 결과 1950년 보울더 회의에서 '과학자–실무자 모델'을 상담자 교육과 훈련에서 지향해야 할 모델로 최종 발표하였다(안현의, 2003). 이후 '과학자–실무자 모델'의 기본 정신은 지금까지도 상담자 교육 훈련의 이상적인 방향으로 강조되고 있으며, 이를 실현할 수 있는 실천 방안에 대한 논의들이 진행되고 있다.

과학자—실무자 모델은 기본적으로 상담 영역에서 큰 두 축으로 과학과 실무를 모두 강조하며 이 둘의 통합을 이룰 수 있는 상담자를 키워 내는 것을 목표로 한다. 그런데 과학과 실무는 양립이 불가능한 영역이라고 평가(Kanfer, 1990; Peterson, 1991)될 만큼 간극이 크기 때문에 이 두 영역을 역동적으로 넘나드는 상담자의 자질은 과학자—실무자 모델의 실현을 위해 가장 중요한 요소이다. 이 절에서는 과학과 실무 사이를 넘나들며 이 두 영역의 역동적 통합을 이루어 나가는 상담자의 모습을 그려 냄으로써 우리가 지향하는 상담자의 치료적 자질, 전문성에 대한 이해에 초점화를 두고자 했다.

1) 과학적 지식과 예술적 실무

상담의 상반된 두 영역을 상담자가 역동적으로 넘나들며 통합한다는 것이 실제로 어떻게 하는 것인지에 대한 구체적인 이미지를 떠올려 보기 위해 여기서 나는 피아노 연주자가 연주에 이르는 과정을 소개하려고 한다. 이제까지 상담에서 과학자—실무자 모델에 대한 논의는 주로 과학적 영역에서 진행되어 그 톤이 다소 건조하고, 딱딱한 측면이 많다. 오래전에 나는 유럽에서 피아노 연주 활동을 하고 있는 피아니스트에게 자신이 처음 곡을 받아 최종적으로 무대에서 연주를 하게 되는 과정에 대한 설명을 소상하게 들은 적이 있다. 그때 그 음악가가 설명하는 연주 과정에 이르는 과정이 상담자가 상담 과정에 이르는 과정과 어찌나 유사하던지 매우 경이로웠다. 악보에서 시작하여 무대 연주에 이르는 과정에 과학과 기예가 서로 주고받는 과정이 마치 물 흐르는 과정처럼 자연스러웠는데 이 과정이 상담에서 과학적 지식과 예술적 직관을 어떻게 통합할 수 있는지에 대한 힌트를 주는 것 같았다. 그 음악가가 설명했던 연주에 이르는 과정은 다음과 같았다. 맨 처음 곡을 받으면 일단 그 곡을 철저하게 읽는다. 곡을 읽는다는 것은 악보에 적혀 있는 대로 곡을 정확하게 익히는 과정이며 각 음표에 손가락 번호까지를 다 검토하게 된다. 음악가들 중에 이러한 독보력이 아주 뛰어난 음악가들이 있는데 이들은 음표의 손가락 번호를 어떻게 붙여야 연주 시에 손가락이 꼬이거나 손놀림이 무리가 되지 않는지를 잘 알아 손가락 번호를 효율적으로 잘 조정한다고 한다. 악보가 익숙해질 때까지 악보를 읽고, 손가락 번호가 손에 익도록 정확하게 악보를 보게 되면, 악보대로 건반을 치기 시작하면서 악보와 건반을 연결하는 작업을 시작한다. 이 과정에서는 악보에 적혀 있는 악상 그대로 충실하게, 정확하게 그래서 곡이 손에 익숙하도록 연습을 한다. 이렇게 악보대로 연주하는 것이 손에 익도록 연습을 하면서 또 다른 공부를 하게 되는데 그것은 작곡가에 대한 공부이다. 연주하게 되는 곡을 쓸 당시 작곡가의 삶이 어떠했는지, 곡에 대한 작곡가의 설명과 더불어 곡을 쓸 당시 작곡가의 생애사 공부를 통해 작곡가가 그 곡을 통해 가장 전달하고자 했던 영감이 무엇이었는지에 접근하기 시작한다. 이러한 공부와 곡 연습을 통해 작곡가의 심정과 소통하고 그 심정을 공감하게 된다. 그래서 첫 번째 곡의 해석은 작곡가가 표현하고자 하는 것을 공감적으로 이해하여 이를 가장 정확하게 전달하려는 노력, 다시 말하면 작곡가의 심정을 대변해 주는 도구가 되는 것 같았다. 그다음 과정은 같은 곡이 다른 많은 연주자들에 의해서 어떻게 연주되었는지를 폭넓게 들어 보는 과정이다. 이 과정을 통해 같은 곡이라도 이를 연주하는 연주자들의 곡 해석에 따라 매우 다양한 연주가 이루어짐을 알게 되고, 다양한 곡 해석을 접하면서 그 음악을 이렇게도 보고, 저렇게도 보는 과정, 혹은 곡을 실험하는 과정이 이루어진다. 이러한 과정이 지나고 나면 드디어 자기의 연주에 집중하게 되는데 최종적으로 그 곡이 자기 자신에게 어떤 연주를 해 주길 원하는지 말을 걸어 오는 느낌이라고 했다. 이 단계는 악보도, 작곡가도, 다른 연주가도 아니고 음악과 직접적인 소통이 이루어지는 단계인 것 같다. 이 단계에 이르면 이 곡은 더 이상 작곡가나 다른 연주자의 영감이 아닌 나와 곡 사이의 소통을 통해 새롭게 창조된 영감이 구성된 새로운 음악이다. 이때 곡이 전달하는 선명한 메시지를 듣지 못하는 경우가 생기는데 이런 경우 그 소통을 가로막는 방해물을 이해하기 위해 연주자는 자신의 경험, 과거, 현재 감정 등을 치열하게 들여다보는 작업을 하기도 한다. 이렇게 연주자와 깊게 접촉한 곡은 연주자를 도구로 삼아 스스로 자신의 소리를 내기 시작한다. 이러한 곡이 무대에서 연주될 때 청중들이 접하는 것은 연주자를 도구 삼아 음악 스스로가 표현하는 고유한 음악의 세계이다. 이러한 연주 경험을 손열음(2015)은 "내가 관객에게 전달하고자 했던 건 이런 거였는데 갑

자기 연주 자체가 유기체가 되어 버리면서 나를 지배하는 것처럼, 내가 연주를 하는 게 아니라 연주가 나를 지배하는 것 같은 기이한 상황"(p. 313)이라고 표현하면서 이 과정이 글을 쓸 때도 발생한다고 했다.

여기에 연주 과정을 이렇게 소상하게 소개하는 것은 이 과정에 포함된 과학과 기예의 측면이 상담 과정에 포함된 과학과 기예의 측면과 매우 유사하다고 보이기 때문이다. 음악의 문외한이었던 나의 생각에 음악 연주는 연주자가 곡에 대한 영감이 떠오르면 예술적 직감에 따라 그냥 예술적으로 연주를 하면 되는 과정이라고 생각했다. 이때 직감은 예술적 감각만을 의미하는 것이었고, 이 연주자가 말한 훈련된 직관을 의미하는 것은 아니었다. 그런데 한 곡과 깊이 만나 소통하고 음악이 살아 있는 대상이 되어 음악가에게 말을 걸어 오고, 그것을 연주를 통해 재구성해 내는 과정에 과학적인 훈련과 지식, 그리고 연습이 필요하다는 사실에 놀랐다. 나에게 있어서 악보는 그저 외워야 하는 무미건조한 자료이고, 무대에서의 연주는 완전 반대로 영감(feel) 받아서 예술적 직감이 발현되는 것이라고 생각했으니 얼마나 오해가 많았던 것인지……. 그런데 상담 과정에서도 내가 음악 연주 과정에 대해 가졌던 오해가 여전히 있는 것 같다. 상담을 위해서 배우는 이론적 지식들, 학회지에 발표되는 연구물들은 음악 악보와 같이 딱딱하고, 표준화된 지식 체계이다. 그리고 우리는 악보에 손가락 번호를 붙이는 절차와 같은 과정도 거친다. 상담 첫 시작은 어떻게 해야 하며, 공감적 이해의 반응 형식은 어떻게 이루어지며, 상담 구조화는 어떻게 해야 한다는 등등 말이다. 그런데 막상 우리가 내담자를 만나는 실제에 들어가게 되면 우리는 교과서, 매뉴얼화된 기법 교재에서 배우지 못했던 살아 있고, 뜨겁고, 살을 에는 듯한 고통으로 괴로워하는 살아 있는 내담자의 삶을 만난다. 악보만 보고 있던 우리들이 정작 연주되는 음악을 들으면서 그 음악과 악보와의 연관성을 찾기가 어려운 것처럼 교과서에서 만난 상담의 실제와 내담자를 만나면서 경험하는 상담의 실제는 참으로 거리가 멀다고 느껴진다. 상담 전에 준비하였던 대로 상담이 진행되는 경우는 거의 없고, 내담자가 쏟아 내는 이야기 속에 유기체적인 재조직화, 재구성이 이루어지기 시작하는 것을 경험하게 된다.

물론 연주 장면에서까지 악보가 연주 중심이 되어 악보에 충실하고 정확하게 연주하는 연주가들이 있는데 이들은 청중과도, 음악과도, 그리고 자신과도 소통하지 못하고 그저 연주 수행을 기계적으로, 정확하게 하는 연주자들일 것이다. 상담자도 마찬가지로 상담 실제에서 객관적으로 흠잡을 데 없이 교과서에 적힌 대로 상담을 하면서, 내담자와도, 자기와도 소통이 되지 않는 상담자들도 있다. 혹은 반대로 연주의 예술성만을 강조하고 독보력, 작가에 대한 공부, 여러 연주 방식을 공부하는 것이 무슨 필요가 있냐고 주장하며 자기의 주관적 감성만을 내세우는 연주자들도 있을 것이다. 이들은 자기만의 감정 세계에 갇혀 어떻게 음악과 원활한 소통을 하고, 그것을 효과적으로 청중들에게 전달할 수 있는지에 대해 알지 못할 것이다. 마찬가지로 내담자의 마음을 민감하게 알아차리고 도움을 주는 것은 직관에 의한 것이므로 객관적인 지식과 훈련을 무시하고 민감성과 감수성만을 강조하는 상담자들이 있을 수 있다. 이러한 상담자는 자기의 직관적 경험 수준을 확장하거나 경험을 통해 배울 수 있는 방법을 알지 못할 것이다.

상담에서 과학과 기예의 두 측면이 모두 필요하다는 것은 이미 오래전부터 지금까지 줄곧 많은 치료자, 상담 교육자들에 의해 강조되고 있는 측면이다. 일찍이 Bion(1970)은 심리치료는 의학적 정향과 종교적 정향의 접점이라고 하여 심리치료 영역의 고유성을 제시한 바 있다. Bugental(1987)은 "예술과 과학은 인간의 모든 경험에 스며 있는 주관성과 객관성의 양극단이다. …… 심리치료는 여러 측면에서 이 양극성을 보여 준다. 대가 상담자들은 그들의 예술성과 과학성, 주관성과 객관성을 선택적으로 잘 융합할 수 있는 능력을 보여 주는데 이것이 그들의 기예이다. …… 어떤 치료적 목표들(예컨대 적응, 증상 완화)은 객관적인 방법이 도움이 된다면, 인생을 변화시키는 심리치료는 주관적인 측면에 주된 관심을 기울일 것을 요구한다." (p. ix)고 하였다. 과학과 예술, 이 두 영역의 상보성은 매우 일관되게 강조되어 오고 있음에도 불구하고, 이 두 영역의 통합은 상담자 개인적인 차원에서도, 상담 연구자와 상담 실무자들 집단 차원에서도 원활하게 잘 이루어지고 있지 않다. 구체적으로 책무성의 요구에 발맞추어 등장한 과학자-실무자 모델은 상담의 실무에서 과학적으로 사고하고, 상담 연구에서 실무를 고려하는 이상적인 모델(김계현, 1997)로 제안되었음에도 가장 잘못 이해되고, 가장 왜곡된 접근 중의 하나로 평가받고 있으며(Stricker & Trierweiler, 2006), 실제 적용 역시 매우 저조하다. 실상 많은 상담자들은 일정 교육 기간을 마치고 나면 실무 위주의 경력을 쌓게 되거나, 반대로 임상에는 관심 없이 연구만 하는 심리학자가 되는 것이 일반적이며 실제 과학자-실무자 모델을 구현하는 상담자는 매우 드문 것이 현실이다. 이렇듯 두 영역의 분열이 뚜렷이 나타나고 있음에도 불구하고 과학자-실무자 모델은 지속적으로 이상적인 상담자 교육, 훈련 모델 및 상담심리의 지향점으로 제시되고 있는데 이는 과학과 경험의 통합이 상담 전문성의 핵심이기 때문이다. 의료 활동의 인간화를 주창하는 Cassell(1994)은 치료 영역에서 과학과 기예가 뚜렷이 양분되었으나 그 어느 쪽도 버려서는 안 되는 현상을 서로 옳다고 주장하는 두 사람에게 판정을 내려주도록 요청받은 랍비의 상황에 비유하였다. "랍비는 처음 사람의 말을 듣고는 '당신 말이 옳소'라고 말했다. 다시 두 번째 사람의 말을 듣고 나서 '당신도 옳소'라고 말했다. 두 사람이 떠난 다음 랍비의 아내가 말했다. '당신은 두 사람이 다 옳다고 말했는데 두 사람이 모두 옳을 수는 없어요' 그러자 그 랍비는 다시 '그 말도 옳소'라고 대답했다." (p. 442). 이 랍비 이야기 인용은 상담에서 과학과 예술 중 그 어느 하나를 선택할 수 있는 것이 아니며 이 둘 간에는 불가피한 긴장이 있을 수밖에 없다는 것을 잘 전달해 준다. 그래서 랍비의 말도 참 옳다.

상담에서 과학과 예술의 두 요소를 통합하는 것이 전문적 상담 수행을 위해서 핵심적임에도 불구하고 그 필요성은 강조되지만 이 통합이 실제로 이루어지지 않고 있는 이유는 무엇일까? 나는 그 중요한 이유 중의 하나가 과학과 실무를 통합하는 것은 결국 상담자인데 과학과 실무 각각을 교육하고 훈련하지만 이 둘의 관계는 어떠한지, 그리고 상담자가 이 둘의 다리를 어떻게 놓아 양 영역을 역동적으로 넘나들어야 하는지에 대한 교육과 훈련은 제대로 이루어지지 않기 때문이라고 생각한다. 그래서 여기서는 상담에서 지식의 과학적 측면, 실무 경험의 예술적 측면이 어떻게 상호작용하게 되는지, 그 필요성은 무엇이며, 그리고 이 과정에서 상담자는 어떤 역할을 하게 되는지를 생각해 보도록 하겠다.

2) 지식과 경험의 상보적 관계

상담자가 습득한 이론과 기법에 대한 서술적 지식은 이것을 상담 실무에 적용하는 절차적 지식과는 다르다. 서술적 지식은 명제적 지식, 기법적 지식이라고 불리고, 상대적으로 절차적 지식(Anderson, 1981)은 기술적 지식(Chi, Glaser, & Farr, 1988), 실천적 지식(Oakeshott, 1971)으로 명명되기도 한다. 전자는 사실과 사물에 대한 지식으로 규칙의 형태로 기술되고, 맥락을 고려하지 않고 추상화된 지식이다. 예를 들면, "공감적 이해는 사건, 생각과 더불어 감정을 포함하는 형태로 내담자 말을 돌려주는 것이다"라는 규칙이 이에 해당한다. 이에 비해 후자는 경험을 통해서 얻어지는 지식으로 언어로 표현하거나 규칙으로 전달되기 어려운 지식이다. 경험을 통해 실제 상황에 깊이 관여하고, 맥락에 대한 분별력이 생겨나면서 발전되는 지식이다. 예를 들면, 언어적인 공감적 표현이 필요한 때와 언어적 공감적 전달이 내담자 경험의 완결을 오히려 방해할 때가 있다는 것을 알아차리는 것이다. 때로 감정이 복받쳐 있는 내담자에게 언어적인 기법으로 공감적 표현을 또박또박 하는 것은 오히려 공감적 이해에 방해가 될 수 있으며 이런 경우는 오히려 침묵하는 것이 공감을 적절하게 전달하는 것이라는 것을 알게 되는 것이다.

이러한 절차적 지식은 상담을 어떻게 해야 하는지를 실제적으로 알게 되는 것으로 이것을 키워 가기 위해서는 과학적 지식과 더불어 경험이 필요하다. Gagne (1997)는 절차적 지식을 키우기 위해서는 네 가지 요소가 필요한데, 그것은 (1) 이론과 기법에 관한 서술적 지식, (2) 도제식 교육에 기초한 실습, (3) 도제식 관계에 기초한 구체적인 피드백, 그리고 (4) 선배 상담자 수행에 대한 관찰이다. 이 네 가지 요소는 상담자 교육에 주는 시사점이 크고, 이 요소를 체계적으로 상담자 교육에 반영하는 것이 중요하다고 생각한다. 이 네 가지 요소 가운데 가장 먼저 배워야 할 것은 서술적 지식이다. 즉, 상담 실무에 앞서 실무 수행과 관련된 이론적 지식을 습득하는 것이 필요하다. 이러한 지식이 많고, 함축적일수록 실제에서 더 풍부한 경험을 하게 된다. 그러나 반대로 이론적 지식이 부족하면 경험의 폭이 그만큼 줄어들게 되고, 경험을 하여도 그 의미의 해석이 어렵다. 그야말로 아는 만큼 보이는 것이다. 완전하고 함축적인 지식을 지닐수록 상담자는 상담 경험에 대해 보다 날카롭고, 민감한 지각을 하게 되고, 그에 따라 얻게 되는 정보가 더 풍부하게 된다. 그리고 정보가 풍부하기 때문에 경험에 대한 해석도 그 만큼 다양하게 할 수 있다. 예를 들어, 만약 초심자들이 경계선 성격장애 특성에 대한 이론적 지식이 없으면 경계선 성격의 내담자들의 요동치는 정서와 상담 관계 형성의 어려움을 버텨 나가기 어려울 수 있다.

그러나 성격장애에 대한 이론적 지식을 가지고 있을 때 이들의 초기 관계 좌절에 관심을 갖고 내담자의 관계 패턴에 대한 탐색을 보다 효과적으로, 적절하게 할 수 있다. 그리고 만성적 성격 구조의 문제를 지니고 있는 내담자들의 뿌리 깊고 만성화된 관계 좌절 경험이 상담 관계에서 재현되는 것을 경험할 때 이를 담아내고, 버티며, 치료적으로 활용할 수 있다.

이론과 기법의 지식이 실무에 진입하기 전에 습득되어야 하며 실습을 통해 지속적으로 확장되고 재구성되어야 하는 상담의 중요한 한 요소이지만 이것만으로 상담을 수행할 수 없다. 우리 모두는 이제까지의 경험을 통해 아무리 교과서로 준비를 해도 실전에서의 적용은 차원을 달리 하는 예술적 직관과 창의성을 필요로 한다는 것을 익히 알고 있다. 당신의 생애 첫 상담의 기억은 어떠한가? 슈퍼바이저를 통해, 기법 수업을 통해 첫 면접에 대한 준비를 열심히 하고, 상담 신청서에 기록된 내담자의 사실적 정보를 몇 번씩 검토하고 들어가도 막상 내담자와 대면하고 앉았을 때 펼쳐지는 관계, 상담자로서 내적 경험, 상담자 반응 모두가 새로운 것 투성이었을 것이다. 나는 아직도 선명하게 나의 생애 첫 상담을 기억하고 있다. 반복적인 훈련을 통해 매뉴얼처럼 회기 진행 순서를 익히고 상담에 들어갔으나 막상 내 앞에 앉아 있는 군대 다녀온 복학생, 철학 전공 4학년의 수염 덥수룩한 남자 대학생 내담자는 완벽히 준비된 첫 질문부터 피식피식 웃음으로 답하는 것이 아닌가. 매뉴얼에 나와 있는 내담자 반응이 나오지 않아 어찌나 당황했던지 나는 이후 회기를 어떻게 진행했는지 기억조차 나지 않고, 그다음 시간에 내담자가 오지 않았던 것은 확실히 기억이 난다. 이러한 경험은 비단 나만의 경험은 아닐 것이다. 우리는 경험을 통해 교과서에 적힌 상담, 더구나 번역 어투로 적힌 상담자와 내담자의 의사소통의 상황은 실제 우리의 상담에서는 결코 전개되지 않는다는 것을 알고 있다.

사람을 통해서보다 책을 통해 지식을 잘 습득하는 학생들의 경우, 교과서에서 배운 서술적 지식에 지나치게 의존한 나머지 실제 상담에서 사람 내담자를 만날 때 교과서에서 매인 것이 방해가 되는 경우가 종종 있다. 서술적 지식을 잘 습득하여 시험은 잘 치를 수 있는데 상담 현장에서 이를 응용하는 것은 다른 차원의 기술을 요구한다. 이전 슈퍼바이지 중에 나무랄 데 없이 성실한 사람이 있었다. 슈퍼비전을 위해 이 상담자의 상담 회기 녹음 테이프를 다 들었다. 그런데 상담이 끝난 뒤 녹음

기가 꺼지지 않아 상담 회기가 끝난 직후 상담자와 내담자의 대화가 녹음되어 있었다. 그런데 상담 회기와 회기 끝난 뒤에 이 두 사람의 대화 분위기가 너무나 달랐다. 상담 회기는 마치 상담 역할 연습을 하는 부자연스러움이 가득했다면 상담 회기가 끝난 뒤에 녹음된 대화는 참으로 자유롭고 따뜻했다. 훨씬 상담적이었다. 이 상담자에게 상담 회기는 뭔가 구속이 되고, 자기다울 수 없는 규칙에 매이는 시간이었던 것이다. 이후 이 상담자의 주요 슈퍼비전 내용은 상담자로서 서술적 지식에 매이지 않고, 자기에게 이미 서술적 지식이 통합되었음을 믿고 자유롭게 상담 시간에 임하도록 하는 것이 되었다.

이렇듯 이론적 지식, 추상적 지식은 경험에 대한 지각과 해석에 반드시 필요하지만 이것에 경험이 뒷받침되지 않으면 상담 실무의 예술성은 발휘될 수가 없다. 상담의 실제는 교과서에서 가르쳐 주는 것과는 너무나 다르기 때문에 그 간극을 메울 수 있는 치료자의 직관, 순발력이 요구된다. 정신과 의사인 Erik Erikson은 저명한 의사들이 실제 임상 현장에서 만나는 85%의 문제는 교과서에는 적혀 있지 않은 것이라고 하여(Schön, 1983에서 재인용) 인간을 대상으로 하는 임상 분야에서 서술적 지식과 현장 적용 사이의 간극이 얼마나 크게 벌어져 있는지를 보여 주고자 하였다. 그런데 상담 실무 경험에 기초한 지식은 과학적 지식에 비해 객관성이 부족하고, 주관성에 오염되어 진정한 지식이 아니라고 경시되는 측면이 있다(Cassell, 1994). 심리치료는 실무, 경험에서부터 시작된 전문 분야이며, 이러한 치유적 실천을 이전의 종교와 철학과 차별화하기 위해 Freud가 '말로 하는 치료'의 과학성을 강조하며 심리치료 영역의 정체성 기반을 확립하였다. 이로 인해 상담 및 심리치료의 과학적 특성을 강조하면서 '과학자–실무자 모델' '증거기반치료'의 개념이 등장하였고, 이것이 지나친 과학주의로 빠진 문제점에 대해서 이미 논의한 바 있다. 그러나 상담에서 '경험'은 상담을 어떻게 하는지 절차적 지식을 배우기 위한 지식의 핵심적 원천이다. 내담자에 대한 감정 이입을 어떻게 하는지 알려면 직접 내담자를 만나는 것이 가장 효과적인 배움의 방법이다. 예를 들면, 감정 이입에 대한 이론적 지식을 아무리 다양하게 습득했다고 해도 실제 내담자에 대한 감정 이입의 경험 없이는 감정 이입 실천을 하기 어렵다. 우리는 실제 내담자를 만나면서 책이나, 강의를 통해 배운 감정 이입을 개별적인 내담자와의 경험에 적용해 보게 되고 이러한 경험을 통해 감정 이입의 감각이 민감하게 단련받게 되고, 자신의 감정 이입 경험에 기초하여 감정 이입에 대한 새로운 지식이 구성되기 시작한다. 이러한 과정이 단계적으로, 순환적으로 잘 일어나게 될 때 상담자는 감정 이입의 전문가가 되어 가는 것이다. 절차적 지식은 이렇듯 지식과 경험의 순환적 과정을 거쳐서 상담자 개인의 지식 체계와 경험 체계에 점차적으로 통합되면서 발전해 나가는 지식이다.

나에게는 지식과 경험을 넘나들며 새로운 지식과 경험을 창출해 나가는 상담 과정이 상담자로서 그리고 상담을 가르치는 사람으로서 가장 설레고 즐거운 부분 중 하나이다. 이전에는 보이지 않았던 것이 상담 지식을 배우면서 보이기 시작하는데 경험의 세계에서 보이는 것을 주의 깊게 살펴보면 기존의 지식과 딱 맞아 떨어지지 않는 각양각색의 변용이 드러나기 시작한다. 기존 지식 체계에 들어맞지 않는 경험에 대해 불안해하지 않고 열린 자세를 취하고, 그 경험에서 뭔가를 배우고자 기대할 때 새로운 지각의 층이 열리게 된다. 그리고 기존의 보편적 개념이 나의 독자적인 개념으로 구성되기 시작하여 보편적 지식은 고유한 지식으로, 혹은 확장된 지식으로 발전해 간다. 지식과 경험이 상보적이며 역동적으로 발전해 가는 과정은 마치 지식과 경험 두 개의 공을 가지고 노는 유희와 같다. 상담 개념과 실천을 이렇게 배울 때 상담 과정, 그리고 상담 공부는 하나의 유기체처럼 살아 움직인다. 지식과 경험의 상호작용을 통해 역동적인 학습을 했던 나의 구체적인 경험의 예로 공감 경험을 소개하고자 한다. 공감은 상담 연구와 실제에서 모두 핵심으로 여겨지고, 그래서 슈퍼비전에서 다루어지는 단골 주제이기도 하다. "내담자가 그렇게 공감이 안 되나?" 하는 지적을 슈퍼바이저에게 얼마나 자주 받게 되는가? 내가 대학원에 다닐 당시 상담 수련 과정에서 가장 강조되었던 것은 상담자 언어 반응 훈련이었다. 그중에서도 Truax와 Carkhuff(1967) 공감 훈련 모형에 따른 공감적 언어 반응 훈련을 강도 높게 받았다. "당신이 이러저러한 사건을 경험하고, 생각을 했으니 이런 감정이겠군요" 하는 공식에 맞추어서 내담자의 언어 반응을 해체하여 감정 반응을 연습하는 훈련이었다. 이러한 공감 반응 공식은 아마 지금도 초보 상담자 훈련에 주요 내용으로 들어가고 있을 것이다. 공감 반응 매뉴얼 자체가 잘못되어서가 아니라 이 매뉴얼식의 반응을 반복적으로 연습하면서, 그것이 기계화가 되었고 나는 실제 상담에서 내담자가 말을 하는 동안 머릿속으로 이 공식을 돌리기에 분주했던 것 같다. 그 결과, 내 상담 축어록은 교과서에 나오는 정형적인 공감 반응으로 보였고, 나는 급기야 'queen of summary'라는 별명을 얻기도 했다. 어떤 복잡한 내담자의 경험이라도 나의 공감 공식에 들어오면 너무 말끔하게 정리가 되어서 나오니 말이다. 그러던 중 나의 말끔한 공감 반응에 대해 용기 있는 한 내담자가 솔직한 직면을 해 주었다. "왜 선생님은 제가 하는 말을 앵무새처럼 반복만 하세요?" 이런……. 내담자의 이 솔직한 반응에 대학원 상담 훈련생이었던 나는 너무나 당황하였지만 내 상담 매뉴얼에는 공감 언어 반응밖에 없었기 때문에 "내가 너무 기계적인 반응을 해서 지루하신가 보군요." 이런 어처구니없는 반응을 했었다. 이후에 공감 언어적 반응 훈련에 대해 비판하는 글에서 '앵무새 효과'라는 표현을 보게 되었고, 문자 그대로 앵무새처럼 내담자가 한 말을 반복만 하여 공감 없는 공감 표현만 했던 나에게 정직한 피드백을 주었던 내담자에게 많이 미안했던 기억이 있다. 비슷한 시기에 나는 개인상담을 받기 시작하였는데 상담 첫 회기에 처음으로 치료적 과정에서 공감이라는 것이 어떤 것인지를 거의 충격적으로 경험하였다. 전체 상담 과정이 공감이라는 게슈탈트로 구성되기 시작하면서 상담자의 구체적인 언어 반응은 기억조차 나지를 않는다. 공감 공식에 맞는 언어밖에 없었던 나의 공감과 어찌나 차이가 나던지……. 그 첫 상담시간에 누군가에게 진심으로 들리는 것이 어떤 경험인지, 나보다 나를 더 깊이 이해하는 사람과 함께 있다는 것이 어떤 느낌인지, 오랫동안 나와 내 경험에 대한 오해를 거두어 냄으로 가지게 되는 안도감이 어떤 것인지를 경험할 수 있었다. 그리고 이 경험은 이후 상담자로서 나의 공감 반응을 180도 바꾸어 놓는 중요한 배움의 계기가 되었다.

경험은 경험된 것, 경험에 대한 개인의 반응, 그리고 경험을 통해 얻어진 지식을 모두 포함한다(Cassell, 1994). 즉, 경험은 지각 자체가 아니라 이미 그 안에 인지적, 정서적 요소를 포함하고 있다. 최근에 만나고 있는 내담자 중에 한 사람을 택하여 "그 내담자를 어떻게 경험하였나?"를 한번 생각해 보라. 그 내담자를 어떻게 경험하였는지에 대한 답변에는 그 내담자와의 경험 자체(예를 들면, 내담자가 버겁다, 마음이 너무 아프다, 다음 회기에 오지 않을까 봐 마음을 졸이게 된다 등), 경험에 대한 자신의 반응(예를 들면, 내담자가 버거워서 자꾸 인지적인 질문만 하게 된다, 다음 회기에 오지 않을까 봐 자꾸 비위를 맞추는 것 같다 등), 그리고 그 내담자로부터 새롭게 얻게 된 지식(상담자로서 자신에 대한 지식, 개별 내담자에 대한 지식, 혹은 상담 일반에 관한 보편적인 지식)이 모두 포함될 수 있다.

이러한 경험을 떠올릴 때 이 경험들은 상담자들에게 다양한 종류와 강도의 감정을 불러일으키게 되는데 경험이 지식과 차별화되는 지점이 바로 이 지점이다. 구체적인 경험을 새로운 지식으로 추상화하는 과정에서 우리는 감정, 가치, 미학적 요소를 배제하여 객관성을 오염시키지 않으려고 노력한다(Cassell, 1994). 그러나 이러한 보편적인 지식이 내담자와의 경험에 적용이 되어 내담자의 경험이 상담자에게 지각이 되고, 해석이 될 때는 상담자의 감정이 관여될 수밖에 없다. 그리고 이러한 상담자의 감정적 반응이 있을 때 내담자에 대한 지식은 오히려 충실해진다. Cassell(1994)은 경험이 감정을 불러일으키는 것은 지식의 객관성을 손상시키는 것이 아니라 추상적 지식으로는 접근할 수 없는 대상에 대한 지식을 더 풍부하게 한다는 점을 강조하였다. 우리가 내담자를 이해하기 위해서 다양한 상담 이론에서 제시하는 성격, 증상에 대한 지식을 활용하고, 때로는 심리 검사 결과와 같은 사실적 지식도 활용한다. 그러나 이러한 객관적 지식으로 내담자를 이해하는 것은 여전히 충분치 않으며, 내담자를 경험하면서 상담자에게 불러일으켜지는 감정적 반응에 귀 기울여야 한다.

Cassell은 경험에 대한 감정적 반응에 따라 '관찰자적 경험'과 '참여자적 관찰'로 구분하여 경험에 대한 단순한 관찰이 아니라 감정적으로 적극적인 상태로 경험에 참여해야 할 필요성을 역설하였다(참여적 관찰-대인 관계 과정). 그는 "만일 경험에서 유래된 지식이 아무 느낌이 없는 것이라면 그 지식은 진정으로 경험을 대변하는 것이 아니다."(p. 452)라고 하였다.

Cassell의 이러한 주장에 따르면, 상담자가 내담자를 경험하되 단순한 관찰자로 경험하였다면 그것은 진정한 경험이라고 보기 어렵다. 상담자가 내담자를 어떻게 경험하였는지는 내담자를 경험하면서 갖게 된 감정의 내용과 강도를 보면 알 수 있다. 나는 슈퍼비전을 할 때 상담자가 지금까지 상담 내용을 요약, 정리해서 발표하는 전반부 시간을 무척 중요하게 생각한다. 이 시간은 내담자에 관한 사실적인 정보를 전달받는 시간이 아니라 상담자가 내담자를 경험하면서 갖게 된 감정, 환상, 기대 등을 맛보게 되는 시간이다. 상담자가 내담자와의 경험을 요약적으로 전달하는 그 순간에 상담자가 내담자와 관찰자적 경험을 하였는지, 아니면 참여자적 경험을 하였는지를 알 수 있다. 이 시간이 비록 짧은 전달 과정이지만 상담자의 발표를 통해 내담자가 슈퍼비전 장면에 저벅저벅 걸어 나와 그 자리에 함께 있다고 느껴지는 경우가 있는가 하면, 문서로는 잘 정리가 되어 있는데 이상하게 그 내담자가 도무지 만나지지 않는 경우도 있다. 어떤 경우는 슈퍼비전 장면에 떠오르는 내담자와, 상담자가 슈퍼비전 자료에 정리한 내담자가 일치하지 않아 혼돈스러운 경우도 있다. 슈퍼비전에서 상담 실제 녹음 및 녹화 자료를 들어 보는 것이 필요한데, 그 이유는 이런 자료에는 축어록이나 상담자 보고에 생략되기 쉬운 내담자의 비언어적 정보가 들어 있기 때문이다. 또한 상담자가 내담자와의 경험에 관여하는 정도를 알아차릴 수 있고, 슈퍼바이저가 내담자를 좀 더 직접적으로 경험할 수 있기 때문이다. 그리고 이렇게 슈퍼바이저가 경험한 내담자에 대한 정보가 상담자에게 전달이 되어 상담자가 내담자를 경험하는 정서적 반응을 자극하거나 정서적 차원에서 내담자를 경험할 수 있도록 촉진할 수 있기 때문이다. 나는 슈퍼비전을 통해서 상담자가 내담자를 보다 참여적으로 경험하고 그 경험을 통해 내담자, 상담자 자신, 상담 일반에 대한 새로운 지식이 구성되는 것에 초점을 두려고 노력한다. 이 과정은 상담자가 어떤 개입을 해야 하는지, 내담자에 대한 사례 개념화가 어떻게 되어야 하는지 하는 것보다 더 중요한 기본 작업이라고 생각한다.[3]

그런데 왜 상담자들이 내담자의 경험에 참여적으로 관여하는 것, 다시 말해 내담자 경험을 통해 감정을 불러올리는 것을 어려워할까? 감성이 포함된 지식은 경험을 풍부하게 하고, 현장에서 부딪히는 문제를 해결할 수 있는 실제적인 문제 해결 능력을 갖게도 하지만 동시에 불확실성, 애매모호함을 점점 증폭시키기 때문이다. 많은 초보 상담자들은 공감적 언어 반응이라는 확실한 기법으로 무장하면서 실제로는 내담자에 대해서 무지하다는 사실을 덮을 수 있고, 그 무지로부터 파생되는 불확실성으로부터 도망갈 수 있었다. 상담자가 내담자의 경험에 참여적으로 관여하는 것은 근본적으로 상담자 안에서 내담자의 경험이 재경험되고, 재창조될 때 가능하다.

3) 초심 상담자들을 위한 슈퍼비전에서는 상담 녹음 테이프, 가능하다면 비디오 자료, 일방경을 통한 관찰 등 상담 과정에 대한 1차 자료를 활용하는 것이 필요하다. 상담자가 정리한 슈퍼비전 자료와 1차 자료를 비교해 보면 상담자의 내담자에 대한 이해에서 보완되어야 할 부분을 잘 파악할 수 있다.

그런데 상담 장면에서 펼쳐지는 내담자의 경험은 무엇인가? 해석 불가하고, 통제 불가하여 그 경험에 접촉하는 것이 금기시되어 온 경험들이며 대부분 극렬한 정서가 점유되어 있는 경험들이다. 그러므로 상담자가 내담자의 이 핵심적인 고통의 경험을 상담자 안에서 재경험하고, 그 의미를 재창조해 나가는 과정에서는 상담자 또한 그 경험으로부터 불러일으켜지는 고통을 재경험할 것이 요구된다. 사람들은 대체로 인지를 다루는 것보다 감정을 다루는 데 대한 근본적인 불편함이 있다. 왜냐하면 감정은 감정을 불러일으키는 전염적 특성이 있으며, 감정은 에너지를 점유하고 있기 때문에 관계 속에서 영향력을 행사하기 때문이다.

상담자들이 공통적으로 가장 배우기를 원하면서도 동시에 가장 어려워하는 작업 중에 하나가 내담자의 정서 탐색이다. 내담자에 대한 정서 탐색의 어려움은 상담자가 자신의 경험에서 감정을 불러일으키기 어려워하는 부분과 서로 맞닿아 있다. 내담자가 제대로 처리하지 못하고 잠금 해 두었던 정서적 문제에 상담 관계를 통해 가까이 접근할 때 상담자는 불확실성, 애매모호함의 세계 속에 내담자와 기꺼이 같이 들어가며 확실한 문제 해결이라는 환상을 내려놓을 수 있어야 한다. 그러나 상담자가 내담자와 함께 절대 무력 속에 침잠하며 불확실한 삶의 문제에 매몰되어서는 내담자를 결코 도울 수 없다. 여기서 상담자에게는 자기 자신을 도구 삼아, 내담자의 불확실성을 감내하며 외부적 지식에만 근거하는 확실성의 추구가 아니라 내담자에게 이미 존재하던 치유의 힘을 허용하고 북돋아 줌으로써, 그리고 자신의 치료 과정에 대한 이해와 통제력을 발휘함으로써 정직한 자기 성찰을 통해 개입의 근거를 마련하는 과정이 요구된다. 결국 내담자에 대한 다양한 지식과 경험은 상담자가 도구가 되어 다리를 놓게 된다.

3) 상담자: 지식과 경험을 매개하는 도구

상담은 상담자가 내담자의 경험, 그리고 그 경험에 대한 내담자의 굳어진 반응을 상담자 안에서 재경험하고, 재창조하여 돌려줌으로써 내담자가 문제를 새롭게 정의하게 되고, 그 문제에 대해 새로운 반응을 경험하게 되는 과정이다. 상담 초기 내담자가 경험하는 문제는 기존의 자기 인식 틀로 설명되지 않고, 정서적으로 소화할 수 없는 경험이기 때문에 내담자들은 대부분 그 경험에 대해 얼어붙고, 압도된 반응을 한다. 이러한 내담자의 문제에 대해 상담자는 내담자보다 훨씬 다양한 지식을 가지고 상담자 안에서 그 문제를 재경험하게 된다. 이때 상담자가 사용하는 지식은 과학적 지식, 사실적 정보, 그리고 상담자 안에서 일어나는 주관적 경험을 모두 포함하는 다양한 지식이어야 한다. 내담자 문제에 대해 이렇게 다양한 지식을 가지기 위해 상담자는 더 많은 탐색, 더 자세한 관찰을 하게 되고, 자신의 느낌에서 우러나는 지식을 적극적으로 활용해야 한다. 그런데 이때, 내담자의 경험은 매우 유동적이며, 예측 불가능하며, 복잡한 층으로 구성되어 있는 특성을 가지고 있으므로 내담자의 경험에 근접할수록 상담자는 더 많은 불확실성을 경험하게 된다. 더구나 내담자에 대한 지식 가운데 가장 생생하고 중요한 지식은 상담 과정 '지금-여기' 경험에서 얻게 되는 지식인데, 이 '지금-여기' 경험에 접근할수록 상담자는 더 많은 불확실성을 감내할 수 있어야 한다.

여기에 상담자의 치료적 딜레마가 있다. 내담자의 경험에 적당한 거리를 두고 이론적 틀에 맞추어 내담자의 경험을 말끔히 재단하게 되면 확실성은 증가하지만 그러한 이해는 부적절하고 건조하기 쉽다. 반면, 내담자의 경험, 특히 지금-여기에서 일어나는 복잡한 경험에 접근하면 할수록 내담자에 대한 풍부한 지식을 얻고 이것이 치료의 원천적 정보를 제공하지만 불확실성을 증폭시킨다는 것이다. 이러한 불확실성이 상담자에게 불안을 야기하기 때문에 초보 상담자들은 상담 전에 분명한 개입 아젠다를 마련하고자 한다. 초심 상담자들이 슈퍼비전에서 주로 기대하는 것은 그다음 회기에 무엇을 해야 할지 확실한 가이드라인을 얻는 것이며, 예상하지 못한 상황에 부딪히게 되면 이 상황에서 어떻게 해야 하는지에 대한 '정답'을 슈퍼바이저에게 간절히 구한다. 상담자가 불확실성에 자신을 개방한다는 것은 그만큼 부담이 되는 결정이다. 그런데 Skovholt(2010)는 상담의 핵심적인 특성은 애매모호함(ambiguity)이며, 연구자들이 지속적으로 찾고, 실무자들이 간절히 확실성을 원하지만 상담에서 확실성을 갖기는 어렵다고 하였다. 그런데 이 애매모호함, 불확실성을 수용하면서 동시에 내담자가 들고 오는 복잡하고 어려운 문제를 현실에서 견디고 다룰 수 있도록 돕기 위해서는 지혜가 필요하다고 하였다. 즉, 내담자의 문제에 대한 확실한 해결책을 내놓을 수 있다는 마술적 환상을 포기하고, 내담자의 불확실한 경험에 기꺼이 개방하면서 내담자의 문제에 대해 다양한 지식과 경험에 근거하여 '그럴싸한 설명 체계(plausible explanation)'를 제시할 수 있어야 하는데 이것은 '임상적 지혜'에 기초하는 것이다.

그런데 상담자가 선택한 설명 체계, 그리고 그에 근거한 개입이 타당하다는 것은 어떻게 보장할 수 있을까? 상담 활동이 타당한 증거에 기반해야 한다는 기본 원칙은 전문 상담의 책무성 보장을 위한 매우 중요한 조건이다. 하지만 그 증거가 객관적이고 과학적 지식이어야만 한다는 주장은 상담자 개인의 주관적 경험에 기반한 지식의 적절성과 타당성을 경시하게 한다. 그런데 상담자는 내담자에게 지니는 감정과 열정이 가미된 지식에 근거한 결정을 내릴 때 돌봄의 맥락에서 내담자에게 가장 적절한 개입을 결정할 수 있다. 그리고 이러한 개입 적절성의 기준은 상담자의 끊임없는 자기 성찰(self-reflection)을 통한 자기 점검에서 얻어져야 한다(Cassell, 1994; Schön, 1983). 상담자가 상담 과정에서 개입을 하면서 혹은 하고 난 뒤에 그 개입의 적절성을 평가하기 위해서는 "적극적으로 자신을 반성하고 자각함으로써 외부에서 주어지는 객관적 증거를 부여하는 것과 똑같은 객관성과 비중을 부여할 수 있어야 한다"(Cassell, 1994).

상담에서 '과학'과 '실무' 영역은 두 영역의 상이한 특성 때문에 그 사이에는 늘 긴장이 있기 마련이고, 이러한 긴장으로 인해 표준화된 형태의 통합이라는 것은 불가능하며 상담자가 두 영역을 넘나들며 역동적인 통합을 해야 한다. 이 역동적인 통합은 지식과 실무를 매개하는 상담자를 통해 이루어지며, 상담자는 외부 객관적 지식 체계에 근거해서가 아니라 자기 성찰 과정을 통해 지식과 경험 통합의 적절성을 검토해야 한다. 물론 기존의 지식 체계가 자기 성찰의 하나의 레퍼토리로 활용될 수 있다. 이것은 아전인수 격으로 자신의 개입을 정당화하는 것과 혼돈해서는 결코 안 되며, 철저한 훈련과 교육에 의해서 키워지는 전문적 지식과 경험 체계에 기반해야 한다. 상담 개입이 엄격한 과학적 증거에 기초해야 한다는 엄격성의 기준(rigorous criteria)과 상담 특성에 적절한 기준(relevant criteria)이 있어야 한다는 논의(Schön, 1983)는 상담의 과학-기예 양 측면의 상보적 정체성과 관련하여 지속적으로 제기되고 있는 주제이다. 나는 엄격성의 기준이 경험과학주의에 기반한 과학적 지식에서만 얻어질 수 있다는 입장에 분명히 반대하지만 동시에 지나친 감상주의에 적절성의 기준을 두고 상담 개입과 지식 타당성의 기준을 임의적으로 정하는 주관주의도 경계해야 한다고 생각한다. 상담 고유의 특성에 적절하지만 타당한 기준을 통해 상담 개입과 지식 체계를 엄격하게 검토할 수 있는 구체적인 제안이 필요하다. 나는 상담자의 자기 성찰이 적절성과 엄격성의 기준을 충족하며 상담 개입과 지식 체계의 발달에 기여할 수 있는 기제라고 확신하여 몇 편의 경험 연구들을 진행하였으며, 상담 실무와 상담자 교육, 상담 성과 연구들의 리뷰를 지속해 오면서 이에 대한 확신은 점점 확고해졌다.

4) 상담자의 자기 성찰

이제까지 상담 영역은 지식과 경험이 상보적인 관계를 가지고 있어 그중 어느 하나를 선택할 수 없는 영역이며, 이 두 영역은 상담자를 매개로 통합되어야 한다는 것을 살펴보았다. 그런데 지식과 경험의 통합은 이 두 영역의 성격이 매우 상반되기 때문에 상담자가 매개가 되어 이를 통합하는 과정은 역동적이며, 상황마다 고유하게 이루어질 수밖에 없다. 상담자가 지식과 경험을 통합하여 실제 개입을 하는 과정에서 개입의 타당성을 확보하고, 상담 지식이 발전해 나가기 위해서는 상담자의 철저한 성찰(reflection)이 이루어져야 한다는 것을 제안하였다. 이 절에서는 상담자의 성찰은 과연 무엇이며, 구체적으로 어떻게 상담에서 어떻게 이루어지는 것이며, 왜 이것이 필요한지에 대한 내용을 좀 더 자세히 다루어 보려고 한다.

Schön(1983)에 따르면, 19세기에 등장한 다양하고 복잡한 인간 문제 해결에 대해 기술적 합리주의에 기초하여 교육받은 전문가들이 탁월한 문제 해결 능력을 보여 줄 것을 기대했으나 이들의 탁월한 문제 해결 능력은 확인되지 않았다. 오히려 전문가 자신들이 주장하는 가치와 위배되는 수행을 하는 비윤리성의 문제가 등장하고 있다. 이러한 문제의식에서 Schön은 기술적 합리성, 객관적인 과학주의의 한계를 극복하기 위해 성찰적 전문가가 필요함을 강조하였다. 상담 분야에서는 실제 상담자 100명을 대상으로 이들의 전문성 발달에 관한 연구를 진행한 Skovholt와 Rønnestad(1995)는 상담 전문성 발달의 핵심 기제는 상담자의 자기 성찰이며, 이는 교육과 훈련을 통해 키워져야 할 역량이라는 것을 확인하였다. 이는 기술적 합리주의에 근거한 '문제 해결식의 전문성'이 아닌 '성찰 중심의 전문성'의 중요성을 상담 분야에서 확인한 것이라 하겠다.

나는 앞서 상담 영역은 서술적, 기법적 지식이 아닌 절차적, 실천적 지식(practical knowledge)을 통해 수행하는 것이 필요하며, 이러한 실천적 지식은 서술적 지식의 습득뿐 아니라 실제 수행, 수행에 대한 관찰 그리고 자신의 수행에 대한 피드백을 통해 이루어지므로 실제 경험이 필수적으로 필요하다는 것을 설명하였다. 절차적 지식, 실천적 지식은 그 지식의 내용을 말로 기술할 수 있는 서술적, 기법적 지식(know that)과 달리 '수행할 줄 아는 지식(know how)'이다. 절차적 지식은 상담자가 말로 설명하기는 어렵지만 그가 실제 상담하는 것을 보면 이 상담자가 절차적 지식이 있는지 없는지를 확인할 수 있다. 예를 들면, 우울증 진단 기준 및 개입 방법에 대해 서술적 지식을 가지고, 우울증에 대해 자기가 알고 있는 지식을 언어적으로 분명히 기술할 수 있는 상담자라도 그가 실제 우울증 내담자를 만나 어떻게 상담하는지를 안다고 할 수는 없다. 이 상담자가 실제 우울증 내담자를 만나 상담하는 것을 보면 그가 우울증에 대한 실천적 지식을 가지고 있는지 여부를 확인할 수 있다. 즉, 실천적 지식은 행위를 통해 그 유무와 정도가 드러나는 지식으로, 행위와 지식의 경계가 분명하지 않으며, 상호보완하는 지식이다. 반면, 서술적 지식은 지식을 먼저 습득하고, 그것을 실무에 적용하게 되는 지식으로 앎과 행함이 분명하게 구분되는 지식이다. 상담 과정에서 상담자들은 서술적 지식(언어로 표현된 이론과 기법적 지식)을 실천적 지식 없이 그대로 상담 실무에 적용하기도 하는데 이것은 개입 매뉴얼에 따른 기법 수행으로 이의 수행은 관찰 가능한 행동으로 드러난다.

그런데 이러한 개입은 절차적 지식이 발현되지 않은 경우 상담 성과 연구 결과에서 시사한 바와 같이 내담자 변화에 거의 영향을 주지 못한다. 반면, 절차적 지식은 수행에서 드러나는 지식으로 상담자 자기 자신이 하고 있는 개입에 대해 말로 다 설명하지는 못하지만 어떻게 수행하는지를 알고 적용하는 경우이다. 상담 수행에 탁월함이 드러난 상담 대가들이 상담 개입을 할 때는 다양한 서술적 지식과 상담 경험, 삶의 경험들이 축적된 레퍼토리가 되어 개입에 저절로 녹아든다. 그래서 자신이 왜 그런 개입을 했는지, 개입을 어떻게 한 것인지를 알고 있지만 그것을 말로 설명하기가 어렵다. 국내 상담 대가이셨던 이동식 선생님께 선생님의 시연을 보고 "어떻게 그런 개입을 하실 수 있냐?"고 여쭈었을 때, 가만히 생각하시다가 "어떻게 그렇게 하지 않을 수가 있지?"라고 답하셨다는 일화가 있다. 이는 실천적 지식과 서술적 지식의 차이를 단적으로 보여 주는 일례라고 생각된다. 대가 상담자가 자신이 어떻게 그런 개입을 하는 것인지를 말로 설명하고, 초보 상담자가 드러난 행위를 모방한다고 해도 동일한 상담 효과를 기대하기는 어렵다. 왜냐하면 각 상담자가 처한 상황은 모두 새로운 것이며, 실천적 지식에는 수행과 더불어 상담자의 내적 성찰이 반영되어 있기 때문이며, 대가 상담자의 실천에는 언어적 논리를 뛰어넘는 탁월성과 예술성이 포함되어 있기 때문이다.

상담자가 서술적 지식을 수행하는 경우 상담자는 기계적으로 기술을 적용하는 것이지만, 동일한 개입이라도 이를 실천적 지식으로 수행하는 경우 상담자는 수행을 통해 앎을 드러내는 것이다. 이때 상담자는 자기가 어떤 실천적 지식을 수행하고 있는지 자각하기도 하고 자각하지 못하기도 한다. 예를 한번 들어 보자. 앞서 내가 대학원 수련생 시절 공감적 언어적 반응을 서술적 지식으로 습득하여 기계적으로 적용하였을 때 축어록에 나타난 나의 개입은 분명히 공감적 반응으로 관찰되었으나 그 개입은 절차적 지식으로서 공감을 수행하고 있는 것은 아니었고, 공감적 이해의 효과를 낼 수가 없었다는 점을 이야기하였다. 이와 대비하여 공감을 절차적 지식으로 수행과 함께 사용되었던 경우를 나누고 싶다.

박사과정 유학 시절에 상담 수련 과정에서 관계의 어려움, 외로움을 호소하는 미국 여대생 내담자를 만난 적이 있다. 이때 나는 제2외국어인 영어로 상담을 해야 했으므로 나의 큰 장점 중 하나인 정교한 언어 사용에 상당한 제약을 느꼈다. 그 내담자는 빨강 머리 앤을 연상하게 하는 빨강 머리에 온 얼굴에는 주근깨가 잔뜩 나 있었고, 웃는 것인지 우는 것인지 혹은 화난 것인지를 알 수 없는 어정쩡한 표정을 늘 짓고 있는 여학생이었다. 자라면서 의사인 아버지가 드러내지는 않았지만 교묘한 방식으로 이 매력 없는 딸을 무시했고, 아버지의 인정을 받기 위해 의대 지망을 꿈꾸고 있지만 친구도, 사교 생활도 없는 매우 무미건조한 대학 생활을 하고 있었다. 상담에서도 화난 듯 혹은 우는 듯한 애매한 표정으로 늘 자기표현을 어려워하며 긴장된 내담자였으니 안 그래도 영어로 상담을 하는 것이 부담이 되었던 나에겐 매우 난처한 내담자였다. 몇 회기가 지났을 즘 내담자가 아버지에게 예쁜 딸로 보이고 싶지만 자기가 봐도 빨강 머리에 주근깨투성이인 자기는 너무 보기가 싫다는 이야기를 어렵게 하는 내담자 이야기를 듣고 있는데 내담자의 그 애잔한 슬픔이 너무나 마음을 울렸다. 그러나 나의 느낌을 막상 언어로 표현을 하자니 내 영어 실력으로 그 섬세한 감정톤을 전달하기에 한계가 느껴져서 뭐라 말을 꺼내고 싶지가 않았다. 그렇게 정적이 흐르면서 내 마음에 선명한 이미지가 떠올랐는데 아주 작은 새가 날개가 물에 젖어 날지 못하고 나뭇가지에 혼자 앉아 하늘만 바라보고 있는 이미지였다. 너무 선명한 이미지였기 때문에 내담자에게 그 이미지를 나누었다. 그때 늘 울지도 웃지도 못하던 내담자가 눈물을 죽 흘렸고, 그 눈물이 내 안에 고인 슬픔을 그대로 담아내 주는 것 같았다. 나는 아직도 그 내담자와 마주 앉아 있던 그 순간이 잔잔히 그러나 선명하게 떠오른다. 왜냐하면 내담자와 접촉한 순간이었기 때문이다. 비록 상담자 자리에 앉아 있었으나 제2외국어의 한계로 늘 어정쩡한 표정을 지으며 내 느낌과 생각을 선명하게 전달할 수 없어 한없이 자신이 초라하게 느껴졌던 나는 내담자의 자기 부적절감, 자기 존재가 드러나는 순간부터 뭔가 부끄러워지는 그 좌절, 그러면서도 파란 하늘을 보며 높이 날 수 있을 것 같은 자기 잠재성에 대한 막연한 동경 등 복잡한 층위의 내적 경험들을 순간적으로 알아차릴 수 있었다. 그 상담에서 내가 사용한 이미지, 그리고 침묵은 내가 의도적으로 공감 기법을 활용한 것이 아니었지만 나의 수행(이미지 공유, 침묵의 허용)을 하면서 내가 공감을 하고 있다는 것을 느낄 수 있었다. 이때 나에겐 공감에 대한 지식과 수행은 따로 구분되는 것이 아니었다.

Schön(1983)은 상담에서 기법적 지식, 서술적 지식의 한계에 대해 언급하면서, 경험을 통해 얻어지는 실천적 지식이 있을 때 모호하고 복잡한 상황들에 대해 대처해 나갈 수 있는 전문성이 발달하게 된다고 보았다. 그런데 실천적 지식은 실천을 한다고 저절로 얻어지는 것이 아니라 상담자의 실천 과정 중 성찰(reflection-in-action), 혹은 실천에 대한 성찰(reflection-on-action)을 통해 획득된다. 상담자는 상담 수행을 하면서 자신이 사용하고 있는 실천적 지식을 자각하기도 하고, 자각하지 못할 수도 있다. 그런데 상담자가 실천적 지식을 비슷한 상황에서 반복적으로 사용하면 그 지식은 자동화되어 거의 의식 없이 수행하게 되고, 이것이 하나의 습관으로 굳어지면 상담자는 지루하거나 번 아웃되는 결과가 생길 수 있다. 이러한 과잉 학습

(overlearning)의 문제를 해결하려고 할 때 상담자의 성찰은 시작될 수 있다. 혹은 상담자가 기존의 상담 접근으로는 발전이 없다는 것을 자각하고 당황스러움을 느끼기 시작할 때 "지금 내가 뭐를 하고 있는 거지?"와 같은 질문과 함께 성찰이 시작되기도 한다. 즉, 상담자의 성찰은 불확실하고, 특이한 사태를 자각하여 상담자가 놀람, 경이로움, 혼돈 등을 경험할 때 계기가 마련된다(Schön, 1983).

그런데 생각해 보면 상담자가 만나는 모든 내담자는 각각 다르며, 같은 내담자라도 모든 상담 회기는 각각 다르다. 그래서 엄밀히 말하면 기존에 했던 대로 상담을 똑같이 진행할 수 있는 경우는 하나도 없으므로 상담 실무에서는 매 순간, 매 회기, 매 내담자마다 성찰이 요구된다. 그러나 상담자가 번 아웃되어 내담자들이 늘 만나는 동일한 사례 중 하나로 인식되고 몰개성화되는 현상이 나타나고, 매너리즘에 빠져 에너지가 고갈되었을 때 성찰은 일어나기 어렵다. 또는 상담자가 지나치게 수행에 대한 불안이 높거나, 완벽주의 기대를 갖고 있는 경우 주의 초점이 상담자 수행에 대한 평가로 지나치게 쏠리게 되면서 상황의 새로움을 자각하기 어렵다. 그러므로 상담자가 어떤 상담도 이전과 똑같은 방식으로 진행될 수 없다는 사실을 인지적으로 동의하고, 환영하고, 정서적으로 불확실성에 대해 기꺼이 감수할 수 있을 때 성찰은 가능하다. 상담자가 이러한 개방된 자세로 자기 자신과 환경의 변화의 새로움을 알아차리고, 이에 대해 즉각적이고 민감하게 몰입하게 될 때 상담자는 성찰할 대상이 될 수 있는 다양한 경험들을 떠올리게 된다.

성찰의 계기가 마련될 수 있는 상담자의 상태를 마음에 와 닿게 이해하기 위해 몇 가지 관련 개념들을 생각해 보자. 예를 들면, 정신분석적 치료에서 Freud는 치료적 전문적 자세로 '고르게 떠 있는 주의력'이라는 개념을 제안했고, Bion과 Ogden은 '몽상 상태(reverie)', Casement는 '비초점적 경청'을 들었다. 이들 개념들은 상담 과정에서 무슨 일이 일어나든 수용하겠다는 자세와 기존 이론이 틀릴 수도 있다는 열린 자세로 각 내담자의 말에 귀를 기울이는 태도라고 McWilliams(2004)는 소개하고 있다. 이론에서 벗어나 내담자가 어떤 것을 제시하더라도 받아들이고 그것이 지닌 다양한 의미에 대해 호기심을 갖는 자세는 상담자가 치료에 전념하게 되는 동력인 동시에 내담자가 자신을 관찰하고 공개하는 용기를 갖게 하는 원천이라고 그녀는 설명하고 있다. 상담자가 개입의 초점을 고정하지 않고, 고르게 주의를 환기할 수 있는 태도를 지닐 때 상담자는 자기 앞의 상황이 자기에게 말 걸어 오는 메시지를 잘 알아차릴 수 있으며 이것이 성찰의 시작이 된다.

인지치료적 입장에서는 사회인지적 마음챙김(mindfulness) 개념이 상담자의 성찰적 자세와 관련이 깊다. 사회인지적 마음챙김이란 기존의 범주와 규정에 매달리는 기계적인 마음(mindless mindset)에 대비되는 마음 상태로 경험에 대한 개방성, 경직된 범주에 도전하는 경향성, 그리고 환경에 대한 끊임없는 재평가와 그에 따른 반응으로 구성된다. 이러한 마음챙김 개념을 소개한 Langer(1989)는 새로운 것을 발견한다는 것은 "다르게 보이는 것에서 유사함을 찾고, 유사하게 여기는 것에서 차이를 보는 것"임을 밝히고 있는데 이러한 새로움에 대한 인식은 상담자의 성찰적 자세에 대해 주는 함의가 매우 크다. 즉, 지난 회기에 만난 동일한 내담자이지만 이번 회기에는 다르게 경험될 때, 동일한 비행 청소년 내담자이지만 각각이 보이는 고유한 특성을 발견할 때, 책에서 소개하는 전형적인 성격장애 내담자이지만 이 내담자에게서 경험되는 독특한 느낌을 갖게 될 때, 혹은 내담자들이 호소하는 문제의 종류는 다르지만 그들이 경험하는 고통의 유사성을 자각하게 될 때 상담자는 각 내담자, 회기에서 새로운 경험을 할 수 있으며, 이러한 새로운 감각(new-ness)이 성찰의 계기를 마련하게 된다.

상담자가 새로운 내담자를 만나는 첫 면접, 혹은 상담 회기의 초반부, 혹은 새로운 상담 세팅에서 새로운 유형의 문제를 겪고 있는 내담자들을 만나기 시작할 때 상담자가 성찰하기에 가장 좋은 조건이 된다. 마치 사람들이 새로운 여행지에 가게 되면 새로움을 기대하고, 새로움을 환영할 준비가 되어 자기 자신과 환경에 보다 즉각적이고, 민감하게 반응하게 되는 것처럼 말이다. 이러한 불확실함, 새로움, 특이함, 혼란스러운 사태를 자각하게 되면 상담자는 '이전이라면 내가 ……하게 행동했을까'를 생각해 보고, 동일한 접근을 이 상황에서 사용하게 되었을 때 어떤 결과가 유발될지를 상상해 보게 된다. Schön(1983)은 이러한 과정을 현장 실험(on spot experiment)이라고 하였으며, 이 과정은 연구 과정과 유사한 과정이라고 보았다. 상담 현장에서 상담자가 하게 되는 실험은 '이렇게 하면 어떻게 될까(what if)?'를 가상 세계로 그려 보며 현장에서 가설 검증하는 과정을 거치는 것이다. 그리고 기존의 접근 방식을 사용해 보고 그 접근이 적절치 않다는 것을 상황이 말해 주면 다른 접근을 탐색하게 된다. 기존에 사용하였던 상담자의 레퍼토리에는 이전에 만났던 상담 경험, 내담자들의 반응, 유사한 내담자들에게서 반복하여 나타났던 패턴들, 교과서에서 배웠던 지식들이 포함된다. 이러한 레퍼토리는 현재 상담자가 당면한 문제 상황에 적용할 수 있는 하나의 예시, 메타포로서 기능하는 것이지 그것이 정답이라는 닫힌 마음으로 시도해서는 안 된다. 기존의 경험과 지식을 이렇게 사용할 때 상담자는 자신의 개입 결과의 불확실성에 대해 열린 자세로 대할 수 있다.

만약 상담자가 자신이 지니고 있는 레퍼토리 중에 참고할 만한 지식이나 경험이 새로운 사태에 적용하기에 적절치 않을 때 상담자는 틀이 없기 때문에 '보이는 대로 보고 개입하는(seeing as and doing as)' 탐색적 실험을 하게 된다(Schön, 1983). 이것은 이미 지니고 있는 지식과 경험의 적절성을 새로운 사태에서 확인(confirm)하려는 것이 아니라 주어진 새로운 사태에 집중하며 탐색(affirm and explore)해 나가는 과정이다. 예를 들어 보자. 자발적 성인 내담자 상담을 주로 진행하였던 나는 한국에서 처음으로 청소년 내담자, 그것도 엄마 손에 억지로 끌려 온 내담자를 만나 첫 상담을 진행해야 했다. 이때 나는 첫 상담 방식에 관한 내 상담 레퍼토리로는 이 문제 상황에 제대로 대처할 수 없음을 알아차렸다. 기존에 했던 방식대로 '무엇 때문에 상담실에 오게 되었는지?' 물었을 때 내담자가 선뜻 답해 줄 분위기가 전혀 아니었다. 그래서 대체 지금-여기 상담실에서 무슨 일이 일어나고 있는지에 집중하면서 첫 회기에 가장 중요한 내담자와의 라포 형성을 어떻게 할 수 있을까 탐험을 시작하였다. 내담자 문제를 내담자에게 직접 듣고자 하는 기대를 내려놔야 했고, 내담자가 하고 싶은 말이 무엇인지를 들어야 할 것 같았다. 내담자의 화난 표정, 내담자 앞에서 이 아이가 얼마나 문제가 많은지를 상담자인 나도 민망할 정도로 쏟아 내고 있는 기세등등한 엄마 행동 등등의 정보가 내 안에서 조직화되면서 내담자가 엄마 욕을 좀 실컷 해 보도록 해야겠다는 생각이 들었다. 그래서 엄마가 상담실을 나간 후에 내담자에게 엄마가 뭐라 하며 상담에 오자고 했는지부터 물어봤다. 이때 내담자는 엄마가 옷 사 준다고 해서 신나게 따라나섰는데 시장에 가기 전에 잠깐 어디에 들르자고 해서 따라온 곳이 상담실이었다고 했다. 저런, 얼마나 황당했겠는가? 이후 나는 청소년들이 부모님과 함께 올 때는 부모님 이야기를 듣기 전에 내담자가 부모님 없는 곳에서 먼저 이야기를 할 수 있는 기회를 주는 것, 부모님이 뭐라고 하면서 상담실에 데리고 왔는지를 확인하는 것과 같은 청소년들을 위한 개입들을 개발하게 되었고 이는 비자발적 청소년 내담자와 작업할 때 사용할 수 있는 좋은 레퍼토리 중에 하나로 저장되었다. 기존의 상담 이론을 기계적으로 적용할 수 없기 때문에 현장에서 일어나는 경험들을 재조직화하여 새로운 가설을 세우고 이를 검증하려는 과정을 상담자들은 무수히 거쳐 왔다. 그리고 그 과정을 통해 자기 나름대로의 고유한 상담 이론과 기법을 개발하게 된다.

상담자는 새로운 국면 혹은 예상치 않았던 상황에 접하게 되면 기존 지식과 경험을 참고는 하되 눈앞의 상황이 말하는 바에 보다 집중하여 탐색적 시도를 해야 한다. 이때 시도할 수 있는 몇 가지 방향이 가설적 대안으로 떠오르는 경우가 많다. 예를 들면, 첫 상담에서 내담자를 만나 주요 호소 문제 중심으로 이야기를 들을 때 앞으로 이 내담자와 무엇을 주로 작업해야 할지 몇 가지 가설을 생각하게 된다. 마찬가지로 매 상담 회기 첫 시작의 5~10분 정도는 정탐 단계(scouting stage)로서 그 회기에 중점적으로 다룰 에피소드 내지 주제가 무엇이 될 수 있을지를 가설을 세우게 게 된다. 한 회기 내에서 2~3개 이상의 주제 전환이 있으면 대체로 상담의 초점이 흐려지므로 초기 정탐 단계에 회기 주제 선정은 매우 중요하다. 상담에서의 가설 설정이 과학적 연구의 가설 설정처럼 논리적이고 이론 중심적으로만 이루어져야 하는 것은 아니다. 내담자와 진행하는 전체 상담 안에서 혹은 한 회기 내에서 주로 다루게 될 주제의 선정은 내담자의 정서가 가장 점유되어 있는 에피소드 혹은 주제가 무엇인지, 내담자가 상담 장면 안에서 보이는 불편감이 보인다면 그 원천은 무엇인지를 살펴보면서 이루어진다. 또한 상담자 안에 일어나는 감정들을 살피고 그러한 정서적 반응이 내담자의 어떤 측면에 대한 반응인지를 성찰함으로써 회기 주제를 좁혀 가게 된다. '내가 지금 이렇게 행동하게 되는 근거는 무얼까? 지금 상황에서 핵심 문제는 무엇이지? 내가 지금 이것을 문제로 보고 있는 것은 내담자의 어떤 부분에 중점을 두었기 때문일까?'와 같은 자기 대화(self-talk)는 경력 상담자들이 초보 상담자들보다 많이 하는 내용들이다. 이러한 내적 성찰을 통해 문제라고 기존에 확정했던 문제가 더 이상 문제가 아닐 수 있다. 상황을 바라보는 프레임을 이리저리 달리해 보면서 지금 초점을 두어야 할 문제가 달라질 수 있는데 Schön(1983)은 이를 '프레임 실험(frame experiment)'이라고 하였다. 그는 문제 재설정 능력이 이미 설정된 문제를 도구적으로 해결하려고 하는 능력보다 전문가에게 더 중요하게 요청되는 능력이라고 하였다. 내담자가 상담에 들고 온 문제에 대해 내담자보다 많은 지식을 갖고, 보다 넓고 깊게 볼 수 있는 상담자는 내담자와 다른 프레임으로 문제를 보게 되는 경우가 태반이다. 이때 상담자는 내담자가 해결하고자 하는 문제를 무시하지 않으면서 내담자가 문제를 새로운 시각으로 볼 수 있도록 안내하는 중요한 역할을 하게 된다. 문제가 다르게 보이는 것만으로도 내담자가 느끼는 정서가 달라지는 경우가 얼마나 많은가!

상담자가 기존의 지식 체계, 자기 밖의 이론보다 상담 현장에서 경험하는 생생한 자료에 더 비중을 두고 개별 상황에 적절한 개입, 이론을 창조해 나가는 과정에서 요구되는 상담자의 중요한 자질은 두 가지로 생각된다. 첫 번째는 내담자의 경험에 근접하여 내담자에 대한 정보를 습득할 수 있는 능력이다. Schön(1983)은 실험실에서의 실험과 현장에서 진행되는 실험의 주된 차이점으로 주체와 객체의 거리감에 대해 언급했다. 즉, 실험실 연구에서는 주객이 뚜렷이 분리되어, 실험하는 주체가 실험 대상에게 미치는 영향을 철저히 통제하려고 한다. 그래서 객관적 거리 확보가 매우 중요하다. 반면, 상담 현장에서 얻게 되는 정보는 내담자에 대한 객관적인 정보와 더불어 이보다 더 중요하게 활용되는 정보는 내담자에 대한 상담자의 주관적, 체험적 정보이다. 이는 Cassell(1994)이 말한 체험적 지식과 동일한 부분이다. 내담자의 고통 경험에 근접해 갈수록 상담자는 불확실성의 위험을 감수해야 하는데 이때 상담자들은 확실한 이론이나 기법적 지식으로 그 위험성을 피해 갈 수 있다. 그러나 문제를 해결하기 위해서는 문제 상황을 정확하게 포착할 수 있는 데이터 수집이 과학적 연구에서 핵심이듯이 상담에서도 문제 해결을 위해서는 문제를 정확하게 대표할 수 있는 데이터를 수집해야 한다. 즉, 내담자의 고통의 문제를 해결하기 위해서는 상담자가 내담자의 고통 경험에 가장 근접해야 하며, 내담자 경험에 가장 근접할 수 있는 경험은 상담실 안에서 내담자와 같이하는 경험이다. '지금-여기'의 경험, 전이와 역전이, 즉시성 등의 개념들이 상담 관계의 핵심적 경험이며, 이러한 경험을 통해 내담자의 고통에 대해 거리를 두고 듣는 것이 아니라 참여적으로 고통 경험을 공유할 때 성찰, 현장 실험을 위한 정확한 자료 확보가 가능하다. 적당한 거리를 두는 것이 편안한 사회적 관계와 차별적으로 내담자의 경험에 근접할 수 있는 상담 관계는 상담의 가장 고유한 부분이며, 이런 관계 경험이 있을 때 내담자는 상담자를 신뢰할 수 있다.

상담자가 성찰을 하기 위해 요구되는 또 한 가지의 중요한 자질은 상담자의 임상적 상상력이라고 할 수 있는데, Schön(1983)은 이를 가상 세계(virtual worlds)를 구성하고 조작할 수 있는 능력이라고 하였다. 상담은 내담자의 스토리텔링으로부터 시작된다. 물론 내담자의 스토리는 내담자가 말을 하기 이전부터 내담자가 작성한 상담 신청서를 통해, 대기실에 앉아서 기다리고 처음 상담자를 맞이하는 내담자의 행동을 통해서도 전달된다. 상담자는 이러한 내담자의 스토리를 듣고, 이에 근접하여 함께 경험하면서 임상적 상상력을 발휘하여 내담자 마음에 표상된 내담자 경험을 가상적으로 그릴 수 있어야 한다. 내담자 마음에 표상된 경험은 내담자의 실제적 경험과는 차이가 있다. 이는 대상관계 이론에서 외부 대상과 내부 대상의 차이, 실제 경험과 대상의 차이에 관한 논의와 맥락을 같이한다. 상담자는 내담자의 이야기를 통해 내담자의 마음에 그려진 표상을 보다 정교하게 하여 내담자의 실제 경험을 보다 생생하게 살려 내는 데 주력하게 된다. 내담자 이야기를 들으면서 내담자의 정서가 올라오는 대목, 이야기가 갑자기 엉성해지는 부분, 정서가 내용과 맞지 않는 부분들이 감지되면 이 부분이 내담자의 실제 경험이 제대로 표상화되지 않은 지점이라는 것을 알아차려야 한다. 내담자가 정서적인 두려움 때문에 실제 경험을 생략, 왜곡, 부인하는 방식으로 자기 경험을 표상화한 경우 상담자는 내담자의 경험을 제대로 공감하기 어렵다. 내담자는 다가가기 어려운 실제 경험에 대해 이렇듯 엉성한 가상 세계를 구상하여 상담자가 자신의 실제 경험을 정확히 경험하지 못하도록 방해할 가능성이 있다. 물론 무의식적으로 내담자가 보이는 다양한 형태의 저항은 내담자가 실제 경험을 적나라하게 직면하는 것의 두려움으로 자신의 가상 세계를 실제 경험과 거리가 멀게 구성하고 상담자도 가상 세계를 치밀하게 구성하지 못하도록 방해하는 노력이라고 할 수 있다.

앞의 논의에서 드러나듯이 상담자가 불확실성의 위험을 감수하고 내담자의 경험에 근접해 갈 수 있는 능력과 내담자의 실제 경험에 대한 가상 세계를 치밀하게 구성하고 조직화할 수 있는 능력은 서로 밀접하게 관련되어 있다. 내담자의 고통 경험에 근접하지 않고는 그 경험에 대한 가상 세계 구성을 치밀하게 할 수 없으며, 치밀한 가상 세계를 그릴 수 없으면서 내담자 경험에 가까이 다가가기는 어려울 수 있다는 것이다. 또한 상담자의 성찰은 이 두 가지 능력과 밀접한 관련을 갖게 되므로 상담자가 상담 과정에서 지금 내가 내담자의 경험과 거리감이 얼마나 되는지, 내 마음에 그리고 있는 내담자 경험에 대한 가상 세계가 얼마나 세밀하며 생동감 있는 것인지에 대한 자기 점검이 매우 중요하다. 내담자의 스토리텔링을 들으며 나는 스토리 속의 주인공을 상담실에 앉아 있는 내담자와 함께 만나려고 노력한다. 스토리 속의 주인공이 만나지지 않을 때 그 상황에서 나에게 구성되는 가상 세계를 내담자와 나누며 이를 보다 완결시켜 보려는 질문, 이미지의 공유, 공감 등을 시도한다. 예를 들면, 어려서 부모님들의 격렬한 갈등 속에서 자라며 부부 싸움이 시작되면 칼부림하는 부모를 기를 쓰고 막아 내야 했던 내담자의 어린 시절 이야기를 들으면서 그 공포에 떨며 부모님의 싸움을 뜯어말리고 있는 아이가 상담 장면에 등장해야 한다. 그리고 그 아이의 울음과 공포를 현재의 내담자와 함께 들을 수 있어야 한다. 이러한 경험이 내담자의 경험에 근접하여, 내담자 실제 경험에 대해 보다 완결된 가상 세계가 조직된 경험이라고 할 수 있다. 내담자 경험에 대한 근접성, 내담자 이야기를 들으면 현장에서 상담자 마음에 그려지는 가상 세계의 완결성, 치밀성이라는 기준은 상담자의 실천 중 성찰을 충실히 하기 위한 구체적인 기준으로 활용될 수 있다.

지금까지 상담자의 치료적 자질을 구체적으로 그려 보기 위해 상담자 교육, 훈련의 이상적 모델로 제시되고 있는 '과학자-실무자 모델'의 상담자 특성을 살펴보았다. 먼저, 상담에서 과학, 실무의 특성과 이들의 불가분한 상보적 관계를 논의하였고, 과학과 실무를 넘나들며 실천적 지식을 수행하는 상담자의 모습을 전달하고자 하였다. 과학과 실무 영역을 넘나드는 과정을 성찰의 개념을 빌려 그 역동성을 드러내고자 하였으며, 이러한 성찰의 과정이 상담에서 고유한 지식과 실천의 적절성과 엄격성의 기준을 충족하는 과정임을 설명하였다. 내담자 스토리텔링을 통해 불확실성에도 불구하고 고통 경험에 근접하기, 그리고 내담자 실제 경험에 대해 보다 완결되고, 촘촘한 가상 세계를 조직하기의 기준을 제시하여 상담자의 치료적 자질이 어떻게 구현되는지에 대한 구체성을 가져 보려고 했다.

이제 다음 절에서는 보다 구체적인 치료적 자질에 대해 살펴보기 위해 상담자 전문성 발달의 연구 결과들을 검토해 보려고 한다. 대부분 실제 상담자들을 대상으로

한 질적 연구를 통해 전문성 발달의 최고조에 이른 상담 대가들의 특성을 살펴보게 될 텐데 이들 특성이 '과학자-실무자 모델'에서 지향하는 상담자상과 유사한 특성임을 확인할 수 있을 것이다.

4. 관계 전문가: 개인적 삶과 전문적 삶의 통합

심리치료는 고립에서 관계로의 순환적 과정이다. 왜냐하면 실존적 고립의 공포에 빠진 내담자는 치료자와 깊고 의미 있는 관계를 맺고 이러한 참 만남에서 힘을 얻은 후에는 다시 실존적 고립을 직면하기 때문이다.

– Irvin Yalom

앞 절에서 우리는 '과학자-실무자 모델'을 통해 상담 교육 훈련으로 길러 내고자 하는 상담자의 모습을 살펴보았다. 그런데 이상적 모델에서 지향하는 상담자는 지향점이라 방향성을 제시해 주긴 하지만 왠지 현실과 거리가 멀어서 '과학자-실무자'인 상담자가 개인적인 느낌으로 다가오지는 않을 것이다. 반면, 우리 주변에서는 실제로 닮고 싶은 상담자, 살아 있는 인격체로서 상담 대가들을 만나볼 수 있다. 이들은 실제 인물이므로 이들의 모습을 통해 좀 더 마음에 와 닿는 구체적인 상담자상을 마음에 품을 수 있다. 상담자 전문성 발달, 상담 대가 연구를 줄곧 진행해 온 Skovholt는 뛰어난 상담자들을 실제 인물 중심으로 접근함으로써 이들의 구체적인 초상화를 그려 내려고 했다. 상담을 잘하는 상담자들의 치료적 특성을 나열하는 것이 '위에서 아래로'의 방식이라면 실제 상담을 잘하는 상담자들의 특성을 그려 냄으로써 치료적 요인을 이해하는 방식은 '아래에서 위로'의 방식이라고 할 수 있겠다. 여기서는 상담자 전문성 발달과 관련하여 진행된 연구들, 이론들을 살펴보고, 인물 중심으로 접근하여 발견된 상담 대가들의 특징들을 살펴보도록 하자. Skovholt 교수님은 나의 박사과정 지도 교수님으로 그분은 자신의 연구 주제인 상담자 전문성 발달, 상담 대가의 특징을 실제 삶의 초상화로 그려 내고 계신 분이었다. 그래서 이 주제는 나에겐 진심으로 개인적으로 다가오는 주제들이다.

1) 상담의 전문성

상담 분야에 입문하고 오랜 수련과 교육을 받으면서 당신은 과연 어떤 상담자가 되고 싶은가? 당신이 지향하고 있는 상담 전문가의 실제적인 모습은 어떤 모습인가? 그리고 실제로 그런 모습을 구현하고 있는 선배 상담자를 주변에서 만난 적이 있는가? 상담자들은 상담 경력이 쌓여 가면서 보다 나은 상담자가 되고 싶은 소망을 누구나 가지고 있다. 그런데 이때 '좀 더 나은'의 방향성은 무엇일까? 나는 앞서 '상담을 잘하는 상담자'라는 애매하고 다소 거슬리는 표현을 사용하는 것에 대해 양해를 구한 바 있다. 우리는 "상담을 잘한다"는 표현을 흔히 사용하는데 생각해 보면 이 표현이 애매하고 거슬리게 들린다. 아마도 '잘한다'는 것이 성취 중심적이고 평가적으로 들리고, 상담의 전문성은 왠지 성취보다는 더 높은 수준의 그 무엇을 지향해야 할 것 같기 때문일 것이다. 그러면서도 한편 상담자가 성숙한 인격을 지향하고 있지만 내담자를 효과적으로 변화시킬 수 있는 유능성을 발휘하지 못한다면 이 또한 상담 전문성의 기준으로 삼기에는 부족함이 있다. Skovholt(2010)는 상담 전문가는 인간 삶의 애매모호함을 끌어안을 수 있는 성숙함과 더불어 상담자로서의 유능감을 모두 갖출 필요가 있다고 하였다.

상담 전문성은 상담 유능성과는 차별화되어야 하는 자질임에는 분명하나 명확히 정의 내리기 어려운 개념이다(Betan & Binder, 2010; Overholser, 2010; Tracey, Wampold, Lichtenberg, & Goodyear, 2014). 상담 전문성의 개념 정의가 불분명하기 때문에 이제까지 상담 전문성 문헌에서도 다양한 전문성 기준을 사용하였는데 다음의 세 가지 기준을 주로 사용하였다. 첫째, 지명도, 둘째, 수행 수준(특정 이론에서 제시하는 기법 수행이 우수한 능력), 그리고 내담자들이 보이는 변화의 정도를 전문성의 기준으로 삼는다(Tracey et al., 2014). 전문성이 지칭하는 것이 어떤 능력이나 자질인지를 명확하게 정의 내리기는 어려우나 이것이 단지 특정 기술이나 지식을 지니고 우수한 수행을 보이는 유능성보다는 넓은 개념임은 분명하다. 그것은 세부적인 문제 해결 능력이나 의사 결정 능력으로 환원될 수 있는 것이 아니지만 그렇다고 성숙한 인격이라는 지나치게 일반적인 개념으로 대치될 수 있는 것도 아니다. 상담자가 전문성이 높아지면서 '치료적으로 효과적인 인격'으로 변화되고 그 결과 상담의 유능성도 발휘되기를 바라지만 이러한 전문성의 발현이 그렇게 쉽게 이루어지지는 않는다. 상담 과정은 다면적인 요소들이 복잡하게 상호작용하며, 매우 고유한 특성을 지니고 있기 때문에 상담자의 치료적 인격과 이를 바탕으로 하는 상담 유능성은 상담 영역의 고유한 특성에 대한 심도 있는 이해를 바탕으로 해야 한다.

전문성에 관한 최초의 논의는 인지심리학에서 이루어졌는데 주로 전문가와 초보자들이 문제 해결 및 의사 결정 과정에서 어떠한 수행의 차이를 보이는지를 인지적 특성, 정보 처리 과정, 의사 결정 능력 측면에서 살펴보았다. 이러한 논의에 따르면, 전문가들은 초보자들과 달리 다음과 인지적인 특성을 보인다고 한다(Chi, 2006; Feltovich, Prietula, & Ericsson, 2006). 전문가는 초보자에 비해 첫째, 자기 분야에 있어서 보다 의미 있는 패턴을 보다 크게 지각할 수 있고, 둘째, 정보 처리 속도가 훨씬 빠르고 정확하며, 셋째, 장기, 단기 기억이 뛰어나다. 넷째, 보다 깊고, 의미 있는 차원에서 문제를 보고, 제시할 수 있으며, 다섯째, 문제를 질적으로 분석하는 데 많은 시간을 보내고, 여섯째, 자기를 모니터링하는 기술이 뛰어나다. 전문가들이 초보자들에 비해 이러한 인지적 우수성을 보일 수 있는 것은 이들이 가지고 있는 지식이 많고, 그 지식을 보다 구조적으로 조직화할 수 있으며, 의사 결정 및 문제 해결에 있어서 자동화된 처리 능력이 있기 때문이다(Tracey et al., 2014).

앞에 제시한 전문가들의 인지적 특성은 이들 수행의 대상이 정적이라 자기 수행에 대한 결과가 예측 가능하고, 자기 수행에 대한 피드백을 정확하게 받을 수 있는 영역일 경우(예를 들면, 체스 게임, 수학 문제 풀기, 운전 등) 초보자와의 차별성이 분명히 드러나는 것으로 밝혀졌다. 그러나 상담, 정신의학, 임상심리와 같이 인간을 대상으로 하는 영역은 수행의 대상인 인간 행동이 유동적이고, 정확한 예측이 어렵고, 수행에 대한 피드백이 잘 이루어지기 어렵기 때문에 경력이 쌓인다고 해도 앞에서 제시한 전문가 특성이 발현되기 어렵다(Shanteau, 1992). 실제 상담 경력자와 초보자들을 대상으로 이들의 문제 해결 능력 및 의사 결정 능력의 차이를 사례 개념화 능력, 사례에 대한 정보 처리 능력 등으로 비교한 기존의 연구들(Faust, 1991; Garb, 1998, 2005; Mayfield, Kardash, & Kivlighan, 1999)에 따르면, 상담 경력자들이 초보자들에 비해 수행이 다소 우수하지만 그 차이가 일관되고, 유의하게 드러나지는 않았다. 이에 Dawes(1994)는 상담 영역에 차별적인 전문성이 과연 존재하는지에 대한 근본적인 의문을 제기하였다.

여기서 우리는 전문성이란 영역 특수적(domain-specific expertise)이므로 상담 전문성은 상담 영역의 특수성을 고려해야한다는 것을 기억할 필요가 있다. 일찍이 상담 영역은 전문성을 가질 수 없는 영역이라는 결론을 내렸던 Shanteau는 이후 논문(Shanteau & Weiss, 2014)에서 상담 영역은 다른 전문 영역과 차별화된 특성을 지니고 있음에 주목하였다. 구체적으로 상담은 진단과 개입 두 가지 종류의 의사 결정을 해야 하는 영역인데 이들 가운데 개입 결정이 더 중요한 영역이라는 것이다. 예를 들면, 우울증에 대한 진단을 경력 상담자들보다 석사과정 중의 학생들이 더 정확하게 하였다고 보고되었으나(Witteman, Weiss, & Metzmacher, 2012), 이들이 우울증 환자들에 대한 적절한 개입을 상담 전문가보다 더 잘하지는 못한다. 즉, 초심자들이 표준적 진단 '기준에 정확하게 들어맞는(coherent)' 진단을 할 수는 있지만 다양한 우울증 '내담자들에게 잘 들어맞는(correspondent)' 개입을 잘하는 것은 아니라는 것이다.

과연 스스로 통제할 수 없는 고통을 호소하는 인간 문제를 다루는 능력과 체스 판에서 벌어지고 있는 문제를 해결하는 능력을 어떻게 동일선상에 두고 논의를 할 수 있겠는가? 우리가 만나는 대상은 어린 시절 엄마의 차가운 표정에 버림받았다는 결론을 내리며 평생을 자기 감옥에 갇혀 사는 한없이 연약한 존재이기도 하지만 동시에 극심한 외상적 상황에도 불구하고 불가사의한 생명력을 발휘하기도 하는 기막히게 강인한 존재이기도 하다. 어떠한 환경적인 개입으로도 마음을 움직이지 않는 고집쟁이기도 하지만 상담자와 스쳐 지나가는 접촉으로 근본적인 변화의 모멘텀을 만들기도 하는 존재를 상담자들은 대상으로 한다. 상담 영역의 고유하고 복잡한 특성은 상담자들에게 각자 나름의 방식으로 경험되고, 고정된 특성이 아니라 지속적으로 변화되는 특성이다. 이러한 상담 영역의 특수성을 고려하여 상담 전문성은 이해되어야 한다. 상담 영역의 전문성은 인지적인 수월성과는 다른 특성을 필요로 하는 영역이며, 이러한 차별적 상담 전문가 특성이 상담 대가 선배들이 보여 주는 치료적 인격이라고 생각한다.

인지적 수행의 수월성 기준처럼 분명하고 논리적인 기준을 적용할 수는 없더라도 상담 영역에서 전문성 기준에 대해 합의된 기준을 마련하는 것은 매우 중요하다. 상담 영역의 고유한 특성에 맞는 적절한 전문성 기준에 대한 합의가 필요한 이유는 상담자 개개인이 자신의 전문성에 대한 임의적 평가를 내리는 것이 위험하기 때문이다. 상담자 전문성과 관련된 연구에서 일관되게 발견되고 있는 것은 상담자들이 상담 경력이 높아짐에 따라 자신의 상담 수행에 대해 근거 없는 자신감을 갖게 된다는 것이다(Tracey et al., 2014). 미국의 상담자들을 대상으로 이루어진 연구(Walfish et al., 2012)에서 참여자들의 25%에 해당하는 상담자들은 자신들의 수행이 상위 10%에 해당한다고 보고하였으며, 자신이 평균 이하의 수행을 한다고 생각하는 상담자는 한 명도 없었다. Tracey 등(2014)은 상담자들이 자신의 상담 수행에서 객관적인 평가를 하지 못하는 것에 대해서는 이미 이전의 많은 연구들(Dunning et al., 2003; Friedlander & Phillips, 1984; Goldberg, 1959, 1968; Oskamp, 1962, 1965 등)에서도 확인하였음을 보고하고 있다. 상담자들이 자신의 수행에 대해 긍정적으로 평가하는 경향성은 작업동맹의 평가에서도 나타나는데 동일한 상담 회기에 대해 내담자가 평가한 작업동맹 수준보다 상담자가 평가한 작업동맹 수준이 대부분 높은 것으로 보고되고 있다.

우리 모두는 취약한 내적 자기를 가지고 있기 때문에 자신의 부족함을 정직하게 대면하는 것은 매우 어렵다. 그러나 진정한 전문가가 되기 위해서는 정확한 피드백에 기초하여 좀 더 나은 수행을 위해서 끊임없는 노력을 기울일 수 있어야 한다(Shanteau, 1992; Tracey et al., 2014). Skovholt(2012)는 상담자들에게 상담에 대한 피드백은 상담을 발전시키기 위해서는 산소와 같은 것이며, 그것을 받아들이기가 쉽지 않지만 피드백을 통해 배울 수 있을 때 상담자는 전문가로 성장할 수 있다고 하였다.

상담의 전문성은 영역의 특성상 상담 전문가들의 인지적 수행으로 측정하는 것이 적절치 않으며 실제 이들의 수행 결과에 대한 정확한 피드백을 제공해 줌으로써 자신의 실무 능력을 지속적으로 향상시키는 것이 필요하다. 그런데 어떤 피드백을 상담자에게 제공해야 자기의 수행을 돌아보고, 부족한 부분을 수정할 수 있는 기회를 갖게 될까? 가장 중요한 피드백은 개별 상담자가 자신의 상담 결과로 내담자들이 좋아지고 있는지에 대한 피드백이다(Lambert, Hansen, & Finch, 2001). 상담 성과 연구 결과, 상담 및 심리치료가 인간 문제 해결에 있어서 절대적 효과성(absolute efficacy)을 보인다는 결과는 전반적인 상담 성과에 대한 피드백이며, 더구나 이러한 절대적 성과는 소수의 아웃라이어 상담자들의 유능성에 많이 의존되어 있다는 것을 앞서 살펴보았다. 그런데 개개인의 상담자에게 자신의 상담 성과에 대한 피드백을 주는 시스템을 마련하여 피드백을 주는 것이 상담자들의 상담 성과를 높이는 데 일관적으로 긍정적인 영향을 주었다는 연구들이 보고되고 있다(Barkham, Hardy, & Mellor-Clark, 2010; Duncan, Miller, Wampold, & Hubble 2010; Lambert, 2010; Lambert et al., 2001 등). 이들 연구에서는 주기적으로 내담자들의 기능 수준을 측정하고 그 결과를 상담자들에게 알려 주었다. 이전보다 내담자가 좋아진 경우, 변화가 없는 경우, 혹은 더 나빠지는 경우를 구분하여 알려 주고, 상담자들은 이러한 결과를 기반으로 내담자와 상담 경험을 탐색할 수 있는 계기를 마련하였는데 이러한 피드백 제공으로 상담자들의 수행 수준이 유의하게 높아졌다. 상담자들은 나빠지고 있는 사례를 잘 알아차리지 못하는 경향이 있어서(Hannan et al., 2005), 이러한 정확한 피드백에 상담자가 주목한다면 상담의 전환기를 마련할 수 있다. 경력 상담자들은 내담자 문제에 대한 가설을 상담 초반에 세우고 상담을 진행하는 경향이 많은데 이러한 인지 프로세스의 위험 중의 하나는 자기의 가설에 맞는 자료에만 집중하고 새로운 정보는 놓칠 수 있다는 것이다. 내담자들의 기능 수준에 대한 피드백을 통해 상담자가 자신이 놓치고 있던 부분, 잘못 방향을 잡았던 것을 수정할 수 있는 기회를 마련하는 것은 Skovholt의 표현대로 지속적인 전문성 성장을 위한 산소라고 하겠다.

자신의 상담 수행에 대한 피드백을 받지 않고 수행만 하게 되는 경우의 문제는 초심자들보다 경력 상담자들에게서 주로 나타난다. 전문가 자격증을 받고 난 뒤에 더 이상 어떤 형태로든 슈퍼비전이나 자기의 상담을 점검받거나 발표할 수 있는 기회를 갖지 않는 경력 상담자들, 상담을 가르치기는 하지만 상담 실무를 멈추고 있는 상담 전공 교수들이 귀 기울여야 할 대목인 것 같다. 전문성 발달을 위해서는 '의도적으로 고안된 수행(deliberate practice)' 즉, '이런 개입을 하게 되면 어떤 결과가 나타나지?'를 지속적으로 관찰하며 수행하고 다양한 피드백을 받고 그에 따라 수행의 방식을 달리해 보는 노력이 지속되어야 한다. '의도적으로 고안된 수행'은 이미 습득된 기술을 반복하면서 경력만 쌓아 가는 것이 아니라 현재 자신의 레퍼토리에 없는 새로운 기술을 습득하기 위해 의도적인 노력을 기울이는 수행이다(Ericsson et al., 2007).

상담자들이 자신의 수행에 대한 점검을 받을 수 있는 피드백은 내담자로부터 피드백뿐만 아니라 자기 성찰 과정을 통한 스스로의 피드백, 그리고 슈퍼바이저를 통한 피드백이 있다. 무엇보다 중요한 것은 상담자가 개방된 마음으로 자기를 돌아보고, 겸허한 마음으로 배우려고 하는 자세를 지니는 것이다. 실제 이런 태도를 가지고 상담자로서 전문성 발달을 이루어 간 구체적 상담자들의 모습을 살펴보도록 하자.

2) 상담 대가들의 특징

상담자들은 대체로 관계 지향성이 높은 사람들이기 때문에 많은 경우 책에서보다 사람들에게서 더 잘 배우는 경향이 있는 것 같다. 당신 주변에 '나도 저 상담자 같은 상담자가 되고 싶다'는 모델 상담자가 있고, 그 상담자에게 직접 수련을 받을 수 있는 기회가 있었다면 그건 상담자로서 아주 큰 행운이다. 탁월한 수행을 보이는 상담 대가들에 대한 관심, 그리고 그들이 그러한 경지에 오르게 되는 과정에 대한 연구결과들을 살펴보면 다음과 같다. 2007년 Psychotherapy Networker에서는 지난 25년간 심리치료 분야에 가장 많은 영향력을 행사한 10명의 치료자들—Rogers, Beck, Minuchin, Yalom, Satir, Ellis, Bowen, Jung, Ericsson, 그리고 Gottman—을 선정하고 이들의 개인적, 전문적 삶에 대해 고찰하였다. 그리고 Goldfried(2001)도 15명의 잘 알려진 상담자들을 대상으로 그들의 전문성 발달 과정을 그려 내고자 하였다. Skovholt는 다양한 발달 단계에 있는 실제 상담자들 100명과 인터뷰한 자료를 분석하여 상담자가 전문가로 발달해 가면서 나타나는 주된 현상들에 주목하여 많은 연구들을 발표하였고, 이후에는 전문성의 최고조에 올랐다고 평가되는 대가 상담자들을 직접 인터뷰한 연구 결과를 논문과 저서로 발표하였다. 그가 제시한 상담 대가[4]의 특징들은 실제 인물들을 대상으로 이루어진 질적 연구 결과들로 개별 상담자들의 구체적인 모습을 그릴 수 있게 하는 매력이 있다.

Skovholt의 상담 대가 연구 결과에서 발견한 상담 전문성의 특징은 일반 전문성 이론에서 제시하는 인지적인 특징들과는 차별화되는 상담 영역의 특수성을 반영한

4) Skovholt 외 연구진들이 상담 대가를 선정한 기준은 '지명도'에 의한 것으로 실제 내담자들 변화 수준을 측정하여 수행의 객관적 우수성을 확인하지 못했다는 것을 연구의 큰 한계로 제시하고 있다.

전문성으로 나타났다. 인지적 측면뿐만 아니라 정서적, 관계적 측면에서 상담 대가들이 지니는 특성들이 나타났으며 특히 이러한 특성들을 아울러 상담 대가들은 '관계적 전문가'로 칭해질 수 있다고 Skovholt는 제안하였다.

먼저, 상담 대가들은 인지적으로 복잡하고, 애매모호한 것을 끌어안을 수 있는 용량을 가지고 있고, 축적된 지혜에 인도를 받는다. 이들은 다양한 원천으로부터 삶에 대한 지혜를 축적하고 있으며 이를 상담 실제에 적용할 줄 안다. 이러한 삶의 지혜에 기반하여 이들은 인간의 실존적 삶의 조건에 대해 깊은 이해를 하고 있었다. 또한 이들은 평생 학습자라고 할 만큼 지속적인 배움에 대한 열망과 호기심을 가지고 있어서 끊임없이 새로운 지식과 경험에 비추어 자신을 갱신하는 상담자들이었다. 실제 상담 성과 연구에서 탁월한 성과를 보인 상담자들의 특성을 분석한 Miller, Duncan과 Hubble(2008)도 탁월한 상담자들은 예외 없이 새로운 정보와 자신들이 이미 알고 있는 정보를 끊임없이 비교한다고 하였다. Skovholt(2012)는 상담자가 전문적으로 발달하기 위해 '내담자를 스승 삼고, 실수를 친구 삼아'야 한다고 조언하였다. 실수를 두려워하지 않고 조언해 주는 친구로 삼을 수 있다면 우리가 배울 수 있는 것들이 얼마나 많이 있겠는가? 『내담자로부터 배우기』라는 저서에 이어 『실수로부터 배우기』라는 저서를 쓴 영국 정신분석가 Casement는 분석가가 자신의 실수를 추상적인 이론적 개념으로 덮어 버리는 것의 위험을 드러내기 위한 노력을 지속하였다. McWilliams는 그의 저서를 추천하는 글에서 "상담자들이 실수를 하는 것은 불가피하다. 그러나 실수를 하지 않으려는 노력과 실수로 인해 치명적인 위험이 될 수 있었던 것을 내담자와 상담자가 성장할 수 있는 기회로 바꾸는 능력이 중요하다."(p. ix)는 것을 강조하였다.

대가 상담자들의 정서적인 특성으로는 자기 자신에 대한 수용력이 높고 자신의 한계를 받아들일 줄 안다는 것이다. 그래서 이들은 진심으로 겸허한 태도를 지니고 있다. 그러나 이들은 어느 분야에서든 탁월한 수행을 보이는 사람들의 특성으로 지목되는 자기 분야 최고의 수준을 '마스터하고자 하는 열정(rage master)'과 같은 강렬한 동기수준을 지니고 있다. 그러나 이러한 동기가 외적인 성취를 위한 것이 아니기 때문에 이들은 삶을 즐길 줄 알고, 활력이 있으며, 자기 자신에 대한 자각 수준이 높다. Miller 등(2008)은 탁월한 상담 성과를 내는 상담자들이 한결같이 뛰어난 상황 지각력(situational awareness)을 지니고 있어서 관찰력이 뛰어나고, 주의력이 깊고, 기민한 특성을 보인다고 하였다. Yalom(2002)이 상담자들에게 보내는 편지 형식으로 쓴 『심리치료의 선물』이라는 책에서 제안한 85가지의 조언 가운데 첫 40개의 조언이 상담 관계에 관한 것이었으며 특별히 상담 장면에서 즉시적 개입의 힘과 중요성을 강조하였다. 예를 들면, "빈 스크린? 잊어버려라. 실제적인 사람이 되라" "심리치료의 기제: 투명해지는 것(be transparent)" 그리고 "지금-여기의 감정을 드러내라 조심스럽게"와 같은 조언들이다. 상담자가 구체적인 사람 대 사람의 만남을 기초로 현장에서 생생한 개입을 하기 위해서 상담자의 정서적인 기민함과 자신에 대한 수용, 알아차림은 매우 중요한 자질이라고 하겠다.

대가 상담자들의 관계적 특성들은 인지적, 정서적 특성을 바탕으로 대인 관계에서 나타나는 특성들로 타인에게 강도 높은 관여를 할 수 있고, 대인 관계 역동과 정서적 분위기를 정확하게 알아차리는 민감성을 지니고 있다. 여러 내담자의 대인 관계 스타일에 맞게 댄스를 하듯 다양한 대인 관계를 구사할 수 있으며, 관계의 경계를 유지하면서 관용을 베풀 줄 아는 상담자들이다. 이들은 관계에서 윤리적, 도덕적 기준이 체득되어 이와 관련된 사안에 대해 훈련된 촉을 가지고 있다. 상담 관계는 이미 상담 성과를 좌우하는 가장 중요한 맥락적 요소로 연구와 이론에서 강조되고 있기에 상담 대가들이 관계 전문가라는 것은 어쩌면 당연할 수 있겠다. 이에 상담 관계에 대한 내용은 본서의 5장에서 따로 구분하여 자세히 다루도록 하겠다.

Skovholt의 일련의 연구를 통해 밝혀진 상담 대가들의 특성들은 Rosenzweig가 말한 '치료적 인격', 이동식이 말한 '동토에 떨고 있는 내담자들에게 자비심을 베풀 수 있는 상담자의 인격'의 구체적인 특성이라고 생각된다. 그런데 이러한 특성은 타고난 자질이라기보다 훈련되고 교육되어야 하며, 상담자들의 오랜 기간에 걸친 경험에 기반한다. 상담 유능성과 더불어 이를 초월하는 치료적 인격을 연마하기 위해 상담자들이 어떤 노력을 기울일 수 있을지를 생각하는 것으로 이 장을 마무리하려고 한다.

첫째, 상담자들이 전문성 발달을 위해서는 훈련된 자기 성찰이 매우 중요하다. 자기 성찰은 상담 장면에서 서술적 지식을 절차적 지식으로 발전시키기 위해 지식과 경험을 넘나드는 성찰의 과정으로부터 상담 이론을 배우는 과정, 연구를 하는 과정,

개인적 삶을 살아가는 과정으로 점점 확장되어 가야 하는 상담자의 삶의 자세라고 할 수 있다. 예를 들면, 상담자들이 성찰적으로 이론을 공부할 때는 이론과 이론가의 삶을 넘나드는 역동성이 필요하다. Wampold(2010)는 "이론에서 전달하는 정보를 단순히 배우는 것이 아니라 '만나야' 한다"고 밝히고 있다. 이는 개념과 기법을 지식의 내용으로 습득하는 것이 아니라 그 개념을 개발한 이론가의 삶의 맥락, 시대적 상황, 그 개념과 기법을 통해 그가 전달하고자 하는 핵심적 원리를 이해하는 것이 중요하며 그러기 위해서는 그 개념과 기법이 탄생하게 된 이론가의 개인적, 전문적 삶의 맥락에 대한 이해가 병행되어야 함을 보여 주는 것이다. 상담 과정에서 서술적 지식과 상담 현장에서의 경험을 넘나들 듯이 상담 이론을 공부할 때도 서술적 지식과 이론가의 경험의 세계를 넘나드는 성찰적인 학습이 필요하다. 이러한 연습을 할 수 있도록 하기 위해 나는 상담 이론 수업을 할 때 학생들에게 주요 이론적 개념을 자기의 언어를 사용하여 다시 정의를 내려보도록 하는 과제를 주곤 한다. 이러한 과제를 주는 이유는 언어화된 개념 정의를 단지 똑같은 단어로 반복, 재생하는 것이 아니라 이론 주창자가 그 개념을 만들기에 이르게 된 배경을 깊이 고찰함으로써 개념 속에 담겨 있는 원리를 체화할 수 있어야 한다고 생각하기 때문이다. 상담 이론가들의 영감을 개념과 함께 습득하기 위해서는 교과서만으로 이론 공부가 끝나서는 안 되고, 이론 주창자가 직접 쓴 글을 반드시 접해 보기를 권한다. Freud의 이론에 대해서 혹은 Rogers의 이론에 대해서 쓴 개념 요약식의 교과서로는 이론에서 전달하는 정보를 배우는 것 이상으로 만나기는 어렵다.

성찰의 과정은 연구를 하거나 연구 결과를 대할 때도 동일하게 강조되어야 할 자세이다. 연구를 통해서 밝힐 수 있는 것은 상담 현장에서 일어나는 복잡한 현상의 아주 일부분일 수 있다. 그러나 그 연구로부터 힌트를 얻어 그 의미를 재창조하고 확장할 수 있는 것은 현장 경험에 바탕을 둔 상담자의 역량이다. Bion(1995)은 사고장애가 있는 내담자들의 사고 발달 이전 경험에 대한 난해한 저서를 쓰는 서문에서 "수련생의 분석에 집중하는 것이 분석 경험을 가장 효과적으로 전달하는 유일한 방법이라고 믿으면서도(즉, 심리치료를 통해 심리치료를 가장 잘 가르칠 수 있다고 믿으면서도)[5] 책 작업을 하는 이유는 (책을 통해 수련생들이) 우리가 이해한 것을 이해하려고 시도하는 과정에서 드러난 세상에 대해 아이디어를 배우는 것이 가능하다고 믿기 때문"이라고 하였다(Bion, 1995). 깊은 임상적 경험을 임상에만 제한하지 않고, 임상적 체험을 통해 이해한 바를 지식의 형태로 공유하려는 노력의 필요성은 이와 같이 대가 상담자들에 의해 누누이 강조되고 있는 부분이다.

둘째, 상담자들은 개인적 삶과 전문적 삶의 통합을 이루기 위해 실무 경험, 연구 경험, 그리고 개인적 삶에서 고르게 배울 수 있어야 하며, 이 배움을 통합할 수 있어야 한다(Skovholt, 2012). Skovholt는 이를 상담 전문성 발달을 위한 삼각의자라고 하였다. 이전의 상담 전문성 발달에서는 과학과 실무 경험의 통합만을 강조하였으나 실제 상담자들에게는 개인 삶에서의 경험이 미치는 영향이 가장 강력할 수 있다(Yalom, 1989). Skovholt(2012)는 개인적 삶과 전문적 삶에서의 실무와 연구를 균형 있게 통합한 대표적인 상담자로 Rogers를 들고 있다. Rogers는 1982년과 2006년 가장 큰 영향력을 끼친 심리치료자로 꼽혔는데 그는 처음으로 상담 회기를 녹음하여 축어록을 만들어 상담 실제 연구에 지대한 공헌을 하였고, 지속적인 상담 실무를 하면서 상담의 핵심 원리를 발전시켰다. 그리고 자신의 개인적 삶에서의 변화(예컨대, 기독 가족의 배경, 부인과의 만남, 85세 나이의 의미 등)를 상담자로서 자신의 정체성에 통합해 나갔다. 이렇게 간단한 문장으로 상담계의 산 같은 거장의 초상화를 그리는 것이 격에 맞지 않으나 Rogers가 개인적 삶과 전문적 삶의 통합을 어떻게 이루어 갔는지를 특별히 강조하고 싶었다. 전문성 발달 연구를 보면 상담자들은 전문성이 높아짐에 따라 상담자 역할을 하는 것이 아니라 자신의 인격 자체가 변화되어 상담 장면이나 실제 삶에서의 모습이 그다지 다르지 않게 된다. 개인적인 삶의 경험이 계기가 되어 상담의 길로 들어서는 경우가 많으며, 상담자 개인이 경험한 고통과 상실, 회복의 경험들은 내담자의 경험을 이해하는 데 가장 중요한 자원이 될 수 있다. 상담자가 개인적 삶과 전문적 삶을 통합해 나갈 때 내담자를 동일한 실존적 조건에 처한 인간으로서의 동지애를 가지고 대하게 된다. 개인적인 경험이 상담에 방해가 되지 않고, 자원이 되기 위해 상담자들 자신이 개인상담을 받는 것이 매우 필요하다. 우리나라에서는 상담자들이 받는 상담은 '교육분석'이라는 용어로 칭해지는데(심흥섭, 1991), 이렇게 일반인들과는 다른 용어로 상담자들의 심리치료를 지칭하는 것에

5) 괄호 안의 내용은 본 저자가 추가한 내용이다.

는 '상담자들은 문제가 있어서 심리치료를 받는 것이 아니라 교육의 목적으로 받는 것'이라는 전제를 내포하고 있는 것으로 어쩌면 상담자의 나르시시즘이 반영된 것일 수도 있다(윤순임 개인적 대화, 2006). 사실 상담자들이 소위 교육분석을 받는 것이 개인적인 문제로 심리치료를 받는 것과 어떤 면에서 차이가 있는지는 분명치 않다. 오히려 상담자도 같은 인간으로 통제 수준을 벗어난 고통으로 힘들어하고 도움을 필요로 하는 존재라는 것을 겸허하게 받아들이고, 때로 적절한 경우 내담자들에게 개방할 수 있는 것이 치료적인 태도가 아닐까 생각한다.

상담자들이 자신의 전문성 발달에 가장 큰 영향을 미치는 요소로 주목하는 것은 한결같이 내담자와의 경험이다. Orlinsky, Ronnestad와 Willutzki(2004)는 7개국의 상담자들을 대상으로 연구한 결과, 모두 가장 중요한 배움의 원천은 내담자와의 경험이라고 하였다. "자신의 가장 내밀한 고통의 경험을 이해하기 위해, 그 경험을 접촉하기 위해, 그리고 그 경험을 자기 안에 통합하기 위해 고투하는 내담자를 마주하여 그들의 이야기를 들으며 아무런 영향을 받지 않는다는 것은 불가능하다. 이러한 경험은 얼마나 우리에게 주어진 값진 특혜인가?"(Skovholt, 2012) 내담자를 만나며 '저런 고통 속에서 살면서 미치지 않고 살아 낸 내담자들에 대한 경외심, 어찌할 수 없는 비극적 조건을 받아들이고 그럼에도 불구하고 책임지며 살아가야 하는 인간으로서의 동지감, 안팎으로 모두 무너진 상황에서도 보화와 같이 드러나는 내담자의 성장 자원 등 내담자들을 통해 우리는 상담 교과서에 적혀 있는 무조건적인 존중, 공감적 이해, 진정성' 등을 실제 삶의 현장에서 배울 수 있다.

이론과 연구에 의한 배움은 공식적인 교육 과정을 통해 가장 많이 강조되는 부분이다. 과학자-실무자 모델이 현장에 제대로 적용되지 못하고 과학과 실무가 양분되는 문제는 상담 현실에서 직접 경험하고 있는 매우 실제적인 문제이다. 나는 대학에서 매년 연구 실적을 내야 하고, 연구 실적으로 교수 유능성이 평가되는 환경 속에 있으면서 동시에 상담자, 슈퍼바이저로서 상담 실무 경험을 병행해 나가고 있는데, 두 가지 업무를 다 해내는 것은 절대 시간과 에너지를 필요로 한다. 그럼에도 불구하고 이 두 상반된 세계를 넘나들며 상호 상승적인 작용을 통해, 과학이나 실무 중 한 영역에만 몸담고 있었다면 경험하기 어려운 역동성을 누릴 수 있는 것은 참으로 감사한 일이다. 대학 현장에서 연구를 해야 하기 때문에 상담 성과 연구, 상담 과정-성과 연구물들을 접하게 되고, 이러한 연구 결과들에 비추어 상담 실무 및 상담 교육 현장 경험을 성찰할 수 있는 계기를 갖게 된다. 또한 상담 현장 경험을 가지고 상담 연구 및 이론을 접하게 될 때 연구를 위한 연구, 이론을 위한 이론의 한계를 극복할 수 있을 뿐 아니라 서술적 지식을 절차적 지식으로 확장할 수 있다. 나는 개인적으로 상담 성과 양적 연구에 탁월한 Wampold 교수님의 연구에 대한 몰입, 그리고 연구 결과를 상담 현장에 의미 있게 통합할 수 있도록 다리 역할 하시는 모습에 참으로 감동을 받는다. 그분은 누구보다 양적 방법론에 강한 분으로 연구를 위한 연구로 치우칠 수 있는 '능력'과 '위험'을 갖고 있는 분이지만 상담 성과 연구를 통해 상담의 핵심이 무엇인지를 드러내기 위해 지속적으로 연구 주제를 발전, 심화시키고 연구 결과를 통해 '현장을 대변하는 과학자'로 목소리를 높여 주고 있다. 과학과 실무 영역이 묘하게 경쟁하는 듯한 긴장된 분위기에서 참으로 존중해야 할 전문가적 자세라고 생각한다.

상담 현장에서 경험하는 상담자, 슈퍼바이저로서의 경험은 연구와 강의를 살아 있게 하는 원동력이 된다. 개인적으로 상담을 하지 않고 있던 시기에 강의를 할 때 상담에서 경험하는 치료적 순간, 내담자와의 접촉 등 핵심적인 요소들에 대한 전달력이 확실히 떨어진다는 것을 느낄 수 있다. 국내 상담 성과와 과정 연구물들이 전체 학술지 발표 논문에서 차지하는 비중이 너무 부족한 부분을 앞서 지적한 바 있다. 연구자들이 상담 실무를 경험하면서 상담 실무에서 적절하고 흥미로운 연구 문제들을 발굴하고 연구할 수 있는 분위기가 부족해 아쉽다. 상담자로서 상담 실제에 영향을 미치는 요인들에 대한 체계적인 검토, 상담이 문제 해결에 실제 기여하고 있다는 증거를 실무에 바탕을 둔 결과로 제시할 수 있는 연구들이 필요하다.

셋째, 상담자의 전문성은 길고, 느리고, 다양한 형태로 이루어지는 과정임을 기억할 필요가 있다. 대부분의 영역에서 전문가로 칭하기 위해서는 10년, 10,000시간 법칙이 적용된다고 한다. 상담 전문성 발달은 이보다 더 많은 시간이 요구되는데 적어도 15년의 상담 경력이 필요하며 이 기간 동안 다양하고, 강도 있고, 지속적인 실무 경험을 쌓아야 한다(Skovholt & Rønnestad, 1995). 그리고 실무 경험에 앞서 상담 이론과 기법에 대한 서술적 지식을 습득해야 하는데 상담 분야의 서술적 지식은 이후 절차적 지식으로 전환될 수 있는 방식으로 습득해야 한다. 개념 이면의 핵심원리를 찾고, 이론가의 영성을 함께 습득하고, 그 개념을 통해 자신의 개인적 삶을 성찰해 보는 등의 방식이 절차 지식으로의 전환에 도움이 될 것이다. 또한 숙련된 상담자가 실제 상담하는 것을 관찰할 수 있는 기회가 필요하다. 학회에서 숙련 상담자들의 상담 시연에 많은 상담자들이 몰리는 이유도 이런 시연이 경험적 지식 습득에 매우 도움이 되기 때문이다. 우리에게 너무나 잘 알려진 글로리아 사례에서 상담 대가 Rogers, Perls, Ellis의 상담 이론에 대한 소개와 직접 상담 시연을 볼 수 있는데 이를 통해 각 대가들의 이론을 살아 있는 지식으로 흡수할 수 있다. 글로리아 후속 편으로 2011년에 미국 상담심리학회에서 정신역동치료의 McWilliams, 정서중심치료의 Greenberg, 그리고 인지치료의 Beck이 자신들이 지향하는 이론의 핵심을 간단히 소개하고 실제 여자, 남자 내담자와 상담 시연을 한 뒤 함께 토론하는 매우 귀한 동영상 자료를 발표하였다. 국내 상담계에서도 이러한 실제 상담 시연 자료들이 좀 더 활발하게 보급될 수 있기를 나와 동료 상담자들에게 기대해 본다.

서술적 지식, 상담 실습, 상담 대가의 시연과 더불어 본인 상담에 대한 구체적인 피드백을 받는 것이 필요하다. 앞서 진술한 바와 같이 상담자 전문성의 지속적인 발달을 위해서는 내담자의 변화에 대한 피드백, 자기 스스로의 피드백, 그리고 슈퍼바이저의 정확한 피드백을 통합적으로 고려하는 것이 중요하다. 상담자는 상담 이론을 접하면서 자신의 성격, 가치, 문제에 가장 잘 맞는 이론에 매력을 느끼게 된다. 이론적 오리엔테이션은 이렇게 매력을 느끼게 된 이론이 정해지면 그 이론의 창시자들의 원저, 자서전, 상담 기록들을 살펴보고, 그 이론에 정통한 선배 상담자의 시연을 보고, 적어도 6개월 이상 한 슈퍼바이저에게 슈퍼비전을 받는 것을 권하고 싶다. 슈퍼비전은 사례를 적절하게 지도하는 것과 더불어 상담자의 전문성 발달을 조력하려는 목적을 동시에 지닌다. 그래서 슈퍼비전 관계를 경험할 수 있는 지속 슈퍼비전이 중요하며 슈퍼바이저를 통해 기술뿐만이 아니라 치료적 분위기와 내담자를 대하는 태도를 배울 수 있다. 슈퍼비전과 관련된 내용은 또 다른 독립 분야로 충분히 다루어야 할 내용이므로 여기서는 다루지 않기로 하겠다.

5장

상담 관계: 변화를 위한 활성화 기반

내가 알고 있는 가장 만족스러운 경험 중의 하나는 석양을 감상하는 방식으로 한 개인을 충분히 감상하는 것이다. (석양을 보면서) "오른쪽 구석 부분에 오렌지 색깔을 좀 더 부드럽게 해야겠어. 아래쪽에는 보라색을 좀 더 넣고, 구름 색깔에는 핑크를 좀 더 넣고……" 이러면서 감상하지 않는다. 나는 석양을 통제하려고 애쓰지 않는다. 그저 그것이 펼쳐지는 것을 "와~" 하며 경외심을 가지고 지켜볼 뿐이다.

– Carl Rogers

내담자 변화에 기여하는 핵심적 치료 요인이 상담 관계라는 데는 이론의 여지가 없다. 대부분의 상담 이론들에서는 어떤 상담 기법을 사용하더라도 상담 관계가 내담자 변화를 위한 핵심 조건임을 전제한다. 미국 상담자들을 대상으로 실시된 조사에서 가장 영향력 있는 상담자로 주목받은 Rogers는 상담 관계 전문가로 손꼽힌다. 그는 내담자에게 무조건적인 존중과 진정성의 맥락에서 공감적 이해를 전달할 수 있는 것이 상담자가 제공할 수 있는 내담자 변화를 위한 필요충분조건이라고 하였다. Rogers가 가장 영향력 있는 세기의 상담자로 꼽히는 것은 너무도 단순해 보이는 그의 상담 관계에 대한 확신이 상담 실무자들에게도 깊이 공유되기 때문일 것이다. 상담 관계의 중요성은 이론과 실무에서뿐만이 아니라 체계적인 상담 성과 연구 결과를 통해서도 확인된바, "내담자를 변화시키는 것은 기법이 아니라 관계이다."(Wampold, 2010)라는 결론을 내리면서 상담 관계 중요성의 명제는 이젠 낭만적 호소가 아니라 과학적 설득이 되었다.

그런데 왜 관계가 내담자 변화에 그토록 중요한 영향을 미치는 것일까? 상담자와 내담자 모두 태어나는 순간에서부터 관계를 맺는 존재들임에도 변화를 활성화시키는 관계 형성은 왜 그렇게 단순하지 않은 것인가? 이 절에서는 이러한 질문들에 대한 답을 찾으면서 상담 관계가 내담자 변화에 어떤 영향을 미치는지, 그리고 변화의 기제에 관계적 요소가 어떻게 관여하는지를 개념적으로, 그리고 경험적으로 이해하는 것을 목적으로 한다. 상담 관계가 내담자 변화에서 왜 그렇게 중요한가에 대해 깊이 이해하는 것은 치료적 상담 관계의 구체적 특성 및 상담 관계 기술을 익히는 것보다 훨씬 더 중요하다. 많은 상담 서적에서 치료적인 상담 관계, 라포 형성이 마치 상담 과정의 초기 단계에 이루어야 하는 과업으로 제시되거나 라포 형성을 위한 별도의 기술이 있는 것으로 제시되는 경향이 있는데 이러한 접근은 관계를 또 하나의 기술로 오해하게 할 가능성이 크다. 내담자 변화에서 관계가 왜 그렇게 중요한 위치를 차지하는지에 대한 이해를 깊이 하게 되면 치료적 관계는 상담 과정에서 보이는 것보다 보이지 않는 측면과 관련된 부분이며, 기술이 아니라 기술이 활성화되는 기반이라는 사실을 이해하게 될 것이다. 그리고 가끔 상담자와 내담자가 함께 추는 댄스로 비유되는 상담 관계는 상담 전 과정을 아우르는 역동적인 흐름임을 이해할 수 있을 것이다.

1. 왜 관계인가

> 사랑은 다른 사람의 인간성 가장 깊은 곳까지 파악할 수 있는 유일한 방법이다. 사랑하지 않고서는 어느 누구도 그 사람의 본질을 완전히 파악할 수 없다. 사랑으로 인해 사람은 사랑하는 사람이 지니고 있는 본질적인 특성과 개성을 볼 수 있으며, 더 나아가 그 사람이 잠재적으로 가지고 있는 것, 그리고 아직 실현되지 않았지만 앞으로 실현되어야 할 것이 무엇인지도 볼 수 있게 된다.
>
> –Viktor Frankl, 〈죽음의 수용소〉

> 언어는 고작 몇 센티미터 두께의 두개골에 보호받는 우리의 뇌가 서로 교환할 수 있도록 도와준다. 단어는 사람들 사이에서만 의미가 있으며, 삶의 의미와 미덕은 우리가 맺는 인간관계의 깊이와 관련이 있다. 인생의 의미를 뒷받침하는 것은 인간의 관계적 측면, 즉 '인간의 관계성'이다.
>
> –Paul Kalanithi

1) 대부분의 내담자 문제는 관계 문제의 변형이다

나는 대부분의 내담자 문제는 관계 욕구의 좌절과 파손에서 유발되었으며, 이에 따라 내담자의 호소 문제는 관계 문제의 변형이라고 생각한다. 이러한 생각을 하는 이유는 나의 이론적 배경이 정신역동, 인간 중심, 실존치료이기 때문이기도 하지만 실제 주요 상담 이론의 정신병리와 치료 이론을 살펴보면 인간의 핵심 욕구는 관계 욕구이며 이의 좌절이 병리를 유발하는 것으로 제시되어 있다. 상대적으로 관계보다는 기법의 중요성을 더 강조하는 인지치료에서도 제3의 인지치료 흐름이 등장하면서 초기 관계 경험 및 인간 핵심 관계 욕구에 대한 중요성을 받아들이는 통합적 치료가 주류를 이어 가고 있다. 인지치료에서 이러한 통합적 접근이 필요했던 이유는 기존의 기법 중심 치료로는 내담자 문제의 재발률이 높았고, 성격적 문제를 지닌 내담자들이 점차 증가하고 있는데, 이들이 호소하는 문제가 복합적이기 때문에 특정 문제 중심으로 개발된 기법을 적용하기가 어렵기 때문이다(Young, Klosk, & Weishaar, 2003). 내담자들의 문제가 초기 어린 시절 핵심적 관계 욕구의 좌절에서 비롯되고 이에 대처하기 위해 형성된 부적응적 도식이 성격으로 굳어진 경우 단순한 기법 적용만으로는 근본적인 문제 해결은 어렵다.

내담자들의 대부분 문제는 근본적으로 대인 관계 문제의 변형이라는 나의 생각으로 다시 돌아가 보자. 내담자들의 문제 가운데 생리적, 신체 구조적 결함으로 인해 발생되는 경우를 제외하고 상담 신청서에 체크하는 일반적인 문제들은 근본적으로는 대인 관계 욕구 좌절의 문제를 반영하고 있다. 예를 들어, 진로 선택의 어려움을 호소하는 내담자를 예로 들어 보자. 진로 선택의 어려움은 크게 세 가지 문제 유형으로 나눌 수 있는데, 자기 이해에 대한 어려움, 환경 이해에 대한 어려움, 그리고 의사 결정에 대한 어려움이다. 자기 이해에 대한 어려움은 '내가 무엇을 원하는지 모르겠다' '원하는 것은 있지만 내가 그것을 잘 해낼 수 있을지, 과연 내 적성에 맞는 것인지 모르겠다'와 같은 내용의 호소로 표현될 수 있다. 그리고 환경 이해에 대한 어려움은 '내가 원하는 것은 있지만 구체적으로 필요한 정보를 어디서, 어떻게 찾아야 하는지 모르겠다' '내 전공으로 가능한 직업이 어떤 것들이 있는지 모르겠다'와 같은 내용으로 호소할 수 있다. 마지막으로, 의사 결정에 대한 어려움은 불안과 관련된 내용들이 많은데 '결정 자체가 나를 두렵게 한다' '뭔가를 시도하고는 싶은데 도무지 의욕이 없다' '시도를 했다가 실패할까 두렵다'와 같은 호소 내용으로 표현될 수 있다.

그런데 이러한 내담자의 호소 문제를 조금만 더 깊이 탐색해 보면 그 문제들이 대인 관계 문제와 연결이 되어 있음을 발견할 수 있다. 예를 들면, 내담자들이 '내가 무엇을 원하는지 모르겠다' 혹은 '결정은 했지만 확신이 없다' 등과 같이 자기 이해 및 자기 확신과 관련된 문제 때문에 진로 결정의 어려움을 호소하는 경우 자기의 욕구를 타당화받았던 경험이 부재하거나 자기 욕구대로 뭔가를 했다가 실패했을 때 비난이나 비웃음을 받았던 경험이 많았을 가능성이 높다. 즉, 자기 욕구를 타당화해 주고, 좌절 경험을 담아내 주는 관계 경험이 부재한 경우가 많다. 또한 환경 이해에 대한 어려움과 관련하여 진로 결정의 어려움을 호소하는 경우, 예를 들면, '필요한 정보를 어디서 얻어야 할지 모르겠다' '내 전공으로 할 수 있는 일이 무엇인지 잘 모르겠다' 등 환경에 대한 지식의 부족함을 호소하는 내담자들의 경우 이들은 대부분 자기 주변에서 자기를 도울 수 있는 자원을 알아보지 못하거나 활용하지 못하는 경우가 많다. 또한 도움을 얻기 위해서 사람들에게 어떻게 접근하고, 어떻게 도움을 끌어내야 하는지를 모르고, 타인이 자기를 도울 것이라는 기대 자체가 매우 불안정한 경우가 많다. 이런 문제들은 모두 이전 대인 관계 경험에 기반을 두고 있는 문제들이다. 마지막으로, 의사 결정과 관련된 어려움을 호소하는 경우, 불안 때문에 진로 결정을 미루는 경우가 많은데 이런 경우, 실패를 했을 때 사람들의 평가, 주변 사람들의 반응에 대한 염려가 많거나 실패를 딛고 일어설 수 있도록 도움을 줄 수 있는 주변 사람들에 대한 기대가 매우 적은 경우가 많다. 이렇듯 내담자들이 호소하는 문제의 기원과 패턴을 조금만 깊이 탐색해 보면 다양한 문제들이 대인 관계 문제에 기원을 두고 있다는 것을 발견할 수 있다고 생각한다.

상담자들은 내담자들이 호소하는 문제를 문제 유형별로 범주화하고, 문제 유형 밑에 존재하는 심리적 증상에 따라 진단명을 부여하기도 한다. 그런데 이러한 노력은 주로 상담 외부와의 소통을 위해 필요한 경우가 많은데, 예컨대 국내 청소년 상담 센터, 대학 상담 센터는 문제 유형별로 통계를 내야 하고, 미국 상담 센터들은 보험회사와 의사소통하기 위해서 내담자의 진단명을 제시하는 것이 필요하다. 또한 사례 지도를 받기 위해 슈퍼비전 자료 준비를 할 때 내담자 문제를 진단 혹은 유형화 한다. 그러나 내담자 문제를 내담자와 소통하기 위해서는 호소 문제 유형 및 진단명이 필요하기도 하지만 이를 넘어 그러한 어려움이 어떤 대인 관계 경험을 반영하고 있는지를 공유하고 이러한 이해를 상담 관계에 반영할 필요가 있다.

그렇다면 내담자들의 어떤 대인 관계 경험이 자기 확신을 어렵게 하고, 세상을 믿기 어렵게 하며, 정서적 취약함 때문에 자기 고유한 삶의 발달을 이루기 어렵게 하는가? 인간의 욕구 가운데 가장 핵심적인 욕구는 대인 관계 욕구로서 관계를 통해 사람들은 안정감을 느끼고, 자기 경험을 타당화받고 이로써 자기 존재감을 유지, 발전해 간다. 정신분석적 발달 이론, 애착 이론, 후기 정신역동이론은 초기 유아기 대인 관계 욕구의 적절한 충족이 이후 건강한 발달에 얼마나 핵심적 기반이 되는지를 한결같이 강조한다. 생애 초기 유아들은 거의 본능적인 생존 욕구로 엄마와의 관계에 집중하며 이 초기 애착 관계를 통해 생존을 위해 절대적으로 필요한 안전 기지를 확보하고, 안도감을 경험한다. 그리고 이러한 안도감이 이후 살아가면서 필요한 세상과 자신에 대한 기본적 신뢰감의 바탕이 된다는 것을 보여 준다. '젖 먹던 힘을 다해'라는 말은 가장 순도 높은 집중력을 지칭할 때 쓰는 표현이다. 우리가 기억하지 못하지만 태어나서 우리 모두가 지녔던 흡입 반사(sucking reflex), 조금의 틈새도 주지 않고 엄마와 밀착하여 교류하였던 그 접촉이 인간이 불안하고 두려울 때 무의식적으로 기대하는 안전 기지의 상징이라는 것을 보여 주는 문구라고 생각한다. Erskine, Moursund와 Trautmann(1999)은 공감을 넘어 접촉이 내담자의 변화에 시금석이 된다는 것을 강조하고 있는데 가장 강도 높은 접촉의 원형은 아마도 세상 전부인 엄마에게 밀착된 유아의 접촉에서 찾을 수 있을 것 같다. 접촉은 관계를 가능하게 하는 것이다. 인간이 가장 취약한 유아 시기에 관계를 통해 제공받아야 할 찬사, 보호, 공급, 안전성에 대한 강조는 Kohut의 자기대상(selfobject), Winnicott의 충분히 좋은 엄마(good enough mother), 안아 주기(holding), Bion의 담아 주기(containing) 그리고 Bowlby의 안전 기지(secure base) 등의 개념에 잘 반영되어 있다. 이들 주옥같은 개념들이 담아내고자 하는 것은 인간의 본래적인 취약함은 관계 속에서 보듬어지고, 얼러지고, 진정시켜 주고, 달래 주고, 또한 유아들의 무의식적인 의도를 먼저 알아봐 주는 것이 절대적으로 필요하다는 것을 보여 준다.

정신분석이론뿐만이 아니라 제3의 인지치료에 해당하는 심리도식치료를 주창한 Young, Klosko와 Weishaar(2003)는 인간의 핵심적 정서 욕구를 다섯 가지로 구분하였는데 이 가운데 가장 핵심적인 욕구를 타인과의 안전 애착을 통한 안전감/안정감/돌봄/수용을 받고자 하는 욕구와 자율성/유능성/정체감 욕구라고 하였다. 그리고 이러한 욕구들이 학대, 방임을 통해 파손되거나 알아차려지지 못할 때 사람들은 부적응적인 대처 양식을 발달시키며, 이러한 부적응적 심리 도식이 반복적인 패턴으로 굳어지면서 사람들은 자신의 핵심적인 욕구를 점점 더 알아차리지도 못하고, 충족하지도 못하게 되며, 이것이 심리적 문제의 근원이 된다는 것을 지적하였다.

이들 이론들은 관계를 통해 마음의 양분이 제공되고, 성장을 자극받을 때 사람들은 이러한 관계를 통해 '나는' '나를' 그리고 '타인'을 구별할 수 있다고 하였다. 즉, 안전한 관계 경험을 통해 주체로서의 자기, 대상으로서의 자기, 대상으로서의 타인에 대한 경계가 생기기 시작하며, 이러한 관계를 통해 자율성, 유능성을 발휘할 수 있는 기반이 마련될 수 있다. 자신의 욕구, 감정, 기대를 알아차리고, 읽어 주고, 버텨 주는 대상이 있을 때 우리는 우리의 욕구, 감정, 기대를 내 것으로 통합해 나갈 수 있고, 내 것을 내 것으로 수용할 수 있을 때 우리는 안도할 수 있다. 공포를 공포로 타당화받고, 온전히 수용할 수 있을 때 역설적이지만 우리는 안도한다. 뭔가 불편하거나 불안하여 자지러지게 우는 아이를 엄마가 무엇 때문에 불편하고 불안한지 알아차리고, 달래 주고, 그 불편함을 엄마가 넉넉히 감당하여 주는 장면을 떠올려 보라. 아이들의 울음이 달래지고, 편안하게 곯아떨어져 엄마 품에 잠드는 아이의 모습이 이어 연상될 것이다. 자기 자신은 감당이 되지 않아 자지러지게 울던 아이의 노여움 혹은 불안, 불편함에 민감한 주의를 기울이고, 몸을 통해 전달한 자신의 욕구와 감정을 다른 대상이 알아차리고, 안아 줌으로써 보듬어 주고, 불편한 감정들을 대신 소화하여 부드러운 말, 표정, 그리고 몸짓으로 되돌려 줄 때, 그러한 관계 속에서 불안이 조절되고 안전감을 경험한다. 그리고 이렇게 경험된 안전감을 통해 불편했던 자기 내부와 접촉하게 되고, 자기 경험이 통합되면서 외부 세계와 접촉할 수 있게 된다.

관계를 통한 안전감 확보의 욕구가 이토록 핵심적이지만 우리는 살아가면서 어쩔 수 없는 위협과 거절을 경험하게 된다. 이러한 욕구가 학대를 통해 파괴되기도 하지만 무심결에 무시되기도 하고, 거절되기도 한다. 이와 같은 경험은 각 개인에게 있어서 외상이라고 할 수 있다. 내, 외적 접촉을 통한 진정한 관계 경험이 인간에게 핵심적이기 때문에 이러한 좌절은 각 개인에게 가히 외상적이라고 할 수 있다 그러나 불가피한 외상 사건을 경험했다는 사실도 개인의 문제 형성에 매우 중요하지만 이러한 사건 이후에 접촉 가능한 관계가 제공되지 않았을 때 훨씬 심각한 부정적 영향을 미치게 된다(Erskine et al., 1999).

외상적 경험은 결코 있어서는 안 될 경험을 겪은 것이라면, 외상적 경험 이후 이를 보듬어 줄 수 있는 관계 경험의 부재는 마땅히 있어야 할 경험이 부재한 것이라고 할 수 있다. 버려짐에 대한 두려움이 매우 커서 이성 교제의 어려움을 호소하는 여대생 내담자가 있었다. 마음에 드는 남자를 만나면 무의식적으로 이 사람과는 결국 되지 않을 관계라는 감정이 이유 없이 밀려와 가슴 설레는 첫 데이트를 하고 헤어질 때면 슬픈 감정에 사로잡히는 내담자였다. 이 내담자는 실제 마음이 끌리는 남자를 만나면 그 남자에게 버림받고, 버림받은 자기 자신의 초라한 모습을 꿈에 보게 되어 더 이상 관계를 이어 가지 못하는 내담자였다. 친밀감에 대한 욕구, 이것을 적절히 채울 수 있는 대처가 부재한 이 내담자는 늘 외로웠고, 뭔가 자신에게 결함이 있는 것은 아닌지 두려워했다. 친밀감의 주제를 다루면서 내담자가 찾은 기억은 맞벌이를 하는 부모님이 어린 시절부터 부재한 적이 많았는데 세 살쯤으로 기억하는 아주 어린 시절 잠든 자기를 두고 부모님이 집을 비운 사이 그 아이가 깨어난 기억이었다. 깜깜한 방에서 무서워 기겁하여 울면서 집 밖으로 기어 나왔던 사건이었다고 한다. 그 사건 자체가 어린아이에게는 얼마나 무서운 경험이었을지 짐작할 수 있다. 생생한 첫 기억을 떠올린 내담자에게 기겁하여 울며 밖으로 벌벌 기어 나간 아이에게 엄마가 집에 돌아와서 어떻게 해 주었는지를 물어보았는데 그에 대한 아무런 기억이 없었다. 여기서 마땅히 있어야 했을 안정화에 대한 기억이 부재한 것이 이 내담자가 버려짐의 감옥에 갇히게 된 중요한 대목임을 기억할 필요가 있다.

하루 종일 엄마를 기다리느라 애쓰고 외로웠던 아이의 마음을 분주한 엄마들이 알아주지 못할 때 아이들은 기가 죽어 엄마 뒤편에 물러나 있고 아이들은 그 묘한 외로움의 감정에 적절한 이름도 붙이지 못한 채 늘 친밀한 관계에서 얼어붙는다. 그래서 친밀한 관계는 이루지 못할 소망이 되고, 관계를 통한 안정성의 핵이 부재한 내담자들은 탄력 있게 삶을 확장해 나갈 수 있는 생기를 발휘하지 못하게 되는 경우가 많다.

내담자들의 이러한 경험들, 즉 있어서는 안 될 버려짐, 파손의 경험 혹은 마땅히 있어야 할 보듬어지는 경험의 부재는 내담자들의 핵심적 욕구, 정서, 경험을 제대로 처리하지 못한 채 내적으로 분열된 상태로 내버려 두게 된다(Eriskine et al., 1999;

Siegel, 2010). 그리고 이렇게 분열된 경험은 자기 자신도 접촉하지 못하고 부인, 해리, 왜곡되기 때문에 이를 정확하게 의식하거나 감지하기 어렵게 되고, 결과적으로 어떤 경험인지, 그리고 그 경험이 자신에게 어떤 영향을 미쳤는지를 제대로 문제시하거나 도전하지 않고 살아가게 된다(Erskine, et al., 1999). 이러한 상태를 우리는 부적응적 심리 도식, 방어라는 개념으로 설명한다. 방어적 상태란 외부와의 안정된 접촉을 통해 자기 자신과의 내적인 접촉을 이루고, 내적인 접촉을 통해 공고해진 안정감으로 외적 접촉을 향해 또 확장해 나가고, 다시 확장된 외적 경험을 통해 또 다른 자기와의 내적 접촉을 자기 경험으로 통합해 가는 건강한 순환이 멈추어진 상태이다. 이러한 상태에서 내담자들은 욕구 좌절의 고통으로부터 자기를 보호하기 위해 관계 욕구 자체를 부인하고, 관계를 통한 접촉과 통합 없이 살아 내기 위한 복잡한 책략들을 개발하기 시작한다. 이러한 방어적 책략을 반복적으로 사용하면서 생생한 경험을 지속적으로 제한하게 되고, 결과적으로 자신의 욕구를 새롭게 알아차릴 수 있는 기회도 줄어들게 된다. 이러한 방어, 부적응적 도식은 일시적으로 관계 좌절의 고통을 완화하는 유용성은 있으나 이것이 반복적으로 강박적 형태로 반복되면서 가장 핵심적인 정서 욕구를 알아차릴 수 있는 기회를 점점 잃게 한다.

방어적 책략을 사용하면서 그럭저럭 살아가다가 사람들은 방어가 더 이상 우리를 보호해 줄 수 없는 급작스러운 사건 혹은 중요한 삶의 사건(예를 들면, 결혼, 출산, 취직 등)을 경험하게 될 때 우리는 심리적 아찔함을 경험하게 된다. 그런데 이 위기의 순간이 방어를 비집고 얼굴을 내민 관계 욕구의 좌절과 대면해야 하는 순간들이다. 기존의 방어를 통해서는 더 이상 적당하게 고통을 부인, 왜곡하는 것이 가능하지 않은 이러한 사건은 내담자를 당황시키고, 더 큰 분열 상태로 몰고 갈 수 있다. 그래서 더 강력한 방어적 책략을 고안하거나 감당이 되지 않은 혼돈감으로 상담실을 찾게 된다. 이때 내담자들은 다양한 유형의 문제들로 자기 문제를 호소한다. 이러한 삶의 축이 흔들리는 경험은 내담자들에게 오랫동안 부인하고 있던 자신의 핵심적 정서 욕구를 알아차릴 수 있는 기회가 될 수 있다. 정신분석이론에 의하면, 내담자들은 발달의 어느 과정에서 핵심적 정서 욕구가 좌절될 때 그 지점에 정서적 발달 수준이 고착되고, 고착된 발달 주제에 심리적 에너지가 점유됨에 따라 동일한 패턴을 반복하여 경험하게 된다. 예를 들면, 끊임없이 사랑을 갈구하지만 사랑을 결코 줄 수 없는 학대적인 대상에게 무의식적으로 끌려 버림받고 비참한 느낌에 사로잡히는 경험을 반복하는 경우와 같은 것이다. 이러한 무의식적인 부정적 도식은 매우 강력한 에너지가 점유되어 있기 때문에 상담자가 내담자의 병리적인 역동에 무의식적으로 조정될 가능성이 매우 크다. 그러나 내담자의 문제가 관계의 부정적 도식에 기원을 두고 있다면 문제의 해결은 관계로 풀어내야 한다는 것이 상담 이론, 상담 연구들의 제언이다. 상담 관계가 변화의 핵심이라는 명제는 관계 욕구의 파손 혹은 부재로 유발된 문제는 관계 욕구 복구 혹은 회복으로 풀어내야 하며, 관계 파손에 체포당한 내담자는 관계 회복을 통해 현실을 직시하며 멈춘 성장을 복구할 수 있음을 전제한다.

2) 관계의 문제는 관계로 풀어내야 한다

나는 앞서 내담자들의 대부분 문제는 관계 문제의 변형이라고 하였다. 이는 내담자의 문제 유형을 어떻게 범주화하고, 내적인 상태를 어떻게 진단할 것인가와는 다른 차원에서 내담자 문제에 접근하여 내담자와 깊이 소통하기 위한 접근 방식이다. 이는 내담자 문제의 근원에 접근하여 내담자의 진정한 소망과 소통함으로써 내담자 변화의 동인을 활성화하기 위한 토대를 마련하는 작업이라고 할 수 있다. 내담자가 호소하는 문제, 예컨대 진로, 학업, 정서, 적응 등 외현적 문제를 다루어 가더라도 이러한 문제가 발생하게 된 이면의 대인 관계적 패턴을 이해하고, 구체적 문제를 다루어 가는 과정이 존재한다. 그 안에서 내담자의 대인 관계적 욕구가 드러나고, 새로운 감정, 생각, 행동으로 자신과 타인을 대할 수 있는 변화의 계기가 마련되는 곳이 상담이다. 이렇듯 상담자가 내담자의 가시적 문제를 다루어 가는 과정을 통해서 내담자에게 새로운 관계 체험을 제공할 수 있는 상담 관계적 역량이 있을 때 내담자는 상담에 들고 온 문제 이상의 자기 수용과 자기 이해, 자기 성장을 이룰 수 있다.

내담자의 문제가 근원적으로 관계에서 발생한 것이므로 결국 관계로 풀어내야 한다는 말은 내담자 호소 문제를 모두 대인 관계 문제로 전환하라는 것은 아니다. 물론 내담자들 중에 상담을 하면서 겉으로 드러난 문제 이면의 관계 좌절 경험과 방어 패턴을 자각하게 되면서 초기에 들고 왔던 문제는 더 이상 중요하지 않으며 관계 문제로 상담 주제를 변경하게 되는 경우가 있다. 그런 경우가 아니더라도 내담자가 들고 온 호소 문제를 탐색하고 조율하고 관여하는 과정을 통해 내담자의 좌절된 핵심 관계 욕구가 드러나고, 읽히고, 보듬어질 수 있어야 한다. 그래서 가시적으로는 내담자가 호소하는 문제들을 다루고 있지만 이면적으로 상담 관계적 맥락에서 내담자가 새로운 관계 경험을 할 수 있어야 하며, 이러한 관계 경험이 실제 눈에 보이는 내담자 변화의 기반이 되어야 한다. 그래서 궁극적으로 내담자는 당면한 호소 문제의 해결뿐만이 아니라 이를 상담자와 함께 해결해 나가는 관계 경험을 통해 '내가' '나를' 그리고 '세상을' 대하는 방식과 태도가 변화되어 자기와, 그리고 외부와 진정한 접촉이 가능해지는 경험을 하게 된다. 상담자와의 관계를 통한 이러한 체험이 내담자 변화의 토대로 단단히 받쳐 줄 때 내담자는 다른 삶의 영역 문제에서도 상담에서 이룬 변화를 확산 접목할 수 있는 변화의 주체가 될 수 있다. 결국 문제 해결보다 해결 과정에서 상담자와의 관계 경험을 통한 대인 관계 패턴의 변화가 가장 중요한 상담에서의 소득이라고 볼 수 있다.

3명의 상담 대가의 실제 상담 시연(APA, 2012)에서 치치라는 여자 내담자와 Greenberg가 했던 작업은 상담 관계 속에서 내담자의 불안이 조율되고, 불안에 대한 의미 해석을 성찰적으로 대하게 되는 과정을 잘 담아내고 있다. 내담자 치치는 무슨 일이든 끝을 제대로 맺지 못하는 자기 자신에 대해 열등감을 느끼고 있는 내담자였다. 특별한 이유가 없음에도 불구하고 일을 마무리할 즘이 되면 오히려 자꾸 일을 미루게 되고, 공연히 하기가 싫어져서 일 마무리를 제대로 하지 못한다. 내담자는 이런 자기 자신에 대한 비난으로 가득 차 있었고, 아무리 결심해도 고쳐지지 않는 미루는 습관, 끝 맺음을 못하는 자기 자신에 대한 열등감의 주제로 상담을 받게 되었다. 일을 마무리 못 하는 자신에 대해 두 의자 작업을 하던 내담자는 비난의 목소리가 성장하면서 들었던 엄마의 목소리인 것을 알아차리게 된다. 치치의 엄마는 치치가 하고 싶어 하는 일은 늘 별것 아닌 일이라고 무시하면서도 한편으로는 그 분야에서 성취가 좋을 때는 다른 사람들에게 딸을 자랑하는 양가적인 태도를 보였다. 이런 엄마에 대해 치치는 엄마가 자기 일에 대해 어떤 마음을 가지고 있는지 몰라 이러지도 저러지도 못하는 혼돈된 마음을 지니고 있었음을 기억해 낸다. 그리고 자기가 진심으로 엄마에게 기대했던 것은 성공한 멋진 엄마가 어떻게 하면 그렇게 일을 잘할 수 있는지를 친절하게 가르쳐 주고 안내해 주는 것이며, 이것은 아이로서 너무나 당연하고 건강한 기대임을 확인하게 된다. 겉으로 드러난 문제는 미루는 습관, 마무리를 못하는 것이었으나 이 주제와 관련하여 내담자가 자기 자신과 맺고 있는 관계(비난, 빈정거림, 무시하는 관계)가 드러나면서 타인에 대한 소망과 좌절이 분명해지는 장면이다. 또한 상담자와의 접촉을 통해 내담자 자신의 욕구와 감정에 대한 접촉이 이루어져 치료적 관계 맥락이 어떻게 펼쳐지는가를 잘 보여 주는 회기이기도 하다. 치치를 상담하는 Greenberg의 표정과 목소리, 바라보는 눈길, 앉아 있는 자세와 같은 비언어적 채널을 통해 형성된 상담자와 내담자 사이의 안전감은 치치가 대인 관계에서 전반적으로 상실했던 부분이며, 상담자는 이 상실을 상담의 내용으로 직접 다루지는 않지만 상담 관계 맥락에서 이 상실을 보듬고, 알아 주고, 채워 주는 부분이 확실히 드러난다. 치치는 상담에 대한 소감을 밝히는 인터뷰에서 상담자에게 느꼈던 안전감에 주목하였다.

이렇게 자기 호소 문제를 통해 내담자가 자신의 굳어진 관계 패턴(양가적인 평가를 통한 긴장으로 자기 자신의 욕구에 집중하기보다는 외부 평가에 에너지를 집중하게 되는 패턴, 멋진 엄마와 가까워지고 싶었으나 막상 가까이 가면 자신이 한심해 보인다는 생각, 자원을 가지고 있는 엄마에게 도움받고 싶어 하는 마음을 엄마가 알아 줬으면 하는 바람 등)을 치료적 관계 경험을 통해 명확하게 알아차리게 된다.

그런데 상담 회기 중에서 관계 패턴에 대한 자각과 성찰을 하게 될 때 내담자가 정작 가지고 온 미루고 마무리하지 못하는 습관의 문제는 어떻게 될까? 이미 오래 반복되었던 패턴 속에서 굳어진 무력감과 자기 비난이 자동화되어 바로 변화를 가져오기는 어렵겠지만 미루는 습관의 조짐이 보이기 시작할 때 "그럴 줄 알았어. 네가 제대로 하는 것이 뭐가 있겠니?" 하는 자동화된 자기 비난에 따라 반사적으로 행동하기보다는 일단 거리를 둘 수 있는 공간이 생길 것이다. 그리고 일을 잘 마무리했을 때 어떤 일이 일어날 것으로 예상이 되는지, 어떤 일이 일어나기를 기대하는지, 그리고 기대하는 일이 일어나기 위해서 무엇이 필요한지 등을 상담자와 함께 찬찬히 다루어 나갈 수 있다. 마치 어린 치치가 엄마에게 기대했던 그 마음을 상담 시간에 공명해 주듯이……. 이때 내담자가 얻게 되는 가장 중요한 것은 미루는 습관을 극복할 수 있는 방법을 알게 되는 것을 넘어서 미루는 습관을 둘러싸고 있는 경직된 감정들, 생각들, 신념들이 풀어지면서 자기는 무엇을 원하는지, 어떤 사람인지, 무엇을 느끼고 생각하는지를 알게 된다는 것이다. 이를 통해 내담자는 마무리 못하는 자기 행동과 관련된 지각의 반경이 더 넓어지고, 대처할 수 있는 전략도 훨씬 유연하게 고안해 낼 수 있게 될 것이다.

Yalom(2005)은 Karen Horney가 『신경증과 인간의 성장』이라는 저서에서 "인간은 타고난 자기실현 경향성을 지니고 있으며, 이러한 경향성을 방해하는 것을 치워준다면, 마치 도토리가 참나무로 성장하는 것처럼, 성숙하고, 온전하게 꽃 피어난 사람으로 살 수 있다"고 한 부분이 심리치료의 핵심이라고 인용하였다. 그리고 심리치료는 증상 감소, 문제 해결을 넘어서 성격의 변화, 성숙을 이루는 것을 목표로 하며, 이는 내담자에게 내재된 성장의 힘을 방해하는 것들을 치워 주는 과정을 통해 이룰 수 있다고 하였다. 성장의 힘이 차단된 상태, 즉 자기와의 건강한 접촉이 분절되어 통합된 자기 핵을 응집력 있게 조직화하는 데 실패한 내담자들은 상담자와 외적 접촉을 통해 자기와 내적 접촉을 활성화할 수 있다. 치료적 상담 관계에서는 자기로 통합되지 못하고 분절된 내담자의 핵심적 관계 욕구와 온전히 접촉하는 것이 일차적으로 중요한 과제이다. 이러한 치료적 관계 기반을 마련하기 위해 상담자는 자기 자신과 접촉할 수 있어야 하며 내담자의 취약한 자기, 방어적 자기, 그리고 이면에 위축되어 있는 건강한 관계 욕구와 접촉할 수 있어야 한다. 이것은 상담자가 무엇을 하기(doing) 이전에 존재하는 방식(being)을 통해 가능하다.

그런데 무엇을 하는 기법으로 환원될 수 없는 상담자의 현존(being)의 방식은 참으로 배우기도, 가르치기도, 이해하기도 어려운 개념이다. 그러나 이러한 상담자의 관계 역량은 선천적인 성격이나 자질로 환원되는 것이 아니며, 이는 훈련이 가능하다는 것이 대가들의 제언이다. 무엇보다 중요한 것은 상담자가 상담 과정을 통해 상담 관계의 맥락이 어떻게 펼쳐지고 있는지, 자기 자신, 내담자, 그리고 상담자와 내담자 사이에 무슨 일이 일어나고 있는지에 대한 관심과 집중된 주의가 필요하다. 그리고 상담자에게서, 내담자에게서, 혹은 둘 사이에 어떤 경험이 일어날 때 내담자의 궁극적인 변화에 도움이 되는지에 대한 체험적 기준을 터득하는 것이 중요하다.

내담자의 호소 문제 이면에 내재되어 있는 부인된 대인 관계 욕구, 그리고 이와 연합된 방어적 패턴은 의식화할 수 없는 상태로 존재하면서 내담자의 성장을 교묘하게 방해하기 때문에 이를 드러내고 개선하는 것은 매우 도전적인 과제이다. 무엇보다 이러한 패턴이 상담 관계에서도 반복되려고 하는 내적 요구가 강력하기 때문에 상담자가 이에 휘말려 들기 쉽다. 정신역동적 접근에서는 이러한 현상을 전이, 투사적 동일시의 개념으로 설명하고 있다. 이러한 현상을 경험적으로 이해하기 위해서는 '지금-여기' 상담 관계에서 나타나는 내담자의 대인 관계 패턴의 문제를 진정성 있게 다루어 가야 한다. 이러한 필요성을 실존치료, 대인관계치료, 인간중심치료, 정서중심치료 모두에서 강조하고 있다.

내담자들이 핵심적인 정서 욕구를 관계에서 얻지 못할 때 양가감정을 경험하게 되고, 이러한 양가감정은 긴장을 동반한다. 상담 과정에서 양가적이고 복합적인 정서적 에너지와 정서적 긴장이 감도는 순간은 상담자가 내담자의 핵심 욕구를 알아차릴 필요가 있다는 것에 대해 슬며시 암시를 주는 순간이다. 이러한 힌트를 줄 때 상담자가 이를 민감하게 알아차리고 조심스럽게 조율하고, 자기 자신을 적극적으로 내어 주며 관여하는 것은 개입의 계기를 만들기 위해 대단히 중요하다. 내담자의 부적응적인 대인 관계 패턴이 상담 과정에서 반복되어 상담 과정이 맴도는 현상을 알아차리고 이 반복되는 패턴의 의미를 내담자와 함께 들여다보고, 그 의미를 풀어낼 수 있는 기회가 되기 때문이다.

내담자들의 좌절된 핵심 정서 욕구는 의식선상에서 물러나 다양한 형태(환상, 꿈, 기억, 이인화 등)로 저장되어 있으며 상담 관계를 통해 접근할 때 다양한 방식으로 상담 관계에 도전을 줄 수 있다. 내담자에게 의식되거나 도전되지 않았던 대인 관계에서의 거절, 버려짐, 파손의 경험들이 상담 관계에서 작은 틈새로 드러나기 시작하는 것은 상담자에게서 안전성을 감지하고 변화에 대한 신뢰가 싹트기 시작했기 때문이다. 내담자가 주저주저하며 조심스럽게 부정적 관계 경험의 부분을 드러내기 시작할 때 상담자가 내담자의 경험에 압도하여 놀라거나 혹은 더 꺼내지 못하도록 서둘러 닫아 버리는 경우, 혹은 거리를 두고 이론적인 자세로 돌아서게 되는 경우 내담자는 커다란 상처를 입게 된다. 그리고 상담자도 감당하지 못하는 경험을 드러내는 것은 위험하다는 생각을 갖게 되고, 그것을 드러내도 이를 버텨 줄 수 있는 사람이 아무도 없다는 두려움과 수치심에 휩싸일 위험이 있다. 그래서 상담자는 내담자와 속도를 맞추어, 내담자가 감당할 수 있는 만큼의 주제를 다루어 가는 것이 필요하다.

내담자가 오랜 시간 동안 드러내지 않고 부인했던 정서적 박탈과 학대, 버려졌던 경험을 떠올릴 때 상담자와 내담자 사이에는 말로 할 수 없는 정서적 교류가 일어나게 되고 내담자에게 너무 압도적인 경험은 상담자에게 불현듯 어떤 신체적 감각, 선명한 이미지, 단어 및 장면 등을 떠올리게 할 수 있다. 상담자는 지금-여기에서 경험하는 것이 내담자가 무의식적 혹은 의식적으로 느끼는 고통의 수준임을 감지하고, 주의 깊게 따라가는 것이 필요하다. 자신에게 다가오는 감정을 내담자가 던져준 감정 뭉텅이 경험으로 이해하게 될 때, 그 무섭고, 선명치 않은 감정 덩어리를 받아내어 혼란스러운 겉 감정들을 함께 닦아 내고, 모세혈관처럼 섬세한 감정의 가닥을 자리 잡아 주는 작업을 함께할 수 있다. 방어가 허물어지기 시작하면서 드러나게 되는 내담자의 치명적인 관계 손상 경험은 정도의 차이는 있지만 대부분의 모든 내담자들 문제 이면의 진실이라고 나는 확실히 믿는다. 그리고 이 방어막이 젖히고 드러나는 내담자의 취약성은 비약도 심하고, 원초적이며, 강렬하기 때문에 이를 버텨 주고, 담아내기 위해서는 안정된 상담자의 자기가 핵심적으로 필요하다.

내담자의 초기 대인 관계 경험이 내담자 문제의 원형적 틀이 되고, 여기에서 벗어나도록 하기 위해서는 그 무엇보다 상담자와의 치료적 관계 형성이 중요하다는 것을 임상 경험, 상담 성과 연구에서 지지하고 있다. 그리고 최근 20여 년간 진행된 뇌 과학 영역 연구 결과들도 관계 경험의 중요성을 놀라운 경험 자료로 지지하고 있다. 이제, 인간의 관계 경험이 뇌와 마음에 어떤 영향을 미치며, 이것이 인간의 문제 형성과 해결에 어떤 시사점을 주는지 관련된 주요 개념을 중심으로 살펴보도록 하자.

3) 관계, 마음 그리고 뇌의 상호작용

인간의 심리 현상을 이해하기 위해 심리치료자들은 마음이라는 비유적 언어를 사용했다면, 뇌 과학자들은 인간행동과 뇌의 관계라는 구체적인 자료에 근거한 언어를 사용하면서 서로 독립된 관심을 발달시켜 왔다(Cozolino, 2010). 그런데 최근 20여 년간 심리치료 분야와 뇌 과학 분야가 서로 중첩된 관심들에 대해 소통하기 시작했다. 심리치료와 뇌 과학 분야의 소통은 심리치료를 하고 있는 정신과 의사들에 의해 주로 이루어지고 있다. 이들은 애착 관계 및 심리치료와 관련된 매우 실증적인 뇌 과학 연구 결과를 제시하고, 그러한 뇌의 변화를 설명하기 위해서는 관계 경험과 정서에 대한 심리학적 이해를 도입하면서 인간의 문제와 변화에 대해 통합적으로 접근하고 있다. 관계 경험을 중심으로 마음과 뇌의 상호작용이 어떻게 이루어지는가에 관한 뇌 인지 과학 분야의 핵심 내용을 정리해 보면 다음과 같다.

뇌, 관계, 마음을 인간의 병리와 심리치료의 핵심 3요소로 보고 있는 심리치료 뇌 과학 기반의 기본 전제는 '뇌는 신체 기관일 뿐만 아니라 사회적 기관(social organ)'이라는 것이다. 인간의 뇌, 마음, 관계는 서로 깊이 관련되어 인간이 변화에 적응할 수 있도록 긴밀한 상호 협조를 한다. 어린 시절의 관계 경험은 인간의 동기, 학습, 정서를 관장하는 편도체(amygdala) 발달에 결정적인 영향을 주게 되며, 심리적 문제의 근원은 관계 경험의 박탈에서 비롯된 공포를 처리하기 위해 형성된 방어적 패턴에서 비롯된다는 것이다. 이러한 방어 패턴은 뇌에 기억이 되기 때문에 의식적인 노력을 통해 변화하기가 매우 어렵다. 그러나 다행스럽게도 우리의 뇌는 뇌 가소성(neuroplasticity)을 가지고 있어서 평생 동안 변화가 가능하다. 그런데 이러한 뇌 가소성이 발현될 수 있는 것은 자동화된 신경 구조를 변화시킬 수 있는 정도의 강력한 치료적 관계 경험을 하게 될 때이다. 새롭게 강력한 치료적 관계 경험을 하게 되면 이것이 뇌에 역으로 영향을 미치어 신경 구조의 연결망을 바꾸거나(synaptogenesis), 새로운 신경 세포를 만들어 내기도 하는데(neurogenesis), 이것이 심리치료를 통한 인간 변화 가능성의 생물학적 근거가 된다(Badenoch, 2008). 뇌 인지 과학에서 제시하는 이러한 기본적 전제들에 포함된 주요 개념들을 좀 더 구체적으로 살펴봄으로써 관계, 마음, 뇌의 상호적 역동성에 근거한 상담 관계의 치료적 근거를 이해해 보도록 하자.

먼저, 인간의 뇌는 사회적 기관이라고 뇌 인지 과학자들은 제시한다(Badenoch, 2008; Cozolino, 2015; Siegel, 2010). 뇌는 우리의 신체 기관에 해당하지만 우리를 둘러싸고 있는 사회적 환경에 영향을 받아 평생 동안 변화하는 기관이다. Cozolino(2016)는 신경 세포와 신경 세포가 연결되는 공간인 시냅스에서 신경 세포 간에 전자, 화학 물질의 전달을 통해 정보와 에너지가 전달되듯이 사람과 사람 사이의 공간은 '사회적 시냅스(social synapse)'로서 관계를 통해 서로의 신경 세포에 영향을 미칠 수 있는 에너지와 정보의 흐름이 발생한다고 하였다. 신경 세포 간의 공간에서 수많은 정보들이 전달되고 이를 통해 신경 조직망이 연결되어 이것이 우리의 지각, 기억, 이미지, 지식 등 인지 활동의 기초 패턴을 조직하는 것처럼 사람과 사람 사이에서도 이러한 시냅스 공간이 형성되어 우리의 지각, 기억, 이미지, 기억을 재조직한다는 것이다. 두 사람 사이의 공간을 통해 의식적, 무의식적인 의사소통이 이루어지고 이러한 의사소통을 통해 두 사람 사이의 시냅스에 전달 물질의 진동이 생겨 우리의 지각, 기억, 이미지 등 심리 활동의 패턴을 이루게 되고, 사회적 시냅스에서 이루어지는 이러한 관계 경험이 뇌 조직 발달에 매우 중요한 영향을 미치게 된다는 것이다. 이러한 의미에서 뇌는 신체 조직으로 끝나는 것이 아니라 사회적 공간, 특히 대인 관계적 시냅스를 통해 형성되고, 발달되고, 변화되는 조직이다. 이것이 인간의 뇌는 사회적 기관이라는 의미이다.

다음으로, 뇌 과학에서 발견한 발달심리적 명제는 어린 시절 관계 경험은 뇌 발달에 가장 핵심적이라는 것이다. 생후 초기에 주로 발달이 이루어지는 편도체는 원초적인 뇌 조직으로서 인간의 감정, 동기, 행동을 처리하는 사령부이다. 이 원초적인 뇌는 초기 발달 단계의 애착 관계에 따라 정서 조절, 자존감과 관련된 감정, 사고, 행동 패턴을 굳히게 되고, 이러한 패턴이 자동화됨에 따라 이후 발달 과정에서도 반복된다. 발달 초기 단계에 주요 양육자가 유아의 감정이나 욕구에 주의를 기울이고, 알아차리고, 그것이 어떤 감정과 욕구인지 표현해 주는 경험을 주지 못할 때 아이들은 본능적으로 자신은 무가치하고, 뭔가 근본적인 결함이 있다는 판단을 하면서 '핵심 수치심(core shame)'(Cozolino, 2016)을 갖게 된다. 그런데 이러한 근본적 결함, 핵심적 수치심은 아이에게는 삶을 위협하는 정도의 공포로 다가오므로 이를 처리하기 위한 방어적 대처를 뇌세포는 마련한다. 뇌는 기본적으로 적응을 위해 불안을 감소시키는 방식의 대처 행동을 하게 되므로 압도되는 두려움을 느끼지 않는 방식의 회로, 즉 관계 욕구가 올라올 때 이를 회피할 수 있는 방식으로 감정, 생각, 행동의 패턴을 발달시키게 된다. 그리고 이렇게 자기 보호를 위해 발달된 신경 세포의 조직망은 새로운 경험을 하지 않는 한 자기 보호의 강력한 필요에 의해 반복되고 점점 강화되어 간다. '대상관계' '내적 작동 모델' 그리고 '심리 도식'과 같은 개념들이 이러한 현상을 잘 포착하고 있다.

방어적 대처는 불안을 줄이고 자기를 보호하는 기능은 하지만 자기 자신의 공포, 불안, 수치심, 그리고 그 이면의 핵심적 관계 욕구를 자각하지 못하도록 하여 자기를 기만하게 만들고, 이를 위해 현실을 왜곡하는 대가를 치르게 된다. 대부분의 상담 이론에서 내담자들이 자기 보호를 위해 만들어 낸 암묵적이고 무의식적인 왜곡을 알아차리고 현실 검증을 통해 진실을 알게 하는 것을 치료에서 핵심적 통찰로 제안하고 있는데 이는 현실 검증과 직면이 없이는 내담자의 근본적인 변화가 어렵기 때문이다. 그러나 이러한 깨달음이 쉽게 이루어지지 않는 것은 이미 뇌세포의 정보 전달 회로가 방어적 대처 경로로 발화(fire)되어 있기 때문이다. 이에 이미 발화된 신경 세포 회로를 억제하고, 발화되지 않은 새로운 신경 세포 회로를 자극하여 새로운 정보를 지각하고, 그 정보에 기초하여 다른 행동과 감정, 생각을 갖도록 하기 위해서는 새로운 관계 경험을 반복적으로 하는 것이 필요하다(Cozolino, 2010).

편도체와 더불어 심리치료와 특히 관련이 높은 뇌 부위로 주목받는 부위는 중전전두엽피질(middle prefrontal cortex)이다(Siegel, 1999; 2007). 이 영역은 몸 자체와 뇌간, 변연계 그리고 대뇌피질을 서로 연결해 주는 통합적인 영역으로 애착 행동과 정서 조절, 사회적, 의사소통, 그리고 정신화의 매개로서 중심적 역할을 한다(Wallin, 2007).

새로운 관계 경험을 통해 신경 세포 구조와 회로 변경이 가능한 것은 신경 가소성(neuroplasticity) 때문이다. 신경 가소성이란, 새로운 경험을 함에 따라 신경 세포 간의 연결성(세포 간에 흐르는 에너지와 정보의 패턴)을 변화시키는 능력으로 정의된다(Badenoch, 2008). 초기 대인 관계 경험에서 고통스러운 감정과 연결되어 활성화된 신경 회로 대신 새로운 세포 연결망이 생기기 위해서 대인 간 소통(사회적 시냅스)과 내적 신경 시냅스에서 흐르는 에너지와 정보가 변경이 되어야 하는데 뇌는 이러한 변화에 맞추어 변화되는 가소성의 능력을 가지고 있다. 이러한 가소성이 평생 동안 일어날 수 있다는 것이 뇌 과학이 발견한 인간의 치유 가능성이다. 이러한 새로운 관계 경험이 반복되어 시냅스에서 새로운 연결 회로가 생기기 시작할 때 뇌 구조가 변화하고, 그것이 점차적으로 특질로 자리 잡게 된다(Badenoch, 2008). 뇌 구조, 신경 세포의 연결망이 변화되어 뇌 가소성이 발현되는 것은 강도 높은 새로운 관계 경험의 반복을 통해 이루어지는 것으로 시간, 노력, 연습이 필요하다(Siegel, 2010). 뇌 가소성은 상담 관계를 통해 내담자의 자동화된 부적응적 도식, 대상관계 및 내적 작동 모델과 방어적 패턴이 변화될 수 있다는 생물학적 근거가 된다는 점에서 매우 중요하다. 그러면 어떤 특성을 지닌 상담 관계가 뇌 가소성을 활성화해 뇌세포 간의 새로운 에너지 흐름과 정보의 흐름을 가능하게 할까?

'충분히 좋은 엄마'가 안전 애착을 형성하기 위한 조건이 되듯이, '충분히 좋은 상담자'가 내담자와의 안전 애착 관계 형성을 통해 변화를 이끌어 낸다. 안전 애착 관계는 신경 가소성을 활성화해 내담자가 경험에 보다 개방적이고, 자각을 정확히 하고, 자기를 확장할 수 있는 반응을 할 수 있도록 돕는다. 자신이 경험하지 않은 타인의 경험에 대해 공감적으로 공명할 수 있는 생물학적인 근거는 '거울 신경 체계(mirror neuron system)'로 제시되고 있다(Cozolino, 2016; Siegel, 2007). 거울 신경은 1990년대 중반 Rissolati가 발견하였는데 이는 우리가 타인을 관찰할 때 활성화되는 신경 세포이다. 사람들은 거울 신경 체계를 가지고 있기 때문에 관찰을 통해 타인의 행동, 동기, 내적 상태에 대한 이해와 예측을 할 수 있으며, 이를 통해 정서적, 공감적 공명이 가능하다(Cozolino, 2016).

여기서 한 가지 주목해야 하는 것은 오직 의도된 행동만이 거울 신경을 흥분시킨다는 것이다(Wallin, 2007). 즉, 상담자의 공명 반응이 촉발되는 것은 내담자의 행동을 단지 지각함으로써 가능한 것이 아니라 내담자의 의도가 저변에 내재되어 있는 행동으로만 가능하다는 것이다. 물론 이때 내담자가 자기 행동의 의도를 다 알아차릴 수 있는 것은 아니다. 마치 유아들이 어떤 행동을 했을 때 유아 자신은 자기 행동의 의도를 못 알아차리지만 민감한 양육자가 유아의 의도를 알아차리고 이를 유아가 알아차릴 수 있도록 반영해 줄 수 있듯이 상담자도 내담자가 미처 알아차리지 못했으나 분명한 무의식적 의도가 있는 행동에 의해 공명 반응을 할 수 있으며 이를 내담자에게 전달함으로써 공감을 극대화할 수 있다. Wallin(2007)은 거울 신경은 이렇듯 타인의 의도된 상태뿐만 아니라 타인의 감정과 신체 감각에 의해서도 흥분될 수 있다는 것이 연구를 통해 입증되고 있다고 보고한다.

상담자와 내담자가 소통하는 공간인, 사회적 시냅스에서 관찰, 의사소통, 주의집중을 통해 공감적인 조율(empathic attunement)의 에너지가 흐르고, 내담자의 내적 상태에 대한 정보를 가질 수 있는 것은 뇌세포 기능에 기반한 현상이다. 공감적 조율은 상담자가 내담자에게 주의를 기울이고, 조율된 감각으로 내담자의 내적인 상태를 자각하고, 또한 이렇게 전달받은 내담자에 대한 이해를 내담자에게 다시 되돌려 주는 과정을 포함한다. 이러한 과정을 통해 상담자와 내담자 간에 정서와 경험이 공유되고, 통합된 관계 경험을 하면서 내담자의 내러티브는 상담자와 함께 써 내려가는 내러티브로 변화되기 시작한다. 이렇게 통합된 관계 경험을 통해 내담자의 내적 경험은 부인되거나 분열되지 않고 통합의 방향으로 나아갈 수 있게 된다(Siegel & Bryson, 2011).

나는 이제까지 상담 관계가 내담자 변화에 왜 그렇게 중요한지, 그 중요성에 대한 근거를 임상적 증거와 뇌 과학적 연구 결과를 통해 살펴보았다. 그러면 이제 내담자의 고정된 뇌 신경 구조와 회로를 변화시킬 수 있을 만큼 강력한 영향을 미치는 치료적 상담 관계 경험은 어떻게 일어날 수 있을지에 대한 내용을 살펴보도록 하자.

2. 치료적 현존

> 내가 그의 이름을 불러 주기 전에는 하나의 몸짓에 지나지 않았다. 내가 그의 이름을 불러 주었을 때, 그는 나에게로 와서 꽃이 되었다.
>
> – 김춘수, 〈꽃〉

일찍이 영성 치료가인 Henri Nouwen은 "우리의 인생에서 가장 중요한 사람이 누구인지를 우리 자신에게 정직하게 물어본다면 그 사람은 우리에게 많은 충고, 해결책 혹은 치료를 준 사람이 아니라 우리와 함께 고통을 나누고, 우리의 상처에 부드럽고 섬세한 손길을 얹은 사람일 것"이라고 하였다. 실제 고통 중에 있는 내담자에게 상담자가 해 줄 수 있는 최선은 그에게 어떤 반응을 하고 무엇을 하는 것보다 그와 함께 있는 것(being with)이다. 함께 있음에 대한 의미 부여가 너무 과하다고 느껴질 수 있지만 앞서 뇌 인지 과학의 발견에서 제시하고 있듯이 상담자와 내담자의 관계 공간에서 이루어지는 경험이 내담자의 신경 세포 회로와 조직의 활성화를 달리 할 수 있을 정도의 영향력을 줄 수 있다는 사실을 기억하기 바란다. 상담자인 내가 무엇을 해서가 아니라 우리가 함께 하는 공간에서 공유한 경험이 내담자가 무엇인가를 할 수 있도록 하는 기반이 된다는 확신은 상담자가 내담자를 대하는 태도에 영향을 줄 수 있다.

당신은 당신에게 가장 고통스러운 경험을 토로하며 고통 자체를 드러내는 내담자 혹은 타인과 함께 있을 때 어떤 경험을 하는가? 그 장면에서 당신의 내면에는 어떤 일이 일어나며, 어떤 자세, 어떤 표정을 짓게 되는가? 당신의 목소리, 목소리 톤은 어떻게 변하는가? 타인의 강렬한 정서 경험이 상담 과정 전면에 뚜렷이 떠오를 때 상담자가 불편해지거나 압도되면, 자신도 모르는 사이에 주제를 바꾸거나 내담자의 경험에서 거리를 두고 분석적인 모드로 접어들기도 하고 혹은 혼돈 상태에 빠져 어쩔 줄 몰라 할 수도 있다. 그리고 이런 상담자의 반응이 감지될 때 내담자는 상담자를 신뢰하기 어렵고, 더 깊은 작업으로 들어가기 어려울 것이다.

치료적인 상담 관계, 라포 형성은 내담자가 핵심적인 자기 노출을 하기 이전에 얼마나 안전감을 느낄 수 있는지, 그리고 자기의 취약한 부분을 내놓기 시작했을 때 상담자에게 얼마나 신뢰가 가는지에 의해 결정적으로 좌우된다. 기본적 신뢰감, 대인 관계에서의 안정성은 아주 어린 시절 생존과 관련된 기제로서 내담자가 상담실에 들어서는 순간부터 거의 자동적이고 본능적으로 작동한다. 내담자들은 상담자가 어떤 사람인지 그리고 그와 함께 있는 자신의 경험은 어떠한지를 모니터링하게 된다. 그리고 상담자가 함께 있는 순간, 그 공간이 안전하고 든든하게 느껴질 때 그 토대 위에 상담 관계가 세워지게 된다.

상담 성과 연구에서 치료적 동맹이 다른 어떤 요소들보다 상담 성과에 일관되게 유의한 영향을 미치는 요인으로 밝혀지고 있지만 무엇이 작업동맹에 영향을 미치는 지에 대한 탐색은 별로 없었다(Yoo, Hong, Shon, & O'Brien, 2014). Rogers는 말년 Baldwin과의 인터뷰(2000)에서 변화를 위한 필요충분조건인 무조건적 존중, 공감적 이해와 진정성보다 앞서 더 핵심적인 관계 특성이 있는데 그것이 '치료적 현존(therapeutic presence)'이라고 하였다. Rogers의 이러한 생각은 상담 관계 및 치료동맹의 선수 요건으로 상담자가 무엇을 하느냐에 앞서 내담자와 어떻게 함께 있느냐가 있다는 것을 시사하고 있다. 이 절에서는 상담 관계를 다양한 측면에서 살펴보기에 앞서 상담자가 어떤 상태로 내담자와 함께 있어야 하는지와 관련된 주제를 치료적 현존의 개념으로 생각해 보기로 하자.

1) 치료적 현존의 개념과 중요성

우리는 일상적으로 '존재감이 강하다'라는 표현을 사용하는데 이때 존재감이 강하다는 것은 어떤 말이나 행동을 하지 않았음에도 불구하고 그 사람이 그냥 그곳에 있다는 사실 자체만으로도 강력한 영향력을 행사하는 경우를 말한다. '치료적 존재감'이 강한 상담자는 무슨 말을 하거나 개입을 하기에 앞서 그냥 있는 존재 자체로 내담자에게 뭔가의 진동을 주어 가시적인 행동과 말을 뛰어넘는 영향력을 미친다. 내담자가 상담실에 들어와 자기 의자에 앉는 순간 사회적 모드에서 치료적 모드로 바뀌는 경우를 생각해 보라. 내담자가 자기 자리에 앉아 상담자와 서로 아무 말을 하지도 않았는데 그 직전까지 느끼지 못했던 감정이 올라오면서 자기 자신 내부로 집중하게 되는 경우를 상담 과정에서 경험하곤 한다. 이러한 치료적 모드로의 진입이 치료적 현존이 펼쳐지는 과정이라고 볼 수 있다. 물리적으로 똑같은 공간인데 상담자와 함께 있는 공간은 심리적으로는 이미 다른 공간이 되어 내담자에게 뭔가 영향을 미치고 있는 것이다.

Geller와 Greenberg(2012)는 치료적 현존에 관한 질적인 연구를 지속적으로 진행하고 그 결과를 저서로 발표하였는데 그들의 저서에서 치료적 현존을 다음과 같이 정의하고 있다. "치료적 현존이란, 상담자가 내담자와 전인적으로 만나는 상태를 의미하는 것으로 신체적, 정서적, 인지적, 영적으로 다양한 차원에서 완전히 그 순간에 머무는 것이다. 치료적 현존은 통합되고 건강한 자기 자신과 접촉하는 것을 포함한다. 그렇게 접촉하는 동안 우리는 자각(awareness)과 지각(perception)이 확장된 느낌을 가지면서 그 순간 가장 두드러진 것에 개방하여, 받아들이고, 깊이 몰두하게 된다. 이렇게 균형 잡히고(grounded), 몰두되어 있고(immersed), 확장된(expanded) 자각은 내담자의 치유 과정에서 상담자가 자기 자신 그리고 내담자와 상호작용할 때 일어난다."(Geller & Greenberg, 2012, p. 7) 이 정의에서 핵심어로 부각되는 것은 상담자의 균형, 순간의 집중, 확장된 자각으로 그 의미가 무엇인지를 곰곰이 생각해 보면 치료적 현존의 실천을 어떻게 할 것인지에 대한 시사점을 얻을 수 있다. 상담자는 안정적으로 자기중심이 잡힌 상태, 즉 상담자가 자기 자신과 연결되어 있고, 자기 자신과 있는 것이 편안한 상태를 전제한다. 그 상태에서 내담자와 '지금-여기' 상호작용하는 순간에 깊이 집중되어 있으면서 동시에 어느 한 부분에 집착된 것이 아니라 확장된 자각을 할 수 있는 상태는 상담자가 어떤 기법을 사용하기 이전에 혹은 개입 중에 나타나야 하는 상담 과정의 분위기이자 기본 토대이다.

치료적 현존은 신체적, 정서적, 인지적, 영적인 차원을 포함하여 상담자와 내담자의 상호작용 과정에서 일어나는 현상으로, 우리가 상담 장면에서 경험하고 있는 것이지만 막상 이를 언어적으로 기술하기는 쉽지 않은 것 같다. Siegel(2010)은 이러한 상담자의 상태를 '접근 상태(approach state)'라고 설명하면서 상담자가 타인인 내담자와의 상호작용에서 자기 자신을 전적으로 개방하고, 일어나는 내외적 경험에 대해 수용적 자세를 가지게 될 때 그것이 우리의 뇌에 영향을 미치며 말을 넘어선 접촉이 가능하다고 하였다. 그런데 여기서 상담자의 이러한 개방성과 수용성은 마음을 내버려 두어 방황하도록(mind wandering)하는 것과는 구별되며 '의도성'이 요구되는 자세(Siegel, 2010)라는 것을 기억할 필요가 있다. 즉, 상담자가 상담 과정에 미리 자신의 아젠다, 틀을 가지지 않고 개방적, 수용적 자세로 임한다는 것이 마치 상담 시간에 내담자가 하는 이야기를 아무런 의도 없이 그저 따라가기만 하는 것을 의미하지 않는다. 상담자가 치료 장면에서 생생하게 자기를 열고 일어나는 현상들에 대해 집중하기 위해 '안으로부터 올라오는 직관(gut instinct)'과 신체 감각을 잘 알아차리는 것이 중요하다. 그리고 이러한 치료적 현존은 임상 작업에서 핵심적으로 요구되는 치료적 분위기이다.

치료적 현존을 상담 관계의 선수 조건으로 강조하는 입장은 매뉴얼로 상담자 개입을 가르칠 수 있다고 믿는 합리적인 접근과는 매우 다른 뉘앙스를 풍긴다. 그러나 작업동맹, 상담 관계의 중요성을 보여 주는 상담 성과 연구 결과와 인간 상호작용의 복잡성과 역동성에 보다 비중을 두는 최근 상담 이론계의 추세, 그리고 뇌 인지 과학의 연구 결과들은 치료적 현존에 대한 보다 체계적인 이해를 요구하는 것 같다. McWilliams(2014)는 "심리치료는 신성한 신뢰(sacred trust)로 느껴진다"고 하여 상담 관계에서는 치료적 계약에 의해 이루어지는 구조적 관계를 넘어선 영성적, 정서적 토대가 중요함을 시사한 바 있다. 나는 상담자와 내담자가 상담이라는 특수한 형태의 만남을 통해 내담자의 가장 취약하고 내밀한 고통의 부분을 공유할 때 과학적, 합리적 수준 이상의 강력한 소통과 공유가 일어난다고 믿는다. 그리고 이에 대한 체계적인 이해를 하고, 그 중요성에 대해 확실한 신념을 가질 때, 상담 성과를 높일 수 있으며 또한 그 관계가 지닌 강력한 영향 때문에 생길 수도 있는 잠재적 위험성을 예방할 수 있다.

2) 치료적 현존의 특징

치료적 현존은 그 개념 자체에 모순적인 특성이 포함되어 있고, 그 경험이 개개인마다 고유하기 때문에 언어적인 정의를 통해 이를 이해하기가 어렵다. 치료적 현존의 모순적인 특성은 예를 들면 이런 것이다. 치료적 현존은 매우 적극적이고, 의도적이지만 동시에 매우 수동적인 자세를 의미한다. 치료적 현존에서 말하는 상담자의 적극성은 모든 경험에 적극적이고 의도적으로 개방하는 것으로 나타나며, 무엇을 지각하고, 자각하려고 애쓰는 적극성이 아니다. 또한 자신을 전적으로 개방하고, 자신의 신체, 지각 망에 흡수되는 것들을 그대로 받아들인다는 점에서 완전히 수동적인 상태이다. 그러나 이 수동성은 내담자가 자신이 어쩔 수 없는 상황에서 고통에 덮쳐 어찌할 수 없는 수동성과는 다른 특성의 수동성이다. 어쩔 수 없는 고통을 주체적이고 의도적으로 받아들이고자 자신을 내어 주는 수동성이기 때문이다.

치료적 현존의 또 다른 모순적 성격은 매우 집중하지만, 대양처럼 자기를 놓아둔다는 점이다. 상담자는 현재에 생생하게 머물기 위해 매 순간 가장 뚜렷하게 드러나는(poignant) 자극에 집중하지만 진동파처럼 확장되어 나가는 대양과 같은 느낌으로 어느 것에도 집착하지 않고 있는 상태를 의미한다. 그리고 상담자는 정서적으로 매우 민감한 상태로 자신, 내담자, 상담 과정을 지각해야 하지만 중심을 잡고 안정화되어 있어야 한다. 이러한 모순적인 특성을 포함하는 치료적 현존의 특성을 몇 가지 관련 개념을 통해 이해해 보도록 하자.

첫째, 치료적 현존은 무엇을 '하는 것(doing)'이 아니라 현재에 '있는 것(being)'이다. 이것은 상담 관계를 맺기 위해 이것저것을 하면서 마음을 빼앗기는 것이 아니라 내담자와 온전하게 함께 있는 순간을 말한다. 이전에 진행한 부부 상담에서 내담자

부부는 상담을 시작하면서 남편과 아내가 서로의 입장을 이해할 수 있는 계기가 되었고, 서로 입장을 좀 더 받아 주어야겠다는 결심을 새롭게 하였다. 그런 회기가 진행되던 중 어느 날 남편이 부인이 자기에게 잘해 주기 위해 너무 애쓰는 것이 오히려 자신을 열기 더 어렵게 한다면서 그냥 아무것도 안 하고, 아무 말도 안 하고 자기와 함께 머물러만 있어 주면 좋겠다는 고백을 한 적이 있다. 상담자가 안전한 라포를 형성하기 위해 분주히 뭔가를 너무 열심히 하려고 할 때 내담자들도 똑같이 느낄 수 있다. '그냥 나와 함께 머물러 울렁거리는 내 감정이 진정될 수 있는 공간을 만들어주세요' 라고…….

내담자와 함께 있는 것은 그야말로 상담자의 태도이며 상태인데 이러한 태도와 상태에 가까운 개념들로 '제3의 귀로 듣는 것'(Reik, 1948), '고르게 퍼진 주의력(Freud, 1912)' 등을 들 수 있다. 이러한 상태는 상담자가 상담 과정에서 일어나는 일들, 자신 내면에서 일어나는 내적인 체험, 그리고 내담자에게 일어나는 경험들에 너무 출렁거리지 않고, 너무 급히 서두르지 않고, 오히려 약간의 거리를 두고 듣고, 관찰하고, 주의를 기울이는 상태이다. 이때의 거리는 내담자와 정서적인 거리를 띄우라는 것이 아니라 마치 미술 작품을 제대로 감상하기 위해 일정한 거리를 두고 바라보는 것처럼 특정 방향, 의도, 틀 등을 접어 두고 상담 장면에 임하는 것을 말한다. 이러한 상태가 될 때 상담자에게 떠오르기 시작하는 경험들을 선명하게 지각할 수 있다. 예를 들면, 내담자가 말하는 어떤 에피소드를 통해 뭔가를 알아내고, 느껴 보려고 특정 방향으로 상담자의 에너지를 몰고 가는 것이 아니라 내담자를 위해 내어준 자기 자신의 경험의 장에 떠오르는(emerging) 경험에 초점을 맞추게 된다. 이렇게 떠오르는 경험은 특정 감정, 이미지, 신체적 감각, 생각 등일 수 있다.

Williams(1899)는 "인간 본성에 내재한 가장 깊은 원리는 감상되기를 간절히 원한다는 것이다"라고 하였다. 이는 사람들은 관계 속에서 분석을 당하거나 설명을 당하는 것이 아니라 자신이 하나의 예술 작품과 같이 가감 없이, 있는 그대로 감상되는 것을 가장 원한다는 것을 보여 준다. 우리는 예술 작품을 감상할 때 그 작품 앞에 우리의 오감을 완전히 개방하고, 작품이 우리에게 다가오는 대로 감상한다. 자식을 작품처럼 감상하는 마음으로 키우는 부모는 그 아이가 어떤 특성과 씨를 가진 아이인지에 대해 두근거리는 기대를 갖고 아이를 감상하며 아이의 고유한 기질과 특성이 드러날 때 감탄하고 수용한다. 치료적 현존은 이처럼 분석과 설명, 해석에 앞서 내 앞에 있는 내담자를 하나의 통합된 전체로서 고르게 퍼진 주의력을 가지고 마주 보며 서 있는 상태를 의미한다. 이러한 상태가 될 때 Rogers가 말한 무조건적인 존중이 가능하다. 무조건적인 존중은 상대방에 대한 아무런 선입견이나 특정한 방향으로의 기대를 접어 두고 상대방의 변화에 대한 관심과 기대로 열려 있는 자세이며 이러한 자세로 바라볼 때 내담자 자신도 알지 못했던 감정, 장점, 경험들이 상담 장면에 스며 나오기 시작한다.

McWilliams(2014)는 심리치료자들의 임상과 영성을 어떻게 연결하는지를 다루는 책에서 자신이 영성(하나님의 임재를 지속적으로 자각하게 되는 경험)을 경험하는 두 측면은 경이로움과 감사의 경험이라고 하였다. 그녀는 내담자들이 자신의 문제를 놀랍게 통찰하는 순간, 극한 외상적 경험 속에서도 신비할 만한 회복력(resilience)을 발현하는 것을 볼 때 경탄을 금할 수 없다고 하였다. 이것이 어디 비단 그녀만의 경험이겠는가! 그녀의 이런 성찰은 상담을 통해 내담자에게 깊이 감동받고, 그런 경험들이 쌓이면서 인간 변화에 대한 신뢰를 갖게 되는 상담자들의 경험을 대변한다고 생각한다. 청소년 내담자와 종결한 상담자로부터 감동의 메일을 받은 적이 있다. 변화를 위한 내, 외적 자원이 너무도 척박했던 청소년 내담자가 이루어 낸 변화 과정에 동참하면서 '상담자로서 자신은 안쓰러운 마음으로 같이 있어 준 것 외에는 딱히 달리 한 것이 없었는데 이런 놀라운 변화를 보인 내담자를 보내면서 상담자로서 안심하게 되고, 겸손하게 된다는 내용이었다. 이러한 경험이 쌓이면서 상담자들은 우리가 누군가를 구원했다는 자기애적인 성취감이나 도취가 아니라 그저 같은 동지 인간으로, 상처 입은 또 한 사람으로, 함께 동참한 여정에 대한 감사로 우리의 존재를 채워 나갈 수 있다. 그리고 이러한 존재감이 치료적 현존을 가능하게 하는 힘이 될 것이다.

둘째, 치료적 현존은 내담자와 상담자의 '만남'이 이루어지는 순간이다. 상담자와 내담자는 물론 물리적으로 이미 만나고 있는데 치료적 현존이 일어나는 만남은 물리적, 정서적, 영적 차원 등 모든 차원에서 내담자와 만나는 순간을 의미한다. Stern(2004)은 내담자와 상담자가 지금-여기에 상호 현존하는 상태로 만나는 순간(the moment of meeting)이 상담 과정에서 가장 극적인 경험이라고 하였다. 많은 상담 이론에서 거론하고 있는 Buber(1923/1990)의 '나-너' 관계는 치료적 현존에서 말하는 '만남'의 특성을 이해하는 데 매우 중요한 개념이다. Buber는 사람은 관계를 맺으려는 '접촉 본능'을 가지고 있어서 살아서 작용해 오는 마주 선 사람과 '상호 접촉'을 경험하게 되면, 그 사람과 독점적인 '나-너'의 관계가 이루어진다고 보았다. 여기서 독점적이라는 의미는 관계 속의 '너'와 '나'는 다른 어떤 대상과도 대치될 수 없으며, 그 둘 사이에 무엇인가 끼여 있지 않은 고유하고 직접적인 만남이라는 의미이다. 이러한 '나-너 관계'의 특성에 대해 Buber는 "나와 너 사이에는 어떠한 목적도, 갈망도, 예상도 없다. 모든 매개물은 장애물이다. 모든 매개물이 무너져 버린 곳에서만 만남은 일어난다"고 하였다(Buber, 1923/1990). 예를 들면, 늘 그 자리에 있었던 어떤 나무가 어느 순간 나에게 살아 움직이며 나와 접촉하는 나무로 다가올 수 있다. 그런 접촉 경험 속에 들어온 그 나무는 더 이상 여러 나무 중의 한 그루 나무가 아니라 인격으로 다가오는 것이며, 그 나무와 '나-너'의 관계에 있는 나는 그 나무와 온 존재로 만나고 있는 나이다. 상담자가 아무리 여러 상담 케이스를 맡고 있어도 우리가 내담자를 만날 때 우리는 그 내담자를 하나의 케이스로 만나지 않는다. 한 내담자를 여러 회기를 만나도 지금 만나고 있는 내담자가 지난 회기의 내담자와 동일하지 않다. 내담자가 하나의 케이스로 다가오기 시작하는 것은 상담자 번 아웃의 중요한 지표로 주목되며 이러한 상황에서는 '나-너 관계'에 들어가기 위해 필요한 독점적 에너지 창출이 어렵기 때문에 상담자의 회복이 필요하다. 한 사람의 내담자를 만나며 '나'와 '너'의 독점적인 관계가 성립이 될 때 치료적 현존성이 펼쳐진다.

'나-너' 관계 속의 '너'는 하나의 우주적인 존재, 주체성을 지닌 인격이며 '나-그것'의 관계 속의 '그것'과는 구별되는 존재이다. '나-너' 관계 속의 '나'와 '나-그것' 관계 속의 '나'는 다른 '나'이다. '나-그것' 관계에서 '나'는 여러 대상 중의 하나로 '그것'을 경험하고 있는 것이지 그 대상 자체를 고유하고, 배타적으로 체험하고 있는 것은 아니다. 나에게 상호 현존성이 가장 순수하게 드러나는 만남 중의 하나는 엄마 품에 안긴 유아와 엄마의 만남이다. 유아가 자기를 안고 있는 사람이 엄마라는 것을 지각하고 난 뒤에 엄마와 관계를 맺는 것이 아니라, 관계를 맺으려는 강렬한 접촉본능을 지니고 있는 아이에게 엄마가 아이의 경험 안으로 굽혀 들어갈 때 둘 사이에 배타적인 접촉이 이루어진다. 그리고 '너'로서의 엄마가 지각이 되고, 그와의 관계 속에 있는 '나'가 체험된다. 또한 품에 안은 아이를 하나의 우주로 경험하고 있는 엄마에게 그 순간 아이는 계량하거나 비교할 수 있는 객체가 아니다. 또한 엄마를 자기 우주의 전부로 바라보는 아이에게도 그 순간은 엄마와 자기 사이에 다른 어떤 매개물이 끼어들 자리가 없다. '나-너 관계'에서 일어나는 이러한 상호주관성(intersubjectivity)은 타인의 주관적 경험을 바꾸려 하지 않고 그것에 동참하고, 함께 공유하는 것으로 이해와 의미 해석에 앞서 관계 속의 공명을 통해 자신과 타인의 경험을 이해하고, 의미를 만들 수 있도록 해 준다. Wallin(2007)은 상담자와 내담자의 상호주관적인 관계의 맥락에서 이루어지는 암묵적이고, 비언어적인 의사소통은 내담자의 미해결된 과제를 인식하고 내담자가 그 미해결 과제를 다시 다룰 수 있게 해 주는 데 결정적인 역할을 하게 된다고 하였다.

그런데 우리는 어떤 대상과 '나-너'의 관계만을 지속적으로 맺는 것은 아니며 '나-너'라는 배타적이고 직접적인 관계의 힘이 다하거나 또는 매개물이 파고들면 '너'는 여러 대상 중의 하나가 된다. 그리고 우리는 관계 속에서 이 두 형태의 관계를 왔다 갔다 하기도 하고, 이 둘이 명확히 구별되지 않는 이중성 가운데 만남이라는 사건을 경험한다(Buber, 1923/1990). 예를 들면, 상담자와 내담자의 관계에서도 우리는 '나-너'의 관계와 '나-그것'의 관계를 역동적으로 왔다 갔다 하기도 하고, 이 두 종류 관계의 이중성에 놓이기도 한다. 그러나 치료적 현존이 펼쳐지는 관계는 상담자와 내담자가 '나-너'로 만나 그 사이에 어떤 매개물(예를 들면, 이론, 회기 목표, 심리 검사 결과, 사례 개념화 등)이 끼어 있지 않은 관계이며, 그러한 '나-너' 관계에서 상담자와 내담자는 주체성을 지닌 인격으로 서로 마주 서게 된다. 상담 과정에서 상담자는 내담자를 '나-그것'으로 만나 계약도 맺고, 목표도 세우고, 검사 해석도 해주고, 개입 대상으로 여기기도 한다. 그리고 이런 과정은 상담에서 필수적이기도 하다. 그러나 상담에서 '나-그것'의 관계가 필요하지만 '나-그것'의 관계로만 상담이 되지는 않는다. Buber는 삶에서도 '나-그것'의 관계가 필요하지만 '나-그것'의 관계로만으로 살 수는 없다고 하였다. 상담자와 내담자가 상담 장면에 진정으로 살아있는 생생함으로 현존할 때 '나-너 관계'가 이루어지고 '나-너 관계'를 통해 내담자의 변화는 자연적으로 펼쳐질 준비가 된다.

치료적 현존의 세 번째 특성으로 생각하고 싶은 것은 나와 너 사이에 창조되는 공간, Buber의 개념으로 '사이(the between)'이다. 이 '사이'는 관계를 맺고 있는 두 사람 사이에 창조되는 것으로, 두 사람의 개별적인 경험을 넘어서는 경험의 확장이 일어나는 곳이다. Buber는 '나-너' 관계에 있는 두 사람 사이에서 일어나는 것은 사랑이며, 이러한 사랑은 '나'와 '너' '사이'에 있는 것이라고 하였다. 그에 따르면 "감정은 소유되지만 사랑은 생겨난다. 감정은 사람 안에 깃들지만 사람은 사랑 안에서 살아간다. …… 즉, 사랑은 '나'에 집착하여 '너'를 '내용'이라든가 대상으로서 소유하는 것이 아니다. 사랑은 '나'와 '너' '사이'에 있다. …… 사랑이란 하나의 우주적인 작용(a cosmic force)이다. …… 독자적인 존재로 '너'가 되어 그 사람과 마주 서게 될 때 그때야 비로소 사람은 활동하고, 도와주고, 고쳐 주고, 키워 주고, 높여 주고, 구원해 줄 수 있다. 사랑이란 한 사람의 '너'에 대한 한 사람의 '나'의 책임이다"(Buber, 1923/1990).

이러한 Buber의 '사이' 개념은 앞서 살펴보았던 뇌 과학에서 제시하는 '사회적 시냅스'를 떠올리게 한다. 마치 신경 세포 시냅스처럼 나와 너 사이에 만들어진 공간에서는 에너지가 흐르고, 정보가 흐르게 되는데 Buber의 개념에 의하면 그것이 사랑이라는 우주적 에너지이며, '나'와 '너'가 어떤 사람인지에 대한 정보이다. 이 뇌 과학 작용들에 의하면 이러한 에너지는 신경 세포 사이에 이루어지는 화학 작용 혹은 전기 전달을 통해 전달되어 뇌 조직을 변화시키고, 신경 세포의 경로를 변경시킨다고 하였다. Buber는 이러한 에너지의 흐름은 '나-너'의 관계에서 가능하다고 하였으며, 뇌 과학자들의 발견은 관계 경험이 시냅스 연결을 창조하고, 재창조하기도 한다고 하였다. 즉, 진정한 접촉이 이루어지는 치료적 현존이 생생한 '나-너'의 관계는 의식적인 차원에서 설명할 수 없는 신비한 영향력이 생겨나는 공간에서 펼쳐진다는 것을 철학적, 과학적 영역에서 확증하고 있는 것이다. Rogers는 "나의 가장 내밀한 부분, 직관적인 나에게로 접근했을 때, 내 안에 그것이 무엇인지 아직 모르는 그 영역에 접촉했을 때 나는 '변형된 의식 상태(altered state of consciousness)'에 놓인다. 그리고 그 상태에서 내가 하는 것은 전적으로 치유적이다."(Rogers, 1980, p. 129)라고 하였다. 그리고 이러한 영역은 '신비하고 영적인 영역에 존재하는 특성'이라고 설명하였다. Rogers의 이러한 치료 경험은 철학과 과학에서 제안하고 있는 생생한 현존 속에서 살아 있는 인격적 만남의 실제 영향력을 확인해 주는 것이라고 생각한다. 신비하고 영적인 힘, 우주적인 힘에 해당하는 사랑, 이러한 에너지가 활성화되면 내담자를 도와주고, 높여 주고, 고쳐 주고, 키워 줄 수 있는 그런 영역이 상담자와 내담자의 '사이'에서 펼쳐진다.

Buber가 상담자와 내담자 사이에서 일어나는 사랑을 사람이 소유하는 감정과 구분한 부분은 흥미롭다. 우리는 흔히 내담자에 대한 연민, 동정심 등 특정의 감정을 소유할 때 혹은 느낄 때 내담자를 도울 수 있다고 생각하며, 그러한 감정을 느끼지 못하는 자신에 대해 좌절할 때가 있다. 그런데 상담자와 내담자의 치료적 공간, 사회적 시냅스, 둘 '사이'에 흐르는 우주적인 에너지, 신비한 역동은 상담자가 일방적으로 내담자를 향해 어떤 감정을 소유함으로써 생겨나는 것이 아니라 두 사람이 현존하여 함께하며 주고받는 에너지를 통해 발생하는 것이다. 상담자와 내담자가 서로에 대한 신뢰를 갖고, 어떠한 경험에 대해서도 개방하고, 강도 높게 서로에게 집중하는 치료적 순간 거기서 발생하는 에너지 흐름이 생긴다.

시냅스 공간에서 이루어지는 이 신비한 두 사람 간의 교류는 참으로 역동적이며 창조적이다. 나는 인간에게 가장 중요한 뇌신경 세포가 왜 핏줄과 같은 관으로 직접 연결되지 않고 그 사이에 공간을 두었을까 하는 의문을 가진 적이 있다. 그리고 그러한 의문은 '신경 시냅스와 비유되는 사회적 시냅스, 마치 서로 마주한 신경 세포처럼 마주한 두 사람 사이의 그 공간의 의미는 무엇일까?' 하는 질문으로 확장되었다. 만약 시냅스와 같은 공간이 없이 핏줄, 탯줄과 같은 통로를 통해 두 사람이 직접 연결되었다고 하면 그러한 직접적 연결과 '사이'를 통해 연결된 관계는 어떠한 차이가 있을까? 이에 대한 나의 성찰은 다음과 같았다. 탯줄, 핏줄로 연결된 에너지와 정보의 흐름은 일방적이고 직접적이다. 그래서 태아는 엄마로부터 전달된 것을 그대로 받아서 살 수밖에 없는 완전히 의존적인 존재가 되고, 전달된 정보에는 어떤 창의력도, 해석의 가능성도 포함되지 않는다. 그러나 시냅스에서 이루어지는 소통은 상호적이고, 창조적이고, 역동적이다. 그 수많은 신경 세포 줄기로 전달되는 다양하고 복잡한 정보 가운데 어떤 것을, 어떤 경로로 받아들일까 하는 것은 받아들이는 신경 세포에 의해 영향을 받는 것이다. 마찬가지로 상담자와 내담자 '사이' 이들 간의 시냅스라는 공간에는 이루 말할 수 없이 복잡하고, 다양한 정보가 흐르고 있으며 이러한 교류는 상호적이며, 창조적이고, 역동적으로 이루어진다. Buber는 이러한 상호 영향력을 상호주관성이라는 개념으로 설명하였다. 신경 전달 물질을 내뿜고, 받아들이기 위해 마주하고 있는 신경 세포 말단 조직에 많은 에너지가 점유되어 있듯이 마주 대하고 있는 상담자와 내담자는 온 힘을 다하여 서로에게 집중하며 현존한다. 그리고 그 '사이'에서 Buber가 말하는 사랑, Rogers가 말하는 신비한 힘, 그리고 Freud가 언급한 대양의 느낌(oceanic feeling)이 발생하여, 상담자와 내담자 두 사람이 모두 새로운 방식으로 변화하지 않을 수 없게 된다. 이것이 '사이'에서 발생하는 주도성(agency)이다.

내담자와 마주 앉아 있는 당신의 상담실이 우주적 힘, 사랑이 흐르고, 내담자의 뇌 조직, 신경 회로를 변경할 수 있는 강력한 에너지가 흐르는 공간으로 그려지는가? 내담자와 당신이 현재에 머물러 집중하는 동안 과학적으로 설명하기 어려운 내담자의 아름다운 변화와 그에 동참한 당신의 경험이 대양처럼 확장되는 경험이 그려지는가? 치료적 현존의 경험적 의미를 알고 있는 우리 안의 치료적 상담자는 이러한 치료적 현존에 대한 기대와 이미지를 마음에 담고 상담에 임하게 될 것이다.

치료적 현존의 또 다른 특징은 '현재'에 집중하는 경험이다. 여기서 현재는 연대기적 시간의 개념으로 과거-현재-미래 순서에서 말하는 현재가 아니다. 내담자가 과거의 경험을 상담자와 '지금-여기'에서 현존하는 상태로 나누게 될 때 그 사건은 연대기적으로는 과거의 사건이지만 지금 현재의 경험이다. '지금-여기' 경험으로 게슈탈트 치료에서 강조되는 현재 경험은 상담 장면에서 일어나는 다양한 경험 가운데 가장 뚜렷이 떠오르는(poignant) 경험이라고 이해할 수 있다. 예를 들어, 매우 슬픈 경험을 이야기 하는 내담자가 생글생글 웃으면서 그 이야기를 하고 있는데 상담자에게 그 슬픈 이야기 내용보다 내담자가 생글거리는 미소가 가장 뚜렷한 게슈탈트로 다가오면 내담자의 생글거리는 웃음, 그 웃음에 담겨 있는 내담자의 속사정이 가장 현재에 중요한 경험이 된다는 것이다. 이전 미국 대학 상담 센터에서 일할 때 동료 미국인 상담자가 멕시칸계 내담자를 상담하고 집단 슈퍼비전에서 사례를 발표한 적이 있었다. 슈퍼비전에서 발표한 상담 회기 비디오 자료에서 내담자는 어린 시절 경험한 가족 트라우마를 회상하는 장면이 있었는데 어느 순간부터 이 내담자는 어려서 가족들과 사용한 스페인어로 이야기를 하고 있었으며 목소리도 아주 어린아이로 바뀌어 있었다. 상담자는 내담자가 말하는 내용을 이해할 수 없었지만 내담자의 '현재' 작업을 방해하지 않고 그대로 펼쳐지도록 도왔다. 그리고 그 순간은 언어와 연대기적 시간을 넘어서 내담자와 상담자가 지금-여기서 만나는 강력한 접촉의 순간이었다. 그리고 그 접촉의 힘은 스페인어를 전혀 이해할 수 없는 나에게도 강력한 영향을 미쳤고 그 과정에 동참하는 느낌이었다.

영어로 'be present'에 정확하게 대응하는 한국 번역어를 찾기가 어렵다. 'be present'의 의미를 한국어로 이해하기 위해서 be present 하지 않은 상태를 지칭하는 말로 접근할 수 있을 것 같다. '껍질만 와 있다' '시늉만 한다' '역할을 한다'와 같은 표현들이다. 상담자가 내담자와 함께하는 시간과 공간에서 be present 하는 것은 상담자 자기를 도구로 내주어 내담자가 자기 작업을 할 수 있도록 마주하는 것으로 자기의 몸, 생각, 감정, 영성을 모두 열고 내담자에게 집중하는 통합된 상태를 의미한다. 걱정하는 표정으로 앉아 있으나 머리로는 '다음 개입을 어떻게 해야 하지?' '다음 회기에 이 내담자가 올까?' 등의 염려로 분주한 상태가 아니며, 상담자 역할에 충실한 상태도 아니라는 것이다.

치료적 현존과 관련하여 마지막으로 제시하고 싶은 특징은 치료적 현존은 상담과정에 부분적으로 혹은 일부로 관여하는 것이 아니라 전인적인(wholeness) 관여를 하는 것을 말한다는 점이다. 이와 관련하여 Geller와 Greenberg(2012)는 윤리 철학자인 Levinas의 '타인의 얼굴을 통한 만남(encounter through the other through the face)' 개념을 소개한다. 이들이 주목한 것은 Levinas가 말하는 타인의 얼굴은 타인의 전인성을 의미하며, 그 얼굴에 현현한 고통은 합리적, 이성적, 합목적적으로 대할 대상이 아니며 그 고통을 '보고', 고통에 참여하는 '실천'을 해야 하는 대상이라는 점이다. 이에 따르면, 상담자는 고통의 정점에 서 있는 내담자들을 만나는 현장에서 내담자 고통의 이유나 이성적인 분석에 앞서 그의 얼굴에 그대로 드러난 고통의 민낯에 대한 감수성으로 다가가야 한다. 우리는 앞 장에서 내담자의 고통에 가까이 다가설수록 상담자가 감수해야 하는 고통의 위험 감수에 대해 생각해 본 적이 있다. 타인의 얼굴에 현현한 고통에 대해 감수성을 활짝 열고 받아들일 때 상담자가 전달받는 고통의 크기와 에너지는 거울신경에 전달되어 내담자의 고통의 크기로 공명될 수 있다. 상담이라는 물리적인 공간은 내담자의 고통에 대한 참여를 형식적으로는 보장하는 장소이지만 상담 활동을 하고 있다는 것만으로 상담자가 내담자의 고통에 전인적으로 참여하는 것을 담보하지는 않는다.

Levinas는 타인의 고통에 참여하는 고통은 대속적인 의미를 지닌다고 하였는데(강영안, 2005), 이는 타인의 고통에 참여한다는 것이 지니는 의미가 얼마만큼 진실하며 절실한 것인지를 대변해 준다. 대속이란 상대방의 고통을 위해 목숨을 대신 내어주는 사건이다. 이러한 참여가 타인의 얼굴에 현현한 고통에 전인적으로 참여하는 것이라고 Levinas는 제안하고 있다. 상담자는 타인의 고통을 다루는 핵심에 위치해 있으므로 이러한 Levinas의 제안에 대해 깊고 진지한 성찰을 해 볼 필요가 있다. 나는 2015년 가을 연구년 기간 중에 'Psychology and the Others'라는 학회에 참석할 수 있는 기회가 있었다. 심리학, 철학, 그리고 신학이 한자리에 만나는 보기 드문 학회였다. 내가 참석했던 이 학회에서는 세 학문 영역의 공통 지점으로 타인의 고통에 대한 주제를 다루며 Levinas 고통의 윤리학에 대해 심리치료자, 정신분석가들이 참으로 진지하게 자기 성찰을 나누는 자리가 있었다. 고통에 대한 발표를 하던 한 정신분석가가 인간의 고통에 대한 치료자로서의 민감성, 책임감의 무게에 대한 발표를 하면서 TV에 나오는 아프리카 난민들의 고통스러운 얼굴을 대하는 것이 개인적으로 너무 고통스러워 화면을 제대로 보기가 힘겹다는 고백을 했다. 타인의 고통을 온몸으로 전달받고, 섬세하게 느끼고, 그에 대해 진지한 책임을 스스로에게 묻는 전문가적 양심과 책임 있는 태도가 그대로 전달되어 타인의 고통에 대해 나 자신은 어떠한 태도를 지니고 있는지를 자성하지 않을 수 없었던 기억이 난다.

타인의 얼굴에 드러난 고통은 증상으로 축소된 개입 대상으로서 고통과는 질적으로 다르게 우리에게 다가온다. 내담자 얼굴에 현현된 고통이란 그 존재 전체로 전달하는 고통 경험을 상징하며 이 고통을 보는 상담자는 온 힘을 다하여 그 고통에 참여하게 된다. Levinas는 사람들이 당하는 고통 자체는 어떤 목적이나 의미로 정당화할 수 없는 무의미한 것이지만 무의미한 타인의 고통에 참여함으로써 경험하는 고통은 의미 있는 고통이라고 하였다. 상담자는 이유도 목적도 불분명한 애매한 고통에 압도되어 있는 내담자와 치료적 장면에서 함께 현존함으로써 그 고통을 보고, 그 고통에 참여한다. 그리고 내담자의 무의미한 고통을 의미 있는 고통으로 그 의미를 재해석해 냄으로써 내담자에게 고통을 견뎌 내고 일어설 수 있는 힘을 격려할 수 있다.

3) 치료적 현존은 어떻게 실천되는가

치료적 현존은 '하는 것(doing)'이 아니라 '존재 방식(being)'이라는 것, 그리고 그 특성들이 너무 신비하고 추상적이라고 느껴질 수 있다. 그러나 치료적 현존에 대한 연구와 실천을 중점적으로 하고 있는 Geller와 Greenberg(2012)는 치료적 현존은 훈련과 학습, 연습이 필요하며 이것들이 가능한 영역임을 강조한다. 그들은 치료적 현존은 강요할 수 있는 것은 아니지만 이러한 상태가 드러나도록 준비는 할 수 있다고 하였다. 그리고 이것을 구현할 수 있는 상담 전, 과정, 후의 구체적인 전략에 대한 제언을 하고 있는데 여기서는 그들의 제언을 중심으로 치료적 현존 실현을 위한 핵심적인 원리에 대해서 생각해 보기로 하자.

치료적 현존은 내담자와 상호작용하는 동안 전인적으로 접촉하는 것으로 상담자 자신, 내담자, 그리고 상담 장면에서 일어나는 가능한 경험을 자각하고, 이를 통해 상담자 자신과 내담자 경험의 확장을 경험하는 것이다. 그러므로 상담자가 내담자, 내담자와의 상호작용, 그리고 확장된 경험으로 자기 자신을 개방하기 위해서는 자기 자신이 중심이 잡혀 있고, 안정된 상태를 유지하는 것이 일차적인 요건이 된다. 내담자에게서 전달되는 다양한 정보(정서, 생각, 이미지, 신념, 환상 등)를 개방적으로 받아들이기 위해서는 상담자 스스로가 자기 자신의 신체, 정서, 생각이 통합된 상태이어야 하며 자기 자각의 훈련이 잘 되어 있어야 한다. 즉, 상담자가 민감하게 자기 밖의 내담자 경험과 관계 경험을 지각하기 위해서는 일차적으로 자기 자신이 그라운딩(grounding)되어 있고, 내적 초점이 분명히 잡혀 있어야 한다는 것이다.

이러한 상태를 Rogers는 'as if'의 개념으로, Buber는 '품어 주기(inclusion)'라는 개념으로 설명하고 있다. 상담자가 내담자의 내적 상태를 지각하기 위해 내담자를 향하고, 'as if'의 상황으로 접어들어 내담자의 경험을 받아들이기 위해서는 일차적으로 상담자가 자기 자신과의 접촉을 잃어서는 안 된다. Buber는 "타인에게 펼쳐나가기 위해서는 확실한 시작점을 가지고 있어야 하며 그것은 자기 자신이 자기와 접촉했던 지점"이라고 하였다. 또한 "타인을 품는다는 것은 온전한 나 자신에서 타인의 삶을 확신 있게 왔다 갔다 하는 것(bold swing of one's own whole being into the life of the other)"을 의미하는 것이라고 하였다. 상담자가 내담자의 경험을 품기 위해서는 일단 품을 수 있는 자기 자신의 경험에 대한 명료한 접촉이 필요하며, 내담자에게 다가가 '마치 내가 그인 것처럼' 경험 안테나를 뻗치기 위해서는 상담자 자신의 내적 초점과 안정성이 선행되어야 한다. 그래야 강렬한 내담자의 경험 속에서 버텨 주고, 담아내고, 공명할 수 있는 관계를 지탱할 수 있다. 치료적 현존은 상담자가 자기 경험을 통합한 안정된 상태에서 모든 소통의 채널을 열어 내담자의 경험을 받아들이고, 그것을 다시 자기 지각 세계로 품어 내는 과정이 연속적으로 일어나는 것으로 내담자에게 개방성과 거리 두기의 패러독스를 포함하는 과정이다(Geller & Greenberg, 2012). Geller와 Greenberg는 상담자가 평소에, 그리고 상담 장면에서 자기 자신의 경험에 접촉하고, 신체적 정서적 변화에 대한 자각을 높이기 위한 구체적인 활동과 연습들을 제시하고 있다.

예를 들면, 상담자는 일상에서 자기 자신을 자각하고, 성찰할 수 있는 조용한 시간과 의례를 행하는 것이 도움이 된다. 기도 시간, 명상, 혹은 간단한 이완법, 산책 등 자기 자신을 안정시키기에 도움이 되는 시간과 공간을 확보하는 것이 필요하다. 또한 실제 상담을 준비하기 전에 상담자가 회기와 회기 사이에 자기에게로 돌아올 수 있는 시간을 잠시라도 확보하는 것, 분산되어 있는 에너지를 집중하기 위해 상담 직전 내담자를 떠올리며 간단한 기도 혹은 명상을 하는 것이 필요하다. Skovholt(2001)는 상담자가 자기 자신을 돌보는 것의 중요성을 강조하면서 상담자는 일터에서 자기만의 그린 하우스를 가꾸는 것이 필요하다고 하였다. 예를 들면, 자신의 상담실에 나를 편히 쉬게 해 주는 푹신한 의자, 쿠션, 작은 화분, 자신을 안정시키는 그림, 향초 등을 배치하거나 평소에 자기를 안정시키는 데 도움이 되는 음악을 마련하는 것이 도움이 된다. 상담자가 자신에게 다시 돌아와 안정감을 회복해야 할 필요가 있을 때 이러한 상징적인 그린 하우스에 의도적으로 주목함으로써 그 회복 과정을 촉진할 수 있다.

치료적 현존 실천을 위한 두 번째 원리는 상담 과정에 '푹 빠져드는' 혹은 '몰두하는' 것이다. 앞에서 치료적 현존의 특성 가운데 '나-너 관계'에서 발견되는 독점성과 배타성을 언급하였다. 이것은 내담자와 함께 있는 경험이 상담자의 주의 집중과 에너지 몰입을 요구한다는 것을 잘 보여 준다. 치료적 모드에 들어갔을 때 상담자가 경험하는 각성 수준이 평상시의 각성 수준과 차이가 있으며, 주변 자극 및 자기 자신의 내적 정서 흐름, 신체적 변화에 대한 민감도가 평소보다 훨씬 예민해지는 것을 경험할 것이다. Siegel(2010)은 이렇게 초점 잡힌 주의력을 '마음의 눈(mindsight)'이라고 명명하여 이러한 마음의 눈은 우리 마음의 내적 움직임을 알아차릴 수 있게 하는 능력이 있다고 하였다. 현재에 집중하여 기존의 범주나 경험에 매이지 않고 개방적으로 상황을 지각하여 과정에 몰두하는 상태는 마음챙김 개념으로 이해할 수 있다.

마음챙김은 명상을 통한 마음챙김에 접근하는 입장(Kabat-Zinn, 2005)과 사회인지적으로 마음챙김에 접근하는 입장(Langer, 1989; 1997)이 있는데, 이들은 모두 연습을 통해 마음챙김 수준을 높일 수 있다고 본다. 이러한 점에서 치료자들에게 치료적 현존을 높이기 위한 실제적이고 방법적인 도움을 줄 수 있다. 이들은 공통적으로 기존의 지식이나 이론, 선입견으로 인한 판단을 의도적으로 멈추고 현재의 흐름에 초점을 맞추는 것, 그리고 새로운 경험에 대한 개방성과 사고의 융통성을 강조한다. 상담자들이 내담자를 만나면서 사전에 세워 놓은 계획, 사례 개념화, 이론적 진단명, 이전 회기 경험 등이 현재에 푹 빠져들지 못하도록 방해하는 선입견이 될 수 있다. 이러한 지식은 상담을 위해 반드시 필요한 지식이지만 막상 내담자를 만났을 때는 '괄호 치기'를 하여 내담자와 직접 접촉하는 데 방해가 되지 않도록, 그리고 내담자를 틀에 넣어 재단하지 않도록 하는 것이 필요하다. 기존의 지식에 의존하지 않고 상담자가 자기 자신과의 소통의 통로를 완전히 가동하고, 자기 자신의 자각을 통해 내담자에 대한 자각과 이해를 펼쳐 나가기 위해서는 앞서 말한 상담자의 자기 확신과 안정감이 우선적으로 요구된다.

치료적 현존 실천의 세 번째 원리는 자각과 인식 확장의 경험이다. 치료적 현존의 경험을 하게 될 때 내담자와 상담자는 현재에 충실히 머물면서 자기 자신과 상대방의 경험에 접촉한다. 이러한 경험을 통해 변형된 의식 상태, 새롭게 만나는 자기 자신 혹은 상대방에 대한 자각과 인식을 할 수 있다. 수용전념치료 창시자인 Hayes는 고통을 전적으로 수용하여 접촉하였을 때 사람들은 심리적 융통성(psychological flexibility)을 경험하게 되고 감정 통제의 압박에서 자유로워진 사람에게 자연적으로 의미와 목적감, 그리고 이에 헌신할 수 있는 삶이 열리게 된다고 하였다. 『Psychological Inquiry』라는 저널 2015년 특별호에서는 마음챙김이 의미 창출(mindfulness-to-meaning)로 연결되는 이론을 제안하고 이에 대한 다양한 논의를

5장

발표하였다. 이들에 따르면, 마음챙김을 통해 내적인 자각 능력이 높아지면 상황에 대해 인지적으로 훨씬 유연한 인식을 하게 되고, 그 결과 부정적 사건에 대한 평가가 달라지고 삶의 긍정적인 측면을 더 잘 알아차리게 된다. 그리고 의미 창출을 깊이 하여, 삶의 과정에 더 적극적으로 참여하게 된다고 하였다. 치료 장면에서 집중된 자각을 통해 자신의 고통을 상담자와 깊이, 정확히 자각할수록 그 고통에서 벗어나 인지적 확장이 이루어지고 궁극적으로 자신이 전념할 수 있는 의미와 목적감으로 연결된다는 것이다. 이러한 치료적 현존의 실천 원리는 지금-여기라는 가장 중요한 경험에 깊이 초점을 맞출 때 결과적으로는 전체 삶을 아우르는 의미와 목적으로 확장된다는 '안에서 밖으로(inside out)'의 원리이다. 밖에서 안으로 들여오는 기존의 틀은 내담자와 접촉을 오히려 방해하고, 내담자의 경험을 틀에 짜 맞추는 결과를 가져올 수 있다. 상담자와 내담자 관계 밖에 있는 '그것'들은 치료적 현존을 활성화하는 데 도움이 되는 배경적 자료로 사용하고 괄호 쳐야 하는 것들이며, 이것들이 내담자와 상담자 사이에 끼도록 해서는 안 된다.

지금까지 살펴본 치료적 현존은 상담자가 무엇을 하는 것에 앞서 내담자와 함께 있음의 분위기와 태도에 관련된 것으로, 상담 관계 형성의 선수 조건이다. 상담자가 상담 장면에서 일어나는 경험에 대해 가능한 완전히 개방하고, 집중적인 주의력을 통해 새로운 경험을 자각하고, 이를 통해 자각과 인식을 확장해 나가는 것은 상담자가 내담자와의 관계에 들어가기 전부터, 그리고 상담 과정 내내 견지해야 하는 기본 태도이며 상담적 분위기라고 할 수 있다. 이러한 태도와 분위기 속에서 상담자와 내담자는 내담자의 심리적 문제를 해결하려는 공동의 목표를 이루기 위해 특정한 관계를 구성해 나간다.

3. 상담 관계: 관계적 측면과 작업적 측면의 균형

> 나는 환자를 서류처럼 대할 것이 아니라 모든 서류를 환자처럼 대하기로 결심했다.
>
> – Paul Kalanithi

사람은 관계 속에서 태어나 관계 속에서 상처를 받아 고통을 경험하지만 결국 관계를 통해 고통을 감내하며 살아가는 존재이다. 상담은 이렇게 이미 내담자들에게 형성된 관계의 문제를 다른 방법이 아니라 관계 자체로 다루어야 하는 복잡하고 미묘한 과제를 수행해야 한다. 여기서 상담 관계가 복잡하고 미묘한 이유는 상담이 작업(work) 측면과 관계적 측면의 균형을 이루어야 한다는 상담의 고유성에서 기인한다. 상담 관계의 근간을 제시한 정신분석, 대상관계, 애착 이론들은 인간의 핵심적 관계 욕구와 관련된 관계로 유아의 양육 관계와 치료적 상담 관계를 밀접하게 연결지어 설명하고 있다. 이들은 초기 양육 관계에서 유발된 관계 문제를 복구할 수 있는 치료적 관계의 특성을 안정 애착을 제공하는 초기 양육 관계 특성에 기반하여 설명한다. 그런데 초기 양육 관계와 치료적 상담 관계는 매우 유사한 특성을 가질 수 있고, 또 가져야 하지만 큰 차이점은 상담은 작업적 측면을 지닌다는 것이다. 상담은 시작과 끝이 있으며, 대부분의 경우 정해진 시간과 공간 구조 속에서 만나며, 해결해야 할 문제를 중심으로 이러한 구조가 마련되므로 상담 관계는 작업을 기반으로 이루어진다. 그런데 상담 작업은 다른 작업과 달리 기술과 역할로는 효과적인 수행이 어렵다는 것이 상담의 또 다른 특징이다. 앞에서 누누이 강조하였듯이 상담에서 문제 해결에만 초점을 둔 기술적인 관계는 문제 해결에 오히려 도움이 되지 않는다. 인간 대 인간으로서의 신뢰 관계가 문제 해결의 기반으로 가장 중요하다는 점, 그리고 내담자와 작업은 궁극적으로 내담자들의 가장 취약한 심리적 고통과 맞닿아 있으므로 상담 작업은 친밀감을 전제한다는 점들이 상담에서 관계적 측면을 부각한다. 결국 상담 관계에서 작업적 특성과 관계적 특성은 균형 있게 고려해야 하는 두 축이다.

상담 관계에서 작업적 측면과 관계적 측면의 어디에 더 비중을 두느냐, 그리고 이 두 측면의 균형을 어떻게 이루어 가느냐는 상담자의 이론적 입장에 따라 달라진다. 예를 들면, 정신역동, 인간 중심, 실존적 오리엔테이션을 가진 나는 뒤틀려진 관계의 근본적인 복구를 위해 가시적인 문제 해결 작업은 내담자들의 대상관계 복구, 내적 작동 모델 수정의 재료가 된다고 본다. 반면, 인지적, 행동주의적 오리엔테이션을 가진 상담자들은 문제 해결 작업의 효율성을 높이기 위한 조건이나 맥락으로 상담 관계를 생각한다. 이렇듯 상담이라는 작업적 측면과 관계적 측면의 균형은 상담자가 어떠한 이론적 오리엔테이션을 가지고 있느냐에 따라 차이가 있어서 관계 자체가 치료를 한다고 보는 입장, 관계는 치료가 일어나는 맥락일 뿐이라고 보는 입장, 그리고 관계와 기법이 상호작용하여 치료가 이루어진다고 보는 입장으로 크게 구분 된다(Gaston, 1990). 어떠한 입장을 취하든 상담 관계에서 상담의 작업적 측면과 관계적 측면을 고려해야 한다는 것은 상담 관계를 다른 관계와 차별화하는 고유 측면임을 이해할 필요가 있다.

상담에서 관계의 또 다른 특성으로 고려해야 할 것은 상담 관계는 상담자와 내담자의 상호성을 바탕으로 한다는 점이다. 상담의 작업적 측면은 상담자와 내담자의 협력을 중요시하며, 상담의 관계적 측면은 상담자와 내담자의 긴밀한 상호작용을 중요시한다. 상담자들은 상담 관계라고 하면 Rogers가 제안한 변화를 위한 필요충분조건을 쉽게 떠올린다. 그런데 Rogers가 제시하는 조건은 '치료자가' 제공하는 조건(Therapist-Offered Conditions: TOC)으로 상담자가 치료 관계에 어떻게 기여할 수 있는가를 보여 주고는 있으나 관계의 상호적 특성을 놓치고 있다는 점이 한계로 지적되고 있다(Gelso, 2011; Horvath, 2000). 즉, Rogers가 제안하는 세 가지 조건을 상담자가 아무리 충실히 제공하더라도 그것을 내담자가 어떻게 받아들이고 지각하느냐에 따라 그 영향은 달라질 수 있다는 것이다. 상담 관계는 관계에 참여하는 상담자와 내담자 모두의 경험을 아우를 수 있는 개념으로 상호적이어야 하며, 내담자가 가지고 온 증상과 문제를 함께 해결해 나가는 협력 과정에 이 상호적 관계 경험이 도움을 줄 수 있어야 한다.

나는 여기서 상담 관계를 애착 관계와 동맹 관계로 나누어 살펴보려고 한다. 애착관계는 상담의 관계적 측면에 더 비중을 두고 있다면, 동맹 관계는 상담의 작업적 측면에 더 비중을 두고 있다. 상담자와 애착 관계를 중시하는 상담자들은 상담 관계를 작업 관계보다 더 큰 관계 개념으로 친밀감, 신뢰감, 소속감 등을 포함하는 개념으로 해석한다. 반면, 동맹 관계를 중시하는 상담자들은 상담의 작업적 측면과 직접적으로 관련된 관계, 상담자와 내담자가 공통의 목표를 가지고 협력하는 관계를 부각한다. 애착 관계는 상담자가 내담자의 취약한 측면, 사회적 관계에서는 제대로 내보이거나 만나지 못했던 유아적이고 불안정한 부분과 관계를 맺는 것이라면, 동맹 관계는 내담자의 건강한 측면, 많은 고통에도 불구하고 생존하며 성장하고자 하는 내담자의 근원적 힘과 관계를 맺는 것이라고 할 수 있다. 물론 상담 관계의 유대적 측면과 동맹적 측면은 상호 독립되거나 배타적인 측면이 아니며 서로 영향을 미치며 보완되며 중첩되는 특성이지만 개념적인 이해를 위해 이렇게 구분하여 설명하는 것이 도움이 되리라고 생각한다. 최근 몇몇 연구들(Kivlighan, Hill, Gelso, & Baumann, 2016; Lilliengren, Falkenström, Sandell, Mothander, & Werbart, 2015)은 작업동맹과 상담자와의 애착 관계가 내담자에게 미치는 영향이 다르게 나타나는 것에 주목하여 실제 이 두 개념을 독립된 변인으로 연구하였다. 이들에 따르면 동맹 관계는 치료 과정에서 다양한 변화 패턴이 나타나는 반면, 안정 애착은 한번 형성되면 상대적으로 안정된 형태를 보였다. 또한 내담자들은 애착 관계를 더 중요하게 지각하고, 상담자들은 작업동맹을 더 중요하게 지각하는 경향이 나타났다.

이론적으로 가장 역사가 깊은 치료 관계 개념은 전이 개념, 또한 내담자와 상담자의 진정성에 기초한 실제적 관계 개념이다. 전이와 실제 관계는 애착 관계 및 동맹 관계에 모두 관계된 개념으로 상담 관계의 논의에서 이들 관계 특성들이 어떻게 이해될 수 있는지에 대한 논의들이 이루어졌다. Greenson(1965)과 Gelso(2011)는 작업동맹, 실제 관계, 전이 관계를 치료 관계의 3각 요소로 제안한 바 있으며, Gelso(2002)는 애착 관계와 전이, 실제 관계의 관련성을 논의한 바 있다. 이 절에서는 치료적 애착관계, 작업동맹, 그리고 전이와 실제 관계를 독립된 내용으로 구성하여 애착 관계와 작업동맹에서 전이와 실제 관계가 어떻게 상호작용하는지를 살펴보기로 하겠다.

1) 치료적 애착 관계

관계 중심 상담자들은 내담자가 경험하는 문제의 핵심은 마음 기저에 있는 대인관계 기제라고 보고 내담자와의 관계를 통하여 내담자들이 극심한 고통을 조절할 수 있도록 정서적 유대를 공고히 하는 데 주력한다. 내담자들이 정서적으로 압도되어 혼돈에 빠져 있거나 고통스러운 경험을 부인하여 경직되어 있는 상태(Siegel, 2010)에서 상담자가 수행해야 하는 가장 중요하고 핵심적인 임무는 안전 기지로서 내담자의 정서를 수용하고 담아내 주어 정서적 유대 관계를 형성하는 것이다. 내담자와의 관계를 통한 정서적 유대감을 중요시하고, 이러한 유대감이 내담자의 적극적 자기 탐색과 의미 성찰을 가능하게 한다고 보는 것은 애착 이론에 근거한 심리치료 이론의 기본 전제이다. 주로 발달심리 이론으로 알려졌으나 최근 2, 30년에 걸쳐 본격적인 심리치료 이론으로 자리매김을 하고 있는 애착 이론은 초기 애착 경험이 이후 관계에 대한 신념 및 기대에 핵심적인 영향을 미치지만, 실제 상호작용을 통한 내적 작동 모델의 지속적인 상호 갱신과 정교화를 통해 안정된 애착으로 발달이 가능하다(Bretherton, 1987: 김진숙, 2013에서 재인용)고 본다. 즉, 이들은 '관계와 변화'를 핵심 고리로 연결 짓고 있다. Bowlby 자신이 정신분석가로 훈련받았으나 그의 이론이 정신분석과 줄곧 평행선을 그으며 주로 발달심리, 경험적 연구자들을 통해 전통이 이어졌다. 최근에는 관계 중심 정신분석가들과 애착 이론가 및 치료자들 간에 흥미로운 교류가 이루어지고 있다.[1)]

여기서는 애착 이론의 핵심적인 개념으로 안전 애착 및 내적 작동 모델에 기초하여 상담 관계에서 내담자와의 안정 애착 형성이 왜 내담자 변화에 핵심적으로 중요한지, 그리고 이러한 애착 관계가 내담자의 변화로 이어지기 위해서는 어떠한 치료적 초점을 기울여야 하는지를 살펴보았다.

(1) '낯선 상황'으로서 상담 상황

내담자들이 상담을 받으러 올 때 내적인 상태는 사기가 저하(demoralized)되고 낙담된(discouraged) 상태이며, 외적으로는 상담실이라는 낯선 상담실에 찾아와 낯선 상담자에게 자신의 가장 취약하고 고통스러운 경험들을 개방해야 하는 상황으로 불안이 민감하게 자극되는 상황이라고 볼 수 있다. 이러한 상담 상황은 마치 Ainsworth가 유아들의 애착 유형을 관찰하기 위해 설정하였던 '낯선 상황 실험(strange situation)'과 유사한 측면이 많다. 낯선 상황 실험은 익숙하지 않은 환경, 양육자와의 분리, 낯선 사람 존재의 요소가 상호 복합되어 극심한 불안이 자극되는 상황으로, 이러한 위협에 노출될 때 유아들의 애착 행동 체계가 작동하기 시작한다는 것이 실험의 전제이다. 상황의 위협, 정서적인 불안이 요동칠 때 유아들은 본능적으

1) 정신분석가인 Stern을 중심으로 1990년 말에 구성된 Change Process Study Group은 애착 이론을 심리치료에 적극적으로 반영하여 중요한 연구물과 저서들을 발표하고 있다.

로 연결되고자 하는 욕구가 강해지면서 이때 애착 행동 체계가 활성화된다. 상담 장면도 낯선 상황 실험과 마찬가지로 내담자들이 익숙치 않은 새로운 장면에서 낯선 상담자에게 자신의 고통스럽고 수치스러운 경험을 드러내야 하는 상황으로, 내담자에게 극심한 불안을 자극하는 상황이며 그 결과 내담자의 애착 체계가 작동하는 상황이라고 볼 수 있다.

애착 행동 체계는 그 기저에 내적 작동 모델(internal working model)이라는 정신적 표상에 의해 활성화된다. 유아들이 위협을 지각했음에도 양육자들을 회피하거나 양가적인 태도로 대하는 불안정 애착 유형을 보이는 이유는, 이전 양육자와 반복된 상호작용을 통해 위협적인 상황에서 양육자에게 다가가도 양육자가 안전 기지가 되어 줄 수 없다는 내적 기제를 형성했고, 이후 유사한 불안 상황이 되면 그 기제가 작동하기 때문이다. 내담자들은 상담 상황에서 특정한 애착 유형을 보이게 되는데 이러한 애착 유형 이면에는 자신이 이미 지니고 있는 내적 작동 모델이 작동한다. Bowlby(1988)는 심리치료란 내담자의 내적 작동 모델을 수정하는 수단(김진숙, 2013에서 재인용)이라고 하였는데, 이는 내담자들이 자신의 불안을 통제하기 위해 사용하는 부적응적 내적 작동 모델을 상담자와의 상호작용을 통해 지속적으로 수정해 나갈 수 있도록 도와야 한다는 것이다. 이 과정에서 상담자와 맺는 애착 관계가 핵심적인 역할을 하게 된다.

상담자는 상담 상황이 내담자에게 극심한 불안을 자극하여 자기 고유의 애착 행동 체계 및 내적 작동 모델을 활성화하는 상황이라는 점을 고려하여 상담 장면에서 드러나는 내담자의 애착 유형을 이해하고 상담 장면에서 내담자들이 보이는 행동과 반응에 접근할 필요가 있다. 특히 불안정 애착 유형을 보이는 내담자들이 안전기지로서 상담자를 활용할 수 있는 새로운 관계 경험을 제공하는 것, 그리고 더 나아가 내담자가 상담자와 애착 관계를 맺음으로 내적 작동 모델의 수정을 이룰 수 있도록 돕는 것이 치료적 애착 관계의 핵심이다.

(2) 애착 기지 및 안식처로서 상담자

상담이라는 상황이 내담자에게 심리적으로 낯설고 위협적인 상황일 수 있으며 이로 인해 내담자는 상담 상황에서 자신이 의식하는 것보다 더 큰 불안, 자동적이고 유아적인 불안을 경험할 수 있다. 애착 관련 경험 연구들은 내담자들이 상담 장면에 놓였을 때 안전 애착 유형의 내담자일수록 상담자와 관계 동맹 수준이 높으며, 상담 과정에서 탐색 행동을 많이 하며, 상담 회기 평가 수준이 긍정적이고, 상담 성과도 높게 나타난다고 하였다(문형춘, 2007; Daniel, 2006 등). 그러나 쉽게 예상할 수 있듯이 상담을 찾은 내담자들은 안정 애착 유형보다는 불안정 애착 유형의 내담자들이 많으며, 불안정 애착 유형의 내담자들에게 상담이라는 상황이 유발하는 불안을 안정적으로 대처할 수 있도록 돕는 안전 기반 제공이 무엇보다 필요하다.

낯선 상황 실험에서 주목하였던 유아들의 애착 관련 행동은 초기에는 물리적 접근성에 주 초점을 맞추었으나 이후 물리적 접근성이 궁극적으로 제공하는 심리적 안정성으로 그 의미가 확장되면서(Ainsworth, 1979) 심리적 안정성, 즉 양육자가 불안한 유아에게 제공할 수 있는 심리적 가용성과 반응성에 대한 기대에 근거하여 유아들의 애착 관련 행동을 이해하고자 하였다. 불안정 애착 유형의 유아들이 위협감을 느끼면서도 양육자들에게 접근하지 않고 회피하거나 혼란스러운 반응을 보이는 이유는 양육자가 자신의 불안에 대해 적절한 반응을 해 주고, 안정성을 제공해 줄 수 있는 자원이 되지 않는다고 지각하기 때문이다. 마찬가지로 불안정 애착 유형의 내담자들은 상담자가 자신의 불안을 알아차리고 돌봐줄 수 있는 돌봄, 배려, 에너지, 시간 등이 가용하지 않고, 자신의 불안에 대해 적절한 반응을 해 주지 못할 것이라고 지각할 가능성이 높다. 상담 상황에서 내담자가 상담자를 심리적 가용성이 떨어지는 대상으로 지각하게 되면, 상담 과정에서 적극적이고 자유로운 탐색을 하기 어렵게 되고 결과적으로 성장을 위한 변화는 제한될 수밖에 없다. 그러므로 일단 상담 초기 장면에서 내담자들이 어떻게 불안을 지각하고 경험하고 있는지를 주의 깊게 알아차릴 필요가 있다.

상담자와의 애착 관계는 불안정 애착 행동 체계가 활성화된 내담자들에게 몇 가지 특징적인 형태로 나타날 수 있다(Mallinckrodt, 2010; Parish & Eagle, 2003). 먼저, 불안하여 탐색 행동이 위축된 내담자들에게 '안전 기지'로서 상담자를 활용할 수 있도록 하는 것이다. 불안정 애착 유형의 내담자들이 처음 상담실에 들어와 익숙하지 않은 상담 절차를 거치고, 낯선 상담자를 첫 대면할 때, 불안이 활성화되고 자동적으로 자신이 익숙한 방식으로 불안을 처리할 수 있다. 예를 들면, 상담자와의 접촉을 회피하거나, 지나치게 혼란스러워하거나, 지나치게 침착한 행동을 보이는 등 불안정 애착 유형의 행동을 자동적으로 보일 수 있다. 이때 상담자는 상담 장면 자체가 내담자에게 유발하는 불안 수준과 내적 경험을 민감하게 알아차리고 이를 안정적으로 다루어 주어 내담자가 안전감을 느낄 수 있도록 하는 것(felt security)을 우선적인 목표로 할 필요가 있다. Ainsworth의 낯선 상황 실험에서 유아들이 안전감을 느낄 수 있는 경우는 양육자들을 '안전 기지(secure base)'로 활용할 수 있을 때였는데 마찬가지로 상담 과정에서 내담자가 상담자를 안전 기지로 활용할 수 있을 때 이를 기반으로 상담 과정에서 적극적인 탐색을 시도하게 된다. 그리고 이제까지 다루어 보지 못했던 내면의 경험을 개방하고, 그 경험에 머무르고, 경험의 의미에 대해 성찰할 수 있게 된다. 안전함을 느끼는 것과 탐색 행동은 서로가 균형을 이루며 상호 발전해 나간다. 유아들이 맘껏 바깥 놀이를 하다가 불현듯 엄마를 찾아와 곁에 머물며 엄마에게 부비면서 마음을 진정시키고, 마음이 채워지고 나면 다시 또 열심히 뛰어노는 장면을 생각해 보라! 이와 같이 상담 과정에서 내담자는 불안이 올라올 때마다 상담자에게 돌아와 마음을 부비고, 그 마음이 채워질 때, 새로운 탐색의 장을 열 수 있게 된다. 안전 기지로서의 양육자들의 특성은 물리적인 접근성보다는 심리적인 가용성과 반응성에 의해 설명될 수 있다는 것은 치료적 애착 관계에 중요한 시사점을 준다. 내담자가 상담자를 심리적으로 가용한 대상이며, 자신의 내적 불안에 대해 적절한 반응을 해 줄 수 있는 대상으로 지각할 때 상담자를 안전 기지로 활용하게 된다. 상담자가 어떻게 할 때 내담자들이 심리적 가용성과 반응성이 있다고 지각하는지는 상담 기법 부분에서 보다 자세히 다루도록 하자. 한 가지 핵심적으로 기억해야 할 것은 내담자의 애착 유형 형성은 언어 발달 이전에 형성된 것으로 내담자가 지각하는 상담자의 심리적인 가용성과 반응성은 언어적 채널보다는 비언어적 채널을 통해 더 강력하게 전달된다는 것이다. 상담 초기의 중요한 과제 중 하나는 내담자가 이제까지 탐색하지 않았던 경험, 생각, 감정들을 탐색해 보는 것이다. 상담자는 내담자가 자신을 안전 기지로 활용하여 이 힘겨운 탐색을 시도할 수 있는 안전감을 경험할 수 있도록 도와야 한다.

상담자가 내담자에게 애착 대상이 되어 준다는 것은 또한 내담자가 고통스러운 경험을 개방할 때 상담자를 '안식처(safe haven)'로 지각하여 상담 관계에서 안도감을 느끼게 된다는 의미를 지닌다. 내담자가 자신은 압도되어 감당이 되지 않은 고통스러운 정서적 경험을 드러냈을 때 상담자가 이를 공감적으로 알아차릴 뿐 아니라 안정적으로 담아내고 있다고 느끼게 되면 내담자는 안도하기 시작한다. 만약 내담자가 압도되고 혼란된 것과 같이 상담자도 자기의 경험에 대해 압도되고, 혼란된 것으로 지각하게 되면, 내담자는 자신의 경험이 실제로 감당하기 어려운 무지막지한 사건이라고 결론짓게 된다. 그리고 자신이 경험하고 있는 내면세계의 경험이 타인에게도 동일하게 위험한 정서로 평가된다는 결론에 이르게 되면서 증상에 대한 거리두기, 객관화가 어려워지게 된다. 다른 한편 상담자가 내담자의 고통스러운 경험을 이해하는 듯이 반응하지만 실제 정서적으로 내담자의 공포나 고통을 공감하지 못하는 경우, 내담자 또한 진정성 있게 자신의 경험과 접촉하고 그때의 경험을 재경험할 수 있는 기회를 잃어버리게 된다. 내담자들은 상담자가 자신의 고통을 실제 공감하고 있는지, 그리고 감당하고 있는지를 감각적으로, 그리고 찰나적으로 알아차린다. 왜냐하면 불안정한 애착 행동 체계는 생물학적인 동인에 기반하여 자기 보호 책략으로 활성화된 것이며(Bowlby, 1988), 이러한 책략은 뇌신경에 저장되어 암묵적 기억으로 작용하기 때문에 내담자들은 자신의 불안에 대한 무심한 반응, 혼란된 반응들을 거의 자동적으로 알아차리기 때문이다.

상담자가 내담자에게 안정된 애착 대상이 되어 준다는 것은 때로는 내담자가 자신보다 강하고 지혜로워 보이는 상담자에게 조언이나 자문을 구할 수 있다는 것을 의미하기도 한다. 이는 내담자가 상담자를 가용할 수 있는 심리적 자원이 된다고 지각하는 것이며, 도움을 요청했을 때 든든한 지원자로 반응해 줄 것이라는 기대를 갖게 된다는 것이다. 실제 상담자가 내담자에게 제공하는 조언이나 충고의 '내용'으로 내담자의 문제 해결을 도울 수 있는 것보다는 내담자가 세상에서 혼자가 아니라 필요할 때 조언과 자문을 구할 수 있는 대상이 있다는 사실 자체가 내담자를 안정화시킬 수 있다. 그러므로 상담자는 내담자가 조언이나 자문을 구할 때 조언, 자문의 내용에 초점을 둘 것이 아니라 조언과 자문을 구하는 내담자의 심정, 같이 고민하고 의견을 줄 수 있는 든든한 지원군을 갖고 싶은 밑 마음의 의도를 알아봐 주는 것이 애착 관계 형성에 도움을 줄 수 있다.

이렇듯 내담자가 상담자를 안전 기지, 안식처, 보다 강하고 지혜로운 자원으로 활용할 수 있을 때 내담자는 상담자와 애착 관계를 안정적으로 맺을 수 있다. 이러한 애착 관계는 상담자와 내담자의 지속적인 상호작용을 통하여 상담자가 내담자의 정서적 리듬에 맞춘 조절된 반응들, 즉 민감하고, 수용적이고, 협력적인 반응들을 보일 수 있을 때 발달한다. Bowlby는 내담자 개인의 심리 내적(intrapsychic) 구조 혹은 주관적인 환상의 영향에 비중을 두는 정신분석에 반대하여 실제적인 양육 과정에서 이루어지는 상호작용의 질이 애착 형성의 기반이 될 수 있으며, 상호작용에 참여하는 양자 모두 즐거움을 느끼는 상호작용이 안전 애착 상호작용의 특징임을 강조하였다(Wallin, 2007). 이는 상담자와 내담자 모두 서로 진심으로 의도된 관여를 하며 지속적인 상호작용을 해 나가는 것이 상담자와 애착 관계 형성을 위해 중요하다는 것을 시사한다.

(3) 상담자와의 애착 형성: 내적 작동 모델의 수정

애착 유형에 따라 내담자들이 상담 관계를 다르게 맺고, 상담 과정에 참여하는 방식에 유의한 차이가 있으므로 내담자들이 어떤 애착 유형을 가지고 상담 장면에 들어오는지를 주의 깊게 평가하고, 이를 고려하여 내담자와 애착 관계 형성을 촉진하는 것은 중요한 임상적 고려이다. 그런데 내담자의 지속적이고 근본적인 변화를 촉구하기 위해서는 애착 유형을 평가하는 것을 넘어서 애착 행동 체계가 유지되도록 지속적인 영향을 미치는 애착 체계 저변의 심리적 기제에 대해 관심을 가질 필요가 있다. Bowlby는 유아들은 양육자와의 반복적인 상호작용을 통해 내적 작동 모델을 형성하는데, 이는 기억, 감정, 신념의 복잡한 연결망 속에 집약된 것이며, 이후의 상호작용에 영향을 주는 심리적 기제라고 하였다. 그리고 이러한 내적 작동 모델은 지속적으로 애착 행동 체계가 유지되도록 지속적인 영향을 미치게 되는데, 이러한 지속적인 영향력에서 벗어날 수 있는 것은 치료자와의 애착 관계 형성을 통한 내적 작동 모델의 수정을 통해서라고 하였다.

Bowlby(1988)는 치료자와의 애착 관계를 통해 '알아서는 안 된다고 여겨 온 것을 알게 되고, 느껴서는 안 된다고 여겨 온 것을 느끼게 되는 과정'(p. 99)이 심리치료의 핵심이라고 소개하였다. '알아서는 안 되고 느껴서는 안 되는 것들'은 암묵적인 기억으로 저장된 과거 경험, 정서에 대한 기억들로서 이것이 유지되도록 작동하는 기제가 내적 작동 모델이다. 그러므로 암묵적인 기억을 "알게 되고, 느끼게 됨"으로써 내적 작동 모델은 수정되기 시작한다. 언어 사용 이전에 혹은 언어 사용을 통한 의식적 접근이 어려울 만큼 강렬한 고통 경험을 알고 느끼게 되는 과정은 상담자와의 애착 형성을 통해서만 가능한 과정이다. 내담자에게 암묵적으로 저장된 기억의 내용이 상담자와의 상호작용에서 드러날 때, 특히 비언어적인 경로를 통해 전달될 때 이를 함께 알아 가고, 느껴가는 과정을 통해 내담자의 내적 작동 모델은 수정되기 시작한다.

내담자들이 어린 시절 양육자와의 상호작용을 통해 만들어진 암묵적 기억은 사건의 내용보다는 대인 관계 절차에 관한 지식이며, 인지적일 뿐만 아니라 정서적이고 상호작용적인 속성이 있다는 점에서 고유하다(Lyons-Ruth, 1998: 김진숙, 2013에서 재인용). 그리고 이러한 관계적 정서적인 기억은 인지적 기능을 관장하는 뇌 부위(좌측 피질과 해마)가 발달하기 이전에 형성되거나 혹은 극한 외상적 경험으로 인해 이 부위의 뇌 기능이 압도된 상태에서 저장되었기 때문에 상담 과정에서 이를 언어적 상호작용을 통해 다루는 것은 제한적이다. 내담자들이 알아서는 안 되고, 느껴서는 안 된다고 잠금 하였던 금지를 풀고, 잠금을 할 수밖에 없었던 자기 속마음의 의도를 알아 감으로써 내담자는 내적으로 자유로워지기 시작한다. 그리고 자유로운 탐색 과정을 통해 새로운 관계와 정서 능력을 경험하게 되고, 과거 경험에 대한 의미 해석을 성찰적으로 하기 시작하는데, 치료적 애착 관계 경험을 하는 것이 이런 변화의 첫 단계이다.

Wallin(2007)은 애착 관계 중심 심리치료의 특성을 애착 관계 중심, 정서 조절, 그리고 성찰적 기능을 통한 새로운 사고 패턴의 형성이라고 제안하였다. 즉, 상담자와의 애착 관계 경험을 통해 접근 불가하였던 감정이 조율되고(감정이 느껴지고, 표현되고, 소통되고, 이해되는 것), 나아가 성찰적인 태도를 고양할 수 있게 되는 것인데 이러한 과정에는 변화의 핵심 축인 관계, 정서, 인지 모두가 포함되어 있다. 그리고 이러한 변화 과정은 치료자와의 애착 관계 형성을 시발점으로 한다는 점에서 치료적 애착 관계를 통한 내적 작동 모델에 대한 집중적인 조망은 매우 중요한 작업이다. 물론 이러한 변화가 관계-정서-인지의 선형적인 순서로 이루어지는 것이 아니며, 이들 간에는 상호적 보완이 분명히 이루어진다.

결국, 상담자가 내담자와 안전 애착 관계를 맺는 것은 이를 통해 궁극적으로 내담자의 내적 작동 모델을 수정하기 위한 것이며 치료적 애착 관계 자체가 치료의 목표는 아니다(Bowlby, 1988). 내적 작동 모델의 변화가 정서, 인지, 관계적 측면을 모두 통합하여, 정서 조절 및 성찰적 태도 변화를 유발하여 궁극적으로 통합된 자기, 응집된 자기감을 가질 수 있게 된다는 것은 임상적으로 엄청난 유익이다. 무의식 수준으로까지 깊이 내면화된 내적 작동 모델의 수정을 유발할 수 있는 애착 관계는 상담자가 치료적 현존으로서 자기를 내어 줌으로써 펼쳐지는 상호주관적 체계의 활성화, 상담자 자신의 성찰적 태도, 그리고 상담자의 내담자 감정에 대한 깊은 공감을 통해 가능하다. 나는 상담 관계의 선수 조건으로 치료적 현존을 다루면서 상담자와 내담자의 상호주관성의 중요성을 다루었다. 그리고 상담자의 성찰적 태도는 '4장 상담자'에서 자기 성찰 맥락의 중요성을 다루었다. 상담자 자기 성찰에서 요구되는 두 가지 핵심적 요건으로 내담자 경험에 근접하는 역량, 그리고 가상 세계 창조와 활용의 능력을 다루었는데 이는 내담자의 암묵적 기억을 다루는 과정과 밀접한 관련을 가지는 능력이다. 그리고 구체적인 상담자의 공감적 조율은 6장 기법의 부분에서 보다 본격적으로 다루려고 한다. 애착 관계에서 요구되는 상호주관성, 성찰적 태도와 공감을 통한 정서적 조율의 주제는 가히 내담자 변화의 핵심적 원리이다.

2) 치료적 동맹 관계

상담은 관계가 근원적으로 중요하다는 대원칙에 더하여 특정한 구조를 가지고 특수한 작업을 함께하기 위한 만남이다. 상담 관계는 만남의 시작점과 끝이 있고, 대부분의 경우 만나는 물리적인 공간이 정해져 있으며, 만나는 횟수와 시간도 정해져 있다. 그리고 이러한 구조는 상담자와 내담자가 서로 의논하여 결정해 나간다. 상담의 이러한 협력적 구조는 심리적 구조가 약한 내담자들에게 안정감을 주고, 구조 속에서 일어나는 일종의 리듬을 타기 시작하고 보이지 않는 상담자와 상담 시간을 기다리면서 내담자는 충동적인 의존 욕구나 행동화 경향성을 절제하고, 점차 대상과 자신을 신뢰하는 법을 배울 수 있게 된다. 정신역동치료에서 치료 계약을 지키는 것 자체를 치료적으로 중요하게 여기는 이유는 이러한 구조 속에서 이루어지는 규칙을 따라가며 내담자의 자아의 기능이 강화되고 타인과 자신에 대한 신뢰를 쌓아 갈 수 있기 때문이다.

상담 관계의 구조적 특성은 기본적으로 내담자와 상담자는 작업을 같이하기 위해 만난 것이기 때문에 생겨난 것이며, 상담 관계에는 작업을 위한 관계적 특성이 고려되어야 한다는 점이다. 상담에서 내담자와 상담자가 함께 만나서 하는 작업의 목표는 내담자의 괴로움과 자기 파괴적 행동을 극복하기 위해 함께 싸우는 것이다(Bordin, 1979). 상담의 이러한 작업적 측면, 즉 상담은 목적과 협력이 중요한 활동임(Hatcher & Barends, 2006)을 강조하는 개념이 작업동맹(working alliance)이다. 작업동맹은 치료동맹(therapeutic alliance) 혹은 동맹으로 지칭되기도 하는데 공통적으로 상담은 상담자와 내담자가 공통의 목표를 가지고 협력하는 작업의 측면을 강조한다. 작업동맹은 상담 성과와 관련하여 가장 주목을 받고 있는 상담 관계 변인으로 주요한 메타분석의 연구 결과, 작업동맹은 일관되게 상담 성과를 긍정적으로 예측하는 변인으로 확인되고 있다.[2]

(1) 작업동맹의 개념

상담 관계를 상담자와 내담자의 작업 관계 측면에서 조명한 것은 Freud(1912, 1953)에게로 거슬러 올라간다. Freud는 분석이 성공적으로 이루어지기 위해서는 상담자와 내담자 사이에 친절하고 호의적인 전이가 형성되어야 하며, 내담자가 분석에 협력자로서 들어오는 것이 중요하다고 하였다(Gelso, 2011에서 재인용). Freud에게서 시작된 초기 작업동맹의 이러한 개념은 치료 작업에 도움이 되는 긍정적 전이로 이해할 수 있다. 이후 Zetzel(1956)은 '치료적 동맹'이라는 개념을 사용하여 신경증적이지도 않고, 전이도 아니지만 내담자가 치료자에 대해 우호적이고 긍정적인 감정을 느끼는 상태를 동맹이라고 하여, 전이와는 분리된 작업 관계가 있을 수 있음을 시사하였다. 그 이후 Greenson(1965)은 처음으로 '작업동맹'이라는 표현을 사용하여 상담이 작업이라는 것, 그리고 그 작업에서 상담자와 내담자가 목적을 가지고

2) 예를 들면, Horvath와 Bedi(2002)는 작업동맹과 상담 성과와 관련된 메타분석의 결과, 작업동맹이 상담 성과의 5% 정도의 변량을 설명하는 것으로 밝혔다.

치료적 노력을 기울이는 것이 중요하다는 측면을 부각하였다. 그에 따르면, 작업동맹은 상담자와 내담자가 현실에 기반을 둔 협력을 의미하는 것으로 상담자의 분석적이고 치료적인 자아와 내담자의 건강한 자아가 연합하여 서로 협력하는 실제 관계에 기반한다고 하였다. Greenson은 상담자와 내담자가 실제 관계와 긍정 전이를 왔다 갔다 하면서 작업적 동맹을 이루어 간다고 제안함으로써 작업동맹, 전이, 실제 관계를 처음으로 구별하여 설명하였다.

전이 관계로 시작된 작업동맹의 의미가 전이뿐 아니라 실제 관계에 근거한 협력이라는 특성으로 확장되면서 오늘날 가장 보편적으로 받아들여지고 있는 Bordin(1979)의 작업동맹 개념과 하위 변인들이 제안되었다. Bordin(1979)은 작업동맹은 '상담자와 내담자가 의식적이고 현실적인 관계를 바탕으로 공유된 목표를 향해 서로 협조해 나가는 것'이라고 정의하였고, 가장 핵심적인 동맹은 의식적인 '지금-여기'의 관계에서 이루어진다고 하여 작업동맹의 개념을 정신분석에만 국한된 개념이 아니라 심리치료 전반에 나타나는 범이론적 특성임을 강조하였다. 또한 그는 상담자와 내담자가 내담자의 증상(심리적 고통과 자기 파괴적 행동)을 극복하기 위해 함께 하는 전투라고 봄으로써 상담자-내담자 관계의 상호성을 작업동맹의 중요한 요소로 강조하였다. 작업동맹 개념의 상호성에 대한 강조는 Rogers가 제시하는 상담 관계인 '치료자'가 제공하는 조건에는 내담자의 지각이 배제되었다는 것을 고려할 때 보다 관계적인 특성을 지니고 있는 개념으로 평가되기도 한다(Horvath, 2000).

Bordin은 가장 최적의 작업동맹은 내담자와 상담자가 치료 목표에 대해, 그리고 이를 이루기 위해 효과적이고 적절한 방법이 무엇인지에 대해 공유된 신념을 가지고 구체적인 과업을 수행하기로 동의할 때 이루어진다고 하였다. 그리고 이러한 동의는 상담자와 내담자 간의 상호 확신과 신념에 바탕을 둔 개인적 관계가 있을 때만 가능하다고 하였다. 이러한 논리에 기초하여 Bordin은 작업동맹의 핵심 3요소로 정서적 유대, 공동 목표, 공동 과업을 제안하였고, 작업동맹 측정 도구로 가장 많이 사용되는 작업동맹 척도는 이 세 가지 핵심 요소를 바탕으로 Horvath와 Greenberg(1989)가 개발하였다. 작업동맹은 상담자와 내담자의 상호성에 기반한 협력적 관계라는 개념적 특성을 반영하여 상담자와 내담자가 각각 작업동맹 수준을 평가하며, 이들이 평가한 작업동맹 수준이 유사할수록 상담 성과가 좋은 것으로 보고되고 있다.

지금까지 살펴본 바와 같이 작업동맹은 정신분석적 긍정적 전이 관계 개념에서 출발하여 모든 심리치료에서 나타나는 보편적인 특성이며, 상담자와 내담자가 함께 상호적으로 일구어 나가야 하는 심리치료 작업과 관련된 특성으로 발전된 개념이다. 많은 상담 성과 연구에서 공통요인 중 작업동맹이 상담 성과에 긍정적으로 기여하는 변인이라고 일관되게 밝혀지고 있다. 그런데 작업동맹의 하위 요소들 간의 관계, 시간의 흐름에 따른 동맹 관계의 변화 양상, 그리고 상담자와 내담자가 지각하는 작업동맹에 영향을 주는 요인들에 대한 논의는 작업동맹이 하나의 고정된 요인이 아니라 복잡한 층위를 가지고 역동적으로 변화하는 측면임을 보여 준다. 이에 대한 논의를 좀 더 자세히 살펴보도록 하자.

(2) 작업동맹의 특성

Bordin이 제안한 작업동맹의 핵심 3요소인 정서적 유대, 공동 목표와 공동 과업들은 상호 간에 상관관계가 높은 변인들이지만 이들이 상담 과정에서 작동하는 기제는 차이가 있다. 이들 세 가지 요소 가운데 성격을 달리하고 가장 논의가 많이 되고 있는 요인은 정서적 유대이다. 이론적 입장에 따라 정서적 유대를 이해하는 방식, 상담 성과에 미치는 영향력에 대해 다른 입장을 보인다. 예를 들면, 한 연구(Ulvenes et al, 2012) 결과에 따르면, 정신역동치료에서는 치료 장면에서 정서를 깊이 다루지 않은 것이 정서적 유대와 상담 성과에 모두 부정적인 영향을 미치는 것으로 나타났지만 반대로 인지치료에서는 정서를 깊이 다루지 않는 것이 오히려 정서적 유대와 상담 성과에 모두 긍정적인 것으로 나타났다(Wampold & Imel, 2015에서 재인용). 이러한 결과는 정서적 유대와 기법이 이론적 입장에 따라 어떻게 다르게 상호작용하는지를 잘 보여 주는 결과로 해석할 수 있다. 즉, 정신역동치료에서는 꺼내기 어려운 경험들, 기억과 내적인 자료들을 주로 다루기 때문에 내담자의 감정이 많이 올라올 수 있으며 이런 경우 내담자 정서를 다루지 않는 것은 상담자가 정서적 유대감이 부족한 것으로 지각되고 상담 성과에도 부정적인 영향을 미친다. 반면, 치료 목표와 내용이 정서 작업과 직접적인 관련이 없을 때는 깊은 정서적 탐색이 오히려 내담자를 불편하게 할 수 있으므로 깊은 정서 탐색을 하지 않는 것이 정서적인 유대와 성과에 긍정적으로 기여할 수 있다는 것이다.

3명의 상담 대가 치료 작업(APA, 2012)에서도 이론적 입장에 따라 내담자들의 정서적 유대를 맺는 방식이 상이할 수 있다는 것이 잘 나타나는 부분이 있다. 인지치료자 Beck이 여자 내담자 치치의 정서를 다루는 부분이 나오는데 이에 대해 정신역동치료자 McWilliams는 자신이라면 전혀 다른 방식으로 접근할 것이라고 논의하는 부분이 있다. 치치는 이전 남자 친구와의 관계 상실의 주제가 나오면 정서적으로 많이 동요되어 이 관계가 아직 미해결 과제이며, 현재 남자 친구와의 관계에도 영향을 미치고 있다는 것이 보인다. 인지치료자인 Beck은 치치가 이전 남자 친구와의 관계를 말할 때 정서적으로 흔들린다는 것을 정확하게 알아차리고 이 부분이 치치에게 매우 중요한 부분인 것 같다는 것을 명확히 짚어 준다. 그리고 이 주제를 상담 시간에서 다루기 원하는지를 치치에게 먼저 확인한다. 치치는 그 주제가 자기에게 아직도 너무 힘든 부분이기 때문에 그 관계 상실 주제를 다루기 원치 않고 현재 남자 친구에게 어떻게 자기주장을 할 수 있을지를 다루고 싶어 한다. 이에 대해 Beck은 내담자가 원하는 바를 존중하여 관계 상실의 주제가 내담자에게 정서적으로 중요한 주제로 보였으나 이를 다루지 않고 현재 남자 친구에게 어떻게 자기주장을 할 수 있을지를 성실하게 다루어 준다. 이에 대해 치치는 치료자가 자신의 의견을 존중하여 자신이 원하는 부분을 다뤄 준 것에 대해 친절하고 따뜻한 상담자, 즉 정서적 유대가 이루어진 상담자로 평가한다.

그런데 정신역동 입장을 취하고 있는 McWilliams는 자신이라면 이 주제에 대해 다르게 접근할 것임을 피력한다. 즉, 내담자가 원하지 않는 관계 상실 주제 자체를 직접 다루지는 않더라도 그 주제를 꺼내면 어떤 일이 생길 것이 예상이 되어 그렇게 두려워하는지를 다룸으로 내담자가 정서적으로 막혀 있는 주요 지점을 다룰 수 있도록 도와야 한다는 논의를 편다. 이러한 McWilliams의 입장은 내담자가 보기 어려워하는 정서적 경험을 함께 다뤄 주는 것이 치료적 동맹 형성을 위해 필수적이라고 보는 정신역동적 입장을 반영한다고 볼 수 있다. Beck과 McWilliams의 입장 차이는 내담자들이 꺼내기 어려워하는 정서적 주제를 다룰 때 내담자가 원하지 않는 경우 이야기하지 않아도 되도록 배려하는 것이 유대 형성에 도움이 되는지, 혹은 꺼내기 어려워하지만 다루어야만 하는 그 주제를 불편을 함께 감수하더라도 다룰 수 있도록 하는 것이 유대 형성에 도움을 주는지에 대해 상담들의 이론적 입장에 따라 차이가 있음을 잘 보여 준다.

정서적 유대가 이론적 입장에 따라 다른 형태와 수준을 요구한다는 것은 작업동맹 3요인을 처음 제안한 Bordin의 이론적 입장에서도 이미 드러나 있다. Bordin은 일반적인 신뢰감, 안전감 등은 모든 심리치료에서 요구되는데, 특별히 치료에서 내담자의 비밀로 지켜졌던 내면적 경험을 다루게 될 때는 일반 치료 상황에서 요구되는 기본적 수준의 신뢰보다 훨씬 주의 깊은 유대감이 형성될 필요가 있다고 하였다. 이는 치료 작업의 내용에 따라 요구되는 정서적 유대의 수준과 형태가 다를 수 있음을 암시하는 것이다. 보다 구체적으로 Bordin은 정서적 유대를 두 가지 종류로 구분하여 일반적 신뢰, 존경을 포함하는 유대와 어려운 작업을 할 때 요구되는 유대감으로 나누었다. 이후 이러한 유대감의 구분에 대한 논의는 좀 더 본격화되어 심리치료에서 나타나는 정서적 유대는 두 가지의 형태로 다음과 같이 제안되었다. 한 유형의 정서적 유대는 보다 광범위한 관계 유대감으로 "상담자를 얼마나 좋아하고 존경하는지?"에 대한 답으로 표현될 수 있는 일반적인 끌림, 신뢰, 존경이다. 다른 유형의 정서적 유대는 보다 치료 작업과 관련된 유대로서 치료의 어려운 작업, 예를 들면 어려운 정서를 다루어야 하거나 힘든 경험에 대해 오래 노출을 해야 하는 작업을 할 때 이러한 작업을 할 만큼 "상담자를 충분히 좋아하고 신뢰하고 존경하는지?"와 관련된 유대를 의미한다(Hatcher & Barends, 2006; Wampold & Imel, 2015). Gelso(2011)는 작업동맹이 상담 관계의 모든 측면을 아우르지는 못하는 부분을 지적하면서 작업동맹 하위 변인인 정서적 유대는 '작업을 지지하는 동맹(work-supporting bond)'이며, 이것은 상담자와 내담자가 인간 대 인간으로 진정성 있게 관여하며 나누는 유대와는 구분되어야 한다고 제안한 바 있다. 이러한 정서적 유대에 대한 개념적 구분은 이론적 구분으로, 실제 상담 장면에서 상담자와 내담자 간에 이루어지는 정서적 유대는 일반적인 유대와 작업과 관련된 유대의 두 부분이 중첩될 수밖에 없다. 그러나 상담자와 내담자가 어떠한 목표와 과업을 수행하느냐에 따라 정서적 유대를 표현하는 방식은 다양할 수 있다는 것, 그리고 어떠한 방식으로 정서적 유대감이 형성이 되든지 정서적 유대감이 높게 지각이 될 때 그것이 내담자 변화에 긍정적인 영향을 미친다는 것을 기억할 필요가 있다.

작업동맹의 세 가지 하위 요인 가운데 정서적 유대는 보다 정서적 측면과 관련된 요인이라면, 다른 2요인(목표와 과업)은 협력 관계와 관련된 부분으로 상담 초반에는 주로 정서적 측면과 관련된 동맹이 작동되고, 점차 시간이 흐르면서 협력적 측면과 관련된 동맹이 작동된다. 예를 들면, Wampold와 Imel(2015)은 그들의 맥락 모델에서 정서적 유대를 공동 목표 및 과업과 분리하여 상담 초반에 형성되는 동맹적 요소로 보았다. 이는 어린 시절의 관계 경험을 반영하기 때문에 자동화된 '아래에서 위로(bottom-up)' 심리 프로세스에 큰 영향을 받게 된다고 하였다. Luborsky(1976)도 작업동맹은 역동적인 특성을 지니고 있어서 시간이 흐르면서 작업동맹의 속성이 다르게 작용한다고 보았는데, 초기에는 내담자가 상담자를 지지적이고 안정적으로 지각하는 요소, 즉 정서적 유대 속성이 강하게 작동하고, 후반으로 갈수록 상담 목표 성취를 위해 상담자와 내담자가 상호 책임감을 공유하는 협력적 관계 특성이 강하게 작동하게 된다고 보았다. 정서적 유대를 다른 공동 목표 및 공동 과업 지향의 요소와 구분하여 작업동맹이 두 종류의 동맹으로 나뉜다고 보는 경우, 작업동맹을 '개인적 동맹(personal alliance)'과 '과업동맹(task alliance)'으로 나누거나(Hougaard, 1994), '개인적 애착(personal attachment)'과 '협력(collaboration)'으로 나누기도 한다(Horvath & Luborsky, 1993). 이렇듯 작업동맹의 세 하위 요소들은 정서적 유대와 협력 관계(공동 목표와 공동 과업)로 구분되는 경향이 있으며 상담 초반에는 정서적 신뢰와 안정성을 통한 유대감이 형성되고 이후에 협력 관계를 통한 목표 설정과 과업에 대한 동의가 이루어지는 경향이 있다.

작업동맹이 두 가지 형태, 즉 정서적 측면이 강조되는 유대와 작업적 측면이 강조되는 협력의 두 형태로 구분된다는 것은 상담이 진행되면서 나타나는 작업동맹 변화 패턴 연구 결과와 연결 지어 생각할 때 의미 있는 시사점을 발견하게 된다. 작업동맹의 초기 연구들은 한 시점의 동맹 수준을 측정하거나 혹은 여러 시점의 동맹 점수의 평균값을 사용하였다. 그러나 작업동맹은 고정된 것이 아니라 역동적으로 변화하는 것이므로 점차 종단적 연구들을 통해 상담 진행에 따라 작업동맹이 어떠한 변화 패턴을 보이는지가 보고되었다. 몇몇 주요 연구 결과(Ardito & Rabellino, 2011; Gelso & Carter, 1994; Safran & Muran, 2000 등)를 정리해 보면 작업동맹은 초반부에는 선형적이거나 안정적인 특성을 보이지만 시간이 흐르면서 U 패턴이나 급격한 V 패턴을 보인다고 한다. 작업동맹의 U 패턴과 V 패턴이 나타나는 것은 장기 상담으로 진행되는 역동치료에서 주로 나타나는 현상인데 이러한 패턴은 작업동맹이 좋았으나 와해되었을 때 동맹 관계를 다시 회복하고 나면 이때가 가장 치료적인 순간이 될 수 있음을 보여 준다(Kivlighan & Shaughnessy, 2000; Safran & Muran, 2000; Safran & Segal, 1990). 작업동맹이 와해되어 이것을 다시 회복할 때 '지금-여기'의 치료적 관계를 다룰 수 있는 가장 중요한 시기이며, 이 회복의 과정을 통해 내담자들의 관계 패턴을 다룰 수 있는 기회가 될 수 있다. 그리고 이렇게 작업동맹을 회복하기 위한 치료자의 태도는 작업동맹을 형성하기 위한 초기와 같이 정서적 유대가 중요한 요소가 된다.

상담 초반부에는 작업동맹이 비교적 안정적으로 유지되는 것으로 보고되고 있으며 초기 단계의 안정적인 작업동맹은 최종적인 상담 성과에 유의한 영향을 미치는 것으로 일관되게 보고되고 있다. 또한 초기에 정서적 유대를 통한 동맹이 공고하게 형성되면 중후반에 나타날 수 있는 관계 와해(rupture) 순간에서도 이를 회복할 수 있는 가능성이 높아지고 이것이 궁극적으로 상담 성과에 긍정적으로 기여할 수 있다. 초반 작업동맹의 중요성은 중도 탈락 연구에서도 확인할 수 있는데 작업동맹 수준이 높을 때 주로 초반에 나타나는 상담 중도 탈락을 예방할 수 있는 것으로 확인되었다. 작업동맹 연구에서는 일반적으로 상담 초반부를 초기 5회기로 제안하고 있는데 이 초반부의 작업동맹이 상담 성과 및 이후 상담 과정 변화에 중요한 영향을 미친다는 것은 상담 초반부에 중요한 영향을 미친다고 밝혀진 정서적 유대의 중요성을 거듭 확인하는 결과라고 해석할 수 있다.

그런데 초기 작업동맹의 중요성이 거듭 강조되면서 이를 지나치게 정서적 유대의 영향으로만 해석하는 것에 대한 의문 제기도 있다. 구체적으로 초기 작업동맹 수준이 높아지는 것은 상담을 시작하면서 내담자들이 경험하는 긍정적인 변화들, 예를 들면 증상이 사라지는 등 구체적인 상담 성과가 나타났기 때문에 작업동맹 수준이 높아진 것이라고 볼 수 있다는 입장이다(DeRubeis, Brotmans, & Gibbons, 2005). 이러한 입장은 치료 관계의 정서적 측면을 상담자의 치료적 능력과 구분해야 한다고 보는 행동주의, 인지치료 상담자들이 주로 취하는 입장이다. 이들은 내담자들이 상담 초기에 상담자와 정서적인 유대를 경험하고 정서적인 경험을 해서가 아니라 상담을 통해 변화를 경험하게 되면 상담자의 유능성을 신뢰하게 되고 그에 따라 정서적인 신뢰가 형성되는 것으로 해석한다(Horvath, 2000). Wampold와 Imel(2015)은 작업동맹과 내담자 초기 변화의 상호 영향에 대해 현재까지의 연구 결과를 리뷰하면서 초기 내담자의 변화와 무관하게 작업동맹의 영향력은 확인되고 있으나 상담 초기 내담자의 변화와 작업동맹이 어떠한 영향을 서로 미치는지에 대해서 확실한 답을 내기는 어려운 상황이라고 하였다. 상담 초기에 형성되는 정서적 유대와 내담자의 실제 변화가 서로 어떻게 영향을 주고받는지를 밝히고자 하는 문제 제기는 적어도 상담자들에게 초기 정서적 유대, 내담자들의 초기 변화를 이끌어 낼 수 있는 상담자의 유능성, 그로 인한 내담자들의 기대가 얼마나 중요한지에 대한 관심을 도출했다는 점에서 충분히 의미 있다. 내담자의 끈질긴 부정 정서와 파괴적 패턴은 상담자와 내담자가 함께 동맹을 맺고 전투를 벌여야 할 만큼 강력한 것이며, 전투에서 이기고 있다는 증거가 보이게 되면 동맹은 더 강화되어 가는 것은 분명하다.

3) 전이 관계와 실제 관계

전이 관계(transference relationship)와 실제 관계(real relationship)는 모두 정신분석에서 출발한 개념으로 상담 관계와 관련된 개념으로 가장 오랜 역사를 지니고 있다. 전이 관계가 치료자와 내담자의 관계를 설명하는 가장 최초의 개념이라면 전이 현상을 보다 깊이 규명하려는 과정에서 전이 현상의 짝개념으로 실제 관계의 개념이 등장하게 되었다. 전이 관계와 실제 관계는 항상 공존하는 현상으로 모든 관계에 나타나는 현상이다(Gelso, 2011). 물론 치료적 애착 관계와 작업동맹에서도 전이 현상과 실제 관계가 나타나게 되는데 이 절에서는 이 두 관계 요소가 어떻게 애착 관계와 동맹 관계에 영향을 주는지를 이해해 보고자 한다.

전이 관계는 Freud의 위대한 발견 중의 하나로 이론적 입장에 따라 전이 현상을 상담 과정 중에 얼마나 본격적으로 다루느냐에 있어서는 차이가 있으나 대부분의 상담 이론에서 전이 현상이 존재한다는 것은 인정한다(Gelso, 2011). 전이 관계의 개념은 정신분석 내에서도 다소 차이를 보이는데, 공통적으로 내담자가 치료자에 대해 갖는 감정과 태도를 의미하고, 과거의 경험이 현재에 영향을 미치는 것이며, 그 과정이 무의식적이라고 본다. 초기 정신분석이론에서 주목한 전이 개념에는 과거 부모와 해결되지 않은 무의식적 갈등이 현재 치료 관계에 반복된다는 점이 강조된다. 이러한 전이 개념에 따르면, 현재 치료자와의 관계는 왜곡된 현상이라는 것이다. 그러나 이후 상호주관성을 강조하는 대인 관계적 정신분석 입장에서는 전이 관계를 왜곡이라고 보는 입장보다는 상담자와 내담자가 함께 만들어 낸 현상이라는 입장을 취한다(Gelso, Baumann, Chui, & Savela, 2013).

처음으로 작업동맹, 실제 관계, 전이 관계를 구분하였던 Greenson(1965)은 전이의 특성을 다음과 같이 설명하였는데 첫째, 끈질기게 지속되는 특성을 지니고 있어서 과거 경험이 현재 관계에까지 지속적인 영향을 미치는 것이며, 둘째, 전이가 나타나면 강렬한 감정이 일어나거나 반대로 마땅히 나타날 만한 정서적 반응이 부재한 현상이 나타나기도 한다. 셋째, 전이 감정의 특성은 매우 변덕스럽고 변화가 심하며, 넷째, 양가적인 특성이 억압되어 나타나서 겉으로는 긍정적인 태도를 보이지만 내적으로는 부정적인 감정을 지니고 있는 경우가 있다고 하였다. Freud(1958)는 전이가 치료 과정에서 발생하는 이유는, 첫째, 어려서 지닐 수 없었던 만족감을 현재 치료 관계에서 얻기 위해 과거 경험을 반복하거나, 둘째, '반복 강박(repetition compulsion)'의 일반적 경향성 때문이기도 하고, 셋째, 치료자 관계에 초점을 두므로 과거 부모와의 고통스러운 갈등 경험을 다루지 않으려는 무의식적 저항 때문이라고도 하였다.

전이 현상의 이 같은 특성들은 상담 관계에서 만연하게 발견할 수 있는 현상인데 전이의 특성 가운데 가장 논쟁이 되는 부분은 전이 관계를 맺게 되면 관계 왜곡이 일어나서 치료자를 있는 그대로 경험하지 못하게 된다는 것이다. 전이 관계에서 나타나는 관계 왜곡은 매우 미묘하고 복잡한 현상으로 Freud가 제시한 대로 다양한 무의식적인 의도로 전이 현상이 일어나게 되기 때문이다. Freud가 초기에는 과거의 미해결된 갈등 관계로부터의 부정적 전이를 주로 말하였으나 이후 이상화 전이(idealizing transference)를 제시하여 내담자가 무의식적인 욕구와 소망을 채워 주는 대상으로 치료자의 실제가 아닌 모습으로 바꾸어 지각하기도 한다는 것을 언급하였다. 즉, 내담자의 상담자에 대한 감정과 경험은 과거 미해결된 갈등 주제를 반복하는 방식으로만 현재 치료자와의 관계를 왜곡하지는 않으며 내담자 욕구의 투사일 수도 있다는 것이다.

전이 현상이 마치 내담자의 해결되지 않은 과거 갈등만이 일방적으로 재현되는 것으로 보는 것에 대해 상호 관계적 측면을 강조하는 후기 정신분석이론가들은 치료자의 역전이 영향을 동시에 고려해야 할 필요성을 제기한다. 이들은 전이 관계는 상담자와 내담자가 상호주관적 경험의 장에서 펼쳐지는 현상으로 내담자의 전이와 마찬가지로 치료자의 역전이도 상담 장면에 영향을 미친다는 점을 지적한다. Freud가 초기 정신분석기에 치료자의 역전이는 내담자의 순수한 전이 발달을 방해하는 것으로 저지되어야 할 현상으로 보고, 치료자는 중립성을 견지해야 한다고 하였으나 이후 치료자의 역전이는 오히려 치료적으로 적극 활용해야 할 현상으로 제안되고 있다. 역전이를 어떻게 정의할 것인가 하는 것은 전이 개념 정의만큼 다양하지만 어떠한 이론적 개념으로 이해하든 실제 역전이를 통해 내담자 전이에 대하여 보다 역동적으로 이해할 수 있다는 것은 분명하다.

전이 현상과 항상 공존하는 현상으로 실제 관계에 주목한 Gelso(2011)는 내담자가 과거 중요한 타인과의 상호작용이 현재 치료자에 대한 지각에 영향 미치는 것을 인정하지만 모든 치료 관계가 전이 관계는 아니며 전이와 무관한 실제 관계가 함께 존재한다는 것을 강조한다. 그는 전이 관계가 과거 관계 경험으로 인해 현재 치료자와의 관계에 나타나는 왜곡이라고 할 때, 왜곡이라는 것은 이미 왜곡되지 않은 현실이 있다는 것을 전제하는 것임을 주장한다. 실제 상담자와 내담자 사이에는 전이 관계도 일어나지만 전이 현상에 영향을 받지 않는 실제 관계가 나타나며, 실제 관계는 부정적 전이가 강하게 일어날 때 상담 관계를 보호할 수 있는 기능을 한다. 그는 Freud가 실제 관계의 중요성을 언급한 부분을 다음과 같이 인용한다. "분석 시간 중 혹은 분석이 끝난 뒤에 분석가와 환자가 갖는 좋은 관계가 모두 전이로 간주되지는 않는다. 분석 관계에는 현실에 기반한 친절한 관계도 있는데 그런 관계는 활기가 있다."(Freud, 1937/1964, p. 399: Gelso, 2011에서 재인용) Gelso(2011)는 또한 Freud의 실제 분석 시간에 내담자와 맺은 실제 관계를 보여 주는 사례[3]를 제시하면서 Freud가 전이 관계와 더불어 실제 관계를 중시하였음을 강조한다.

5장

3) Gelso(2011)가 제시한 Freud의 실제 관계 사례는 분석 시간에 Freud가 자기 아들에 관한 이야기를 내담자와 나누고, 내담자의 현실적 문제에 대해 개인적인 의견을 제시한 부분이다(pp. 16-17).

실제 관계는 “두 사람 혹은 그 이상의 사람들 간에 존재하는 개인적 관계(personal relationship)로 서로에게 얼마나 진실한가, 그리고 타인을 얼마나 있는 그대로 지각하는가를 반영하는 관계”로 정의되며 실제 관계의 핵심 두 요소는 ‘진실성(genuineness)’과 ‘현실성(realism)’이다. 상담자와 내담자가 인간 대 인간으로 내 앞에 존재하는 실제 사람으로 인식하는 관계의 중요성은 인간 중심, 실존주의 치료에서 가장 중요한 치료 관계 요소로 지목되었다. 상담자와 내담자 간에 인간 대 인간으로서 서로의 진실성에 대한 신뢰가 있고, 이들의 관계가 과거 관계를 바꾸어 놓은 것이 아니라 실재하는 관계라는 확신이 있을 때 과거 부정적인 경험의 영향으로부터 상담 관계를 보호하여 치료적 작업을 성공적으로 이끌어 갈 수 있다.

전이 관계와 실제 관계가 작업동맹 및 애착 관계와 어떤 관련성을 갖는지에 대한 논의는 주로 부정적 전이, 혹은 불안정 애착 체계를 작동시키는 내적 작동 모델의 영향으로부터 실제 관계가 동맹과 애착을 강화할 수 있다는 것을 주로 강조한다. 작업동맹과 애착 관계는 모두 전이 관계의 기본 개념에서 출발하였는데 이러한 전이 현상은 ‘알지 못하고, 느끼지 못하도록’ 잠금 된 암묵적 기억의 세계로 접근할 수 있는 실마리를 제공한다. 내담자 혼자서는 접근이 불가했던 과거 속에 갇힌 경험을 현재 치료적 관계에 드러내는 것 자체가 인간이 가지고 있는 놀라운 치유력이라고 나는 생각한다. 더구나 전이를 반복 재현하는 데서 그치지 않고, 지금–여기 내 앞에 앉은 치료자와 그 전이 현상을 놀이 대상으로 전환하여 전이 현상의 참여자에서 전이 현상의 관찰자로 다중적인 관계를 구축할 수 있다는 것은 더더욱 놀라운 치유력이라고 생각한다.

6장

상담 과정에 따른 개입 원리

우리 앞의 길에는 언제나 돌들이 놓여 있다. 우리가 그것을 어떻게 이용하느냐에 따라 그것은 걸림돌이 되기도 하고, 디딤돌이 되기도 한다.

– Fredrich Nietzsche

상담은 궁극적으로 내담자의 변화를 실제적으로 도모하는 활동으로 지금까지 다루었던 이론적 논의, 상담 과정-성과 연구 결과들은 구체적 상담 실무에 직접적 혹은 간접적인 함의를 줄 수 있어야 한다. 이제까지 이 책에서 강조하였던 주요 골자는 상담 및 심리치료의 핵심원리는 이론적 차이를 넘어서 인간 변화에 필수적인 주요 공통요인들이며 이들 원리들은 다양한 특수요인들에 의해 실현된다는 것이었다. 상담 과정-성과 연구의 일관된 주요 시사점은 치료적 공통요인과 특수요인은 상보적 관계에 있으므로 실제 상담 과정에서는 이 둘의 상보적 실천을 염두에 두어야 한다는 것이었다(Wampold & Imel, 2015). 상담 과정에서 "무엇을(what)을 해야 하는가?"에 대한 답은 상담 기법에 해당하는 특수요인과 관련된 것이라면, 그 기법을 "어떻게(how) 혹은 왜(why) 해야 하는가?"에 대한 답은 기법을 통해 작동해야 하는 치료 기제 혹은 맥락에 해당하는 공통요인과 관련된 것이다.

이 장에서 나는 실제 상담 과정을 어떻게 진행하고, 상담 기법을 어떻게 수행하는가에 관한 구체적인 지침을 공통요인과 특수요인의 상보적 관계 속에서 제시하고자 한다. 그런데 공통요인과 특수요인의 상보적 관계를 그려 내는 것은 매우 도전적인 과업이다. 치료적 기제와 맥락과 관련된 공통요인은 인간 변화와 관련된 근원적이며 철학적인 논제와 맞닿아 있는 반면, 상담 기법과 관련된 특수요인은 원인과 결과를 명확히 보여 주는 자연과학적 모델에 근거하고 있기 때문이다. 이 둘 간의 균형을 잃고 기법만을 강조하게 되면 기계적인 매뉴얼 제시가 될 수 있고, 반대로 변화의 기제와 맥락만을 강조하게 되면 상담 실무에 구체적인 시사점을 주지 못하고 탁상공론에 그칠 수 있다. Wedding과 Corsini(2013)는 이 두 패러다임을 양립하는 것이 앞으로 심리치료의 희망이라고 제시하며, 실제 상담 실무에서 특정 개입을 할 때 '왜' 이 개입을 해야 하는지에 대한 질문을 해야 하며, 반대로 상담 중에 직관적인 영감, 창의적인 상상력이 떠올랐을 때는 이를 어떤 기법으로 구체화해 나갈 것인가를 생각해야 한다고 하였다. 모든 내담자는 고유하며, 모든 상담 시간은 새로운 시간이므로 공통요인과 특수요인이 조합되는 방식과 분위기는 하나의 모델로 규격화할 수 없는 역동적이며 가변적인 것임을 기억해야 한다. 이러한 문제의식을 가지고 나는 이 책의 앞부분에서 상담 및 심리치료를 어떻게 이해해야 하며 이를 구성하는 내담자, 상담자, 그리고 상담 관계를 어떻게 이해해야 하는지에 대한 맥락을 제공하였다. 이러한 맥락은 상담 과정과 기법의 실제 적용의 중요한 맥락을 구성해 주리라 생각한다.

이제 본격적으로 분절된 기법이 아니라 맥락 속에서의 기법, 매뉴얼에 매몰된 개입이 아니라 상담자의 영혼이 담긴 개입, 문제에 대응하는 기법이 아니라 상호주관적 경험에 대응하는 접촉의 노하우를 제시해야 하는 차례가 되었다. 상담 기법을 기법의 기계적인 매뉴얼이 아니라 변화의 기제와 맥락을 활성화할 수 있는 방식으로 다루는 내용은 독립적인 하나의 교재로 구성되어야 할 만큼 중요하고 내용도 방대하다. 또한 이를 체화하기 위해서는 실제 사례를 통한 실습이 뒷받침되어야 하는 것도 필수적이다. 이러한 도전적인 과제를 수행하기 위해 내가 따르고자 했던 두 가지 원칙은 다음과 같다. 먼저, 상담 과정을 내담자 변화 과정에 초점을 두고 제시하고자 하였다. 상담은 궁극적으로 내담자가 변화의 주체이며 상담 성과는 결국 내담자의 변화로 확인될 수 있기 때문에 상담 과정은 상담자 중심의 과정 설정이 아니라 내담자 중심의 변화 과정으로 조명하는 것이 필요하다. 상담 과정에서 나타나는 내담자의 변화 과정이 일련의 선형적인 변화 과정으로 나타나는 것은 아니지만 상담 기법과 개입을 체계적으로 제시하기 위해서는 선형적인 상담 과정의 흐름을 전제하는 것이 불가피한 것 같다.

나는 앞서 3장에서 내담자의 변화 과정의 핵심적인 전환점으로 '증상의 피해자'에서 '고통의 주체자'로, 그리고 '변화의 주체자'로 전환하는 이면적 과정에 주목한 바 있다. 이 장에서는 이러한 내담자의 변화 과정을 상담 과정의 기본 골격으로 삼아 내담자 변화를 촉발하고 촉진하기 위해 상담자가 어떤 개입을 해야 하는지를 다루고자 하였다.

이 장에서 따른 두 번째 원칙은 공통요인, 즉 변화의 기제와 맥락 중심으로 내용의 틀을 잡고, 그러한 기제와 맥락을 구사하기 위해 어떤 기법을 실천할 수 있을지 내용을 담고자 하였다. 내담자의 변화를 증상 초점에서 고통 초점으로, 그리고 변화 초점으로 이해하고 이러한 초점 이동을 촉진하는 변화의 원리를 제시하였으며 이 같은 각 변화의 원리를 구사하기 위해 필요한 구체적인 기법들을 제시하였다. 이러한 구성 방식은 공통요인과 특수요인을 상호보완하고자 하는 노력을 반영한다. 그런데 이와 같은 방식은 내담자의 고유성, 상담 관계의 즉시성과 같은 상담의 예술적인 측면을 시간 순서로 규격화하는 억지를 부린 것이고, 변화의 기제를 몇 가지 원리로 단순화하는 위험을 내포한다. Bion(1970)은 일찍이 "지금 만나고 있는 내담자가 지난 회기 만났던 내담자와 같은 내담자라고 생각하고 있다면 당신은 그 내담자를 진정으로 만나고 있는 것이 아니다"라고 하지 않았던가. Neimeyer(2012)도 상담 과정을 규격화하고 내담자를 그 안에 끼어 맞추게 되는 위험을 경계하여 '기법이 내담자를 변화시키는 것이 아니라 기법을 통해 상담자와 내담자가 무엇을 하느냐'가 중요하다고 권고하였다. 이러한 맥락에서 독자 상담자들은 이 장에서 제시하는 기법을 익히되 기법 자체만이 아니라 이를 통해 내담자와 무엇을 하려고 하는가를 인지하고 있어야 한다.

독자 상담자들이 이 장을 읽으면서 이전 상담 과정에서 자신이 사용했던 상담 개입과 그 개입이 어떤 맥락을 펼쳤었는지 생각하고, 그때 자신이 했던 개입의 의도가 무엇이었는지 새롭게 질문해 보는 계기가 되기를 기대한다. 또한 앞으로 진행할 실제 상담 과정에서 임상적 직관이 떠오를 때 이를 보다 민감하게 알아차리고, 떠오른 임상적 직관을 담아낼 수 있는 기법의 레퍼토리를 좀 더 풍부하게 갖출 수 있게 된다면 더 바랄 나위가 없을 것 같다.

1. 치료적 원리와 치료 기법의 상보적 구성

공통요인은 모든 혹은 대부분의 이론들에 공통되는 요인들을 모아 놓은 치료적 요인 세트 이상의 것임을 기억해야 한다. 그것들은 심리치료의 변화 기제와 관련된 이론적 모델을 협력적으로 구성한다.

— Bruce Wampold

상담 실전에 앞선 초심자들의 한결같은 고민은 당장 '내담자를 만나서 무엇을, 어떻게 해야 하는가?'이다. 그러나 상담 성과 연구들은 일관되게 구체적인 개입요인(specific factors)이 치료적 공통요인(common factors)과 어우러지지 않으면 유의한 상담 성과를 낼 수 없다는 것을 지적하고 있다(Frank & Frank, 1991; Rosenzweig, 1936; Wampold & Imel, 2015). 즉, 치료적 원리로서 공통요인은 구체적인 치료적 기법을 통해 구현되어야 하며, 구체적인 치료적 기법은 이들이 치료적으로 구현될 수 있는 치료적 맥락에서 실천되어야 한다. 이것은 상담자가 상담 과정에서 '무엇을' 할 것인지 개입 결정을 할 때 그 개입의 의도가 분명해야 하고, 그러한 개입이 수행될 치료적 분위기와 맥락이 어떤지 먼저 고려해야 함을 말해 준다.

의학적 모델에 의존하여 지나치게 기법에 초점을 두는 접근에 대한 대안으로 Wampold와 Imel(2015)은 치료적 관계 모델을 제안하여 구체적 기법을 통해 치료적 맥락이 활성화되어야 함을 강조하였다. 특정 기법을 소개하거나 특정 문제 중심으로 구성된 상담 기법 지침서에서도 기법 수행에 앞서 고려되어야 할 치료적 맥락을 강조한다. 예를 들면, 애도 상담 전문가 Neimeyer(2012)는 다양한 애도 상담 기법을 소개하는 기법 교재 『Techniques of Grief Therapy』 첫 장에서 '상담 기법이 내담자에게 무엇을 해 주는 것이 아니라 기법을 가지고 상담자와 내담자가 무엇을 하느냐'가 중요하다는 점을 강조하면서 기법 소개에 앞서 기법이 담길 수 있는 치료 관계적 맥락 구성이 필요하다는 것을 설득적으로 강조한다. 또한 『경계선 인성장애를 위한 전이초점 심리치료 지침서』(Clarkin, Yeomans, & Kernberg, 2006)에서는 전이초점 치료 기법을 소개하기에 앞서 치료의 장기 목표와 관련된 치료 방략, 각 개별 치료 시간에 치료자가 주의를 기울여야 하는 과제로 치료 기략을 먼저 제시하고 있다. 이는 특정 상담 이론에 근거한 심리치료를 수행함에 있어서도 그 이론에서 주창하는 기법이 치료적 효과를 보이기 위해서는 치료자가 기법이 기초하고 있는 이론의 치료적 원리를 꿰뚫고 있어야 하며 이를 장기적 목표, 매 회기 목표, 그리고 회기 내의 기법과 연결 지을 수 있어야 함을 보여 준다.

이 책에서 나는 상담을 통한 내담자의 변화는 치료적 기법에 해당하는 특수요인과 치료적 맥락과 기제에 해당하는 공통요인이 상보적으로 공존하면서 상담 과정에서 구현되어야 한다는 입장을 줄곧 강조하였다. 이제 상담 기법을 소개하는 마지

〈표 6-1〉 상담 과정에 따른 개입 원리 및 실천 기법

내담자의 변화단계	증상 피해자에서 고통의 주체로	고통의 주체에서 변화의 주체로	변화의 주체로
단계의 목표	증상과 문제에 압도되어 사기를 잃고, 용기가 꺾인 내담자에게 안전한 관계 맥락을 제공하여 자신의 내면 고통으로 주의를 돌릴 수 있도록 한다.	내담자가 풀어내는 다양한 주제들, 이야기들 가운데 내담자의 정동이 가장 많이 담긴 주제에 초점을 맞추고, 내담자가 자신의 감정, 경험에 접촉할 수 있도록 한다.	접촉되기 시작한 자신의 경험에 심리적 거리 두기가 가능해지면서 자신의 경험의 의미가 새롭게 해석되고, 자신의 원하는 새로운 의미와 목적을 선택하고, 실천의 의지를 발휘할 수 있도록 한다.
변화의 원리	원리 1. 안정화의 원리 원리 2. 안에서 밖으로의 원리	원리 3. 초점화의 원리 원리 4. 접촉의 원리	원리 5. 재구성의 원리 원리 6. 자기 초월의 원리
변화 원리의 실천 기법	〈안정화의 원리〉 1. 그라운딩하기 2. 마음챙기기 • 주의 기울이기 • 조율하기 • 몰두하기와 확장하기 3. 구조화하기 〈안에서 밖으로의 원리〉 1. 호소 문제 이면보기 2. 내용에서 과정으로 • 상호주관적 상호작용 • 치료적 수용성 • 지금-여기 집중 • 상담 과정 따라 움직이기	〈초점화의 원리〉 1. 초점화의 원칙 • 경제적 원칙 • 역동적 원칙 • 구조적 원칙 2. 초점화의 방법 • 인지적 조율하기 • 정서적 조율하기 〈접촉의 원리〉 1. 접촉 방해 알아차리기 2. 공감을 통한 접촉	〈재구성의 원리〉 1. 성찰 독려하기 2. 해석하기 〈자기초월의 원리〉 1. 원하는 것 명료화하기 2. 의지적 선택을 독려하기

막 장에서 내담자의 변화를 촉발, 유지하기 위해 상담자가 어떤 개입을 해야 하는가를 다룰 차례가 되었다. 증상이나 문제에 매몰되어 있는 내담자가 자신의 진정한 내적 고통에 관심을 갖기 시작하고, 그 고통을 이해하고 수용, 대면하는 태도를 갖게 되면서 변화의 주체로서 자신의 문제와 삶을 대하게 되는 변화 과정, 그 과정에서 어떠한 변화 맥락과 기제가 펼쳐져야 하는지, 그리고 그러한 맥락과 기제 작동이 어떠한 구체적 기법을 통해 이루어질 수 있는지를 본격적으로 살펴보게 될 것이다. 물론 내담자의 변화가 증상에서 고통, 고통에서 변화라는 선형적인 흐름으로 이루어지는 것이 결코 아니며 이러한 도식적인 이해가 내담자에 대한 이해와 접촉을 오히려 방해할 가능성이 있다. 그럼에도 불구하고 나는 내담자 변화의 흐름에 맞추어 여섯 가지 변화의 원리를 제시하고 각각의 원리를 구현하는 데 적용할 수 있는 기법들을 하나의 모델로 정리하여 제시함으로써 변화 과정의 구조와 질서를 가독성 있게 제시하고 싶었다. 이를 통해 내담자의 변화는 의도된 개입에 의해 이루어지는 체계적 과정이며, 변화의 역동은 치료적 공통요인과 특수요인의 상보적 작동을 통해 이루어진다는 원칙을 확실히 하고자 하였다.

내담자 변화 과정을 중심으로 여섯 가지 변화의 원리(안정화의 원리, 안에서 밖으로의 원리, 초점화의 원리, 접촉의 원리, 재구성의 원리, 자기 초월의 원리)를 제시하였고, 이를 실현하는 데 도움이 되는 구체적 기법들을 통합적으로 제안하였다(〈표 6-1〉 참조).

2. 증상 공유를 통해 고통 중의 내담자와 접촉하기

> 감정, 고통스러운 감정은 우리가 그것을 명확하고 확실하게 묘사하는 바로 그 순간에 고통이기를 멈춘다.
>
> – Spinoza

내담자들이 상담실을 찾게 되는 계기는 이제까지 사용하던 대처 전략이나 방어기제가 더 이상 효력을 보이지 않게 되면서, 도대체 이런 일 혹은 경험이 왜 자신에게 일어났는지 이해할 수 없고, 그래서 통제할 수도 없고, 타인과 공유할 수도 없게 되는 경우이다. 그래서 자신의 통제 범위를 벗어난 경험으로 인해 더 이상 삶의 진도나 일상의 흐름을 이어 나가지 못하게 된 상태에서 상담실을 찾아오게 된다. 이때 내담자는 문제에 사로잡혀 인지적 조망이 매우 좁아지고, 정서 조절에 대한 통제감이 결핍되어 있고, 문제를 해결하려는 강박적 노력도 반복적으로 좌절되어 자존감이 낮아진 상태이다. 이러한 상태의 내담자가 문제에서 자신의 내적 경험으로 초점을 이동시키고, 문제에 대한 강박적 몰두에서 자기에 대한 탐색으로 프레임을 변화시키기 위해서는 상담자가 어떤 개입을 해야 하는가?

통제 불가능하고, 해석 불가능하고, 공유 불가능한 고통에 빠졌음을 무의식적으로 직감하게 되면 사람들은 고통에 직면할 수 있는 용기를 상실하고, 사기가 저하되어 자신을 괴롭히는 증상이나 주요 호소 문제에만 매몰된다. 이러한 상태의 내담자들은 문제와 자신을 동일시된 상태로 경험하게 되는데 이러한 상태는 '자아 동조적 상태(ego-syntonic)' '인지적 융합 상태(cognitive infused)' '심리적인 등가적 상태(psychological equivalent state)'로 개념화된다. 이러한 상태는 성격 발달의 초기 단계에 형성된 부적응적 도식이 활성화된 상태이므로 내담자의 정서적 톤은 강렬하고 원시적이며, 인지적 조망은 제한적이고 경직되어 있다. 물론 상담실을 찾은 내담자들이 모두 이렇듯 압도적인 내적 경험에 사로잡혀 있다는 가정에 동의하지 않는 상담자들도 있을 것이다. 내담자가 전체 삶이 와해될 만한 트라우마를 경험한 상황이 아니라면 상담실을 찾은 내담자들은 어느 정도의 기능 수준을 나름대로 유지하고 있고, 방어 기제를 활용하고 있기 때문에 극하게 취약한 내적 상태를 전면에, 바로 드러내지 않는다. 그러나 내담자가 지금, 이 시점에서 괴로움을 경험하고 있는 주요 호소 문제와 관련된 내담자의 마음에 집중해 보면 내담자가 통제 불가능, 해석 불가능, 공유 불가능한 내적 상태에 '막혀 있는' 상태임을 직관적으로 알아차릴 수 있다. 상담 성과의 성패를 좌우하는 중요한 기준은 내담자의 저항과 방어를 뚫고 압도적인 내적 경험에 얼마나 접근할 수 있느냐에 달려 있다고 해도 과언이 아니다. 내담자가 호소하고 있는 문제와 관련된 내적 경험의 응집된 긴장과 불안을 완화하지 않고는 내담자의 내적 경험에 접근하는 것은 불가능하며, 이러한 내적 경험에 접근할 수 없으면 이후 상담의 어떤 개입도 그다지 영향력을 갖기 어렵다.

상담 초기 단계에 라포 형성이 중요한 이유는 내담자가 자기 자신과 융합된 고통의 경험에 매몰되지 않고, 거리를 두고 그 고통을 있는 그대로 자각하고, 성찰하기 위해서는 문제를 함께 공유할 수 있는 대상이 반드시 필요하기 때문이다. 문제와 자기 자신이 융합되고 엉켜져 있는 상태에서 내담자는 문제도, 자기 자신도 제대로 이해하기 어렵다. 그러나 상담자가 문제와 내담자 사이에 끼어들어 내담자가 문제와 가까운 것보다 상담자와 더 가까워지기 시작하면 문제와 내담자 사이에 거리가 생기기 시작하고, 내담자는 문제도, 문제를 경험하고 있는 자기 자신도 보다 정확하게 직면할 수 있게 된다. 그런데 내담자가 만성적으로 상전 삼고 있거나 은밀한 내연의 관계를 맺고 있던 문제와 거리를 두고 상담자를 보다 신뢰하고, 상담자와 가까워질 수 있는 방법은 무엇인가? 나는 '안정화의 원리(securing principle)'와 '안에서 밖으로의 원리(inside-outing principle)'를 제안하고, 내담자가 안정화되고, 안에 내재했던 것들이 표면으로 드러나도록 조력할 수 있는 방법을 소개하려고 한다. 이러한 방법을 통해 궁극적으로 내담자가 문제에서 자기 자신에게로 초점을 돌리게 되고, 문제와 분리되고 심리적 거리를 두게 되면서 상담자와 '함께' 작업하는 과정 및 구체적인 기법을 살펴보고자 한다.

사람들이 자신을 괴롭히고 힘들게 하는 문제에 몰두하느라 정작 고통받고 있는 자기 자신에게는 눈길을 주지 못하는 경우가 얼마나 많은가? 그러면서도 정작 문제를 제대로 직면하게 되면 더 우울하고, 더 불안해져서 그나마 지탱하고 있는 삶이 와해될까 봐 문제를 있는 그대로 보지 못하게 되는 경우도 얼마나 많은가? 그러므로 상담을 통한 변화는 문제가 무엇인지 제대로 알지도 못한 채 문제 해결에만 강박적으로 매달리거나 혹은 문제를 부인하고 회피하려는 태도로부터 문제를 경험하고 있는 자기 자신에게로 초점 전환이 이루어지면서부터 시작된다. 나를 고통스럽게 하는 문제와 내가 어떤 관계를 맺고 있는지, 고통 중에 있는 내 마음은 어떤 상태인지에 대해 진정성 있게 호기심을 갖기 시작할 때부터 내담자 변화는 시작된다. 문제를 내가 어떻게 경험하고 있는지, 문제와 내가 어떤 관계를 맺고 있는지를 보기 위해서는 문제를 경험하고 있는 나를 비춰 줄 수 있는 대상이 필요하다. 타인이 가감 없이 안정적으로 자신을 비추어 주고, 다른 의도 없이 자기 자신을 수용해 주는 경험을 하게 될 때 사람들은 가감 없이 자기 자신을 보고, 판단 없이 자신을 수용할 수 있는 기회를 얻게 된다. 안정화의 원리는 이러한 목표를 실천하기 위한 원리이다. 상담자 자신이 안정화되어 내담자에게 온전히 주의를 기울이고, 내담자의 언어적, 비언어적 단서를 잘 알아차리고, 자기 자신에게서 일어나고 있는 변화까지 동원하여 내담자 경험 이해의 단서로 활용하여 내담자의 내적 경험에 접근할 수 있을 때 내담자들은 안정화되기 시작한다.

대부분의 사람들이 불행한 느낌이 들면 이를 빨리 없애 버리고 행복한 느낌으로 전환하기 위해 강박적으로 노력한다. 그 이유는 불행한 느낌에 젖어 들게 될 때 삶 전체가 와해될 것 같은 두려움 때문이다(Hayes & Smith, 2005). 그러나 그러한 고통에 상담자가 함께 접촉하기 시작하면 내담자는 상담자와 함께 그 고통에 머물며 고통을 바라보고, 느껴 보고, 들여다볼 수 있다. 이러한 탐색과 성찰 과정은 상담 전반에 걸쳐 일어나며, 특히 상담 초반에는 필수적이다.

고통에 대한 탐색과 성찰을 위해서는 무엇보다 증상이나 문제로 삐죽이 가시화된 내적인 고통을 드러내는 작업, 즉 '안의 것을 겉으로 드러내는(inside out)' 작업이 필요하다. 고통을 밖으로 드러내기에는 너무나 취약하고 불안정하기 때문에 정식으로 그 민낯을 드러낸 적이 없는 내면으로 접근하기 위해서는 내담자가 이미 익숙한 문제의 내용보다는 그 내용이 전달되는 방식에 주목할 필요가 있다. '지금-여기'서 일어나는 생생한 경험에 초점을 둠으로써 이미 드러난 내담자 경험보다는 드러나지 않은 암묵적인 경험에 접근할 수 있다. 내담자가 상담에 오게 된 계기가 된 사건을 구체적으로 탐색하는 것은 겉으로 드러난 어려움을 내담자의 내적인 역동과 연결 지을 수 있는 가장 중요한 지점에 해당하기 때문이다.

이 절에서는 내담자가 어떻게 하면 증상의 피해자로서의 무력감에서 벗어나 증상 이면의 내적 경험에 주의를 기울이고, 이에 대해 호기심 어린 마음으로 탐색하도록 도울 수 있을지에 대해 초점을 두고 상담 개입 방향과 내용을 다루게 될 것이다. 여기서 소개하는 개입들의 주요 목표는 내담자가 문제 중심에서 내담자 중심으로 옮겨 가는 것, 외적 초점에서 내적 초점으로 이동하는 것이다.

1) 원리 1: 안정화의 원리(securing principle)

상담실을 찾을 때 내담자의 주된 감정은 불안감이다. 치료의 가장 초기 단계에 내담자들은 상담자를 신뢰할 수 있는지에 대한 의사결정을 매우 일찍 하게 된다(Wampold & Budge, 2012). 신뢰에 관한 실험 연구에 의하면, 사람들은 낯선 사람의 얼굴을 보고 불과 몇 초 안에 그를 신뢰할 수 있을지 여부를 결정한다(Benedetti, 2011). 상담 초기에 치료적 동맹이 형성되어야 원활한 상담 진행을 할 수 있으므로 치료적 유대감 형성은 치료 목표와 과업이 설정되기 이전에 먼저 형성되어야 하는 필수요소이다(Bordin, 1979). 치료적 유대 관계는 작업을 위한 동맹 관계와는 구별되는 치료적 애착 관계로서 치료적 작업을 시작하기 전에 내담자에게 안전함을 담보해 주는 관계이다. 상담 첫 단계의 내담자는 정당한 힘을 잃었거나 중요한 관계를 상실한 상태로서(Greenberg & Paivio, 1997) 치료 첫 단계에 내담자에게 안전감과 지지를 제공해 주는 것은 무엇보다 중요하다. 그리고 상담 초기 단계에 나타나는 내담자 불안은 상담이 진행되는 동안에도 매 회기 초반부에 반복해서 나타나는 경향이 있다. 불안한 내담자가 각 회기 동안 충분한 탐색을 할 수 있도록 조력하기 위해서는 상담 회기 초반부에 안전감과 지지를 제공해 주는 것이 필요하다.

내담자의 내적 불안은 혼란(confusion)이나 경직성(rigidity)으로 표출되는데(Siegel, 2010), 혼란과 경직성의 정도가 어느 정도인지에 따라 이후 치료 작업의 수준과 방향이 결정될 수 있다. 그러나 내적으로 혼란과 경직성으로 파편화된 내담자의 경험을 통합해 나가기 위한 선수 조건은 무엇보다 내담자를 안정화시키는 것이다.

상담 초기에 내담자가 상담 관계에서 안정감을 느끼고 상담자를 신뢰하여 이후 탐색, 이해, 통합의 치료 과정을 이어 나가는 과정은 '아래에서 위로(bottom-up)'의 변화 과정으로 내담자가 안전한 치료 환경에서 조율된 연결감, 신뢰와 개방성을 경험하게 한다. 이러한 안전한 관계 경험은 내담자의 뇌에 영향을 주게 되어 내담자가 자신의 내적 경험에 대해 이전 방식과 다른 방식으로 반응하게 한다(Siegel, 2010). 내담자가 상담 과정에서 자유로운 탐색을 할 수 있는 기반으로 안전 기지(secure base)를 제공하고, 내담자의 어떤 경험이나 반응에도 압도당하지 않고 든든히 버텨주고, 보듬어 줄 수 있는 안식처(secure heaven)를 제공해 주기 위해서 상담자는 무엇을 해야 하는가?

나는 내담자를 안정화하기 위한 기법으로 그라운딩하기, 마음챙기기, 그리고 구조화하기를 제안하려고 한다. 이 세 가지 기법은 사실 특정 상담 기법으로 분류하는 것이 무리가 있고, 상담 전반에 걸쳐 유지되어야 하는 상담자의 태도 및 상담 분위기에 해당하는 것이나, 따로 떼어 강조해야 할 만큼 중요한 요소이다. 그라운딩하기와 마음챙기기는 상담자가 무엇을 하기 이전에 상담 과정에 현존(being present)하기 위해 갖추어야 할 핵심적인 요소이다. 현존이라는 개념이 추상적이라 현존을 어떻게 실천해야 할지 막연할 수 있는데 이를 쉽게 풀어 비유로 설명하자면 상담자가 상담 과정에 전인적으로 '출석'하는 것이다. 학생들이 수업 시간에 몸은 교실에 출석하여도 마음과 영혼은 다른 곳에서 방황할 수 있는 것과 마찬가지로, 상담자도 상담 과정 중에 몸은 상담 장면에 출석하였으나 마음, 정서, 영혼은 출석하지 않을 수 있다. 상담자가 전인적으로 상담 과정에 '출석'할 때 내담자를 잘 듣고, 느끼고, 접촉할 수 있다. 상담자의 전인적 출석, 현존의 발현은 앞서 '5장. 상담 관계: 변화를 위한 활성화 기반'에서 살펴보았듯이 Buber(1923/1990)가 제안한 내포하기(inclusion), Rogers(1980)가 제안한 변형된 의식 상태(altered consciousness), Bion(1962)이 제안한 담아내기(containing)의 구체적인 실천이라고 볼 수 있다. Buber는 내포하기를 하기 위해서는 상담자가 온전히 자기 자신이 되고 동시에 타인의 내면에 완전히 스며들 수 있어야 하며, 이 두 축을 왔다 갔다 할 때 자기 자신과 타인과의 접촉이 가능함을 시사하였다. 상담자의 이러한 구체적인 현존 실천(presence practice) 기법으로 그라운딩하기와 마음챙기기를 살펴보도록 하자.

(1) 그라운딩하기(grounding)

내담자를 안정화시키기 위한 일차적인 조건은 상담자가 안정화되어 있는 것이다. 유아들의 안정된 마음 상태는 주요 양육자의 안정된 마음 상태를 전제로 하는 것과 마찬가지로 내담자가 안정된 마음 상태를 갖기 위해서는 내담자의 정서를 공감적으로 조율하며 따라갈 수 있는 상담자의 안정된 마음 상태가 무엇보다 필요하다. 내담자들이 자신의 느낌에 대해 알아 가기 위해서는 자신의 내적 상태에 수반되고(contingent), 티가 나는(marked) 반영의 경험이 필요한데, 이를 제공하기 위해서는 상담자가 내담자의 감정을 조율해 줄 수 있어야 한다(Fonagy & Bateman, 2006). 관계를 통해 변화를 추구하는 모델에서는 해리되거나 경직된 내담자의 원초 감정을 조율해갈 수 있는 상담자의 역량이 가장 핵심적이므로 상담자가 내적으로 안정화되어 있는 것이 무엇보다 중요하다.

그라운딩이란 상담자가 내적인 안정성과 중심이 잡힌 느낌을 갖고 있는 것을 의미하는데(Geller & Greenberg, 2012), 상담자가 내적 안정성과 중심을 잡고 있기 위해서는 건강하고 통합된 자기와 접촉이 되어 있어야 한다. 그라운딩은 리더십 문헌에서 처음 사용된 개념으로 무엇엔가 뿌리를 내리고 있는 상태(Cunningham, 1992)를 말한다. 이를 상담자에게 적용하면 신체적으로, 영적으로, 전문적으로, 물리적으로 뿌리를 내리고 있어야 한다는 것이다. 즉, 상담자가 신체적으로 안정감 있고 편안한 자세와 태도로 상담 장면에 임할 수 있어야 하며, 자신의 삶의 철학, 신앙생활, 가치관에 기초한 영적인 뿌리를 내리고 있어야 하고, 전문적 교육과 훈련을 통해 자기 나름의 치료적 모델을 바탕으로 치료적 개입을 할 수 있어야 하며, 상담 시간과 장소가 일정하게 안정되어야 한다(Geller & Greenberg, 2012). 상담자가 상담 장면에서 그라운딩되어 있으려면 상담 장면에서 보이는 자세와 태도 및 일관된 상담 장소/시간과 같은 매우 구체적인 측면의 안정성뿐만 아니라 치료자로서의 이론적 오리엔테이션과 치료적 모델, 나아가 영적, 정신적 토대와 같이 보다 광범위한 측면의 안정성을 확보하고 있어야 한다.

상담자가 한 개인으로, 그리고 치료자로서 그라운딩되어 있다는 것은 중심이 잡혀 있고, 안정적이며, 전인적인 관여가 가능한 상태에 있다는 것을 의미한다. 상담자가 이렇게 그라운딩되어 있어야 하는 이유는 상담 장면에서 다루게 되는 핵심 재료는 내담자의 고통스럽고, 부정적인 정서로서 상담자가 이에 압도되지 않고 충분히 관여하기 위해서는 그라운딩된 포지션이 개입의 출발점이 되어야 하기 때문이다. Neimeyer(2012)는 치료 과정에서 치료자의 주의 집중은 자신의 자기감에서부터 시작하여 타자인 내담자에게로 퍼져 나가는 "~로부터 ~로 가는 주의력(from-to attention)"이라고 하였다. 즉, 상담자가 자기 자신과의 접촉 없이 내담자에게서 얻게 되는 다양한 정보를 정신없이 마구 흡수하는 것이 아니라 치료자의 안정된 자기감을 기지로 하여 내담자를 자기 나름의 고유한 방식으로 알아 가는 것이 필요하다.

그런데 상담자가 내적으로 중심을 잡고, 안정적이며, 여러 측면에서 뿌리를 내리고 있어야 한다는 그라운딩의 기준이 치료자로서 자신이 충분히 숙련되어 있지 않다고 느끼는 많은 상담자에게는 얼마나 부담이 되는 기준인가? 실제로 많은 상담자들은 자신이 충분히 숙련되어 있지 않았다는 자기 비난과 위축감, 미숙하게 치료했던 과거 경험에 대한 후회로 괴로워한다.

치료에서 가장 중요한 구성요소는 내담자를 돕고자 하는 치료자의 진정한 소망과 비방어적인 호기심이며, 치료자가 편안한 상태에서 자신의 독특한 개성을 발휘하여 치료할 때 가장 효과적인 치료를 할 수 있다고 한 McWilliams(2004)의 제언은 상담자들에게 용기를 준다. 그녀는 상담자가 내담자에게 도움이 되는 것이 무엇이고, 어떤 것이 윤리적 치료인지에 대해 깊은 신념을 지니고 있다면 선배의 지혜를 존중하되 책에 쓰인 것을 무시하고 자신의 직감을 믿으라고 권고한다. 이러한 조언들은 상담자의 그라운딩된 안정된 상태가 어떤 기법의 통달이나 일정 기준의 터득으로 확보되는 것이 아니라 치료자의 주관적 태도 및 상태와 관련된 것임을 시사한다. 신참 치료자라도 자신의 성격과 태도에 맞춘 방식으로, 내담자를 이해하려는 진지한 노력을 솔직하게 공유하며, 내적 안정성과 중심성을 유지하기 위해 다양한 측면에서 뿌리를 내리려는 방향성을 견지할 수 있을 때 상담자는 그라운딩될 수 있다.

상담자가 자기 자신에 대한 기본적인 신뢰, 자기에 대한 편안함을 갖고 평정심을 유지하기 위해서는 상담자의 일상생활 속에서 자기를 돌볼 줄 알아야 하고, 현존적 삶과 만남에 대한 가치를 받아들이며, 실제 삶 속에서 이를 실천할 수 있는 노력을 기울일 필요가 있다, 이동식(2008)은 치료자가 정심(淨心)을 갖게 되는 과정을 십우도(十牛圖)[1]라는 구도의 과정으로 설명하고, 치료자의 인격이 내담자의 핵심 감정을 다룰 수 있는 기본 바탕이 됨을 강조한 바 있다. 이동식이 말하는 정심은 그라운딩했을 때 갖게 되는 평정심(equanimity)으로 치료자가 맑은 마음을 유지할 수 있을 때 내담자의 요동치는 감정들을 수용하고, 변별할 수 있다. 치료자가 개인의 일상적 삶에서 끊임없이 자신의 내면을 들여다보며 자기 자신과 접촉하고 안정된 심신을

1) 「십우도」는 수행자가 수행을 통해 본성을 깨닫는 과정을 잃어버린 소를 찾는 일에 비유해서 그린 선화로, 그 과정을 10단계로 구분하고 있다.

유지하는 것은 내담자를 만나 자기 자신을 치료적 도구로 제공하기 위한 준비 과정이라고 할 수 있다.

또한 내담자를 직접 만나기 전에 상담자가 자기 자신을 내담자에게 온전히 내어주고, 내담자가 제공하는 모든 자료에 안정적이고 개방적인 태도를 취하기 위해서는 상담자 나름의 그라운딩을 위한 의례(rituals)가 필요하다. 내담자를 만나는 상담 과정에서 상담자가 몸과 마음, 정서와 인지, 그리고 영적으로 전인적 상태로 출석하는 것은 마법처럼 순간적으로 되는 것이 아니라, 여기에는 상담자가 몰두하기 위해 마음과 환경을 의도적으로 세팅하는 절차가 필요하다. 예컨대, 의도적으로 상담자가 물리적 공간을 정돈하여 내담자가 안전하게 자신을 개방할 수 있도록 할 뿐만 아니라 심리적 공간을 비워 내담자의 경험이 상담자에게 머물 수 있는 공간을 마련할 필요가 있다. 또한 이전 상담 회기 기록을 검토하는 것을 넘어서 내담자를 만날 마음의 준비를 할 필요가 있다. 이때의 준비는 기계적으로 이전 회기 내용만 검토하는 것이 아니라 치료자의 마음속에 내담자를 초청하여 잠시 눈을 감고 내담자를 만난 상황을 상상해 보고, 치료자 마음을 내담자에게로 겨냥하는 것이다. 내담자에 대한 개념적 이해, 회기 계획에 너무 매이지 않고 상담자 자신의 걱정, 불안 등을 괄호 치기(bracketing) 하는 것이 필요하다. 회기 전에 상담자가 준비해야 하는 마음은 빈 마음, 초심자의 마음이다(Geller & Greenberg, 2012). Geller와 Greenberg(2012)가 제안하는 '나무 명상(tree meditation)'은 상담자가 회기 전 내담자를 기다리면서 자기 자신을 그라운딩하기에 적절한 방법으로 보여 〈표 6-2〉에 소개한다. 독자들은 순서에 따라 천천히 따라 해 보고, 실제 상담 시작 전에 간단한 의례로 활용해 보기 바란다.

자신이 땅에 단단히 뿌리를 내리고 흔들리지 않는 나무와 같다는 이미지를 마음에 그리고 내담자를 맞이하게 될 때 불안정한 내담자의 내면 상태로 두려움 없이 들어갈 수 있는 용기를 가질 수 있다. 이때, Buber가 말한 대로 파워가 충전된 시계추가 힘 있게 움직이듯이 그라운딩된 자신으로부터 시작하여 타자인 내담자의 내면세계로 두려움 없이 옮겨 가는 탄력적 역동을 창출할 수 있을 것이다.

〈표 6-2〉 그라운딩 나무 명상

1. 잠시 멈추어 시선을 아래쪽을 향하고 자신의 호흡에 집중하라.
2. 숨을 들이쉴 때 맑고 신선한 공기가 당신의 몸 전체를 채운다고 상상하라. 숨을 내쉴 때 당신의 모든 스트레스와 긴장이 손과 발을 통해 떨구어 나간다고 상상하라.
3. 이제 당신의 발바닥에 주의를 모으라. 특별히 땅과 맞닿은 발바닥 부분에 집중해 보라.
4. 당신의 발바닥으로부터(앉아 있는 경우 척추의 끝부분) 뿌리가 자라나고 있다는 이미지를 그려 보라. 그 뿌리가 땅속 깊이 점점 뻗어 나가 상담실 바닥을 지나 콘크리트 바닥 아래 지층을 거쳐 지구 깊숙이 뿌리를 내리는 것을 그려 보라.
5. 당신의 뿌리가 지구 깊숙이 물을 향해 뻗어 나가 물을 찾아 시원하고 신선한 물과 양분을 땅으로부터 흡수하는 것을 상상해 보라.
6. 양분을 흡수하고, 독소와 스트레스를 내보내는 것을 계속하라.
7. 당신의 발바닥 혹은 척추 끝에서 뻗어 나간 뿌리 이미지를 계속 그려 보라.
8. 당신의 몸을 느껴 보라. 자신의 다리와 몸이 나무의 몸통이라고 느껴 보라.
9. 당신의 팔과 머리가 나무의 가지라고 상상해 보라. 이들은 바람이 불어 왔다 갔다 흔들릴 때도 뿌리를 든든히 내리고, 땅속 깊이 연결되어 안정되고 확고하게 서 있는 것을 상상해 보라.
10. 그라운딩되어 있는 느낌에 머물며 자신이 휴식할 수 있도록 허용해 보라.

출처: Geller & Greenberg (2012), pp. 111-112.

(2) 마음챙기기(being mindful)

내담자를 안정화시키기 위해서 상담자가 그라운딩하여 내면적 중심을 잡고, 평정심을 갖고 나면 상담 과정에서 일어나는 흐름에 개방적인 자세를 갖고 순간순간의 변화를 따라갈 수 있다. 상담 초기 주요 목표는 내담자가 자기 내면을 탐색하고, 자신의 경험에 진정성 있게 접촉하는 것이며 이를 돕기 위해 가장 중요한 것은 내담자가 이해받는다는 느낌과 안정감을 갖게 하는 것이다(Greenberg & Paivio, 1997). 이를 위해 상담자는 상담 과정에서 일어나는 변화의 흐름에 고르게 퍼진 주의를 기울이고 내담자의 경험과 감정에 주의를 기울여 공감적인 조율을 해야 한다. 치료자가 고르게 퍼진 주의를 기울인다는 것은 치료자가 상담 과정에서 자신에게 다가오는 어떠한 경험도 있는 그대로 수용하려는 자세(receptivity)를 취하는 것이다. 치료자의 주의력은 '적극적 수동성(active passivity)'의 아이러니를 요하는데 모든 주의력을 각성시킨 상태를 의도적으로 유지한다는 점에서 적극적이지만, 상담 과정에서 무엇이든 가장 두드러지게(poignant) 떠오르는(emerging) 경험에 열린 자세로 주의를 집중한다는 점에서 수동적이다. 이러한 주의 집중의 상태는 마음챙김(mindfulness)의 상태로 잘 설명할 수 있다.

'마음을 챙긴다'는 것은 어떠한 기대, 판단, 선입견에 사로잡히지 않고 순간순간의 경험에 의도적으로 주의를 집중하는 것(Kabat-Zinn, 2005)이며, 우리의 경험을 범주에 맞추어 규격화함으로써 지각(perception)을 제한하거나 걸러내지 않는 것이다(Cozolino, 2002; Langer, 1997). 또한 일상적인 의미로 마음을 챙긴다는 것은 사려 깊고, 배려하며, 잘 알아차리는 것을 의미한다(Siegel, 2010). 반대로, 기대, 판단, 선입견에 사로잡히게 되면 순간순간 주의를 기울이기 어렵고, 우리의 경험은 일정한 범주로 규격화되면서 그 틀에 맞지 않는 경험은 걸러져 나가게 된다. 이러한 상태는 마음을 놓친(mindless) 상태로 이론, 진단, 계획 등에 마음을 놓친 상태이다. 앞으로 나는 상담자가 마음챙김을 실천하는 단계별 기법을 살펴보려고 한다. 상담자는 우선 내담자에게 주의를 기울이고, 내담자에게서 전달되는 모든 신호를 자신의 신체감각을 통해 조율하는 과정이 필요하다. 그리고 이 과정에서 상담자는 몰입과 확장을 경험하게 된다. 이제 마음챙기기의 과정을 구체적으로 살펴보기로 하자.

마음챙김 1단계: 주의 기울이기(attending)

상담자가 마음을 챙기기 위해서는 먼저 의도적으로 내담자에게 주의를 기울이는 것이 필요하다. 이는 자신의 감각, 지각을 내담자를 향해 의도적으로 여는 것을 말한다. 주의를 기울인다는 것은 물리적으로 또한 심리적으로 주의를 기울이는 것인데 내담자에게 주의를 기울이려면 일단 내담자를 "향해 열어야 한다". 신체적으로 내담자를 향해 개방적 자세를 취하고, 의도적으로 내담자를 향해 심리적 스위치를 켜고 있어야 한다. 물리적으로 내담자를 향해 주의를 기울이는 것은 내담자를 향해 앉기, 내담자와 자연스럽게 눈 맞추기, 몸을 웅크리거나 팔, 다리를 꼬지 않고 내담자를 수용하는 듯한 물리적 공간을 마련하기, 내담자를 마주 보거나 90도 각도로 볼 수 있도록 의자를 배치하기 등과 같이 상담자의 몸 자세, 표정, 몸짓, 공간 배치와 관련된 구체적인 행동으로 구현될 수 있다. 물리적 주의 기울이기는 너무나 기본적인 것이기 때문에 이러한 개방성은 상담자가 훈련받지 않아도 저절로 갖추게 되는 것으로 생각되는 경우가 많다. 그런데 물리적인 주의 기울이기가 되지 않을 때 내담자가 받게 되는 부정적인 영향은 안정성 원리의 측면에서 볼 때 치명적일 수 있다.

Tronick이 1975년 이래 지속적으로 검증해 온 '무표정 실험(still face experiment)'은 주의를 기울이고, 반응하는 얼굴 표정이 유아의 정서적 안정성, 주도성 발달에 얼마나 중요한 영향을 미치는지를 보여 준다. 이 실험을 통해 3분이라는 비교적 짧은 시간 동안 엄마가 닫힌 얼굴 표정을 하고 있을 때 아이들이 좌절, 불안, 분노 등 다양한 부정 정서를 얼마나 급격히 경험하는지를 볼 수 있다. 무표정 실험은 발달 심리학에서 엄마의 우울증이 아이들의 애착 발달에 미치는 영향을 확인하려는 목적으로 이루어졌으나 그 결과는 의사소통 과정에서 주의 집중이 배제되었을 때 나타나는 파괴적인 영향을 보여 준다. 나는 수업 시간에 학생들에게 주의 집중의 중요성을 체감하도록 하기 위해 상대방이 주의 집중을 하지 않았을 때 그것이 어떠한 영향을 주는지를 간단한 연습을 통해 확인하곤 한다. 학생들은 연습의 목적을 인지하고 가벼운 마음으로 연습에 참여한다. 참여 학생들은 짧은 대화 시간이고, 연습의 목적도 이미 알고 있으나 연습 후 학생들의 참여 소감을 들어보면 자기에게 주의를 기울이지 않는 대상에게 이야기를 하는 것이 얼마나 곤혹스러운지에 대해서 호소하였다. "얘기를 하고는 있지만 자기가 무슨 이야기를 하고 있는지를 모르겠다" "계속 얘기를 해도 되는지 불안하다" "말을 계속 이어 가기가 힘들다" "무시받는 느낌이 든다" 등을 호소한다. 연습 참여자들의 이러한 반응을 보면 단순한 신체적 집중이 내담자에게 주는 의미가 매우 크다는 것을 알 수 있다. 상담자가 내담자에게 의도적

Tronick의 '무표정 실험' 장면

출처: https://www.youtube.com/watch?v=apzXGEbZhtD&t=5s

으로 주의를 기울이지 않고, 자신의 지각과 감각을 닫지는 않겠지만 무심하게 주의를 개방하지 않고, 이로 인해 내담자자들이 불안함을 경험하게 될 수 있음을 기억해야 한다.

마음챙기기 2단계: 조율하기(attuning)

내담자에게 주의를 기울이고 내담자가 보내는 어떤 신호라도 받을 자세를 취하면 상담자는 내담자가 보내는 다양한 메시지를 접하게 된다. 조율하는 것은 내담자가 보내는 신호를 어떻게 받아들이냐에 해당하는 것으로, 선입견, 기대 및 이전 학습에 기초하여 내담자가 보내는 정보를 걸러 내고, 제한하지 않고 가능한 개방적 자세로 흡수하고, 수용하는 것을 말한다. Siegel(2010)은 조율하기란 "초점화된 주의 집중을 하여 선명하게 지각하는 과정(a process of focused attention and clear perception)"(p. 35)이라고 정의하고 치료자는 내담자와의 관계에서 조율을 통해 내담자의 내적 상태를 있는 그대로 흡수할 수 있게 된다고 하였다. 이를 위해 기존의 학습, 기억, 개념 등에 기초하여 내담자의 내적 상태를 받아들이는 '위에서 아래로 정보를 제한'하는 것이 아니라 이러한 제한적 요소들을 가능한 괄호 치기하고 '들어오는 자료들의 아래에서 위로 흐름'을 따라가도록 하는 것이 필요하다. 그런데 내담자가 전달하고자 하는 바, 특히 내담자에게도 불분명하거나 혼돈되고 선명하게 자각이 되지 않은 신호를 상담자가 알아차리는 과정은 단번에 이루어지는 과정이 아니라 지속적인 조율이 필요하다. 이러한 조율 과정에서 상담자가 지녀야 할 태도는 '잘 모른다고 생각하는 태도'이다. 내담자와 함께 내담자 마음에 대한 공동의 관심(joint attention)을 가지고 지속적으로 내담자 마음의 이미지를 구성하고 또 재구성하는 과정을 거치는 것이 필요하다(Fonagy & Bateman, 2006).

조율하기란 내담자가 보이는 다양한 자극에서 내적 상태가 어떤지에 초점화된 주의를 기울이는 과정으로 마치 악기의 음을 조율하는 과정과 유사하다. 악기가 내는 소리를 그 음에 해당하는 절대 음에 예민하게 조율하여야 이후 연주 과정에서 정확한 소리를 낼 수 있다. 마찬가지로 상담자는 자신의 지각과 감각을 내담자가 보내는 신호에 따라 예민하게 조율해 나감으로써 이후 작업에서 내담자의 내적 상태를 선명하게 지각할 수 있다. 상담자가 내담자의 경험에 맞추어 자신을 조율할 수 있을 때만이 내담자가 원하는 보호와 허용, 수용의 경험을 제공할 수 있다.

조율 과정에는 거울 신경(mirror neurons)이 관여(Iacoboni, 2008)하는데, 거울 신경의 작동이 없이는 타인의 내면적 경험을 진정으로 공감하는 것은 불가능하다. 최근 뇌인지 과학의 연구 결과, 거울 신경의 반응을 통해 사람들은 자신이 경험하지 않은 타인의 정서 체험을 마치 자신이 경험한 것처럼 신체 감각적으로 경험할 수 있다는 것을 밝히고 있다. 내담자와의 상호작용에서 상담자의 거울 신경이 반응하여 신체 감각적인 반응을 하게 되는 경우는 어떤 경우일까? 내담자가 정서적으로 응축된 에피소드를 이야기할 때, 정작 내담자는 덤덤하게 이야기를 하는데 상담자가 감각적으로 내담자를 대신하여 눈물이 울컥하거나 정신이 아찔하거나 가슴이 답답하거나 급작스러운 피곤이 몰려오는 등 내담자가 보낸 신호에 대한 신체 감각의 반응을 경험했던 기억을 떠올려 보기 바란다. 이러한 반응에 기초하여 상담자가 선택한 단어, 이미지, 그 외 언어 반응은 내담자에게 정확히 조율된 반응이므로 내담자에게 큰 반향을 불러오게 된다. 그리고 내담자는 이러한 이해 속에서 말할 수 없는 안도감을 경험하게 된다.

내담자에게 심리적으로 정확하게 조율하기 위해서 상담자는 어떠한 과정을 거치게 될까? 조율하기의 첫 단계는 내담자가 보내는 신호들(signals)에 초점적 주의를 기울이는 것이다. 이것은 상담자가 무엇에 주의를 기울이겠다고 먼저 내용을 결정하는 것이 아니라 내담자를 만나는 장면에서 가장 두드러지게 떠오르는 것, 가장 강렬하게 다가오는 것에 초점화되는 내담자의 신호를 알아차리는 것이다. 이는 내담자의 의도성에 의해 발화된 신호가 상담자의 거울 신경을 자극하는 과정이다. 내담자를 처음 만났을 때, 혹은 상담 회기를 시작했을 때, 그리고 상담 과정에서 상담자의 주의가 가장 끌리는 부분이 어디인지 가능한 개방된 감각과 지각으로 알아차리는 것이 필요하다.

내담자의 특정 신호, 행동 정보 등에 주의가 끌리는 것을 알아차리고 나면 상담자는 자신의 주의력을 자기 자신의 신체로 돌리는 것이 필요하다. 여기서 주의의 초점이 내담자에게서 치료자 내면으로 향하게 된다(inwardly attention). 내담자의 특정 신호에 주목하면서 자기의 몸에서 어떤 반응이 일어나는지를 예민하게 모니터링하는 것이다. 이러한 모니터링 역량을 키우기 위해 상담자가 자신의 몸의 반응을 평소에 잘 자각하는 것이 필요한데, 이를 위해 바디 스캔 기술을 익히는 것이 도움이 된다. 상담자가 자신의 신체 감각을 잘 알아차리게 되면 내담자의 신체 감각을 다루는 것에 일차적으로 도움이 된다. 평소에 상담을 하면서 자신의 신체 감각의 변화가 내담자의 내적 상태를 반영하였던 경험을 한번 떠올려 보라.

내담자에게 가장 주목하게 되는 신호가 무엇인지, 이와 더불어 상담자의 신체 감각에서 어떤 변화가 일어나는지 알아차리고 난 후 상담자는 자신이 이러한 경험을 얼만큼 수용할 수 있는지를 살필 필요가 있다. 치료자가 자신이 감당할 수 있는 수준을 넘어서는 특정 감정을 다뤄야 하는 경우 상담자는 내담자의 내적 상태에 대해 오해하게 되고, 고통스러워 움츠러들게 되는데, Siegel(2010)은 이러한 경험은 상담자의 수치심 처리와 관련이 깊다고 하였다. 왜냐하면 공감적 유대가 필요할 때 상대방이 조율을 통해 내적 상태에 적절한 주의를 기울여 주지 못할 경우 경험하는 주된 감정은 수치심이기 때문이다. 치료자가 잘 처리되지 못한 핵심 수치심과 관련된 자신의 경험에 직면하고 그때의 정서 경험을 자각하기 위해서 치료자 자신이 심리치료를 받는 것은 매우 중요하다. 치료자 자신이 무시받고, 버림받고, 위협받고 혹은 오해받았을 때 어떤 감정을 주로 경험하였는지, 그러한 경험 중에 가장 또렷하게 떠오르는 기억은 어떤 경험인지, 공감받지 못했던 내적 경험으로 어떤 경험이 떠오르는지, 상대방이 내적 상태에 제대로 조율해 주지 못한 이유는 무엇이었는지를 떠올려 보라. 치료자가 자기 자신의 상태에 대해 인식할 수 있는 범위가 넓어질수록 치료자가 내담자를 견뎌 낼 수 있는 창문(window of tolerance)은 넓어진다(Siegel, 2010). 상담자가 넓고 맑은 내면의 창문을 지니게 될 때 내담자의 다양한 경험을 받아들일 수 있다.

상담자가 내담자가 보내는 신호들, 자신의 신체 감각적 반응에 초점화된 주의를 기울이고 나면 그 의미에 대해 메타적으로 가늠하는 것이 필요하다. Siegel(2010)은 이를 '메타지도(metamap)' 능력이라고 하였는데 몸으로 감지한 신체 감각의 의미를 알아차리는 것이다. 이는 신체적으로 감지된 직접적 경험에서 한 발짝 물러서 거리를 두고 그 의미를 알아차리게 되는 인지적 과정으로 치료자의 신체 감각적 반응 및 내적 경험이 치료자 자신에게서 비롯된 것인지, 내담자로부터 유발된 것인지를 식별하고, 경험의 의미를 이해하는 과정이다. 이 복잡한 조율 과정에서는 내담자를 향한 초점이 치료자 자신의 경험으로 돌아오고 그 의미를 메타적으로 변별하면서 초점이 이동된다. 이때 가장 중요한 자세는 어떠한 경험이라도 받아들이겠다는 개방적인 자세이며 내담자와 연결되고, 돕고자 하는 소망과 연민이다(Siegel, 2010). 비록 초심자들이라고 하더라도 그들의 열정과 헌신이 경험 부족으로 인한 여러 가지 결함을 보완할 수 있으며(McWilliams, 2004), 돕고자 하는 열정과 헌신은 경직된 범주와 과거 경험에 매이지 않게 할 수 있다. 훈련받은 이론과 개념, 과거의 경험은 배경이 되고, 내담자와 치료자 사이에 지금-여기서 일어나는 직접적인 경험이 전경이 될 때 내담자와의 고유하고 직접적인 접촉 무대가 마련될 수 있다.

마음챙기기 3단계: 몰두하기와 확장하기(immersing and expanding)

상담자가 내담자와 기계적으로 상호작용하는 것이 아니라 마인드풀하게 상호작용하게 되면 몰두(immersion)와 확장(expansion)을 경험하게 된다. 상담 과정에 몰두한다는 것은 치료자와 내담자가 상호 밀착하여 그 사이에 어떤 것도 끼어들어 방해하지 않는 상태로 외부의 어떤 것에도 방해받지 않는 상태를 말한다. Geller와 Greenberg(2012)는 상담자가 치료적으로 몰두하게 되면 무엇에도 매이지 않고 경험의 흐름을 물 흐르듯이 따라가게 되고, 상담 과정을 통제하기보다는 과정을 따라가는 상태가 된다고 하였다. 이 과정은 "어떻게 되어야 한다"는 집착적 태도와는 반대되는 태도(nonattachment)로 주도권을 상담 과정에 내어 준 상태라고 할 수 있다. 이 상태는 건강하게 분리된 부모가 자녀들과 맺고 있는 안정된 애착 관계에서는 자녀들을 통제하기보다는 그들의 자유로운 탐색을 촉진하는 것과 유사하다. 과정에 푹 빠져드는 것은 과정 자체를 신뢰하여 따라가되 높은 자각력, 각성, 집중과 초점을 유지하고 있는 상태를 말한다. 이는 Mihaly Csikszentmihalyi의 몰입의 과정과도 같은 상태이다. 몰입(沒入, flow)은 주위의 모든 잡념, 방해물들을 차단하고 원하는 어느 한곳에 자신의 모든 정신을 집중하는 상태이다. 몰입하는 사람의 심리 상태는 에너지가 쏠리고, 완전히 참가해서 활동을 즐기는 상태이다. Csikszentmihalyi(1996)는 몰입했을 때의 느낌을 '물 흐르는 것처럼 편안한 느낌' '하늘을 날아가는 자유로운 느낌'이라고 하였는데, 일단 몰입을 하면 몇 시간이 한순간처럼 짧게 느껴지는 '시간 개념의 왜곡' 현상이 일어나고 자신이 몰입하는 대상이 더 자세하고 뚜렷하게 보인다.

치료자와 내담자가 상담 과정에 몰입하게 되면 의식의 확장이 일어나면서 평소보다 더 생생하고, 세밀하게 경험을 의식하게 되고, 차분하지만 생동감 있는 에너지를 경험하게 된다(Geller & Greenberg, 2012). Rogers(1980)는 상담자가 깊은 공감을 하게 될 때 평소와는 다른 변형된 의식 상태, 초월적 영적 상태에 접어들게 된다고 하였고, Freud는 이러한 상태를 대양의 느낌(sense of ocean)이라고 표현하기도 하였다. 상담자가 기존의 경험과 범주에 매이지 않고 마인드풀하게 순간순간 내담자와의 상호작용에 주의를 집중하여 치료적 몰입과 확장을 경험하게 되는 것은 상담 초기에만 국한된 경험은 아니다. 그러나 내담자가 치료적 애착 관계를 형성하고 외적으로 드러난 문제 해결에만 머물지 않고 자신의 내면을 깊숙이 탐색하기 위한 기반을 마련하기 위해서는 몰입하기와 확장하기는 필수적 조건이다.

(3) 구조화하기

우리는 지금까지 안정성의 원리를 구현하기 위해서 상담자가 먼저 그라운딩되어 안정된 내면 상태를 유지하고, 마인드풀하게 내담자와 자신의 신체 감각에 주의 집중하여 상담 과정에서 몰두하기와 확장하기를 할 수 있어야 한다는 내용을 다루었다. 그런데 내담자가 심리적으로 안정화되기 위해서는 상담자와 깊은 수준에서 정서적으로 연결되었다고 느낄 수 있을 뿐만 아니라, 상담에 대한 올바른 이해를 가지고 있어야 한다. 즉, 상담이란 무엇이며, 상담에 대해 자신이 기대할 수 있는 것은 무엇이고, 상담 시간에 자신은 무엇을 해야 하며, 상담자는 무엇을 할 것인지, 상담 시간은 어떻게 되는지, 상담비는 얼마이며, 어떻게 지불해야 하는지, 상담 시간을 바꾸어야 할 때는 어떻게 해야 하는지 등과 같은 매우 구체적인 정보를 가지고 있어야 한다. 상담에 대한 구조화는 내담자와 상담자 간에 상담에 대한 기본적인 기대를 맞추어 가는 과정으로서 이 과정을 통해 내담자가 가질 수 있는 애매모호함과 불안감을 경감시킬 수 있다.

상담자가 어떤 이론적 오리엔테이션을 지녔든지 간에 상담 초반에 상담을 안정적으로 진행하기 위해 구조화 작업을 한다. 특별히 정신역동적 접근의 경우 치료계약을 통해 상담을 구조화하는 작업은 그 자체로 치료적 개입으로 여겨진다. Clarkin

등(2006)은 치료 구조를 확립하고 탐색적인 치료가 가능하도록 필요한 조건을 분명히 하는 계약 과정이 필요하며, 이 과정에서 장애가 적은 내담자보다 경계선 내담자의 치료에서 그 조건을 더 구체적으로 정할 필요가 있다고 하였다. 즉, 정서적 혼돈과 부정성이 높은 내담자일수록 구체적인 구조화가 중요하다는 것이다. 치료 구조의 조건에 해당하는 것은 스케줄, 시간 조정, 상담비, 그리고 내담자와 치료자에게 기대되는 역할, 치료를 방해하거나 지장을 줄 수 있는 내담자의 행동을 다루는 치료적 요소에 관한 것들이다(Clarkin et al., 2006). McWilliams(2004)는 정신분석적 치료 과정 초기 단계에서 "내담자에게 치료 과정에 대해 교육할 필요가 있는데 그렇게 하는 가장 중요한 이유는 이러한 이해를 통해서 내담자들이 조정당한다는 느낌을 불식하고, 좀 더 솔직해질 수 있다는 점"(p. 141)이라고 하였다. 치료 구조에 대한 이해가 명확하게 될 때 내담자는 보다 안정적으로 이후 탐색적 작업에 몰입할 수 있다.

치료 구조를 일정하게 유지하기 위한 상담 구조화는 지나치게 경직된 방식으로 이루어지는 것이 아니라 상담자와 내담자가 타협하여 적정한 구조를 지속적으로 찾아 나가는 과정이다. 예를 들어, 내담자가 아동 혹은 청소년인 경우 전형적인 상담 구조를 따라 상담 시간을 1시간으로 기계적으로 정해 놓고, 그 시간 내내 대화 상담만 하면 내담자가 상담에 몰입하는 데 방해가 되는 경우가 있다. 그런 경우, 내담자가 얼마 동안 집중할 수 있는지, 상담 시간에 대화 이외에 어떤 활동을 하고 싶은지, 혹은 상담실이 아닌 다른 장소에서 상담을 하는 것이 집중하는 데 보다 더 도움이 되는지를 함께 의논하여 결정할 수 있다. 이러한 과정을 통해 내담자가 상담 시간이 자기의 시간이라는 것과 상담이 진행되는 규칙을 알게 되어 불필요한 긴장이나 오해를 방지할 수 있다.

일단 상담자와 내담자가 치료 조건을 결정하고 이해하고 나면 계약을 위반하는 행동은 내담자의 내적 세계를 알려 주는 정보로 이해될 수 있다. 반대로 약속한 치료 구조를 상담자가 위반하게 된다면 이는 치료자의 역전이일 가능성이 있다(Clarkin et al., 2006). 치료 규칙을 지나치게 경직되게 고수하는 것도 문제가 될 수 있지만 많은 경우 치료 구조를 지키는 규칙을 확고하게 견지하지 못하여 어려움에 봉착하게 되는 경우가 더 많다(McWilliams, 2004).

2) 원리 2: 안에서 밖으로의 원리(inside-outing principle)

내담자가 상담자를 신뢰하고, 상담 장면이 안전하게 느껴지기 시작하면 내담자는 본격적으로 자기 탐색을 시작한다. 내담자가 자기 탐색을 시작할 때 가능한 많은 것을 편하게 이야기할 수 있도록 하는 것이 중요하다. 그런데 내담자가 본격적인 자기 탐색을 언제 시작하는 것이 적절한가? 내담자들이 꺼내 놓는 여러 이야기 가운데 어떤 순간에 더 깊은 내적 탐색을 독려해야 하는지에 대한 임상적 결정은 상담 실제에서 중요하면서도, 미묘하게 어려운 주제이다. 흔히 상담자들은 내담자에게 중요한 주제라도 정서적으로 다루기 힘들어하는 주제 혹은 에피소드를 초반에 다루는 것은 적절치 않고, 라포가 형성되고 어느 정도 회기가 진행이 된 뒤에 그 주제를 다루겠다고 이야기한다. 이러한 문제는 슈퍼비전에서도 자주 등장하는 단골 주제 가운데 하나이다. 슈퍼바이저가 "왜 이 지점에서 좀 더 들어가지 못했냐?"는 지적을 하는 경우가 많은데 이에 대해 상담자들은 "아직 내담자가 준비되지 않아서"라는 답을 종종 한다. 상담자들은 간혹 내담자가 내적 접촉이 일어나 정서적으로 동요된 조짐이 보이기 시작하면 선도적으로 "지금 그 이야기를 꺼내는 것이 너무 어려우면 굳이 꺼내지 않아도 된다"고 이야기 하여 내담자를 편하게 해 주려는 친절을 베풀기도 한다. 그런데 이때 '상담 관계, 라포는 어떻게 형성되는가?' 하는 의문이 생긴다. 사회적 관계의 초기 단계에서는 사적인 깊은 주제 보다 편안한 일상 주제들을 나누면서 적절한 거리감을 유지하는 것이 안전하고 편안하다. 그러나 상담 관계에서 라포는 이와 같은 방식으로 형성되지 않는다.

내담자가 상담과 상담자에게 안전하고, 편안함을 느끼도록 하기 위해서 앞에서 제시한 안정성의 원리에 따라 상담자 자신이 내, 외적으로 안정화되고, 내담자에게 주의 집중하여 민감하게 관찰하는 자세를 견지하고, 상담 세팅을 안정적으로 구조화하는 것이 필요하다. 그리고 이러한 치료적 분위기 속에서 상담자가 해야 하는 중요한 과업은 '내담자의 내면에서 무엇이 진행되고 있는지?'에 대해 이해하려는 것이다. 이것은 상담이 시작되면서부터 바로 가동되어야 하는 원리이다. Fonagy와 Bateman(2006)은 치료의 일차적 관심은 내담자의 행동이 아닌 그의 마음 상태이며, 과거에 일어난 일이 아니라, 지금 현재 내담자의 마음 속에서 벌어지는 일로서 치료자의 관심은 지속적으로 내담자와 치료자 자신의 마음을 향해야 한다고 말한다.

상담은 내담자가 들고 온 호소 문제에서 시작하되 명시적 호소 문제를 기점으로 하여 개입의 초점은 '안의 것을 밖으로 드러내는' 방향으로 움직여 가야 한다. 내담자가 명시적으로 드러내는 외적 문제에 대해 주의 깊은 관심을 기울이는 것은 명시적 문제 이면에 자리 잡은 핵심 정서, 핵심 신념 및 핵심 기억들을 안전하게 드러내기 위한 발판이 되기 때문이다.

내담자가 꺼내기는 고통스럽지만 궁극적으로 그 문제를 다루기 위해서 상담에 오게 된 그 문제를 다루지 않고 어떻게 라포 형성을 할 수 있을까? 물론 여기서 주의할 점은 내면적인 문제를 다루는 것이 내담자가 경험한 고통스러운 경험의 내용을 강제로 초반부터 끄집어내는 것은 아니라는 것이다. 내담자가 고통스러운 개인적 트라우마에 접촉하여 감정의 동요가 보이기 시작할 때, 혹은 정서적 단절을 보이기 시작할 때 상담자가 주의해야 할 것은 그 사건의 내용이 아니라 그 사건을 상담 장면에서 경험하고 있는 내담자의 내적 반응이다. "지금 꺼내려는 이야기가 감정을 불러일으키는 것 같아요. 눈물이 스치는 것을 보았어요"와 같은 반응은 주제 자체를 끄집어내는 것이 아니라 그 주제에 대한 내담자의 내적 반응을 반영해 주는 것이다. 상담자가 내담자에게 관심을 보이며 내담자의 관점에서 그의 감정 상태를 이해하려고 시도하고 있음을 느끼게 되면 내담자는 안전감을 느낀다. 그리고 이러한 안전감에서 내담자는 자기 느낌을 설명하고 자신에게 일어났던 일 혹은 일어나고 있는 일에 관한 자신의 내적 관점에 대해 설명할 수 있게 된다(Fonagy & Bateman, 2006).

대부분의 상담 이론은 명시적인 것에서 출발하여 그 이면의 암묵적인 것을 다룰 때 변화가 일어난다는 점에 주목한다. 정신분석 치료에서는 무의식적 갈등을 의식화하는 것이 치료의 주된 목표이며, 애착 상담 및 대상관계 이론에서는 차마 말할 수 없었던 내담자의 내적 경험에 접근하기 위해 상호주관적 경험이 내담자 이해의 핵심적 도구임을 강조한다. 인간 중심, 정서중심치료에서는 상징화를 통해 언표화되지 않은 정서 경험을 자각, 표현, 전달하는 것을 치료 과정의 핵심으로 제안한다. 인지치료에서는 부적응적 정서 및 행동 이면에 자동화되어 드러나지 않고 매개 역할을 하는 인지적 신념 및 도식을 드러내고 변화시키는 것이 치료 작업의 기제이다.

심지어 외현적 행동을 표적하는 행동치료에서도 외현적 자극과 반응들 간의 암묵적인 연합의 고리를 찾아내어 변화시키는 것이 치료의 목표가 된다.

'안에서 밖으로'의 원리는 내담자가 드러내기 어려워하는 내면의 감정, 생각, 기억, 이미지 등을 표면적으로 드러내어 이들이 경험되는 정서적 맥락, 대인 관계적 맥락을 탐색하도록 하기 위한 원리이다. '안에서 밖으로' 원리가 실천될 때 내담자들은 정서적 카타르시스를 경험할 수 있으며, 억압의 긴장에서 놓여나면서 정서적 안도감을 경험할 수 있다. 물론 내담자의 자아 강도, 문제의 심각성에 따라 내면적 접촉이 심각한 혼란과 두려움을 야기할 수 있는 경우도 있다는 사실을 기억해야 하며 이러한 임상적 판단에 따라 '안에서 밖으로' 원리 적용의 기법은 달라질 수 있다.

상담자가 내담자의 변화가 '안에서부터 시작하여 밖으로' 움직여 가야 된다는 확신이 없으면 내담자 내면에 대한 호기심과 존중을 갖기 어렵다. 그래서 문제 해결 처방을 성급하게 제시하고, 내담자는 외부로부터 주어지는 개입의 대상일 뿐이라는 생각에 빠지기 쉽다. '밖에서부터 안으로' 개입은 내담자의 내면적 자료가 충분히 탐색되고, 공유되고 난 뒤에는 이루어져야 할 개입 방향이다. 뒤에서 살펴볼 '재구성의 원리'와 '자기 초월의 원리'는 '밖에서 안으로'의 개입 뒤에 따르게 되는 주요 변화 원리이다. 내담자가 자신의 '안과 밖'을 자유롭게 들락날락하며 안으로는 더 깊게, 밖으로는 더 넓게 확장되는 변화의 과정을 통해 점점 통합되고, 초월적 삶을 살아가는 것이 상담을 통한 내담자 변화의 궁극적 방향이다.

이 절에서는 상담자가 내담자의 내면적 마음 상태에 지속적인 호기심을 갖고, 내담자가 겉으로 표현하는 다양한 단서들을 통해 내면 상태에 접근하여 내담자가 자기 안에 있던 경험들을 탐색할 수 있도록 촉진하는 방법에 대해 소개하려고 한다.

(1) 호소 문제 이면 보기

내담자의 호소 문제는 내담자가 상담에 오도록 한 직접적 계기가 되며, 내담자의 내면세계로 들어갈 수 있는 티켓과 같다. 같은 종류의 문제를 경험한다고 해도 내담자들이 그 문제와 맺고 있는 관계 방식은 내담자 수만큼이나 고유하고 다양하다. 상담자가 내담자의 내면으로 들어갈 수 있는 가장 최적의 열쇠는 내담자의 주요 호소 문제이며, 상담 초기에 이 열쇠를 제대로 사용할 수 있어야 한다. 내담자가 주요 호소 문제를 경험하고 있는 방식은 내담자의 내적 세계를 이해하기 위한 주요 정보들을 응축하고 있다. 내담자가 상담을 신청하게 된 촉발 사건이 무엇인지를 분명히 하고, 그 사건을 내담자가 어떻게 경험하고 있으며, 상담을 통해 어떻게 해결하고 싶은지에 대한 충분한 이해가 초반에 이루어지지 않으면 이후 상담 과정은 초점을 잃고 공회전을 하게 될 위험이 있다.

내담자가 상담실을 찾아오게 되는 계기는 자신이 감당할 수 있는 범위를 넘어선 어려움을 경험하게 될 때이다. Frank와 Frank(1991)는 이러한 상태를 살아갈 사기를 빼앗긴(demoralized) 상태로, Adler는 낙담된(discouraged) 상태라고 하였다. 사기가 꺾이고, 낙담한 내담자는 문제 자체에만 몰두되어 있으며 이 문제를 경험하고 있는 자기 자신에 대한 이해는 상대적으로 매우 부족하다. 내담자는 통제 불가능한 문제에 직면하여 막다른 골목에 막힌 듯한 느낌을 갖고, 뭔가 잘못되어 가고 있다는 느낌을 갖고는 있으나 자신의 문제와 관련하여 자신이 어떠한 경험을 하고 있는지 구체적으로 살펴보지 못하는 경우가 대부분이다. 마치 아이들이 학교에서 속상한 일이 있어서 기분이 좋지 않은 상태로 집에 돌아오면 공연히 짜증을 내거나 예민하게 굴지만 막상 어떤 일 때문에 자기 마음이 불안하고, 속상한지에 대해서는 구체적으로 인지하지 못하는 경우와 비슷하다. 그럴 때 민감하게 아이를 관찰한 엄마는 아이의 상태를 알아차리고 아이가 학교에서 있었던 일들을 하나씩 꺼내 놓을 수 있도록 적절한 도움을 준다. 내담자들이 이렇게 좋은 애착 대상 없이 살아온 경우 자신의 부정적인 내적 경험을 어떻게 드러내는지 알지 못한다. 그래서 상담자는 치료적 애착 대상이 되어 내담자가 들고 온 호소 문제에 세심한 관심을 기울이며 그와 관련된 다양한 내적 경험을 표현할 수 있도록 구체적이고 자상한 안내를 제공할 필요가 있다.

내담자가 사기가 꺾이고, 살아갈 용기를 잃게 된 계기가 된 촉발 사건은 내담자에게 어떤 영향을 주었길래 내담자가 전문적 도움을 받겠다는 결정을 내리게 되었을까? 내담자들이 어떤 특정한 사건을 계기로 상담을 신청하는 경우도 있고, 아니면 만성적인 성격 문제, 기질적 문제, 부정정서 문제로 고통을 받다가 상담을 신청하여 촉발 계기가 모호한 경우도 있다. 두 경우 모두 상담자는 그러한 호소 문제의 이면에 대한 관심을 지니고 있어야 한다.

내담자가 상담을 신청하게 된 계기가 특정한 사건, 생애 사건으로 분명히 언급되는 경우, 내담자가 그 사건을 어떻게 해석하고, 경험하고 있고, 어떻게 해결하고 싶은지, 그 과정에서 시도했던 노력들은 무엇이며, 그 사건이 내담자에게 어떤 영향을 미치고 있는지와 같은 구체적인 탐색이 이루어질 필요가 있다. 스트레스를 유발하는 사건 때문에 상담을 신청한 경우, 그 사건 자체가 직접적으로 스트레스를 유발하고 있는 것이 아니라 그 사건을 매개하는 내담자의 내면세계가 고통을 유발하는 것이다. 상담은 내담자와 함께 이 내면세계를 탐험하는 과정이라고 할 수 있으며 이러한 이면 세계를 드러내는 과정은 상담 초기부터 시작되어야 한다.

고통을 유발하는 사건과 내담자의 정서적 고통을 매개하는 이면 세계에서 무엇을 먼저, 중점적으로 볼 것인가 하는 것은 상담자의 이론적 오리엔테이션에 따라 차이가 있다. 정서 지향적 치료를 하는 경우는 내담자가 문제를 호소하면서 드러내는 지금-여기에서의 정서적 현실을 그대로 받아들여 타당화하고 문제 이면에 깔린 유발 조건이 무엇인지에 대한 이해를 발전시켜 나간다. 문제가 되는 정서 경험을 유발하는 개인 내적 결정 요인, 대인 관계 결정 요인을 확인하고 이러한 부정적 정서 경험을 유발하는 주인공이 바로 자신임을 드러내는 과정을 거치게 된다. 정서중심치료자들은 초반에 문제가 되는 정서 경험을 촉발하면서 그 이면에서 이루어지고 있는 정서 촉발 요건이 무엇인지를 드러내고자 한다. 이러한 정서 작업을 통해 내담자들은 일차적 정서에 접근하고, 궁극적으로 자신의 정서적 욕구에 접촉할 수 있는 작업이 가능해진다(Greenberg & Paivio, 1997).

트라우마 연구자인 Park(2010)는 사람들이 삶의 사건 속에서 트라우마를 경험하는 이유는 상황적 의미(situational meaning) 해석의 근거가 되는 일반적 의미 체계(global meaning system)가 깨어졌기 때문이라고 본다. 사람들은 자신이 지니고 있는 일반적 의미 체계(예를 들면, 자기 자신과 세상에 대한 핵심 신념, 목적, 주관적 의미감이나 목적감)를 평소에는 잘 의식하지 못하고 살다가 극심한 스트레스로 고통을 당하게 될 때 이제까지 자신의 삶의 의미를 만들어 주었던 의미 체계를 알아차릴 수 있게 된다. 그리고 트라우마 사건이 자신이 지니고 있던 일반적 의미 체계에 비추어 해석이 불가하기 때문에 극심한 불안을 경험하게 된다는 것을 인식하게 되고, 치료 과정을 통해 트라우마 사건이 해석될 수 있는 방식으로 새로운 의미 체계를 만들어 가게 된다. 이러한 입장을 따르게 되는 경우, 호소 문제 이면에 내담자가 자각하지 못하고 있던 의미 체계를 드러내고, 실제 경험한 사건의 의미 해석을 어떻게 하고 있는지, 그러한 사건 의미 해석이 자신의 전반적 의미 체계와 어떤 간극을 만들고 있는지, 그러한 간극에서 얼마만큼의 스트레스를 경험하고 있는지를 드러내는 것이 필요하다.

역동적 접근을 하는 치료의 경우는 내담자가 문제를 호소할 때 정서 중심으로 접근하여 즉시적 맥락을 다루어 감정을 확인한 후 이와 관련된 대인 관계적 맥락을 다루기 위해 내담자의 내적 세계 속에서 작동하는 자기 표상과 대상 표상을 드러낸다(Fonagy & Bateman, 2006). 역동적 접근에서는 내담자의 전반적인 마음 상태의 일부로서 감정 상태와 마음 상태가 어떻게 상호작용하는지를 살피고, 이러한 상태에 이르게 되는 대인 관계적 맥락을 구체적으로 드러내고자 한다. 특별히 전이 관계를 통해 이를 드러내고자 하는 치료에서는 치료자에 대한 언급, 내담자가 치료자를 대하는 방식, 다른 치료자나 권위적 인물에 대한 언급 등을 통해 내담자의 대상관계 맥락을 드러내게 된다(Yeomans, Clarkin, & Kernberg, 2002).

치료자가 어떤 이론적 오리엔테이션을 지향하든 호소 문제 이면에 작동하여 고통을 유발하는 내적 기제가 내담자 이해와 변화를 위해 가장 핵심적인 부분이기 때문에 각 상담 이론은 호소 문제 이면의 내면세계를 개념화할 수 있는 주요 이론적 틀을 제시하고 있다. 또한 이에 근거하여 어떻게 내면세계에 접근해야 하는지에 대한 구체적인 기법도 제시하고 있다. 상담자가 이론적 오리엔테이션을 갖기 위해서는 자신의 가치관, 인간관, 세계관, 성격에 비추어 가장 끌리는 상담 이론을 택하여 다른 이론보다 더 중점적으로 공부하고, 그 이론에 비추어 훈련받고, 그 이론을 지향하는 슈퍼바이저에게 도제식 지도를 받는 것이 좋다. 이렇게 특정 이론에 근거하여 충분히 숙달된 훈련을 받고 나면 그 이론을 토대로 삼아 다른 이론의 흡수와 통합이 훨씬 용이하게 된다.

치료자가 어떤 이론적 접근을 취하든지 간에 내담자가 호소 문제를 자기의 언어로, 자기의 이야기를 풀어낼 때 상담자는 내담자의 경험에 밀착하여 내담자 마음에 집중하여야 한다. 그리고 내담자 이야기를 듣는 과정을 통해 내담자 내면의 방이 어떻게 구성되어 있는지, 온도는 어떠한지, 어둡기는 어떠한지, 촉감은 어떠한지, 분위기는 어떠한지에 대해 가늠해 보는 것이 필요하다. 내담자 내적 경험에 대한 밀착된 탐색은 점점 더 살아 있는 이야기를 풀어놓을 수 있게 한다. 이후 상담 과정이 초점을 갖고 진행되기 위해서는 우선, 내담자의 주요 호소 문제에 기반하고, 이에 수반하여 일어나는 내적 감정의 흐름, 그러한 감정의 흐름이 기초하고 있는 과거의 경험, 핵심 신념들로 점차 내적 세계의 탐색을 확장해 나가야 한다. 내담자 문제를 기초로 하여 내담자 삶의 맥락을 연결해 나가는 작업은 문제가 내담자의 삶의 맥락에서 어떤 기능을 하고 있는지를 파악할 수 있게 해 줄 것이다(McWilliams, 2004)

그렇다면 내담자의 주요 호소 문제를 통해 동심원을 그리듯 내담자 내면세계에 대한 탐색을 확장해 나가기 위한 출발점은 어디이며, 어떤 내용을 통해 탐색을 확장해 나가야 하는가? 내담자와 만나게 되는 지점은 상담 세팅마다 다양하여 전화 접수 면접이나 상담 신청서가 첫 대면일 수 있으며, 혹은 첫 접수 면접 상담일 수도 있다. 어떤 방식으로 시작되든 내담자와 상담자를 처음 연결해 주는 것은 내담자의 호소 문제이다. 이때 상담자는 내담자의 전화 목소리, 상담 신청서에 기재된 내용과 방식, 대기실에서 기다리고 있는 내담자의 자세 등을 통해 내담자가 자신의 호소 문제를 어떻게 경험하고 있는지에 관심을 기울일 필요가 있다. 예를 들어, 상담 신청서에 도움을 받고 싶은 문제를 '심리적 문제'와 같이 너무 막연하게 기록한 내담자가 있다면 이러한 기록은 내담자의 어떤 내적인 상태를 보여 주는 것일까? 아마도 자기 어려움과 관련하여 경계심이 많고, 문제를 경험하고 있는 자신에 대해 많이 드러내고 싶지 않은 마음을 전달하고 있는지 모르겠다. 만약 내담자의 학력에 비해 신청서에 기록한 내용이 어법에 맞지 않고, 맞춤법이 많이 틀리고, 글씨체가 엉망인 경우 내담자가 정서적인 혼돈이 심한 상태임을 보여 주는 것인지도 모른다. 상담자는 호소 문제를 들고 상담실에 찾아온 내담자를 맞이하며 그의 호소 문제가 대변하고 있는 내면 상태를 '잘 모른다고 생각'하는 태도로 세밀하게 내면 정보를 수집하고, 이러한 정보와 내담자의 현재 마음 상태가 어떤 관련이 있는지를 모니터링하며 이해하려고 노력해야 한다(Fonagy & Bateman, 2006).

내담자가 주요 호소 문제를 중심으로 내면세계를 탐색하도록 돕기 위해서는 구체적인 안내가 필요하다. 호소 문제를 다양한 측면에서 구체화하는 주요 목적은 내담자가 자기 문제를 다양한 각도에서 생각하고, 표현해 보면서 문제에 보다 생생하게 관여할 수 있도록 돕기 위해서이다. 내담자가 자신의 문제에 생생하게 관여하기 시작할 때 상담자와의 접촉, 자기와의 접촉이 가능하고, 문제에 대한 주체성을 갖게 된다. 호소 문제의 이면을 드러내기 위해서 고려해야 할 구체적인 탐색은 내담자가 문제를 다양한 측면에서 탐색하면서 자기 내면을 들여다보고 접촉할 수 있도록 안내하는 데 궁극적인 목적이 있다. 그렇지 않으면 호소 문제의 구체적 탐색은 기계적인 취조 질문처럼 진행될 가능성이 있으며 그런 개입은 내담자의 자발적인 내적 탐색을 오히려 저해하므로 '안에서 밖으로'의 맥락 구성에 근본적으로 위배된다.

다음은 상담자가 호소 문제를 구체화하기 위해서 내담자로 하여금 탐색해 볼 수 있도록 안내할 수 있는 영역이다. 상담자의 안내로 이러한 영역에 대해 내담자가 생각해 보기 시작하면서 호소 문제를 자신이 어떻게 경험하고 있는지를 보다 생생하게 이해하기 시작할 수 있다.

- 문제로 인해 어려움을 겪기 시작한 시점은 언제이며, 왜 하필이면 이 시점에 상담을 신청하게 되었는가?
- 문제를 겪기 시작하던 시점의 내담자 삶의 정황(주변인들과의 관계, 생활 스트레스 수준 등)은 어떠한가?
- 문제의 심각도는 어떠한가? 문제가 전반적인 생활 기능에 영향을 미치는 정도는 어느 정도이며, 내담자가 통제할 수 있다고 생각하는 정도는 어떠한가? 문제가 자기 삶에 미치는 영향에 대해 어떻게 느끼고 있는가?
- 문제와 관련된 발달사는 어떠한가? 유사한 문제를 경험한 과거 이력, 과거 문제와 현재 문제와의 차이점, 과거 문제가 내담자에게 미친 영향은 어떠하며 어떻게 대처하였는가?
- 문제와 관련된 내담자의 위험요소는 무엇인가? 문제의 심각도를 강화하는 내담자의 기질적 취약성, 환경적 스트레스, 주변 자극 등은 무엇인가?
- 문제와 관련된 내담자의 보호요소는 무엇인가? 문제의 영향력을 완충해 줄 수 있는 개인적, 환경적 자원(문제 해결의 의지, 문제 이해 및 해결에 도움이 되는 개인의 심리사회적 역량, 포기하지 않는 주변인 등)이 어떠한가? 과거 혹은 현재 친화적 대인 관계 경험이 있는가?

내담자의 호소 문제가 분명한 사건 혹은 발달 과업과 관련된 경우도 있으나 만성적인 성격, 관계, 정서 문제인 경우도 있다. 이런 경우는 문제의 촉발 계기를 찾기가 모호하고, 문제 상황을 구체화하기도 어렵기 때문에 상대적으로 치료 기간이 길어진다. 왜냐하면 문제 이면에 드러나야 할 내담자의 내적 상태가 상대적으로 훨씬 복잡하고, 미묘하고, 언표화하기 어려운 상태인 경우가 많기 때문이다. 내담자가 호소하는 문제가 다양한 영역에 걸쳐 있고, 오래 고질화되어 있는 반면, 내담자가 느끼는 위기감은 크기 때문에 문제 해결에 대한 호소가 요구적일 수 있으며 이에 비해 근본적인 변화에 대한 기대는 미미할 수 있다. 언어적 내용의 구체화를 통해서 만성적 내면 고통을 경험하고 있는 내담자들의 내면세계를 탐색하는 것은 매우 제한적인 효과를 보인다. 성격 구조적 문제를 지닌 내담자들의 내면세계를 생생하게 드러내기 위해서는 언어적 내용 중심의 의사소통과는 다른 방식이 요구된다. Yeomans 등(2002)은 내담자와 소통하는 통로는 세 가지가 있다고 보았는데, 첫째는, 내담자가 말한 내용, 즉 이야기의 언어적 내용이고, 둘째는, '내담자의 비언어적 소통으로 내담자가 말을 어떻게 하는가?'(어조, 크기 등), '내담자의 신체 언어가 어떠한가?'(얼굴 표정, 몸짓, 시선 접촉 등)와 관련된 것이고, 셋째는, 가장 미묘한 경로로 치료자의 역전이, 즉 매 순간 내담자에 대한 치료자의 전체적인 정서적인 반응을 통한 소통이라고 하였다. 이 세 가지 방식 가운데 만성적 성격 구조 문제로 어려움을 호소하는 내담자들은 비언어적 의사소통과 치료자의 역전이 반응에 기반한 의사소통으로 접근할 필요가 있다. 다음 절에서는 '내용에서 과정으로'의 접근을 통해 암묵적 정신화(implicit mentalization), 즉 언표화로는 담아낼 수 없는 것을 미묘한 과정을 통해 전달하는 방법에 대해 생각해 보도록 하자.

(2) 내용에서 과정으로

사실상 모든 내담자들, 특히 성격장애 정도가 심한 내담자일수록 언어적 내용에 의존한 개입만으로는 내담자를 제대로 이해하기 어렵다. '알고 있지만 생각해 보지 않았던(the unthought known)' 것은 언어화되지 않는 혹은 언어화될 수 없는 지식으로 의식적인 지각의 범위를 넘어서 저장되기 때문에 그 영향력이 언어적으로 전달되는 내용보다 훨씬 강력하다(Wallin, 2007). 알고 있지만 생각해 보지 않았던 비언어적 경험에 접근하기 위해서는 내담자가 '보고하는 내용(what)'에서 '보고하는 과정(how)'으로 개입의 주의를 옮겨서 내용에 대한 상세한 이해보다는 치료 과정을 경청하는 일이 더욱 중요하다. Neimeyer(2012)는 상담 과정을 '치료라는 댄스가 펼쳐지는 장(medium)'으로 보고 치료자는 이 과정 속에서 배우면서 동시에 감독으로 대본 없는 연극을 시연하게 된다고 하였다. 그에 따르면, 상담 과정을 중시하는 것은 설명보다는 경험을 중시하는 것이고, 내담자의 정서 흐름을 따라가며, 과정을 통제하는 것이 아니라 흐름을 타는 것이며, 즉시적이고 간명한 개입의 힘을 잘 활용하는 것이라고 설명한다. 이러한 치료자의 자세는 기법의 중립성, 치료자의 객관성을 강조하여 상담 과정에서 떨어져 나와 있어야 한다는 입장과는 정반대의 입장이다. 내담자의 언어적 내용을 분석하는 것보다 상담 과정 중에 떠오르는 치료자의 즉시적인 직관, 상징과 은유를 활용하는 것이 보다 강력하다는 입장이다.

비언어적 경험은 무의식적, 암묵적 경험으로 Freud 이래 정신분석적 접근에서는 '무의식적 기억에 접근'하기 위한 개입에 중점을 두었는데, 최근에는 '무의식적 경험이 반복'되는 치료 관계에 보다 집중한다.[2] 일찍이 Freud(1915)는 "분석가는 자신의 무의식을 수신기처럼 송신하는 내담자의 무의식을 향해 돌려야 한다. 전화 수신기가 송신하는 마이크에 맞춰져 있듯이 그는 내담자에게 자신을 맞춰야 한다."고 하여 도구로서 치료자 그리고 치료자 수용성의 중요성을 강조하였다. Stern(2004)은 무의식의 의식화보다는 암묵적 경험의 명시화를 강조하면서 무의식의 의식화는 내담자의 경험에만 중점을 두고 있는 반면, 상담 장면에서 일어나는 암묵적 경험의 명시화는 상담자와 내담자의 상호성을 보여 주는 개념으로 보다 현재적이고, 역동적인 개념으로 보았다. 상담 과정에서 이루어지는 상담자와 내담자간의 무의식적인 의사소통, 암묵적 경험의 명시화는 상호주관성(intersubjectivity), 지금-여기의 현재성(present moment), 정서 활성화를 핵심으로 하는데, 이를 치료적 개입으로 담아내려는 노력들이 줄곧 이어지고 있다. 예를 들면, Klein의 투사적 동일시(projective identification), Bion의 몽상(reverie)과 담아내기(containing), Reik의 제3의 귀(the

2) 치료적 애착 관계에 대한 연구와 개입, 이론화 작업은 최근 Boston Change Process Study(BCPS) 팀에서 대표적으로 이루어지고 있다. 이들은 애착 심리치료와 대상관계 이론가들로 주로 구성되어 실제 임상 자료에 근거한 임상 연구를 지속하고 있다.

Third ear), Freud의 고르게 퍼진 주의력(evenly suspended attention), Fonagy의 정신화(mentalization) 등이 이에 해당한다. 주로 정신분석적 전통에 기반한 이들 기법 이외에도 Buber의 '나-너 관계(I-thou relationship)', Siegel의 마음챙김(mindfulness) 등도 이에 해당한다.

내용 중심의 구체화가 아니라 과정 중심 접근을 통해 내담자의 무의식적 경험, 암묵적 지식을 드러내기 위해 치료자가 따라야 하는 개입의 원칙은 무엇일까? 여기서는 상호주관성 이론에 근거하여 암묵적 지식을 명시화하고, 무의식적 패턴을 드러내는 과정을 살펴보도록 하자.

첫째, 상호주관적 상호작용에 주의를 기울이라

상담 과정에 초점을 두기 위해서는 상담자와 내담자 상호 간에 일어나는 주관적 상호작용에 주의를 기울여야 한다. Freud(1913)는 "모든 사람은 자기 자신의 무의식 속에 다른 사람들의 무의식의 소리를 해석할 수 있는 어떤 도구를 가지고 있다." (p. 320)고 하였다. 이는 내담자가 무의식적으로 전달하는 소리를 치료자가 수용하고 이를 자기 내부의 과정을 통해 그 의미를 해석해 내게 된다는 것이다. Bion(1962)은 치료자의 수용적 도구로서의 기능을 알파 기능 이론으로 설명하고 있다. 이에 따르면 치료자는 컨테이너(container)로서 내담자의 날 경험(raw material)인 베타 요소를 무의식적으로 전달받아 이를 생각이 가능한 알파 요소로 전환해서 새로운 의미를 만들어 낸다는 것이다. 즉, 내담자의 '야생적'이고 '떠도는' 사고가 치료자의 마음(알파 기능)을 통해 변형되어 상징화를 통해 새로운 의미가 부여된다(Brown, 2016). 내담자가 차마 인식하기 어려웠던 경험들을 치료자에게 무의식적으로 투사하고, 치료자가 이를 담아내어 생각이 가능한 경험으로 상징화하여 전달해 주는 '담아내기(containing)'는 치료 장면에서 경험하게 되는 대표적인 무의식적 의사소통이다. Neimeyer(2012)는 이를 관계적 앎(relational knowing)이라고 하였는데 치료자가 자기의 경험이 아닌 내담자의 내적인 경험을 받아들이면서 치료자 안에 떠오르는 질문들, 지침을 따라감으로 내담자가 혼자만의 성찰로는 관찰하기 어려웠던 내적 경험과 과정을 명료화하게 하는 렌즈 역할을 할 수 있다는 것이다. 상담 과정에서 일어나는 상호주관적인 상호작용을 치료적으로 활용하기 위해서는 일단 치료자가 무의식적으로, 암묵적으로 일어나고 있는 상호주관적 경험에 세심하게 주의를 기울이고, 관찰하고, 경험의 의미를 해석하려는 노력이 필요하다. 그런데 내담자가 소화하지 못하고, 자각하지 못한 경험들이 어떻게 상담자에게 전달이 되는 것인가?

둘째, 치료적 수용성을 발현하라

내담자가 내적으로 소화하지 못한 경험들을 치료자 안에 토해 내고, 치료자가 이를 담아내기 위해서는 치료자가 먼저 내담자의 고통을 전적으로 수용하겠다는 적극적 사랑의 태도가 필요하다. McWilliams(2004)는 이를 '잘 조절된, 명상적인, 정서적 수용 행위'라고 하여 치료자의 적극적 수용성을 강조하였다. 치료적 수용성은 상담 과정에서 내담자가 충분히 자기를 드러내고 표현할 수 있는 '가능성의 공간'(Ogden, 1986)을 만들어 준다. 치료자가 내담자가 발사하는 어떤 정보도 수용하겠다는 치료적 수용성의 태도는 최면 상태와 같이 긴장이 이완되고, 주의력이 순도 높게 집중된 상태에서 가능하다. Bion(1970)은 이러한 상태를 '몽상(reverie)' 상태라고 하였는데 이는 깨어 있으면서 꿈을 꾸는 상태라고 할 수 있다. Winnicott(1955)에 따르면, 이는 '환상과 현실의 중간 단계(in-between reality)'인 놀이 상태이다. 꿈과 놀이로서의 치료 과정이 펼쳐지게 되면 내담자는 경직된 현실 세계 속에서는 감히 표현할 수 없었던 무의식적이고 암묵적인 자료들을 하나씩 치료자에게 전달하게 된다. 이때 기억하지 못했던 억압된(repressed) 기억들이 떠오르기도 하고, 너무나 원초적인 두려움과 고통을 유발했던 이름을 붙이기 어려운(unrepresented) 정서의 덩어리는 치료자에게 상징으로 그 정체를 드러내기도 한다(Brown, 2016). 치료자가 이런 수용성을 지니기 위해서 치료자는 매 회기를 기억과 욕망 없이 시작하여야 한다(Bion, 1970). 지난 회기의 내담자를 기억에 담고, 이번 회기에는 무엇을 해야겠다는 기대에 매이게 되면 치료자는 내담자를 위한 전적인 가능성의 공간을 제공하는 데 실패할 수밖에 없기 때문이다.

셋째, 지금-여기에 집중하라

상담자가 매 상담 회기에 이전의 기억들이나 진행할 상담 회기에서 어떤 일이 일어나길 원하는 욕망에서 벗어나기 위해서는 과거의 기억이나 미래의 기대 대신 지

6장

금-여기에 집중해야 한다. 이렇게 할 때 치료자는 내담자가 제공하는 자료에 대해 놀라움으로 반응할 수 있다(Reik, 1948). 내담자가 언어화할 수 없는 기억이나 경험은 의식적인 지각의 범위를 넘어서기 때문에 상담 과정 중에 '그것에 대해' 대화하는 것이 불가능하고, 그것을 직접 비언어적인 형태로 혹은 상담 관계 내에서 상연(enactment)을 한다. 그래서 내담자가 과거 경험을 이야기할 때 언어적 시점은 과거이지만 비언어적 경험은 현재일 수 있다. Stern(2004)은 '지금(now)'이란 주관적인 현재(subjective present)라고 하여 물리적 시간과는 다른 현재성에 대해 언급하였다. 과거에는 자각하지 못한 채로 자각 범위 밖으로 밀어냈던 경험을 지금 떠올려 현재성을 가지고 생생하게 드러내지 못하면 그러한 대화는 그저 대화일 뿐이며 이제까지 알고 있던 내용을 반복할 뿐이다.

넷째, 상담 과정을 따라 움직이라

상담 과정을 치료자가 자신의 계획이나 의도를 가지고 주도하여 끌고 가는 것이 아니라 과정 자체가 이끌어 가는 흐름에 상담자가 따라갈 때 의도하지 않았던 내용과 경험을 만날 수 있다. 치료자가 치료적 수용성을 가지고 지금-여기에 집중하지만 내담자를 이해하는 과정은 지속적인 과정의 흐름을 탄다. 이 과정에서 상담자는 마치 내담자와 댄스를 하듯이 내담자 고유의 방식과 속도에 맞추어 내담자에게 반응할 필요가 있다. 치료자가 내담자를 이끌어 가는 것과 따라가는 사이에 균형을 맞추어 가는 과정을 '내담자보다 반 발자국 앞에 선 개입'이라고 Greenberg(2012)는 설명한다. 상호주관적 상호작용 속에서 치료자에게 전달된 생생한 경험들을 그 의미를 해석하여 내담자에게 전달하면 그것이 내담자의 또 다른 암묵적, 무의식적 생각, 정서, 기억들을 자극하여 내담자가 또 다른 단서들을 제공하게 되는 동심원의 과정이 상담 과정에서 전개된다.

다섯째, 새로운 의미를 부여하라

내담자가 차마 언어화하지 못했던 내담자의 원 감정은 비언어적 수준에서 상담자에게 전달되면서 상징을 통해 새로운 의미가 부여되어야 한다. 이것은 정서에 이름을 붙여 주는 과정이기도 하고, 다양한 형태의 상징을 통한 새로운 의미로 해석되는 과정이다. 상징을 통해(특별히 언어에 의해) 표상화된 느낌은 좀 더 쉽게 파악되고, 공유되며, 성찰되고 조절될 수 있다. 상담 과정에서 파편화되었던 강렬한 기억의 편린들이 의미 있는 패턴으로 보이기 시작할 때 그 자체만으로도 내담자들은 안도하기 시작한다. 압도되는 정서를 조절하고, 느낌에 대해 분명하게 말로 표현할 수 있는 능력의 발달은 심리치료 과정에서 매우 중요하다. 상담 과정에서 상호 주관적으로 일어나는 상호작용의 과정을 과정 주도적으로 따라가다가 상담자에게 담겨지는 것(contained)에 새로운 의미와 형태를 부여하는 과정은 상담 과정에서 이루어지는 창조적인 놀이의 과정이다. 이를 위해 상담자는 내담자와 상담 과정에서 '무슨 일이 일어나고 있었는지' 서로의 지식을 공유하기도 하고, 회기를 마치면서 내담자의 경험을 물어보고 확인하는 과정도 필요하다. 이는 상담자가 의도적으로 내담자에게 암묵적인 경험을 드러내도록 공식적인 기회를 주는 것이다.

3. 고통의 주체자에서 변화의 주체자로

> 매일매일은 경이로움을 품고 있다. 그러나 우리가 경이로움을 기대할 때만이 그것이 올 때 그것을 보고, 듣고, 느낄 수 있다. 날마다의 경이로움을 받아들이는 것을 두려워하지 말자. 그것은 슬픔으로 오기도 하고, 기쁨으로 오기도 한다. 그것은 우리의 심장에 새로운 공간을 열게 한다. 그곳에서 우리는 새로운 친구들을 맞이하여, 서로 공유하고 있는 인간애를 기릴 수 있을 것이다.
>
> – Henry Nowen

내담자가 상담자를 안전 기지로 삼아 본격적으로 내적 탐색을 시작하고, 내적인 경험들을 밖으로 표현하기 시작하면서 내담자는 자신의 내적 상태에서 거리를 두기 시작한다. 자기 자신의 고통과 심리적 거리감을 두기 시작할 때 내담자들은 증상과 자아 동조적(ego-syntonic) 상태에서 자아 이질적(ego-dystonic) 상태로 이동하게 된다. 자기 문제를 여전히 경험하고 있으나 한편으로 이를 관찰할 수 있는 관점을 갖게 되면 문제에 대한 압도감에서 벗어 나와 그 문제를 바라보는 관점의 선택이 가

6장

능하다는 것을 경험적으로 알게 된다. 자기 자신에 대해 유연한 관점을 갖게 되고, 자기 자신의 생각을 관찰할 수 있게 되는 것은 변화의 과정에서 내담자에게 나타나는 중요한 자신에 대한 태도 변화이다. 이러한 경험은 내담자가 고통을 어떠한 태도로 대할 것인지 선택할 수 있는 변화의 주체자로서 여지를 갖게 한다.

내담자가 내적인 경험을 드러낼 때 그 경험들이 상담자들에게 미치는 정서적 영향력은 다양하다. 그리고 이러한 영향력은 대부분 그 경험에 대한 내담자의 정서적 영향력을 반영한다. 이러한 영향력은 내담자가 말하는 내용이 아니라 그 내용과 함께 전달되는 '정서적인 생생함(emotional liveness)'과 밀접한 관련이 있다. 상담자는 내담자가 드러내는 자료들 가운데 정서적 생생함이 높은 자료들을 중심으로 개입을 초점화해 나가야 할 필요가 있다. 내담자가 현재 처한 상황 가운데서 가장 많은 정서적 에너지가 점유된 주제는 상담 과정 전체를 통해, 그리고 각 상담 회기 내에서 초점화되고, 접촉되어야 할 핵심 주제가 된다.

내담자가 자신의 핵심적 정서, 주제, 도식에 초점을 맞추고, 이것이 촉발하는 내적 경험들을 기꺼이 수용하며 접촉할 수 있는 과정은 내담자 변화 과정의 하이라이트라고 할 수 있다. 초점화와 접촉은 내담자의 진술에 대한 반응 원리로도 고려되어야 하지만 상담 과정 전체 혹은 각 회기 내 흐름 속에서도 견지되어야 할 상담 진행 원리이기도 하다. 구체적으로 초점화는 상담 호소 문제의 초점화, 회기 내 주제 선택과 같은 명시적인 개입 방향이기도 한데 초점화를 통해 접촉이 이루어지기 위해서는 내담자와 주고받는 명시적인 내용보다는 암묵적이고 정서적인 상호작용에 더 주의를 기울여야 한다(Walin, 2007). 여기서는 상담 전체 과정 및 회기 진행, 그리고 내담자 진술에 대한 반응으로서 초점화와 접촉을 어떻게 활성화할 수 있을지를 살펴보도록 하자.

1) 원리 3: 초점화의 원리(focusing principle)

상담자를 '낯선 사람'에서 '치료적 안전 기지'로 인지하기 시작하면 내담자는 보다 깊고, 넓은 내적 탐색을 통해 다양한 내적인 자료들을 상담자와 공유하기 시작한다. 상담 초반부에 내담자가 드러내기 시작하는 내적인 자료들로는 내담자의 정서와 기억, 내담자 자신에게는 불가피하다고 여겨지는 결정과 결론, 그리고 그러한 결정과 경험에 부여한 의미, 앞으로 일어날 일들에 대한 예상, 그리고 어떤 일이 이루어질 것이라는 희망 등이 포함된다(Erskine, Moursund, & Trautmann, 1999). 이 외에도 내담자의 무의식적인 소망, 꿈, 환상 등 다양한 자료가 내담자로부터 흘러나오기 시작한다. 내담자가 상담자를 안전하게 여기고, 상담 세팅에 익숙해지기 시작하면서 자신의 스토리를 털어놓기 시작하는 것은 상담자가 기대하던 바이지만 막상 내담자에게서 쏟아져 나오는 자료들은 내적으로 통합된 자료들이 아니고, 자료들 간에 불일치되는 메시지도 많아 상담자가 방향을 잃기 쉽다. 더구나 '말하기 전에 들어라'라는 교육과 훈련을 많이 받은 초심 상담자들은 섣부른 자신의 개입이 상담을 망칠 수 있다는 불안감 때문에 내담자들의 이야기를 마냥 듣고 있는 경우도 상당히 많다. 물론 내담자가 맘껏 자기 이야기를 털어놓을 수 있는 분위기를 조성할 수 있다면 그 자체로 내담자에게 치유적인 효과를 보일 수 있으나 작업으로서 상담의 효과성은 그만큼 제한적일 수밖에 없다. 그 결과 내담자와 상담자가 상담 과정에서 서로에게 익숙하고, 상담은 지속되고 있는데 뭔가 맴돌고 있고, 진전이 없다는 부담이 생기고, 종결을 언제 해야 할지에 대한 기준도 모호해지기 쉽다.

상담은 특정한 목표를 가지고, 특정한 과업을 하기 위한 만남이기 때문에 특정 시점에 내담자를 만나 작업할 때 어떤 주제에 초점을 둘 것인가, 그리고 각 회기에서 어떤 주제를 주로 다룰 것인가에 대한 방향성이 생겨야 한다. 초점화가 제대로 이루어지지 않으면 상담 전체 과정이 방향성을 잃고 공회전하며 회기 수만 늘어나기 쉽고, 한 상담 회기에서도 초점을 잡지 못하면 주제 전환만 하다가 성과 없이 회기를 마칠 수 있다. 상담 경력이 많은 상담자일수록 내담자와 작업을 할 때 전진식 추론 방식(forward reasoning)을 취하여, 내담자와 상호작용하면서 어떤 주제, 내용, 과정에 초점을 두어야 할지를 가능한 일찍 결정하고, 상담 개입을 이 초점에 맞추어 해 나간다. 반면, 초심자들은 후진식 추론 방식(backward reasoning)을 취하기 때문에 내담자로부터 가능한 많은 정보를 확보하고 난 뒤에 이를 토대로 초점화를 해 나가는 방식을 따른다(Etringer, Hillerbrand, & Claiborn, 1995). 어디에 초점을 둘 것인가의 결정은 이후 상담 개입과 방향에 영향을 주는 중요한 원리로, 초점화를 기계적이고 경직되게 하는 경우 이후 상담 개입과 방향에 부정적 영향을 미칠 수 있다. 그러므로 초점화를 하기 위해 임상적 촉각을 늘 민감하게 열어 놓고 있되 초점화의 방향은 인지적, 정서적 조율을 통해 지속적으로 변화해 나갈 수 있어야 한다. 이 절에서는 상담 전체 과정과 상담 회기 진행, 그리고 내담자 진술에 대한 개입에 있어서 초점화를 하기 위해 따라야 할 원칙은 무엇인지, 그리고 지속적인 초점화를 해 나가는 방법은 무엇인지에 대해 살펴보도록 하겠다.

(1) 초점화의 원칙

상담에서 초점화가 이루어져야 상담 진행에 탄력이 붙고, 영향력 있고 집중적인 개입이 가능하다. 그런데 무엇을 기준으로 초점화를 해야 하는가? 상담 초기부터 상담 전반적 과정에서, 회기 내 흐름에서 그리고 내담자와의 구체적 상호작용에서 초점화를 이루기 위해 어떤 기준을 따라야 할까? Yeomans 등(2002)은 전이초점치료에서 초점화를 하는 세 가지 원칙을 제안하고 있는데, 이 원칙은 전이 중심 치료가 아닌 경우에도 적용할 수 있는 중요한 초점화 원칙으로 보인다. 이들이 제안하는 주요 초점화 원칙은 경제적 원칙, 역동적 원칙, 그리고 구조적 원칙인데 각 원칙에서 제시하는 내용을 바탕으로 초점화에서 어떤 기준을 따라야 하는지에 대해 구체적으로 살펴보도록 하자.

첫째, 경제적 원칙으로 이는 내담자가 호소하는 여러 문제 가운데 다른 문제들에 비해 내담자에게 보다 큰 긍정적 영향을 미칠 수 있는 문제를 우선적으로 다루라는 원칙이다. 구체적으로 위급한 상황을 먼저 다룸으로 잠재적인 위험성을 감소시키거나, 삶의 영역에 미치는 파장 효과가 큰 문제를 다루거나, 혹은 작은 문제를 해결함으로써 더 큰 문제를 다룰 수 있는 기반을 마련하는 등 다양한 측면에서 문제 해결의 경제적 원칙을 생각해 볼 수 있다. 전이초점치료에서는 회기에서 가장 큰 정동을 전달하는 자료에 주의를 집중하는 것이 가장 경제적인 선택이라고 제안한다. 이는 내담자가 이야기하는 내용의 심각도보다는 전달될 때의 정동의 크기 여부에 따라 초점화를 하라는 원칙이다. 예컨대, 내담자가 어머니가 암 진단을 받았다는 심각한 내용의 이야기를 밋밋하게 이야기하였는데 같은 회기에서 직장에 가는 데 늦었다는 이야기를 좀 더 강한 정동을 담아 이야기하는 경우 비록 어머니의 암 진단 에피소드가 내용상으로는 더 심각한 내용이지만 일에 늦게 간 에피소드에 초점을 맞추어야 한다는 것이다. 이러한 선택은 '언어적 내용'보다 '내용이 전달되는 과정'이 보다 더 중요한 마음의 정보를 담고 있다는 전제에 근거한 것으로, 언어적 메시지보다 비언어적 메시지에 초점화를 줄 때 개입 효과가 훨씬 클 수 있다는 것이다. 실제 상담 상황에서 상담자는 어머니의 암 진단 내용보다 직장에 늦게 간 내용을 우선적으로 다루는 것이 올바른 선택인지에 대한 확신이 서지 않을 수 있다. 이런 경우 내담자에게 확인하는 것이 필요하다. 어머니 암 진단을 이야기할 때보다 일에 늦었던 이야기를 할 때 감정이 더 실리는 것 같다고 느껴지는데 내담자는 어떠한지, 상담자의 느낌이 맞는 느낌인지를 내담자와 함께 확인할 수 있다. 이러한 정서적, 인지적 조율 과정을 통해 내담자도 자신이 초점을 두고 싶은 문제가 과연 무엇인지에 대해 의식적으로 생각하고 검토할 수 있는 기회를 가질 수 있다. 비언어적인 메시지의 선택이 언어적 메시지 선택보다 경제적인 선택이라는 근거는 '내용에서 과정으로'의 원리에서 다룬 내용을 참고하기 바란다.

경제 원칙에 입각한 초점화의 원칙을 체계적 접근을 하는 Egan(1990)은 '지렛대(leverage)' 원칙으로 제안하였다. 지렛대가 무거운 짐을 들어 올릴 때 효과적인 도움을 주는 도구이듯이 상담에서도 지렛대가 되는 문제를 선택하여, 복잡하고 헝크러진 주제를 효과적으로 다룰 수 있도록 해야 한다는 것이다. Egan은 내담자가 다양한 문제를 털어놓을 수 있도록 격려한 뒤 여러 호소 문제 가운데 지렛대가 될 수 있는 문제에 우선적으로 초점을 두어야 한다고 하였는데 지렛대가 되는 문제란 문제 해결을 통해 얻을 수 있는 이득이 가장 큰 문제, 이 문제 해결을 통해 다른 문제도 함께 해결될 수 있는 가능성이 큰 문제, 문제 해결 접근성이 가장 큰 문제를 의미한다. 물론 내담자가 예기치 않은 위기 상황을 맡게 된 경우는 응급 상황 우선(emergency priorities) 원칙을 따르는 것이 일반적이다. 지렛대가 되는 문제는 비록 가장 심각한 문제는 아니라도 그 문제가 해결됨으로 내담자가 문제 해결의 효능감을 얻고 보다 심각한 문제 해결에 도움이 될 수 있다면 그러한 문제를 지렛대로 삼으라는 것이다. Egan의 입장은 상당히 효율적이고 체계적인 문제 해결 전략으로 보인다. 그런데 상담자가 지렛대라고 판단한 문제가 내담자의 정서적 에너지가 별로 실리지 않은 문제인 경우, 이러한 문제를 지렛대 문제로 삼아 내담자가 과연 상담 과정에 몰두할 동기를 가질 수 있을까에 대한 의문이 남는다. 또한 내담자의 정동이 담긴 문제를 우선적으로 선택하였다고 할 때 그 문제와 관련된 내담자의 다양한 정서를 평가해야 하고, 어떠한 정서가 내담자의 근원적 문제와 맞닿아 있는지 검토되어야 한다. 이는 내담자 문제에 대한 역동적 이해가 이루어져야 가능하다.

내담자 문제를 초점화 함에 있어서 내담자의 역동적 이해에 기초해야 한다는 것이 초점화의 두 번째 원칙인 역동적 원칙의 골자이다. 역동적 원칙은 내담자 마음 안에서 갈등을 일으키는 역동적 힘을 살펴보고 상담 과정에서 다루어야 할 주제를 초점화해야 한다는 원칙이다(Yeomans et al., 2002). 내담자 마음 안에서 갈등을 일으키는 역동적 힘은 치료자와의 관계에서 갈등을 만들어 내기도 하고, 내담자의 삶에서 부적응적 패턴으로 순환적으로 반복되기도 한다(Levenson, 1992). 내담자의 역동적 힘에 초점을 두는 치료자들은 치료란 궁극적으로 내담자 마음 안에서 갈등을 일이키는 역동적 힘에 초점을 두어야 한다고 본다. 역동적 원칙은 치료자가 사용할 자료의 순서를 결정하는 데 적용되어 표면에서 심층으로 초점을 이동하게 한다. 치료자는 '무엇이 무엇을 방어하는가?' 하는 초점 질문을 상기하면서 표면에 등장하는 방어에 먼저 초점을 두고, 그 이후에는 방어되고 있는 심층의 정동과 충동으로 초점화를 해 나가야 한다. 역동적 원칙은 표면적으로 드러난 문제(예를 들면, 치료 관계의 문제, 현재 내담자가 겪고 있는 어려움 등)들은 그 자체가 문제가 아니라 내담자의 마음 안에서 갈등을 일으키는 역동적인 힘에 의해 발생한 것이라는 전제를 하고 있다. 대부분의 상담 이론들이 제안한바, 내담자의 표면적 문제는 이면적 문제의 표출이며 상담은 표면적 문제를 통해 이면적 문제에 접근하여 이를 변화시키는 과정이다. 그런데 이면의 갈등 구조가 표면적 문제로 표상화되는 과정은 역동적인 과정으로 정서가 점유되어 있으며, 점유된 정서적 에너지는 이면적 문제가 본격적으로 드러나지 못하도록 다양한 방어적 책략을 동원한다.

그런데 상담 실제에서 어떻게 방어와 방어를 통해 무엇을 방어하고 있는지를 알아차릴 수 있을까? 방어적 정서와 방어하고 있는 심층적 정서를 식별하여 다루기 위해서 정서에 대한 이해를 깊이 하는 것이 도움이 된다. McCullough, Andrews, Kaplan, Wolf와 Hurley(2003)는 부적응적 정서 표현과 적응적 정서 표현의 구분을 통해 방어적 정서와 노출되어야 할 정서의 구분을 돕고 있다. 이들에 따르면, 감정이 적응적인지 방어적인지는 대인 관계에서 표현되는 방식에 따라서 결정되는데 적응적 감정의 표현은 대인 관계에 안도를 주지만, 방어적 감정의 표현은 대인 관계 상황을 악화시킨다. 구체적으로 적응적인 감정은 표현될 때 인지적으로 조절되어 대인 관계 상황에서 표현되어 안도감을 가져다주고, 상황을 좋게 만들고, 관계를 가깝게 만든다. 반면, 방어적인 감정은 표현되면 대인 관계에서 파괴적이어서 더 거리감을 갖게 하고, 좌절감, 몰이해, 외로움, 그리고 무망감 등 사람들 사이가 더 악화되는 감정을 초래하게 된다. 부적응적 정서 표현의 구체적인 예로는 자기 연민, 투덜댐, 뚱함, 피해자 역할을 함, 제어되지 않은 행동을 함, 생각 없이 표현함, 만성적으로 지연함, 과장된 열광이나 가짜 평화로움, 겉치레를 함, 분별없는 카타르시스로 울화통을 터뜨리거나 고함치고, 미쳐 날뛰거나 히스테리컬하게 흐느껴 우는 행동을 들 수 있다(McCullough et al., 2003, p. 44). 이러한 기준으로 내담자의 상담 과정 내 감정 표현을 식별해 본다면 방어적 감정이 표현되는 지점을 가늠하는 데 도움이 된다. 예컨대, 내담자가 감정 표현을 격하게 하여 많이 울거나 분통을 터뜨리기는 하지만 그러한 감정 표현이 진정성 있게 다가와 접촉이 되고, 안도감을 형성하지 못할 경우 상담자는 내담자가 표현하는 감정이 다른 심층적 감정을 방어하고 있는 것은 아닌지에 대해 살펴볼 필요가 있다.

정서중심치료에서도 정서는 형태와 강도가 다양할 뿐만 아니라 층이 있다고 본다. 이들은 초점화하여 접촉을 촉진해야 하는 적응적 일차적 정서와 그렇지 않은 부적응적 이차적 정서 및 도구적 정서[3]로 구분하였다(Greenberg & Paivio, 1997). 일차적 정서는 허용하고 수용함으로써 보다 적극적으로 탐색하고 직면해야 하는 진정한 정서라면, 그렇지 않은 부적응적 이차적 정서와 도구적 정서들은 일차적 정서 경험, 진정한 욕구 충족을 회피하고 방해하고 있는 정서를 말한다. 치료 과정을 통해 궁극적으로 일차적 정서(분화된 기본 정서, 언어 및 신체 감각으로 상징화된 감정들, 정서적 고통)들이 드러나고 초점화되어야 하지만 이를 위해서는 일차적 정서에 대한 회피 및 방해 반응으로 작용하고 있는 부적응적 2차 정서를 먼저 다루어야 할 필요가 있다. 이는

3) 1차적 정서는 적응적 가치를 지닌 분화된 정서, 신체 감각이나 언어로 상징화되는 감정, 심리적 외상이 주는 영향을 보여 주는 정서적 고통을 포함한다. 2차적 정서는 인지와 정동이 복합되어 일차적 정서에 대한 반응으로 나타난다. 1차적 정서를 회피하면서 나쁜 감정으로 만성화될 수 있다. 도구적 정서는 특정 목표 달성을 위해 의도적으로 사용되거나 의식하지 못한 채 습관적, 자동적으로 작용하는 정서들이다.

역동치료자들이 먼저 방어를 다루고 그 이후에 방어하고 있는 진정한 정서를 다루어야 한다는 것과 동일한 원칙이다. 그런데 나쁜 감정(부적응적 2차 정서)이 지나치게 압도적으로 활성화되어 내담자가 이를 조절하지 못할 경우에는 이를 먼저 조절할 필요가 있다. 예컨대, 자기 비난, 적개심, 무력감에 지나치게 압도되어 있을 때는 호흡법, 명상 등을 통해 나쁜 감정에서 분리시키고, 이를 유발하는 인지 흐름을 확인하도록 도와야 한다. 나쁜 감정 자체를 지나치게 활성화하는 것은 내담자의 적응적 1차 정서 자각을 오히려 방해하는 과정을 패턴화하는 것이 될 수 있기 때문이다.

초점화의 역동성 원칙은 내담자 마음에서 강력하게 갈등을 유발하는 역동적 힘을 확인하되 갈등의 구도를 명확하게 하기 위해 적응적 정서와 방어적 정서, 혹은 일차적 정서와 이차적 정서 등 갈등에서 유발되는 정서적 경험을 체계적으로 이해할 수 있는 구조적 틀을 필요로 한다. 나쁜 감정을 느끼고 그것이 어떻게 일어나는지 그 발생 과정을 자각하는 것도 중요하지만 가장 중요한 핵심은 정서에 기반하는 대안적인 욕구, 관심사, 그리고 다른 건강한 내적 자원에 접근하는 것이다(Greenberg & Paivio, 1997). 즉, 내담자의 어떤 핵심 욕구가 좌절 내지 파괴되었는지, 이러한 훼손 경험이 기질 및 환경과 상호작용하며 어떻게 부적응적 악순환 고리를 형성하게 되었는지 내담자 문제에 대한 전반적인 청사진을 가지고 있을 때 지금-여기서 초점화해야 할 문제도 선명하게 선택할 수 있게 된다.

초점화가 역동적 흐름을 따라야 하되 역동성의 이해는 내담자 문제 및 상담 개입에 대한 구조적 틀에 근거해야 한다고 보는 것이 초점화의 세 번째 원칙인 구조화의 원칙이다. 이는 광범위한 조직화 원칙으로서 구조화를 통해 치료자는 심리 내적 힘의 지배 구조를 공식화하고 내담자를 전체적으로 살펴볼 수 있게 된다(Yeomans et al., 2002). 구조화 원칙에 따른 초점화를 하기 위해서는 치료자가 내담자 문제에 대한 사례 개념화를 해야 하고 개념화에 근거한 내담자 문제 이해를 기반으로 상담 과정에서, 그리고 회기에서 어떤 주제에 우선적으로 초점을 두어야 할지에 대한 청사진을 가져야 한다. 사례 개념화는 단지 진실을 압축하는 것이 아니라, 개인의 현재와 과거의 상호작용에서 중요한 요소들을 통합하여 납득할 만한 내러티브(plausible narrative)를 제공하는 것이다(Levenson, 1992). 사례 개념화는 내담자 문제에 대한 기술적 정보(descriptive information)와 더불어 처방적 정보(prescriptive information)

을 포함하게 되는데 사례 개념화 과정을 통해 내담자에 대한 방대한 자료들을 핵심 초점 문제 중심으로 재조직하고, 이 가운데에서 유용한 가설을 도출할 수 있는 조직적인 체계를 갖게 된다. 이러한 사례 개념화를 염두에 두고 상담을 진행하게 될 때 상담 과정은 핵심 문제를 중심으로 초점화될 수 있다. 모든 상담 이론은 내담자 문제를 이해하기 위한 개념적 틀을 제시하고 있고, 상담자는 실제 내담자를 만나 접하게 되는 다양한 정보를 이러한 개념적 틀에 비추어 재조직하는 과정을 거치게 된다.

내담자 문제에 대한 정확한 사례 개념화는 상담 초기에 해야 하는데 이러한 사례 개념화는 과정 진단적 평가를 통해 지속적으로 수정되고, 보완되어야 한다. 과정 진단적 평가는 현재 어떤 과정이 일어나고 있는지, 어떤 정서적 경험이 발생하고 있는지, 그 순간에 어떤 정서를 고양하거나 촉발하는 것이 도움이 되는지, 아니면 그냥 흘러 보내거나 반대로 직면해야 하는 지를 평가하는 것이다(Greenberg & Paivio, 1997). 공식적인 사례 개념화가 마치 내담자를 이해하는 불변의 진리인 양 문자적으로 매이게 되면 과정 진단적 평가를 하는 데 방해가 되지만 수정, 보완이 가능한 청사진으로 활용된다면 과정 진단적 평가를 오히려 촉발할 수 있다. 내담자를 개념적 자기(self-as-content)에 매어 문자적으로 이해하는 것이 아니라 상담 과정에서 살아 움직이는 과정적 자기(self-as-process), 맥락적이며 초월적 자기(self-as-context)로 이해해야 하는 것처럼(Hayes et al., 2005) 상담자 자신도 내담자를 상담 과정에서 과정으로서, 맥락으로서 경험하는 것이 필요하다.

초점화를 위한 구조적 원칙은 내담자 정보를 조직화하는 데 적용될 뿐만 아니라 상담 진행을 초점 있게 구조화하는 데도 적용되는 원칙이다. 사례 개념화를 통해 내담자의 핵심 문제와 문제 해결을 위한 청사진을 갖게 되면 전체 상담에 대한 구조를 마련할 수 있다. 상담에서 다룰 핵심 문제, 상담 목표와 전략은 무엇이며 이를 위해 전체 상담 회기 수는 얼마 동안이나 할 것인지, 어떤 문제를 우선적으로 다룰 것인가에 대한 방향을 잡을 수 있다. 그러나 상담이 진행되면서 흐름을 놓쳤거나 상담 진행이 공회전을 하고 있다는 생각이 들면 언제나 상담 개입의 초점은 '지금-여기'가 되어야 한다. 상담 전체 과정 속에서 우리는 어디에 있는지, 상담자는 막혀 있는 느낌이 드는데 내담자는 어떻게 느끼는지, 이제까지 상담을 어떻게 경험하고 있는지와 같은 '지금-여기'의 주제를 통해 내담자와 상담자가 초점을 환기시킬 필요가 있다.

상담 전체 진행뿐만 아니라 개별 상담 회기를 진행함에 있어서도 구조적인 원칙 적용이 필요하다. 치료적 면접을 초점화하여 진행하기 위해서 경제적 원칙, 역동적 원칙에 따라 다루어야 할 문제들을 선택해 나가되 회기에서 다루어야 할 주제의 선택은 매회기 초반에 결정되어야 한다. 회기를 시작하는 방식은 상담자들마다 다르고, 내담자에 따라, 회기에 따라 다르게 진행할 수 있지만 회기 시작 5분 정도 이내에 그 회기에 다룰 주제를 결정할 수 있어야 한다. 이 시기는 정찰 단계(scouting stage)로서 상담자가 마인드풀하게 내담자의 흐름을 주의 깊게 정찰할 필요가 있다. 내담자 문제에 대한 전반적인 큰 그림을 마음에 가지고 각 회기 초반에 집중되는 주제를 선택할 필요가 있다. 내담자가 꺼내 놓은 지난주 에피소드, 지난 회기에 대한 내담자의 반응, 혹은 상담실에서 눈에 띄는 비언어적인 행동 등 상담자는 개방적 태도로 어떤 주제로 초점화할 것인지 결정하기 위해 세심한 정찰을 할 필요가 있다. 정찰 단계에서 한 주제를 선택하고 초점화하여 다루어 나가되 선택한 주제에 대해 내담자의 관여가 적고, 정서가 활성화되지 않으면 상담자는 다루던 주제에서 초점의 방향을 바꾸어 지금-여기에 초점을 맞추어 내담자가 지금-여기서 무엇을 경험하고 있는지, 다루고 있는 주제가 어떻게 느껴지는지 등을 확인함으로써 초점을 환기할 필요가 있다. 만약 내담자가 이번 상담 회기에서 꼭 다루고 싶은 주제가 있었는데 상담자가 다른 주제에 초점화한 경우 내담자는 그 주제에 집중하기 어려울 것이다. 그리고 정작 자기가 다루고 싶은 주제가 있다는 것을 드러내 놓고 이야기하지 못하는 경우도 많다. 그러므로 상담자는 정찰 단계에 최대한 주의를 집중하여 정동이 가장 많이 담긴 주제에 초점을 두되 상담이 진행되면서 뭔가 막힌 느낌이 들면 내담자와 함께 주제 확인을 다시 해야 한다. 한 상담 회기 내에서 주제 전환은 2~3회 이내가 적당하며, 그 이상이 되면 상담 회기의 초점화는 어려울 수 있다.

초점화의 세 가지 원칙(경제적 원칙, 역동적 원칙, 구조적 원칙)은 초점화를 어떻게 할 것인지에 대한 기준을 제공하는 것으로 가장 효과를 극대화할 수 있는 주제를 택하고, 내담자의 마음속에서 일어나는 역동적 힘을 드러내고, 내담자 문제에 대한 접근을 구조적 틀을 가지고 조직적으로 접근하는 것이 필요하다는 것을 보여 주었다. 그런데 초점화의 이러한 원칙을 실천하는 구체적인 초점화는 어떻게 이루어져야 할 것인가? 다음 절에서는 초점화의 방법에 대해 살펴보도록 하자.

(2) 초점화의 방법

초점화를 위해 주제를 조율해 나가는 과정은 마치 사진을 찍을 때 대상을 정확히 포착하기 위해 카메라 렌즈 초점을 세밀히 조정해 나가는 과정과 유사하다. Erskine, Moursound와 Trautmann(1999)는 이러한 조율 과정을 인지적 조율 과정, 정서적 조율 과정으로 나누어 설명한다.

첫째, 인지적 조율을 통해 초점화하기

인지적 조율은 내담자를 단순히 인지적으로 이해하는 것을 넘어 내담자의 논리와 일련의 사고들이 연결되는 과정, 그리고 자신의 실제 경험에 의미를 부여하기 위해 사용하는 추론 과정에 집중하는 것이다. 즉, 내담자를 공명하기 위해 내담자의 인지 공간에 들어가는 것으로 설명할 수 있다(Erskine et al., 1999). 사례 개념화를 통해 내담자 문제의 핵심적 주제와 패턴에 대한 청사진을 갖게 되면 내담자의 인지 공간에 들어가야 하는 순간들을 포착하기가 용이하다. 내담자의 인지 공간에 들어가 내담자의 고유한 논리와 의미 부여 방식, 추론 과정에 초점을 두어야 하는 순간은 내담자의 정서적 반응을 보고 결정된다. 즉, 내담자가 보고하는 내용과 드러나는 정서 반응의 간극이 크거나 적절하지 않다고 느껴지는 경우, 상담자는 적당히 이해하고 알겠다는 반응을 하며 지나쳐서는 안 된다. 이런 인지적 조율 과정은 마치 공감적인 엄마가 아이에게 공감적 조율을 통해 그 아이의 인지 공간에 들어가 아이가 어떤 사건 경험을 하였으며, 그 사건의 경험을 어떻게 이해하고 의미 부여하고 있는지를 따라가는 과정과 유사하다. 이러한 과정을 통해 아이는 자신은 미처 알아차리지 못했던 사건에 대한 나름대로의 의미 해석을 하기 시작하면서 그 경험에 대한 정서를 의식선상에 떠올리기 시작한다.

상담자는 내담자의 이야기를 들으며 자신이 직접 경험하지 않은 내담자 체험의 세계를 자신의 마음속에 가상 세계로 펼치기 시작한다. '마치 그 자리에 있는 것처럼(as if~)', 혹은 '내담자의 신발을 신고'의 조건은 공감적 조율을 하기 위한 인지적 절차로서 내담자의 입장 취하기(perspective taking)의 과정을 거치는 것이다. 이러한 인지적 조율 없이 정서 전달이 선명하게 되는 경우도 있지만, 많은 경우 특정 주제에 인지적 조율을 통해 초점화를 선명하게 해 나갈수록 정서적 활성화가 보다 촉진될 수 있다. 인지적 조율을 해 갈 때 사용할 수 있는 구체적 기법 가운데 하나는 재진술(restatement)이다. 재진술은 내담자가 전달하고자 하는 의미를 명료화하려는 목적으로 사용되는 기법으로 기본 개입 의도는 "당신이 말하려는 것이 ~이지요?"를 통해 내담자가 자신이 전달하려는 메시지에 초점을 맞출 수 있도록 하는 것이다. 내담자의 진술보다 짧고, 간명하게 반복하거나 내담자가 사용한 핵심 단어를 반복함으로써 내담자의 메시지가 보다 강렬해질 수 있게 된다. 내담자들은 자신의 언어를 상담자를 통해 다시 초점화하여 듣게 될 때 강력한 정서가 촉발될 수 있다. 만약 내담자가 전달하려는 핵심 메시지를 상담자가 잘못 명료화하게 되는 경우가 생기더라도 이를 통해 내담자는 자신이 표현하고자 하는 바를 재차 생각해 보고 상담자를 바로잡으면서 자신의 메시지를 보다 정교화해 나갈 수 있다.

인지적 조율을 통한 초점화는 내담자가 상담자의 안내를 받아 자신의 내면적 생각과 의미를 명료화하는 데 도움이 된다. 내담자가 자신의 경험에 어떤 의미를 부여하고 있는지, 의미 부여의 과정이 어떤 논리적 흐름을 따르고 있는지, 그리고 그 흐름에 독특한 고집스러움이나 논리의 비약은 없는지 등을 알아차리게 되고, 그러한 인지적 패턴이 자신의 고유한 특성을 반영하고 있다는 것을 깨닫게 되는 것은 치료 과정에서 매우 중요한 의미를 지닌다.

그런데 치료자가 생각과 의미, 논리와 추론의 과정과 함께 작용하는 느낌에 민감하지 않으면 인지적 조율 과정만으로 치료 과정에서 궁극적으로 목표로 하는 자기 욕구, 목표, 관심사에 대한 자각에 도달하는 데 제한적일 수 있다. 인지적 조율 과정으로 안내된 자기 경험 의미에 대한 깨달음은 감정적 활성화, 새로운 자기에 대한 인식을 동반하였을 때 효과적이다. 특히 내담자가 언어로 표현이 어려운 혹은 불가능한 경험을 다루고 있는 경우 상담자는 정서로 내담자를 감지하게 되는데 이때 정서적 조율이 필요하다. 정서는 내담자의 의사소통의 한 형태로 말로는 명확하게 나타낼 수 없는 것을 상담자에게 전달하는 방식이다. 정서를 언어화하는 것이 너무 두렵거나 수치스러울 수 있고, 어쩌면 적절하게 표현할 언어가 존재하지 않을 수도 있기 때문에 선택하는 방식이다(Erskine et al., 1999).

둘째, 정서적 조율을 통한 초점화하기

상담자가 내담자의 정서적 조율을 통해 내담자의 정서를 감지해 나가는 과정에서 어떤 감정을 강화하여야 하고, 어떤 감정은 인식은 하되 강화해서는 안 되는 감정인지를 알아차리는 것이 필요하다. 앞에서 제시한 바와 같이 정서는 종류와 강도, 그리고 층이 있는데 이를 고려하여 개입을 달리해야 한다. 정서적 조율은 이러한 정서의 종류, 강도, 그리고 층위를 알아 가며 내담자의 핵심적인 정서에 초점화하고, 이에 기반한 내담자의 새로운 욕구와의 접촉을 강화하는 방향으로 이루어져야 한다. 그래서 정서적 조율은 상담자와 내담자가 상호 간의 정서에 반응하는 것으로 공감과는 다르다(Erskine et al., 1999). 또한 내담자의 정서 표현만을 강조하여 어떠한 감정이든 정서적 체험에만 역점을 두는 것과도 구분이 되어야 한다. Erskine 등(1999)은 정서적 조율 과정을 마치 상담자가 내담자의 피부 속으로 천천히 들어가 내담자의 정서 경험을 나누는 과정으로 비유하고 있는데, 정서적 조율 과정의 상호성, 리듬성, 속도 조절 등을 잘 고려한 비유라고 볼 수 있다.

정서 조율을 할 때 무엇보다 중요한 과정은 어떤 정서를 강화하고, 어떤 정서는 자각은 하되 변형해야 하는가를 식별하는 것이다. 정서 지향 상담자들은 정서의 종류와 위계를 나누어 1차적 정서와 2차적 정서 혹은 방어적 감정과 핵심적 감정을 구분하여 제시한다. 사람들은 핵심적인 욕구가 결핍 혹은 파손되었을 때 1차적 정서를 경험하게 되는데 이를 제대로 타당화해 주고, 수용해 줄 수 있는 대인 환경이 없을 때 처리되지 않은 1차 정서를 밀어내고 2차 정서, 방어적 정서가 마음에 자리하게 된다. 예를 들면, 안정성이 파손되는 경험을 하였을 때 경험한 1차 정서는 두려움이다. 그러나 1차 정서인 두려움을 받아 주고, 진정시켜 줄 대상이 부재했을 때 이 두려움은 무력감과 무망감을 동반한 2차 정서인 우울로 대치될 수 있다. 그리고 위협적인 상황에서 지속적으로 우울로 반응하는 것이 만성화되면서 반응 패턴으로, 성격 특성으로 고질화될 가능성이 높아진다. 이런 내담자는 위협적인 단서에 매우 민감하게 되고, 이에 대해 2차 정서인 우울감으로 대처하는 에피소드 보고가 많아질 수 있다. 상담 과정에서 내담자의 우울한 감정을 활성화하여 어느 정도의 우울인지, 우울을 경험하는 신체적 감각은 어떠한지, 우울한 감정이 작동시키는 사건에 대한 해석과 의미 부여는 어떻게 흘러가는지, 우울한 감정이 촉발된 사건의 특성은 어떠한지에 대한 인지적 조율을 해 나가야 한다. 그런데 이때 우울한 감정은 2차적 정서이므로 이 감정만을 활성화하고, 그 이면의 두려움에 다가가지 못하면 변화의 동력을 만들어 내지 못하고, 변화 진척을 이루기가 어렵다. 우울 이면에 웅크리고 있는 두려움에 접근하고, 이 두려움은 약하거나 못나서가 아니라 감당하기 어려운 안정성에 대한 주관적 위협으로 인해 발생한 정서임을 감지해 나갈 필요가 있다. 즉, 우울감은 더 크고 핵심적인 감정인 두려움을 직면하지 못하도록 보호 역할을 하는 방어적 감정임을 상호 정서 조율 과정을 통해 감지해 나가야 한다. 상담 과정을 통해 방어적, 2차적 정서로서의 우울은 활성화하여 의식은 하되 이를 강화해서는 안 되며, 우울감 이면의 두려움, 그리고 두려움 이면에 안정감에 대한 절실한 욕구를 강화해야 한다. 핵심적 욕구에 접근하기 위해서는 그것을 제공받지 못할 때 경험했던 1차 정서인 두려움에 대한 접촉이 필수적이다. 정서 조절 과정은 이렇게 핵심적으로 접촉해야 할 정서, 그 이면의 건강한 욕구에 접근해 나가는 과정이다.

많은 내담자들은 2차적 정서, 방어적 감정에 너무 익숙해져서, 여기서 벗어나는 것은 불가능하다는 생각을 지니고 있는 경우가 많다. 그리고 이 방어적 감정의 회로는 뇌신경 체계에 기반하고 있어서 자동적이며, 습관적이다. 이미 자동적으로 학습되어 있고, 내담자에게 리허설된 감정이라 상담 과정에서 이를 활성화할 때 생생한 체험은 동반되지 않는 경우가 많다. 힘들었던 경험을 보고하는 내담자는 이미 어느 장면에서 눈물이 나고, 목소리가 떨리고, 감정이 올라오는지를 여러 번 경험하여 상담 과정에서도 그렇게 연습된 감정 표현이 반복될 가능성이 있다. 정서적 조율이란 이러한 정서의 결을 알아차리고 활성화가 더 필요한 감정이라면 활성화를 격려하고, 익숙한 감정 표현에서 내담자가 미처 의식하지 못하고 있는 새로운 감정의 단서를 찾아 1차 정서로의 접근을 안내할 수 있다. 만성적 우울을 호소하며 눈물을 흘리던 내담자가 눈물을 닦기 위해 티슈를 '탁' 뽑아 드는 손동작이 순간적으로 신경질적이었던 것에 주목하여 그녀의 내면적 분노에 접근했던 Greenberg의 정서 작업은 이런 정서 조율의 과정을 잘 보여 준다. 아버지의 높은 기대에 미치지 못하여 경험해야 했던 수치심, 아버지에 대한 분노를 호소하던 내담자가 아버지에 대한 보고를 하는 과정에서 아버지가 얼마나 강하고, 책임감 있는 분이였고, 사실은 아들로서 그 아버지가 자랑스럽고, 존경스러웠는지를 표정과 음성으로 전달한 내담자가 있었다. 이 내담자의 수치심과 분노 이면에는 자신이 존경하고 자랑스러운 아버지의 기대에 미치지 못하는 것에 대한 깊은 슬픔이 있었다. 그리고 이러한 슬픔은 마땅히 지니고 싶었던 아버지와의 친밀감의 결핍과 상실에 대한 자연스러운 정서적 반응이었다. 이런 경우 내담자의 2차 정서는 분노이고, 1차 감정은 슬픔이며, 핵심적 욕구는 아버지와의 친밀함에 대한 욕구일 수 있다.

정서 조율 과정에서 내담자 정서의 종류와 층을 함께 고려해야 하는 것과 더불어 정서의 강도에 대한 감지도 필요하다. 내담자가 너무 정서에 압도되어 정서의 의미를 성찰할 수 있는 정신적 기능이 손상될 수 있는 상황에서는 내담자를 안심시키고, 지지하며 공감적으로 조율하는 반응이 필요하다. 내담자가 자신과 다른 사람의 마음을 주관적으로 모니터링할 수 있는 능력이 없는 상태에서 감정 방출만 하는 것은 치료에 도움이 되지 않는다. 감정 없이는 의미 있는 주관적 경험을 할 수 없기 때문에 상담자는 내담자가 자신의 감정에 다가가 주관적으로 의미 있는 경험의 핵심을 드러낼 수 있도록 도와주어야 한다. 그러나 표현되는 정서가 내담자가 그 의미를 성찰할 수 있는 정신화 기능을 손상할 만큼 압도적이라고 하면 그러한 정서 발현은 내담자에게 또 다른 트라우마로 경험되어 정서 자체에 대한 공포심을 갖게 할 수 있다. 정서 촉발과 정서의 의미를 프로세스할 수 있는 상징화 작업이 함께 작동될 수 없을 만큼 정서가 압도적인지의 여부는 내담자의 자아 강도, 정서 표현의 응집성과 전달력, 상담자에게 불러일으켜지는 정서적 반응 등을 고려하여 판단하여야 한다. 그러나 내담자가 정서를 인식하려면 정서를 활성화하는 것이 우선적 작업이기 때문에 상담자가 정서의 활성화를 미리 견제하고 통제하지 않도록 유의해야 한다. 정서 활성화와 동시에 인지적 조율을 통해 자신의 정서적 체험의 의미를 언어 및 다른 상징(이미지, 그림, 음악, 등)으로 표현하는 '뜨거운 인지 작업'은 정서적 맥락 속에서 활성화된 인지로서 머리로만 하는 '차가운 인지 작업'(Greenberg & Paivio, 1997)에 비해 인지 조율이 보다 정교하게 진행이 되고, 새로운 정보와 경험에 노출시켜 변화를 촉발하도록 한다.

감정의 지나친 활성화와 반대로 감정이 지나치게 회피되거나 억압된 경우에는 정서를 활성화하는 것이 우선적인 작업이다. 감정에 초점을 두어 감정을 동원하여 감정의 흐름과 강도를 조율해 나가는 과정이 정서 조율 과정에서 필요로 하는 원칙이기 때문이다(Fonagy & Bateman, 2006). 내담자가 사건을 열거하고, 경험에 대해서 이야기를 하지만 상담 현장에서 생생하고 살아있는 체험이 부재한 경우, 어떻게 내담자가 나열식의 보고가 아니라 정서적 의미를 점화시킬 수 있을 것인가? 이것은 많은 상담자들이 가장 중요한 작업이라고 생각하지만 잘 되지 않는 작업으로 손꼽는 작업 중에 하나이다. 내담자가 자기 이야기를 해 나가는 과정에서 언어적 의미가 문자적 의미 이상으로 체험되고, 과거 사건과 현재 상담실을 넘나들고, 신체적 감각과 그 의미를 상징화하는 총체적인 과정이 활성화되기 위해서 상담자는 민감한 정서 조율을 해 나가게 된다. 이를 위해 공감적 반영, 게슈탈트 치료에서 제안하는 다양한 구조화된 실험, 은유적 언어의 활용, 상담자의 진솔한 자기 개방 등을 적용할 수 있다. 내담자가 정서를 차단하고 정서 활성화를 방해하는 경우, 상담자는 본격적으로 이 차단과 방해 과정을 다루는 것이 필요하다. 내담자 내면에서 정서 경험을 차단하도록 만드는 목소리를 분별해 내고, 이 목소리와 고통스러운 정서를 경험하고 있는 목소리를 대화하도록 만드는 방법, 정서를 표현하게 될 때 어떤 일이 벌어질 것으로 예상이 되는지, 그리고 그것을 지극히 공포스러워하는 자기 자신을 바라보도록 하는 방법 등을 적용하는 것이 필요하다. McCullough, Kuhn, Andrews, Kaplan, Wolf와 Hurley(2003)는 단기 역동 치료적 관점에서 감정 공포증 치료를 위한 구체적인 매뉴얼을 개발하여 감정을 경험하고 표현하면서 자기와 타인에 대한 관점을 변화시키는 치료 과정을 제안하였다. 평생 동안 감정 접촉의 공포를 지니고 살면서도 이에 대한 자각조차 없는 내담자와 정서 작업을 하는 것은 상담자에게 고도의 임상 능력을 필요로 한다. 그리고 임상 능력을 넘어 정서 접촉에 대해 얼어붙어 있는 내담자의 심정을 깊이 이해하고, 이를 연민하며 돌보고자 하는 진심 어린 배려가 필요하다. 정서적 조율은 인지적 조율보다 좀 더 조심스럽고, 천천히 내담자 고유의 리듬을 타야 하는 작업이며 내담자의 안정성 확보를 위한 시간과 공간을 마련해 줄 필요가 있다.

인지적, 정서적 조율 과정을 통해 내담자가 초점을 두어야 할 핵심 경험에 집중하여 자신의 경험을 표현할 적절한 자기 언어를 찾고, 그 경험에 이름을 붙여 주는 경험, 한 번도 내뱉지 못하고 머릿속에서만 맴돌았던 자기 대화(self-talk)를 소리 내어 말해 보는 경험을 하는 것은 내담자가 자기 문제에 접근하는 데 매우 중요한 경험이 된다. 상담자가 내담자의 진술에 대해 심리적으로 밀착하여 따라가며 자신의 인지 공간에서 이루어지는 반응들은 내담자들에게도 동일하게 자기 경험에 밀착된 주의 집중과 관찰을 가능하게 한다. 일단 이렇게 자신의 경험에 대한 관찰이 가능할 만큼 거리를 두는 위치에 서게 되면 내담자는 자신의 경험에 대한 접촉과 자각이 가능하며 감정뿐만 아니라 감정과 관련된 욕구와 목표가 구성되기 시작하여 주체적 열망(agentic desire)(Greenberg & Paivio, 1997)을 갖기 시작한다.

2) 원리 4: 접촉의 원리(contacting principle)

내담자 변화의 핵심 동인은 내담자가 어렴풋이 알고는 있었지만 생각해 보지 않았고, 그래서 표현해 보거나 접촉해 보지 못한 주관적 경험과 접촉하는 것이다. 접촉(contact)은 성장의 활력원이며 자신을 변화시키는 수단이자 세상에 대한 진정한 경험을 의미한다(Polster & Polster, 1973). 그런데 상담 초기에 내담자들은 자신의 핵심적인 고통과 접촉할 준비가 되어 있지 않기 때문에 상담자는 지금까지 다루었던 안정화의 원리, 안으로부터 밖으로의 원리, 초점화의 원리를 실천하면서 접촉의 세팅을 만들어 갈 필요가 있다. 즉, 내담자의 내적 접촉을 위한 다리를 놓아 주기 위해서 내담자와 상담자 간 접촉이 이루어지는 것이 우선적으로 필요하다. 내담자와 상담자 간 접촉은 내담자가 자신의 내적 경험을 탐색할 수 있게 하는 맥락으로, 관계 접촉을 통해 내담자의 내적 접촉을 조율해 나가게 된다(Orange, Atwood, & Stolorow, 1997; Bollas, 1979). 접촉은 내담자의 핵심 정서, 중심 주제와의 접촉을 상담자와의 관계 접촉을 통해 경험하게 되는 과정으로 접촉의 원리는 상담 과정에서 가장 핵심이 되는 원리라고 볼 수 있다.

인간은 타인에 대한 의존 없이는 생존이 불가능한 상태로 태어나기 때문에 주요 양육자와의 접촉을 통한 안전의 확보는 생존 욕구와 동일하다(Sullivan, 1953). 상대와의 접촉을 통해 자기 감정을 확인하고 수용할 수 있으며, 이를 통해 자기 경계를 세워 나갈 수 있다. 그러나 이러한 접촉 욕구를 지속적으로 좌절하게 되었을 때 사람들은 진정으로 무엇이 자신에게 일어났는지, 그 일의 주관적 의미가 무엇인지에 대해 확신할 수 없는 접촉 붕괴의 상태가 된다(Teyber & McClure, 2011). 자기 자신의 경험에 있어 핵심 정서, 중심 의미와 접촉이 붕괴된 내담자를 맞이하여 관계접촉을 통해 내담자가 자기 접촉을 경험할 수 있는 대인 환경을 만들어 주기 위한 상담자의 개입은 내담자가 살아갈 수 있는 용기를 회복하는 과정이라고 할 수 있다. Schatwman(1973)은 원가족으로부터 자신의 감정을 지속적으로 타당화받지 못한 경험은 내담자에게 심각한 영향을 주며, 이러한 영향은 상당히 오랫동안 지속되기 때문에 '영혼 살인(soul murder)'이라고 볼 수 있다고 하였다. 이는 접촉 회복은 영혼 회복이라고 볼 수 있을 만큼 심각한 영향을 줄 수 있음을 시사한다.

이 절에서는 진정한 상담 관계는 접촉이 이루어지는 관계이며, 이러한 관계를 통해서만 내담자가 자신의 고통에 대한 접촉이 가능하다는 전제, 그리고 자기 경험에 접촉되어야 진정으로 공유된 관계 경험으로 확장될 수 있다는 전제에서 출발하였다. 접촉의 과정은 앞서 기술한 안정화, 내면에 대한 관심, 그리고 초점화의 작업이 선행되어야 하는 과정이며, 이러한 과정은 순서적으로 이루어지는 것이 아니라 겹치고 연결된 과정이라는 것을 이해하기 바란다. 여기에서 다룰 내용은 접촉 붕괴가 되어 상담을 찾은 내담자와의 상호 작용에서 접촉 방해가 일어나는데 이러한 방해가 왜, 그리고 어떻게 일어나는지를 살펴보고, 공감적 조율을 통해 이루어지는 접촉의 과정, 접촉을 통해 내담자가 경험하는 교정적 정서 체험에 대해 다루게 될 것이다.

(1) 접촉의 중요성

상담에서 가장 핵심적인 치료 요인이 치료적 관계인 이유는 내담자가 상담 관계를 통해 내적, 외적인 접촉을 점점 늘려 가고, 경직된 방식의 방어적 패턴 혹은 도식을 풀어 가면서 이전에 자각되지 않았던 자기 부분들을 발견, 수용해 나감에 따라 자기 통합을 이루어갈 수 있기 때문이다. 관계는 대인 상호 간 접촉에 기반하여 이루어진다. 그러나 진정한 대인 상호 간 접촉은 오직 개인이 자기 자신과 접촉하고 있을 때만 가능해진다. 상담자가 자신에 대해 자각하지 못하고 있다면 상담자 자신을 내담자와 나눌 수가 없다. 내적, 외적 접촉은 서로가 서로에게 힘을 실어 준다. 즉, 내담자는 상담자와의 접촉을 통해 자신의 내적 자각을 강화하고 내적으로 더 접촉하게 될수록 보다 많이 타인을 이해할 수 있고 자기 자신을 타인과 나눌 수 있게 된다. '관계 접촉에 기반한 상담(a therapy of contact-in-relationship)'을 주창한

Erskine 등(1999)은 상담자의 존재 이유는 이러한 상호 접촉이 가능한 관계를 제공하기 위한 것이라고 설명한다.

반복되는 내담자 문제의 핵심에는 고통스러운 감정들이 도사리고 있기 때문에 내담자로 하여금 그 고통스러운 감정에 집중하게 하고, 좀 더 강렬하게 느끼고, 이와 동반하는 복잡한 감정들을 더욱 직접적으로 표현하도록 하는 정서 과정이 상담의 핵심이다(Teyber & McClure, 2011). 그래서 접촉이 붕괴된 내담자들이 접촉에 대해 두려워하며 주저하는 반응들을 보이더라도 정서 접촉, 경험 접촉, 자기와의 접촉은 상담 과정에서 필수적으로 이루어져야 한다. 접촉의 원리는 이전에 회피하거나 충동적으로 방출되었던 내담자의 1차 정서를 전적으로 접촉할 수 있도록 하고, 이를 통해 정서에 대한 타당화를 함으로써, 내담자 경험에 대한 타당화를 하는 원리이다. 정서와 경험에 대한 타당화는 자기 고유의 주관적 느낌과 의미 해석을 타당화해 주므로 자기 경계를 세워 나갈 수 있는 기반이 된다. 내담자의 자기감은 이러한 정서접촉을 통한 정서의 타당화, 경험의 타당화를 거쳐 자기 타당화를 가능하게 한다. 즉, 접촉은 내담자가 호소하는 특수한 문제에서 경험하는 핵심 정서로부터 출발하여 궁극적으로 내담자가 분리된 자기 정체성을 경험해 나가는 과정이다.

게슈탈트 이론에서 접촉은 개체가 알아차림을 통해 게슈탈트를 형성한 후 환경과 상호작용하여 이를 해소하려는 행위를 의미한다(권석만, 2012). 상담 과정에서 내담자가 자신이 미해결하였던 경험의 게슈탈트를 선명하게 형성하고 해소하기 위해서 접촉이 촉발되고 완결될 필요가 있다. Greenberg(2015)는 1차 정서에 대한 충분한 접촉을 '도착하고 떠나는 과정(arriving and leaving)'으로 설명하면서 어떤 감정에 완전히 도착하지 않으면 다른 새로운 감정으로 출발하기 어렵다고 하였다. 즉, 접촉하지 않고 부인되거나 어렴풋이 알고 있는 감정에 완전히 도착하지 않으면 새롭게 살아 있는 감정으로 떠나갈 수 없다는 것이다. 경험의 당사자가 제대로 접촉하지 않은 감정은 의도하지 않은 순간에 스미어 나와(leak out) 당사자를 당혹하게 하고, 당사자는 감정에 대한 주도권과 소유권을 잃어버리게 된다. 이렇게 고삐 풀린 감정은 통제력을 상실하게 되면서 소유되지 않은 감정(unowned feelings), 느껴지지 않은 정서(unfelt affect), 들리지 않은 소리(unheard voice)로 개인의 심리 공간, 대인 관계 공간에서 배회하게 된다. 접촉이란 경험의 당사자가 자기 감정을 알아보고, 자기 것으로 받아들임으로써 그 감정은 감정 주인의 경계 안에 자리를 찾고, 이름이 붙여지면서 더 이상 배회하거나 부인되지 않게 되는 것이다.

(2) 접촉 방해

내담자들이 살아오면서 자기의 감정이지만 중요한 타인에게 한 번도 "그렇게 느껴도 괜찮아, 그렇게 느끼는 것은 당연하지"라는 타당화의 메시지를 받지 못할 때 그 감정은 느끼면 안 되는 감정으로 억압되고, 그런 감정을 느끼는 자기 자신은 이상한 사람이라는 판단을 하게 된다. 많은 내담자들은 이렇듯 자신에게 중요한 관계를 통해 가장 중요한 감정과 지각을 타당화받은 경험을 한 적이 없다(Linehan, 1993, 1997). 접촉 욕구가 좌절된 상태에서 상담을 받으러 온 내담자들은 접촉 붕괴된 다양한 양상을 보이게 된다. 가장 심각한 접촉 붕괴는 그 일이 일어났다는 사실 자체를 부정하는 상태이다. 실제로 일어난 중요한 일에 대해서조차 "아니야, 그런 일은 진짜 일어난 일은 아니야"라고 생각하는 것이다(Linehan, 1997). 이러한 전적인 부인은 극심한 트라우마를 경험한 내담자들에게서 많이 보이는 반응으로 자신이 경험한 것이 꿈처럼 아련하고 현실감이 없어서 그 경험이 사실로 존재하지 않는다고 믿고 있는 것이다.

어떤 내담자들은 문제의 존재 자체를 부인하지는 않더라도 그 문제가 자신에게 미치는 심각성을 인정하지 않을 수도 있다. "그런 일이 일어나긴 했지. 그렇지만 그게 뭐가 그리 대수인가? 많은 사람들이 이 정도의 문제는 다 겪고 사는 것 아니겠어?"라고 생각하며 자기 경험이 자신에게 미친 영향력을 부인하기도 한다. 자기 감정의 중요성을 약화하는 경우는 그 경험을 했을 당시 부모나 주변으로부터 "뭐 그만한 일로 슬퍼하냐, 화를 내냐" "너 참 까다로운 아이구나, 성격이 이상하구나"라는 메시지를 전달받으면서 이런 접촉 붕괴가 시작된다. 이러한 내담자는 상담 중에 자기 경험을 이야기하면서 내면의 진짜 감정과는 다른 비언어적인 반응을 보이게 된다. 예를 들면, 아버지에게 무참하게 얻어맞은 경험을 이야기하면서 마치 재미있는 이야기를 하듯이 방긋방긋 웃으며 보고하는 내담자가 있었다. 자신이 울고, 화를 내는 것은 늘 찌질하고 약해 빠진 사내 녀석이기 때문이라고 혼이 났던 내담자는 아버지에게 맞으면서 느낀 비참감과 공포가 별것이 아닌 듯, 그냥 재미있는 이야기인 것처럼 희화하여 자기 감정의 중요성을 약화시켰다.

또 다른 접촉 붕괴의 형태는 문제가 일어났고, 그 문제가 자신에게 중요하기는 하지만 그 문제를 해결할 가능성을 부인하는 경우도 있다. "그런 일이 있었지, 그리고 그것이 나에게 치명적인 영향을 준 것도 알아. 그러나 이러한 치명적인 영향력을 딛고 일어나는 것은 불가능해"라며 문제 해결의 가능성 자체를 부인하는 경우이다. 혹은 자신이 경험한 문제를 다른 사람은 해결할 수 있을지 모르지만 자기 자신은 그런 능력을 가지고 있지 않다고 환경에 영향을 미칠 수 있는 자신의 능력을 가치 절하하는 경우도 있다. "나와 비슷한 문제를 경험한 사람들이 그 문제를 딛고 일어서는 경우는 있겠죠. 그러나 나는 도저히 안 돼요." 이렇게 자신이 경험한 문제의 해결 가능성을 부정하게 되면, 해결 불가능한 일을 굳이 접촉할 필요가 없다는 생각이 뒤따르게 되고, 계속 미해결된 과제를 안고 살아가겠다는 선택을 암묵적으로 하게 된다. 괴롭고 힘들다고 늘 징징거리지만 그 외에는 선택의 여지가 없다고 믿게 되는 것은 '자신은 도저히 어쩔 수 없다'는 피해자 의식(sense of victim)의 전형적인 반응이다.

이와 같이 다양한 수준에서 접촉 붕괴된 내담자들은 인지적 부인, 정서적 거부, 감각의 둔감화를 통해 실제 경험한 자신의 고통에 접촉하는 것을 방해한다. 그래서 새로운 변화를 기대하고 상담을 받으러 왔으나 접촉을 촉발하는 경험에 앞서 주저하기 때문에 상담자가 이러한 접촉 방해를 알아차리고 효과적으로 개입하는 것이 필요하다. 그런데 실제 상담 장면에서 접촉이 붕괴된 내담자를 만나게 되면 상담자들은 의도치 않게 내담자의 접촉 방해에 동조하거나 상담자가 선도적으로 접촉을 방해하는 개입을 하기도 한다. 여기서는 접촉을 촉진하는 방법을 다루기 전에 어떤 경우 내담자의 접촉이 방해가 되는지에 대해 살펴보도록 하자.

내담자의 정서 접촉을 방해하게 되는 상담자의 반응은 무엇보다 상담자가 내담자의 내면에 대한 관심보다는 내담자의 외적인 행동을 바꾸는 데 초점을 두게 될 때 나타난다. 내담자의 문제를 고치거나 해결하는 것이 상담자의 역할이라고 믿게 될 때 내담자의 내적 반응에 공명하며 함께 내담자의 정서적 고통을 만나려는 관심은 뒷전으로 물러나게 된다. 안정화의 원리, 안에서 밖으로의 원리, 초점화의 원리에서 일관되게 상담자의 관심은 내담자의 이면이며, 이면적 과정 중에서도 정동이 머금어 있는 주제로 초점을 맞춰 가야 한다는 점을 강조하였다. 그러나 상담자가 내적인 내담자의 경험보다 외적인 변화를 이끌어 내려는 일방적 노력을 기울이게 될 때 내담자와의 접촉은 방해된다.

상담자들은 또한 내담자가 부적절감을 보이고, 불편해하는 내적인 갈등을 직접 다루는 것은 내담자에게 상처를 주거나 기분을 나쁘게 할 수 있다고 생각하여 조심하는 경우도 있다. 특별히 초심 상담자들의 경우 내담자의 비위를 잘 맞추어 상담을 받고 나면 내담자의 불안정감이 완화되고, 기분이 좋아져야 한다는 의무감을 갖는 경우 내담자의 강점, 성공만을 강조하게 될 가능성이 크다. 그러나 내담자가 기분이 좋아질 만한 강점과 성공을 강조하는 경우 본의 아니게 내담자의 방어를 강화하거나 갈등과 부정적인 감정을 드러내지 못하게 덮어 버려(cover up) 내담자의 핵심 고통이 드러나지 못하게 할 수 있다. 예를 들면, 큰딸을 지나칠 만큼 폭력적으로 체벌하는 것에 대한 죄책감을 호소하는 엄마에게 "작은딸에게는 좋은 엄마이지 않느냐?"라는 식의 반응은 내담자의 조절되지 않은 폭력성과 그에 대한 두려움의 주제를 덮어 버릴 가능성이 생긴다는 것이다. 그러나 내담자에게 정작 필요한 것은 자신도 이해할 수 없이 과도하게 표출되는 폭력적 편애의 주제를 직접적으로 다루는 것이다.

상담자가 내담자의 접촉을 방해하게 되는 또 다른 경우는 상담자 자신이 격한 감정 표현이 불편하여 내담자가 감정을 쏟아 낼 때 적절한 반응을 할 수 없을지 모른다는 불안감을 갖는 경우이다. 슈퍼비전에서 다루게 되는 주된 주제 중의 하나가 내담자가 감정을 표출할 때 어떻게 다루어야 할지 몰라서 상담자가 상담 과정에 몰입하기 어렵다는 주제이다. 상담자가 자기 스스로의 감정에 대해 어느 정도 자각과 표현이 가능한가에 따라 상담자가 내담자 정서를 다룰 수 있는 강도와 폭이 결정될 수 있다. 상담자 스스로가 정서 작업의 필요성과 효과에 대해 경험적인 확신이 없을 때 매뉴얼을 따르듯이 내담자 정서 작업을 하기는 어렵다.

Teyber와 McClure(2011)는 상담자가 내담자의 외적 변화에 관심을 갖는 경우, 내담자를 기분 좋게 하는 것에 초점을 두고 있는 경우, 혹은 내담자 정서를 다루는 것에 대한 불안감을 갖는 경우 상담자는 내담자의 접촉을 주저하게 된다고 하였다. 그리고 이런 경우 상담자들은 자신의 고통을 보지 않으려는 내담자의 노력에 동참하여 내담자의 초점을 외부로 돌리는 개입들을 하게 된다고 하였다. 예컨대, 내담자에게 충고를 하여 '무엇을 어떻게' 혹은 '다른 사람들에게 어떻게' 반응해야 할지 말해 주거나, 내담자의 주변 사람들의 행동을 분석하고 해석하기도 하고, 내담자에게 걱정하지 말라고 안심시키거나 내담자와 유사한 문제를 겪은 다른 사람들이 사용했던 대처에 관한 정보를 주기도 한다. 이러한 반응이 때로 내담자에게 도움이 될 수 있겠으나, 내담자가 문제에 초점을 맞추고 자신의 핵심 고통에 접촉하여 자기 정서와 경험을 제대로 수용하고 고통 경험에 대한 주체성을 회복하는 변화의 핵심 과정에는 방해가 되는 반응들이다.

상담자가 내담자와 접촉을 못하게 되면 내담자의 자기 접촉도 이루어지기 어렵기 때문에 상담자의 접촉 방해는 내담자에게 치명적일 수 있다. 내담자의 접촉 방해는 심리적 고통에 대한 반응이기도 하지만 동시에 원인이 되기도 하기 때문이다. 고통에 온전히 도착해야 고통으로부터 떠나갈 수 있는 대안적 인지, 정서, 행동 방식이 생겨날 수 있다. 그렇다면 상담자는 어떻게 내담자들의 접촉을 촉진할 수 있을까?

(3) 공감을 통한 접촉

지금까지 접촉은 접촉 붕괴 상태의 내담자가 상담자와의 대인 관계적 접촉을 통해 자신과의 내적 접촉을 하게 됨으로써 미해결되었던 경험의 게슈탈트가 완결되는 과정이라고 설명하였다. 이러한 접촉 과정을 촉진하는 상담자의 개입은 무엇일까? 나는 상담자의 접촉 촉진의 개입을 공감적 조율이라는 틀 안에서 구성하려고 한다. 공감의 개념은 앞서 다루었던 상호 주관성, 현존, 인지적 조율, 정서적 조율의 개념과 중첩되는 개념이나, 여기서는 접촉을 촉진하는 과정 및 기제로서의 공감에 대해 살펴보기로 하자.

공감은 19세기 말에 등장한 개념으로 독일어인 Einfühlung이라는 용어로 처음 사용되었는데 여기서 'ein(안에)'과 'fühlen(느낀다)'이라는 단어가 결합된 것으로서 '들어가서 느낀다'는 의미를 함축한다. 또한 공감의 희랍어는 empathesia인데 '안'을 뜻하는 'en'과 '고통' 또는 '열정'을 뜻하는 'pathos'의 합성어로서 '안에서 느끼는 고통 또는 열정'을 의미한다(박성희, 2004). 상담자가 내담자 '안'에 들어가서 '내담자의 고통'을 느끼게 되는 것도 공감이며, '내담자의 고통'이 상담자 '안'에 전달되는 상태도 공감이다. 상담자가 '내담자 안'으로 들어가는 공감은 상대방에게 침투해 들어가는 '도구'로서의 공감, 적극적인 행동으로서의 공감을 의미한다면, '상담자 안'으로 들어온 내담자의 상태를 체험하게 된 공감은 수동적 체험으로서의 공감을 의미한다. 이렇듯 공감은 능동적인 체험이면서, 동시에 수동적인 체험이며, 도구이면서 동시에 존재양식 자체이기도 하다(박성희, 2004).

도구로서의 능동적 공감은 인지적 측면과 정서적 측면 모두에 적용이 될 수 있다. 인지적으로 상담자가 내담자의 '관점 취하기(perspective taking)'를 하면서 내담자의 상황 상상하기, 내담자 언어의 중심 의미 명료화하기를 통해 내담자의 고통을 이해하고, 경험해 보려는 의도적인 노력을 할 수 있다. 또한 적극적인 공감의 정서적 측면은 상담자가 내담자를 향해 최대한 개방적인 자세를 취하고 어떠한 정서적 경험도 받아들이겠다는 것이다. 상담자의 모든 주의력을 내담자를 향해 열겠다는 의도를 가지고 다른 기대(상담을 잘해야겠다, 내담자에게 도움이 되어야 한다 등)를 의도적으로 내려놓는 것이다. 이것은 현존의 자세로서 적극적인 개방 자세를 취하여 자신에게 일어나는 어떠한 감각적, 정서적 경험이라도 마다하지 않고 수용하겠다는 태도를 취하는 것이다. 이러한 적극적 개방성의 자세로 상담자가 자신을 열어 놓을 때 내담자의 소유되지 않았던 정서, 느껴지지 않았던 감정들, 들리지 않았던 소리들이 상담자의 감각에 접촉될 수 있다. 이러한 내담자의 이야기를 들을 때 상담자에게 자연스러운 정서적 공명, 진동이 전달되지 않는 경우 상담자는 인지적 조율(구체화하기, 상상하기 등)을 통해 내담자 '안'으로 들어가는 노력을 시도할 수 있다. 실제 상담을 진행하다 보면 적극적인 공감을 도구로서 활용해야 할 때와 주의 집중하여 수동적인 공감 상태를 느끼고, 그 주관적 의미를 내담자와 공유해야 할 때가 있다. 도구로서의 공감과 상태로서의 공감은 모두 궁극적으로 내담자와 상호주관적인 접촉을 이루려는 방향으로 진행되는 것으로 분절된 기법이나 활동이 아니라 상담 과정의 흐름 안에서 이루어지는 상호작용이다. 내담자의 상태가 상담자의 마음 판을 울려와 그 진동으로 주관적 상태를 공유하기도 하고, 상담자의 인지적 조율 과정이 내담자의 구체적인 내적 탐색을 자극하여 새로운 내적 경험을 공유하게 되기도 한다.

공감은 이렇듯 상담자와 내담자 간에 상태에 대한 공유, 조율에 대한 반응을 주고 받으면서 진행되는 상호작용의 측면이 있다. Rogers(1975)는 공감의 의사소통 측면을 강조하여 "내담자의 사적인 세계를 마치(as if)라는 사실을 망각함 없이 마치 상담자가 자기의 것처럼 느끼고 이러한 경험을 전달해 주려고 시도하는 것"라고 정의하였다. 그런데 이때 의사소통의 범위는 의식적인 내용을 넘어선다. "공감은 다른 사람의 사적인 지각 세계에 들어가서 거기에 철저히 거하는 것을 뜻한다. 이는 순간순간 그 사람 속에 흐르는 느껴진 의미의 변화와 두려움, 분노, 상냥함, 혼란 또는 그가 경험하는 모든 것에 민감한 것을 포함한다. 이는 일시적으로 그 사람의 삶을 살며, 판단하지 않고 그 속에서 부드럽고 섬세하게 옮겨 다니면서 그가 거의 인식하지 못하는 의미까지도 감지하는 것을 말한다. 그러나 그것이 너무 위협적일 때에는 그가 전혀 의식하고 있지 않은 느낌을 드러내려고 노력하지 않을 수도 있다. 이는 그 개인이 두려워하는 요소를 신선하고 겁먹지 않은 눈으로 바라보면서 당신이 감지한 그의 세계를 전달해 주는 것도 포함된다."(Rogers, 1975, p. 4: 박성희, 2004에서 재인용) 이러한 정의에는 상담자와 내담자가 상호주관적으로 경험한 것을 내담자에게 표현하고, 그것이 내담자에게 전달되는 것이 공감 과정에 필요하다는 것을 보여 준다. Barrett-Lennard(1981)는 공감의 순환 과정을 단계로 설명하면서 공감적 주의 집중(empathic attention) → 공감적 공명(empathic resonation) → 표현된 공감(expressed empathy) → 전달된 공감(received empathy) 단계를 제안하였다. 이러한 상담의 단계는 설명을 위해 임의적으로 구분된 것이며 실제에는 공감의 순서가 정해져 있거나 단계로 구분될 수 있는 것은 아니다. 순서가 뒤바뀌기도 하며, 각 단계가 함께 나타나기도 한다. 예를 들면, 상호주관적인 접촉이 이루어져 내담자에게 공감이 전달된 후 상담자가 자신이 경험한 내담자 상태에 대한 공감을 표현하기도 한다. 혹은 상담자가 내담자의 상태를 주관적으로 알아차렸을 때 이것을 말로 표현하지 않아도 내담자에게 상담자가 자신을 주관적으로 이해하고 있다는 것이 그대로 전달되기도 한다.

최근의 뇌 인지 과학의 발견은 관계를 통한 접촉을 통해 상호 주관적 경험이 공유가능하다는 과학적 근거를 일관되게 밝히고 있다. Siegel(2010)은 심리치료를 통해 내담자가 변화하는 것은 신경계의 통합을 촉진하는 대인 관계의 조율, 즉 공감을 통해서라고 밝히고 있다. 내담자의 뇌신경계 변형과 통합을 유발할 수 있는 공감적 상호작용은 언어 대 언어로만 이루어지는 상호작용 이상의 것을 포함한다. Wallin(2007)은 애착 이론과 임상 이론을 접목시키면서 감히 언어화하지 못하는 비언어적 경험들이 발달 과정에서뿐만 아니라 치료 과정에서도 매우 중요한 의미를 지니는 것을 강조하였다. 그에 따르면, 내담자들은 자신이 접촉하지 못했던 내적 경험들을 상연(enactment), 불러일으키기(evocation), 그리고 신체화(embodiment)를 통해 상담자와 소통한다고 하였다. '알고는 있지만 생각해 보지 않은 것'이 상연되고, 불러일으켜지고, 신체화되는 소통의 방식은 이론적으로는 전이 현상, 투사적 동일시로 설명될 수 있다. 이론적 개념을 이해하는 것과 별개로 이러한 현상을 실제 상담 과정 속에서 알아차리고 내담자의 경험 전달로 이해하고 치료적으로 활용하기 위해서는 상담자의 진솔한 반응과 숙고된 자기 개방이 따라야 한다(Wallin, 2007). 내담자가 언어적 표현으로 담을 수 없는 경험을 상담 과정 중에 실제 행동화를 통해 전달하거나 혹은 유아들이 엄마의 내면에 자신의 상태를 불러일으킴으로써 자신의 상태를 알리는 것처럼 상담자 내면 상태에 자신의 상태를 불러일으키는 것, 또한 미처 언어화하지 못하고 몸으로 기억하고 있는 기억(van der Kolk, 2014)을 치료자의 신체 감각에 전달하는 암묵적 의사소통을 통한 공감의 범위는 언어적 상호작용을 훨씬 넘어선다.

그런데 이때 어떻게 암묵적인 의사소통을 명시적인 의사소통으로 전환할 수 있을까? 내담자가 자신도 의식하지 못한 채 암묵적으로 상담자에게 말 걸어올 때 상담자는 어떻게 암묵적인 과정을 명시적으로 드러낼 수 있는가? 어떤 것을 느끼고 있다는 사실을 알고 있으나 그것이 무엇인지에 대해서는 생각해 보지 않았던 내담자의 경험이 어떤 경로로든 상담자에게 접촉되어 상담자가 이에 공명하고, 그것의 의미를 성찰하고 내담자에게 반영해 주기 시작할 때 내담자가 내적 경험에 체포된 상태에서 벗어나올 수 있다. Wallin(2007)은 정서적으로 '매몰된 상태'는 자신의 내적 상태와 현실을 구별하지 못하는 상태로 심리적 등가성(psychic equivalence)의 방식과 유사하다고 보았다. 이러한 상태에서는 주관적 경험이 실제 현실이라고 믿기 때문에(예를 들어, 두려움에 사로잡힌 내담자가 실제 현실이 그만큼 두렵다고 자동적으로 믿고 있는 경우) 자기 경험을 바라보는 대안적인 시각을 갖기 어렵다(예를 들어, "어떻게 이런 두려운 상황에서 두려워하지 않을 수 있다는 말인가?" 하는 반응을 보이며 자신의 정서적 반응이 어쩔 수 없는 유일한 반응임을 강조함). 이렇듯 내담자가 자기 경험에 매몰된 상태에서 벗어나 자기 경험을 다각적인 시선으로 바라보기 시작하고, 압도되었던 정서를 조율하기 위해서 내담자는 성찰적 태도를 갖는 것이 필요하다. 이러한 성찰적 태도는 상담자가 내담자의 내적 상태에 수반되고(contingent), '티가 나는(marked)' 반영(mirroring)의 경험을 공유하는 것으로 처음 배우게 된다(Wallin, 2007). 거칠고 강력한 '원감정(raw feelings)'은 상담자에게 전달되면서 '상징'을 통해 조절된 감정으로 내담자에게 되돌아오게 된다. 이때 거친 원감정이 표상할 수 있는 '상징'을 통해 명시적으로 드러나는 것이다. 상담에서 사용하는 대표적인 상징은 언어로 언어에 의해 담겨진 원 감정은 좀 더 쉽게 파악되고, 성찰되고, 조절될 수 있다(Wallin, 2007). 그러나 상담자와 내담자가 주고받는 언어가 이러한 상징적 역할을 발휘하기 위해서는 지금-여기에서 생생한 언어이여야 한다. 상담의 단계에서 표현된 공감은 상담자가 공명된 내담자의 살아 있는 감정을 언어로 담아 생생하게 전달함으로써 내담자가 자기 경험 및 정서에 대한 거리 두기가 가능하게 하는 것이다.

상담 훈련에서 언어적 공감 훈련은 반영하기 기법을 통해 상담자 초기 훈련 과정에서 집중적으로 이루어진다. 상담자가 언어를 통해 공감한 바를 내담자에게 전달한 결과, 내담자가 자기 문제와 심리적 거리 두기가 가능해지고 혼란스럽고, 압도적인 내적 경험을 성찰할 수 있고, 이에 따라 정서 조절력을 갖게 되는 것은 내담자 변화의 기폭제가 되는 경험이다. 그런데 자칫 감정 어휘를 사용하기는 하지만 영혼 없는 메아리가 되어 그저 말뿐인 말이 될 위험을 늘 감지할 수 있어야 한다. 상담자 자신이 불안에 매몰되어 있고 성찰적 태도를 견지하지 못하게 되면 내담자 상황에 대한 가정하기(as if)가 불가해진다. 상담자가 가정하기의 자세를 취했을 때 내담자로부터 담아 두기 어려웠던 감정을 전달받기 위해서 상담 관계의 안정성은 무엇보다 중요하다. 이러한 안정된 상담 관계 속에서 이름이 없었던 내담자의 경험에 이름이 붙여지고 그 경험이 어떠한 경험이었는지 언어적 소통이 가능해지게 될 때 그 자체만으로도 내담자에게 치료적 반전이 될 수 있다.

내담자가 부인하고 해리하였던 내적 경험에 접촉하면서 그 경험에 대한 생생한 언어적 소통이 가능하게 되면 내담자는 그 경험에 매몰되고 체포된 상태에서 빠져나와 경험의 표상을 다룰 수 있게 된다. 내적 경험에 대한 표상이 생기고 그 표상에 대한 관찰이 가능해지면 내담자는 경험에 대한 이름 붙이기에서 더 나아가 경험에 대한 해석을 하게 된다. 정서가 조절되기 시작하면서 경험에 대한 해석의 공간이 마련되고, 다양한 해석의 가능성을 실감하게 되면 내담자의 내적 세계는 재구성되는 단계로 진입하게 된다.

4. 변화의 주체로

왜(why) 살아야 하는지를 아는 사람은 그 어떤(how) 상황도 견뎌 낼 수 있다.

– Nietzsche

내담자가 증상 이면의 핵심적 주제에 초점을 맞추고, '느끼고는 있었으나 접촉하지 못했던' 고통스러운 정서에 본격적으로 접촉하기 시작하면 자기 문제를 대하는 태도가 점차 변화하게 된다. 자신을 문제의 희생자로서 지각하여, 자신이 경험하고 있는 부적응적인 패턴을 어쩔 수 없이 반복하는 무력감에 젖어 있었다면 핵심적 고통감에 선명하게 접촉하면서 내담자들은 역설적이게도 회복력을 갖게 된다. 문제 회복력(resilience)이란 문제가 되는 객관적인 내, 외적 상황은 그대로이지만 '그럼에도 불구하고(in spite of)' 문제에 대해 느끼는 무게감이 가벼워지고, 새로움에 대한 기대감을 경험하게 되면서 문제를 대하는 태도가 변화하는 것이다. 문제 회복력은 근본적으로 내담자가 정서 타당화, 경험 타당화를 통해 자기 자신의 진정성을 회복할 때 내적으로 생겨나는 힘에 기반한다. 문제를 회피하거나 문제에 압도된 상태에서 내담자는 문제에만 초점을 두고, 정작 문제를 경험하고 있는 자기 자신에 대해서는 주목하기 어려웠다. 그러나 자신의 정서적 경험에 접촉하면서 자기 고유의 정서와 경험 세계를 직접 접촉하고, 이를 통해 자기 경험에 통합성이 생겨나기 시작한다. 구체적으로 과거의 경험이 현재의 경험과 연결되고, 이를 통해 미래의 경험을 예측할 수 있게 되며, 시공간을 관통하는 응집성 있는 자기다움을 맛보기 시작한다. 내담자 내면으로부터 생겨나는 변화의 조짐은 내담자 경험의 통합성과 응집성이라는 추상적인 개념으로 표현되는데 실제 상담에서 내담자의 에너지 흐름과 내담자가 보고하는 정보의 흐름이 새로워지는 것을 느낄 수 있다. 내담자들이 내적 현실을 있는 그대로 직면하게 되면 에너지가 방어보다는 경험, 부인보다는 표현으로 흘러가기 때문에 가볍게 느끼고, 사고가 유연하며, 자유로운 선택이 가능해진다.

상담자와의 상호주관적 관계 맥락에서 이루어지는 접촉은 내담자 고유한 자기다움을 있는 그대로 수용받고, 수용하는 경험이다. 이러한 내담자의 자기 수용 경험은 문제와 자신이 하나의 응어리로 지각되던 '심리적 등가성(psychological equivalence)'에서 벗어나 문제를 경험하는 주체로서 자기감을 발달시키는 토대가 된다. 객관적인 문제 상황과 이를 주관적으로 경험하는 자기 자신을 분리하게 될 때 내담자들은 문제를 다양한 방식으로 바라보는 가상 놀이를 할 수 있게 된다. 즉, 문제에 압도되어 정서 조절 능력과 문제 통제력을 상실해 가던 내담자가 이제는 문제를 자신이 어떻게 경험하고 있는지를 직시하면서 관찰자적 관점이 생기게 된다. 이렇게 자신에 대한 관찰자적인 관점이 생기면 '내가 왜 문제 상황에 특정 방식으로 반응하고, 그 반응을 고수하고 있는지?'에 대한 의문을 제기할 수 있다. 이때 내담자가 그러한 방식으로밖에 대처할 수 없는 이유에 대해 상담자가 납득할 만한 설명을 제공하게 되면 내담자는 자신의 반응 방식이 유일하거나 절대적인 방식이 아닐 수 있음을 생각하게 된다. 그리고 자신이 문제를 바라보는 방식, 이해하는 방식, 통제하는 방식을 선택할 수 있다는 가능성을 알아차리게 된다. 문제 상황은 그것이 내적인 문제이든, 외적인 문제이든 그 자체가 바뀔 수는 없지만 문제를 '어떻게 바라볼 것인가' 하는 문제를 바라보는 방식 및 태도는 자신의 선택에 달려 있다. 문제 상황이 바뀌지 않는 한, 자신의 고통스러운 경험도 변화가 불가능하다고 무의식적으로 믿고, 자동적인 부적응적 대처를 일삼았던 내담자는 문제 상황을 바라볼 수 있는 다면적 시각의 가능성을 보게 되면서 살아갈 힘(morale)을 회복하게 된다. 내담자의 내면적인 경험에 초점을 두고 내담자의 고통에 접근하게 되면, 결국 문제 해결의 실마리도 내담자의 내면적 변화에서 찾을 수 있다는 것이 이 절의 기본적인 전제이다.

여기에서는 내담자가 변화의 주체로 회복되며 문제를 경험하고 있으면서 동시에 문제를 대상화할 수 있고, 나아가 문제를 경험하고 있는 자신을 초월할 수 있는 적극적 변화 원리에 대해서 다루게 될 것이다. 문제를 경험하고 있는 자신의 주관적 사태와 실제 문제의 객관적 사태가 차이가 있을 수 있다는 인식은 내담자에게 많은 대안적 선택을 가능하게 한다. 구체적으로 "내가 상황을 이렇게 보고 있을 뿐이지 상황이 그렇지 않을 수도 있구나" "내가 실제보다 문제를 과장되게 지각하고 있구나"와 같은 생각을 하기 시작할 때 내담자들은 사태 자체보다는 그 사태를 특정 방식으로 지각하고 있는 자신에게 초점을 돌릴 수 있게 된다. 이러한 초점 전환은 의지적으로 이루어지는 것이 아니라 문제 경험을 상담자의 공감적 맥락에서 직접적으로 접촉하게 될 때 자신이 문제를 어떻게 경험하고 있는지, 이해하고 있는지를 명료하고 선명하게 체험함으로써 가능하다. 그러면서 "아~ 내가 이 정도로 힘들어 하고 있었구나. 그렇게 힘들었던 것은 그 상황을 이러저러하게 보고 있었기 때문이구나" 하는 핵심 정서와 중심 의미를 명확하게 대면하면서 자연스럽게 전환을 이루어 낸다. 문제가 자신을 견인하던 심리적 상태에서 자신이 문제를 바라보는 상태가 되면 "나는 문제를 어떻게 이해하고, 경험하고 있지? 그런데 나는 왜 이런 반응을 하게 되었을까?" 같은 성찰을 하기 시작하는데 이것이 내담자가 변화의 주체성을 회복하는 첫 단계라고 할 수 있다.

내담자의 타고난 기질과 자원, 그리고 객관적인 문제 사태의 심각성 정도에 따라 내담자의 대처가 제한을 받게 되지만 문제 해결의 주체자로서 내담자의 성찰과 선택을 활성화하는 것이 이 단계의 핵심이 된다. 자기 문제를 자기의 언어로 일관되고 통합적으로 해석하게 되면서 내담자는 문제를 보다 넓은 맥락에서 볼 수 있는 안목이 생기기 시작한다. 이제까지 증상에 갇혀 적응에만 전전긍긍하던 내담자가 보다 넓은 맥락에서 자기 문제를 보기 시작하면서 문제를 경험하고 있는 자기 자신의 이야기를 새롭게 구성해 나가게 된다. 또한 내담자가 상담자와 자기 고통에 대한 깊은 공유 경험을 기반으로 문제에 대한 통제감을 회복하는 것은 자기를 벗어나 상담자와 공유된 관점을 갖게 됨으로써 공동체 의식(sense of community)을 갖게 한다. 이제까지 내담자가 사적인 세계에서 공유 불가한 내러티브로 써 내려갔던 자신의 이야기는 상담자와 함께 써 내려가는 재구성된 이야기(joined authored and restructured stories)가 되고, 그 안에 내담자의 고유한 욕구, 주제와 그가 선택한 방향성을 담아내게 된다. '결정된' 이야기는 일방적이고 단정적이라면, '재구성된' 이야기는 통합적이고 일관되며 확장된 이야기이며 변화에 열려 있다. 아무에게도 공유되지 않았던 경험의 내용이나 경험에 연결된 정서적 반응을 상담자와 함께 공유하면서 자기 자신에게 체포되어 있던 내담자는 타인과 세계, 공동체와 영적 흐름에 연결되는 새로운 경험을 하게 된다. 상담 관계를 통한 이러한 자기 확장 경험은 내담자가 변화 단계에서 주도성과 더불어 획득하게 되는 중요한 자기 초월의 단초가 된다.

1) 원리 5: 재구성의 원리(reframing principle)

내담자는 상담자와 안정된 관계 맥락 속에서 자신의 경험과 진정성 있게 접촉하면서 자기 내적 세계의 실체를 자각하기 시작한다. 이제까지 부인하고 있었던 기억, 바람, 지각들이 의식 표면에 떠오르기 시작하고 자기 자신이 어떤 특정한 방식으로 자기, 경험, 세상을 바라보고 있는지를 알아차리기 시작한다(Siegel, 2010). 이러한 내면적 자각에 따라 내담자의 마음이 깨어나고 자동화되었던 자신의 정서, 인지, 행동이 의식되고, 관찰된다. 특별히 주요 타자와의 관계에서 핵심 관계 욕구가 좌절되었거나 파손되었던 경험과 관련된 반응들은 일정한 패턴으로 굳어져서 새로운 경험에 대해서 확증적 편향(confirmatory bias)[4]를 일으키는 기제로 작동하였다. 이렇게 자동화된 반응이 만성적인 패턴으로 굳어지게 되면 그러한 반응이 내담자 삶 전반에 영향을 미치면서 마치 자신의 일부인 것처럼 작용하게 된다. 내담자의 강렬한 정서가 점유된 경험은 마치 그 순간을 사진 찍어 둔 것처럼 내담자가 세상을 경험하는 기본 틀을 구성하여 이러한 틀은 강박적으로 반복되는 경향을 보이게 된다. 이렇게 경직된 부적응적인 경향성은 각 상담 이론에서 인간의 병리를 이해하는 데 주요한 개념으로 등장하는데, 예를 들면 심리 도식(psychological schema), 가정된 세계(assumptive world), 고착(fixation), 대상관계(object relationship), 자동적 사고(automatic thought) 등의 기본 개념들이다.

내담자의 마음 기저에 자리 잡은 특정 방식은 내담자에게 고질화된 방식이므로 쉽게 떼어 놓고 이에 대해 성찰하기가 쉽지 않다. 그러나 내담자가 경험의 객체로서 수동적 반응자가 되어 자동적 반응에 매몰되었던 상태에서 자기 자신의 고유한

6장

4) 확증적 편향이란 원래 가지고 있던 방식을 고수하려는 경향성으로 자신이 이미 지니고 있는 방식에 부합하는 정보만 받아들이고 새로운 정보는 거부하게 되는 경향성을 말한다.

경험에 대한 타당화를 통해 자기 정서와 경험의 접촉을 하게 되면 내담자는 자기 경험에 대한 다중적인 관점을 취하고, 이를 해석할 수 있는 여지를 갖게 된다(Wallin, 2007). 부정적인 감정에 압도되어 감정을 부인하거나 폭발적으로 발설하게 되는 경우 자신의 정서, 인지, 행동에 대한 다면적인 관찰이나 인식이 어렵다. 그러나 이러한 경험에 상담자의 공감적 조율을 받으며 핵심 경험에 초점화하고, 접촉하기 시작하면서 내담자들은 자신의 경험을 심리적으로 떼어 놓고 바라보기 시작하고, 자기 방식이 과장되고, 경직되었다는 것을 알아차리기 시작한다. 예를 들면, 어린 시절의 극심한 스트레스 상황에서 일어났던 장면을 마음의 사진기로 찍어 놓은 표상이 현재에도 그대로 작용하면서 실제 사태보다 극단화되고, 왜곡되게 받아들인다는 것을 알아차릴 수 있다. 과거 시점에는 그렇게 생각하고, 느끼는 것이 적응적이고, 자연스러운 반응일 수 있으나 그러한 방식을 현재에 그대로 적용하게 되면 실제와 간극이 크다는 것을 알아차리는 것이다. 나는 내담자와 자신의 표상과 객관적 사태의 간극을 다뤄야 하는 시점에서 내담자의 반응이 근거가 있기는 하지만 부풀려져 있고, 과장된 측면이 있다는 것을 생각해 보게끔 안내한다. 자기 비난, 상대에 대한 두려움, 상황에 대한 무력감 등이 과장되어 마치 헛개비처럼 내담자를 압도하고, 그것이 사실인 양 믿고 느끼게 되는 상태에 빠져 있는 것을 내담자가 볼 수 있도록 작업을 한다.

마음의 사진기로 찍힌 표상은 강렬한 정서 경험과 함께 기억이 되면서 유사한 경험에 대해 동일한 반응을 불러일으키는 기본 프레임으로 작용하게 된다. 내담자들이 이를 알아차리는 과정에는 성찰적 태도가 격려되어야 하는데 성찰적 태도가 작동하기 위해서는 앞서 다루었던 바와 같이 안정된 상담 관계, 공감을 통한 정서적 조율, 그리고 상징(주로 언어)을 사용하는 '가상적 놀이'가 가능해야 한다. '가상적 놀이'란 실제 상황을 메타적으로 다뤄 보는 가설적 실험과 같은 것으로 내담자가 직접 대면하기 어려웠던 자신의 내, 외적 문제 상황을 다양한 대안적 방식으로 생각해 보고, 느껴 보고, 경험해 보는 것이다. 내담자가 자동화된 부적응적 방식이 아니라 다양한 대안적 방식에 대한 성찰하기를 할 수 있도록 안내하기 위해서 상담자는 어떤 개입을 할 수 있을까?

(1) 성찰 독려하기

내담자가 자신의 내면세계가 실제 현실과 동등하다고 느끼는 매몰된 상태에서는 자기 경험에 대해 일차원적인 관점밖에 취할 수 없다(Wallin, 2007). 예를 들면, 왕따 문제로 고통받는 청소년이 자기가 느끼는 대로(주관적 현실) 아이들이 모두 자기를 싫어하는 것이 실제 사실(객관적 현실)이라고 믿으면 자신은 아무 힘이 없고, 아이들은 자기를 마음대로 괴롭힐 수 있는 폭군이라는 생각 외에는 다른 생각을 하기가 어렵다. 그러나 상담자가 내담자가 그렇게 생각할 수밖에 없게 된 발생 기원적, 맥락적 이해의 틀을 따라 공감적 조율을 하게 될 때 내담자는 자신의 프레임에 대해 자각을 하기 시작한다. 앞의 사례에서 내담자가 거칠고 무례한 친구들을 묘사할 때 목소리가 기어들어 가고, 몸도 웅크리며 마치 겁먹은 유치원생처럼 말하는 것을 보며 얼마나 무서우면 그렇게 반응하는지를 공감적으로 조율하며 따라간다. 그리고 그러한 공포심에 내담자가 서서히 접촉할 수 있는 시간적, 심리적 공간을 만들어 간다. 내담자가 더 이상 공포심에 대해서 이야기하는 것이 아니라 상담 과정에서 공포심을 실제 경험하게 되고, 그 공포심을 상담자가 다양한 형태로 공유하게 될 때 내담자가 자신의 경험에 대해 성찰(reflection)을 시작할 수 있는 개입을 하게 된다. 내담자는 자신이 어느 정도로 왕따 상황에 압도되어 있는지를 상담자와 함께 경험하면서 공포심의 의미, 기능, 연관된 기억들을 함께 다루게 된다. 이러한 성찰 과정을 통해 내담자는 분화되지 않았던 공포심을 보다 변별적이고, 선명하게 경험할 수 있고, 과거의 경험과 연관 지으면서 자기 통합성을 높여 가게 된다.

자기 내면세계를 해석하는 관점 선택이 가능하다는 인식은 변화 주체로서 발을 내딛게 되는 매우 중요한 전환점이 된다. 예를 들면, 자기 비난에 매몰되었던 내담자가 자기 자신을 대상화하면서 자기를 연민하는 새로운 관점을 취하게 된다거나 엄마 없이는 아무것도 할 수 없다고 느끼던 내담자가 자기의 의존성이 문제가 아니라 보다 근본적으로 자신을 심리적으로 놓아주지 않는 엄마의 불안이 문제였다는 것을 알아차리는 등 다양한 관점으로 문제 상황을 바라볼 수 있게 되면 이전과는 다르게 문제에 접근하게 된다. 문제 상황을 바라보고 있는 자기 생각을 알아차리는 과정은 메타 인지적 과정이다. '정신적 삶의 내부 관찰자'라고 볼 수 있는 성찰적 자기(Fonagy et al., 2006)는 메타 인지 주체로서 객관적 현실을 습관적으로 해석하는 자기의 방식을 보게 하고 새로운 프레임으로 문제 자체를 새롭게 구성하게 한다. 내담자가 자신의 문제 상황에서 심리적 거리를 두고, 자동화된 방식과 다른 생각, 감정들을 보기 시작할 때 상담자는 내담자의 성찰적 자기를 활성화할 수 있도록 조력해야 한다.

성찰에 대해 체계적인 이론과 실천적 원리를 체계화한 Schön(1983)에 따르면, 성찰이 시작되는 시점은 "뭔가 막혔다(stucked)"고 느끼는 순간이다. 이전에 습관적인 방식이 더 이상 자기 경험에 적용되지 않는다는 것을 알아차리는 순간, 사람들은 이전까지 하던 자동 반응을 일단 멈추게 된다. 상담 장면에서 내담자들은 암묵적인 과정에 매몰되어 의식하지 못했던 자동적인 반응을 알아차리게 되면 부인하거나 행동화하던 대처를 일단 멈추게 된다. 그리고 상담자와의 안정된 관계 맥락 속에서 지금-여기서 무엇이 일어나고 있는지를 성찰하게 된다. 상담자가 마치 내담자에게 "자, 겁먹지 말고, 도망가지 말고 무슨 일이 내면에서 일어나고 있는지 한번 같이 살펴볼까요?" 하며 초대하는 과정이다.

Schön(1983)은 성찰의 구성요소를 다음의 4요소로 제시하였는데 이는 내담자의 성찰을 조력하는 데 유용한 틀이 된다. 첫 번째 요소는 내담자가 자신의 경험에 대해 탐색하고, 질문하기 위해 필요한 기본 조건으로 언어, 레퍼토리, 매개체(language, repertoire, medium)가 필요하다. 구체적으로 내담자가 성찰하기 위한 기본 조건은 성찰할 경험과 관련하여 자신의 언어와 레퍼토리를 가지고 있어야 하며, 언어와 레퍼토리를 풀어낼 수 있는 매개체로서 상담자와의 관계가 전제되어야 자기 경험에 대해 새롭게 질문하고 탐색할 수 있다. 이때, 내담자들이 사용하는 언어와 레퍼토리가 성찰을 촉발하기에 적절한 언어와 레퍼토리인지를 검토할 필요가 있다. 내담자들이 자신의 경험에 접촉하지 못한 언어를 사용하는 경우가 많은데 이는 어린 시절 주요 타자에 의해 내사된 언어가 내담자 내면에 자기 대화의 형태로 자리 잡아 자기의 언어를 가지고 있지 못한 경우이다. 내담자가 자라면서 줄곧 들었던 타인의 언어로 자기 자신과 자신의 경험을 규정하고 있는데 성찰을 통해 자기 경험을 담아낼 수 있는 고유한 자기 언어를 찾는 것은 경험의 본질에 접근하는 데 주요한 발판이 된다. "저는 한심한 아이예요. 시도조차 안 하고 있으니……"라고 자기 경험을 표현하는 내담자가 자신이 한심하다는 말을 하면서 뭔가 억울하고 화나는 느낌이 올라왔다면 "한심하다. 시도조차 하지 않았다"는 언어는 반복적으로 들어 왔던 타인의 언어이고, 이에 대해 한 번도 항변을 해 본 적이 없이 자기 언어로 굳어진 언어일 수 있다. 이러한 표현이 적절한 자기 언어인지 성찰하도록 돕기 위해서 내담자의 경험 레퍼토리를 더 풀어내도록 해야 한다. 구체적으로 "한심하다"고 생각하는 내담자의 경험, "한심하다"는 것의 자기 기준, 본인이 지각한 타인의 기준 등이 포함되는 경험 레퍼토리를 성찰의 자료로 사용할 수 있도록 돕는 것이 필요하다. 그리고 자기 언어와 레퍼토리를 자료로 성찰하는 과정은 상담자와의 안정된 관계를 매개로 이루어질 때 진정성 있게 자기 자신을 돌아보게 된다.

성찰하기의 두 번째 요소는 '감상 체계(appreciative system)'이다. 이는 내담자가 문제에 압도되어 문제 자체와 분리조차 되기 어려운 상태에서 벗어나 심리적 거리를 두고 문제를 바라볼 수 있는 태도를 갖게 되는 것이다. 미술 작품을 감상할 때 일정 거리를 두고 작품을 바라봐야 전체 그림이 주는 의미를 알아차리게 되는 것과 같이 자신의 문제, 경험에 대해서도 이러한 감상하는 자세가 필요하다. 그리고 이러한 감상은 마구잡이가 아니라 체계적으로 이루어져서 분절되었던 개별적 경험들이 하나의 전체로 아우러질 수 있도록 성찰 과정의 안내가 필요하다. 경험의 부분을 구체적이고, 심도 있게 들여다보되 이러한 부분적 경험이 자신의 정서, 인지, 행동, 관계 등에 전반적으로 어떠한 영향을 주고 있는지를 통합적으로 바라볼 수 있는 관점이 필요하다. 상담자는 내담자의 구체적인 에피소드를 이러한 감상 체계에 비추어 다루어 감으로 내담자가 암묵적 경험을 명시적으로 드러내며 자기 경험의 의미를 통합적이고 일관되게 해석하는 능력을 키워 나갈 수 있도록 도울 수 있다. 빈 의자 기법은 정서적인 카타르시스에도 도움이 되지만 빈 의자에 자기 자신 혹은 갈등 대상을 앉히고 거리를 둔 상태에서 그들의 생각, 감정, 행동의 의미를 반추할 수 있도록 하는 데도 도움이 된다. 내담자는 자기 내면을 가시적으로 대상화하고 그 내면을 작품을 대하듯 이모저모로 살펴보고, 물어보고, 들어 보고, 느껴 볼 수 있기 때문이다.

성찰하기의 세 번째 요소는 해석의 주제와 방향을 안내할 수 있는 '아우르는 이론(overarching theory)'을 갖게 되는 것이다. 사람들은 자신이 예기치 않았던 경험을 하게 되면 "왜 이러한 일이 일어났는지?"에 대한 원인을 알고자 하는데 자신의 경험에 대해 납득할 만한 설명을 할 수 없을 때 내담자의 고통은 가중된다. Frank와

Frank(1991)는 자기 경험에 대한 원인을 알고자 하는 인간의 욕구는 생리적 욕구에 견줄 만큼 강력한 것이므로 자기 경험에 대한 이유를 찾지 못할 때 사람들은 절망감, 무력감, 소외감을 경험하게 된다고 하였다. 이에 내담자에게 왜 자신이 고통을 경험하고 있는지 납득할 만하게 '그럴싸한 설명(plausible explanation)'을 제공할 수 있는 것은 내담자 변화를 위한 핵심 공통요소가 된다. 내담자들은 나름대로 사적인 이론(private theory)에 근거하여 자신의 고통스러운 경험에 대해 설명하고자 한다. 그러한 설명이 문제 해결에 도움이 되지 않는다고 하더라도 '왜 내가 이러한 경험을 하고 있는지?'에 대한 나름대로의 답을 갖게 되는 것만으로도 증폭되는 불안은 일단 멈출 수 있다. 그런데 어린 시절에 문제 기원이 있고 병리적 패턴이 만성적으로 굳어진 경우, 내담자들은 자신이 이해할 수 없는 경험의 원인을 자기 자신에게 돌리는 경우가 많다. 왜냐하면 유아들은 자기중심적 인지 경향성이 있어서 세상에서 일어나는 온갖 경험들이 모두 자기 자신으로부터 기인한다는 마술적인 생각을 하고 있기 때문이다. 검토되지 않은 사적인 논리(private logic)는 문제 해결의 열쇠를 지니고 있는 자기 자신의 문제 해결 효능감에 근본적인 훼손을 주기 때문에 내담자들은 무력감에 사로잡히게 된다. 상담자는 내담자의 사적인 이론보다는 좀 더 '그럴싸하게 보이는 설명'을 내담자에게 제공해 주어 내담자가 병리적 사적 논리의 악순환에서 벗어날 수 있도록 도와야 한다. 어떤 설명이 내담자에게 '그럴싸한 설명'이 되는지는 다음에 제시할 해석하기에서 좀 더 자세히 다루게 될 것이다.

성찰하기를 위한 마지막 요소는 '역할 프레임(role frame)'으로 실제 삶의 현장에서 자기 경험의 범위와 방향을 결정하도록 하는 것이다. 삶의 현장에 돌아가서 어떠한 역할을 수행할 것인가에 대한 프레임을 갖게 될 때 내담자의 성찰이 현실에 적용되고 실천될 수 있다. 내담자가 자신의 언어와 레퍼토리를 사용하여 자기 경험을 감상하는 자세로 체계적으로 성찰하고, 통합적이고, 일관된 설명 체계로 자기 문제를 새롭게 보게 되면, 실제 삶에서 자기 역할의 프레임은 변화하게 된다. Schön(1983)에 따르면, 성찰은 실천과 돌아보기가 순환하는 과정으로 지속적인 구성-재구성의 과정을 거치게 된다. 즉, 삶의 현장에서 떨어져 나와 멈추어 성찰하는 과정은 삶의 실제에 적용되고, 실제 경험이 또 다시 생각하는 과정에 영향을 미치게 된다. 이는 훈습의 과정을 통해 내담자의 통찰이 지적으로 정서적으로 좀 더 통합되고, 완결되어 내담자의 진정한 변화에 기여하는 것과 유사하다고 볼 수 있다.

내담자가 자신의 고통스러운 경험에 체포되어 변화를 향한 어떤 선택도 주체적으로 할 수 없던 무력한 상황에서 자신에게 일어나고 있는 현상을 '있는 그대로' 관찰할 수 있는 성찰 능력은 내담자 경험의 재구성을 가능하게 한다. 내담자가 부정적 정서를 조절할 수 있는 통제력을 회복하고, 문제 해결에 대한 효능감을 갖게 되는 것은 기본적으로 성찰을 통해 가능하다.

(2) 해석하기

내담자의 성찰을 통해 이전의 병리적 적응 패턴과는 다른 대안적인 반응을 고안하기 위해서 상담자가 사용할 수 있는 중요한 개입 중의 하나는 해석하기이다. 심리치료의 공통요인을 체계적으로 정리한 Frank와 Frank(1991)는 심리치료는 내담자가 자신의 경험과 감정의 의미를 병리적으로 해석하는 것에서 새로운 해석이 가능하도록 하여 살아갈 힘을 회복하도록 하는 것이라고 하였다. 내담자의 실제를 다루는 것이 아니라 실제에 대한 의미 해석을 바꾸는 설득이 내담자 치료에 핵심적인 과정이다. 내담자가 예상치 않았던 일을 경험하고 우울과 공포 등의 부정적인 감정에 사로잡혔으나 그러한 경험을 왜 경험하게 되었는지 해석이 되지 않으면 점점 더 큰 고통 속으로 빠져들게 된다. 해석 불가한 경험은 자기 자신이나 세상에 대해 현실적이지 않은 극단적인 해석을 하게 하고, 이러한 해석은 실제에 가깝지 않을 뿐 아니라 내담자의 안녕감을 해치게 되므로 병리적이다.

내담자의 정서적 접촉 과정에는 정서적 카타르시스, 정서적 재경험과 더불어 자기 경험에 대한 중심 의미 해석이 드러난다. 내담자는 자신의 진정한 특성을 드러내는 '주된 상태(prime state)'에 접촉하게 될 때 핵심 정서와 중심 의미를 인식할 수 있게 된다(Siegel, 2010). 상담자의 해석을 내담자에게 제시하기 전에 내담자 자신이 핵심 경험에 대해 어떠한 중심 의미 해석을 하고 있는지가 먼저 명료하게 드러나야 한다. 내담자가 자신의 경험을 어떻게 해석하고 있는지, 그러한 방식으로 해석하게 된 원천은 무엇인지, 그리고 그러한 해석의 결과가 내담자에게 어떤 영향을 미치고 있는지를 내담자와 함께 살펴보는 과정은 치료 과정에서 중요하다. 이러한 내담자의 성찰 과정은 내담자에게 깊은 정서적 흔들림을 동반할 수 있는데 이러한 정서적 동요는 '관찰 자기'가 '경험 자기'를 바라볼 때 필수적으로 동반되는 과정이다. 그리고 이러한 정서적 동요가 일어날 때 내담자는 대안적 의미 해석 과정에 진정으로 동참할 수 있는 준비가 되었다고 볼 수 있다.

Frank와 Frank(1991)는 내담자를 해석해야 할 텍스트(patient as a text)로 보았는데 이 텍스트에는 내담자의 과거 경험, 발달 단계, 내담자 고유의 삶의 이야기 및 실존적 관심사 등이 적혀 있으며 이것이 내담자 경험을 해석하는 데 중요한 원천이 된다. 상담자가 어떠한 이론적 오리엔테이션을 지니고 있느냐에 따라 주목하게 되는 해석의 원천에는 차이가 있으나 각 상담 이론은 모두 내담자 문제에 대한 해석의 근거를 제시하고 있다. 내담자를 하나의 텍스트로 이해할 때 상담자는 내담자의 이야기를 풍부하게 풀어놓을 수 있도록 우선 도와야 하며, 내담자의 이야기를 들을 때 이야기 구성을 염두에 두고 듣는 것이 필요하다. 그리고 자신에게 떠오르는 이야기 구성이 내담자가 지각하고 있는 이야기 구성과 어떠한 차이가 있는지 비교하며 듣는 시각도 필요하다.

해석하기의 유용한 결과는 경험 연구에 의해 지지되고 있는데 해석을 통하여 내담자의 경험 수준을 끌어올릴 수 있고, 내담자가 자유 연상을 할 수 있도록 이끌 수 있는 것으로 보고되고 있다(Hill, 2009). 그러나 모든 해석이 유용한 것은 아니며 '좋은 해석'은 몇 가지 특성이 있는 것으로 나타난다. 좋은 해석과 관련하여 늘 등장하는 주제는 '정확한 해석'이 좋은 해석인가 하는 것이다. 내담자가 '왜 고통스러운 감정에서 헤어 나오기 어려우며, 부적응적인 반응 패턴을 유지하고 있는지'에 대해 정확한 정답이 있고, 이를 알아맞히는 것이 해석이라고 생각하는 것은 심리치료에서는 부적절하다. 왜냐하면 내담자의 경험은 복잡하고 다면적인 이유가 존재하며, 시간이 흐르면서 내담자 경험을 설명하는 보다 적절한 설명은 변화되기 때문이다. 다만 내담자 문제에 대한 해석이 내담자의 다양한 측면을 설명하는 데 일관성(consistence)과 통합성(coherence)이 높은 설명이라면 이는 좋은 해석이라고 볼 수 있다. 일관되고, 통합적인 의미 해석은 내담자에게 머리로만 끄덕이게 하는 결과 이상의 긍정적인 변화를 유발하게 된다. 응집력이 높은 설명은 내담자에게 정서적 반향을 불러일으키고, 보다 깊은 탐색을 촉발하며, 다양한 부분 부분의 정보를 연결시키는 직관적 통찰을 불러일으키기도 한다. 내담자가 이러한 확장과 응집의 경험을 하게 될 때 정서적으로 고무되며, 이 같은 새로운 해석으로 인해 문제 해결에 대한 효능감과 변화에 대한 희망을 갖게 된다. 그리고 이러한 긍정적인 변화가 내담자로 하여금 새로운 실제적 시도를 할 수 있도록 하는 동인이 된다. Freud 의 정신분석에서 분석(analysis)은 내담자 문제에 대한 심리적 해석이라고 볼 수 있는데 이는 문제 원인을 일대일 대응시키는 기계적인 해석이 아니라 해석을 통해 통합이 자극되는 해석을 의미한다. 예를 들면, 내담자의 문제를 관통하는 핵심어를 발견하게 될 때, 반복되는 개별 경험에서 패턴을 알아차리게 될 때, 특정 증상의 심리적 기능적 의미를 이해하게 되었을 때 내담자는 기계적인 원인 파악을 넘어 변화를 촉발하는 정서적 동요를 동반한 분석적 이해를 하게 된다. 이러한 이해는 내담자가 구체적 경험의 의미 해석을 넘어 자기 자신, 세상을 바라보는 자기의 관점 등을 보다 포괄적으로 바라볼 수 있도록 인지적, 정서적 지평을 넓혀 준다.

내담자의 정서적 움직임을 동반하는 해석 방법으로는 생생한 은유 혹은 감각적인 이미지를 사용하는 방법을 들 수 있다(Frank & Frank, 1991). 이러한 응축된 해석은 내담자의 상상을 자극하고, 이러한 상상력은 내담자가 과거와 지금-여기 상담 장면을 넘나들게 하며, 이러한 역동성은 의미 창출의 에너지를 만들어 낸다. 혼란스럽고 근거 없는 정서 경험에 이름을 붙여 주는 것만으로도 내담자는 정서적으로 안도하고, 통제감을 회복하게 된다. 지나친 긴장으로 버텨 내야 하는 내담자가 포르노 중독에서 헤어나지 못해 매우 자책하고 있었을 때 포르노가 자신의 긴장을 방출시키는 환기통 기능을 하고 있을 수 있다는 해석은 도덕적 잣대로 자신을 저주하던 내담자에게는 큰 안도를 제공해 준다. 이러한 안도감은 포르노를 계속해도 괜찮다고 허용하는 결과를 가져오는 것이 아니라 포르노에 대한 통제감을 갖게 함으로써 본인이 원하는 방향의 행동 선택을 할 수 있는 효능감을 주게 된다.

결국 좋은 해석은 해석의 결과 내담자의 반응 및 변화를 통해 검증되며, 단번의 해석으로 이루어지는 것이 아니라 '해석의 순환(hermeneutic circle)'(Jasperse, 1963: Frank & Frank, 1991에서 재인용)을 통해 이루어진다. 해석의 순환은 치료자와 내담자가 상호적으로 해석의 의미를 타당화해 주는 과정을 통해 경험의 의미가 나선형으로 확장되는 과정을 말한다. 새롭게 등장한 해석의 의미가 전체 의미에 통합되고 또한 전체 의미 속에서 개별 경험의 의미가 해석되고, 개별 경험의 의미로 인해 전체 의미가 재해석되어 가는 과정을 의미한다. 치료자와 내담자가 상호적으로 새로운 의미 체계를 만들어가게 되며 이 의미 해석은 앞에서 밝힌 것처럼 단정적인 정답이 아니라 '그럴싸하게 설명이 되는' 해석이다.

심리치료에서 해석은 내담자의 성찰과 함께 실제 행동 변화를 동반한다. 내담자가 자기 경험의 의미를 해석하지 못하거나 병리적인 해석에 침잠되었던 상태에서 상담자와 함께 새로운 의미 체계를 구성하고 이를 통해 자기 경험의 의미를 보다 실제에 부합하고, 자신에게 긍정적인 방향으로 해석하는 것은 여러 측면에서 긍정적이다. 내담자가 새로운 의미 해석을 통해 정서적, 행동적 변화를 경험하면서 이미 발생한 과거의 사건은 변화할 수 없다고 하더라도 의미 재구성을 통해 새로운 변화 가능성을 기대하게 된다. 또한 이러한 의미 재구성의 과정은 내담자 혹은 상담자 단독이 아니라 내담자와 상담자가 함께 협력을 통해 구성해 나가는 과정으로 해석을 통해 '함께'의 경험을 할 수 있는 것도 해석이 주는 또 다른 긍정적 소득이다. 또한 해석이 정답 찾기의 과정이 아니라 열려 있는 개연성 있는 이야기를 구성해 나가는 과정이라는 점에서, 경험의 실제는 이미 종료된 사건이지만 그것의 의미 해석은 내담자의 주체적 선택에 의해 지속적으로 확장되고, 통합될 수 있다는 점에서 내담자의 주체성 발현의 단초를 마련해 준다.

2) 원리 6: 자기 초월의 원리(self-transcending principle)

내담자들이 부정적 감정을 점차 조절할 수 있게 되고, 부정적 정서를 유발하는 자신의 고유한 의미 해석 방식을 알아차리게 되면 정서적 고통에서 심리적 거리를 두게 되는데 이러한 심리적 거리감은 여러 가지 측면에서 이점이 있다. 먼저, 정서 조절 능력이 생기게 되면 같은 부정적 감정을 경험하더라도 그 감정에 압도되거나 회피하는 방어를 더 이상 하지 않게 되어 정서를 다룰 수 있다는 효능감을 갖게 된다. 내담자가 문제 해결의 기대감을 갖게 되면 상담 과정에 보다 적극적으로 관여하게 되고, 주도성을 발휘하게 된다. 또한 문제에 대해 심리적 거리를 두게 되면 문제 상황을 자동적으로 인식하던 습관적인 방식을 알아차리고, 그와 다른 대안적 방식으로 상황을 해석할 수 있게 된다. 즉, 문제 상황에 대한 경직된 일면적 평가에서 다면적 평가를 하게 되면서 문제에 대한 재평가(reappraisal)를 할 수 있게 된다. 이러한 심리적 거리 두기를 통한 정서적 조절 효과와 인지적 재평가는 재구성의 원리를 통해 이루고자 하는 중요한 상담 성과에 해당한다.

문제의 재구성 과정을 거치면서 내담자 변화 과정은 크게 두 가지 기제를 통해 이루어지는데, 첫 번째는 부정적인 감정을 조절하기 위해 부적응적 대처를 '제거해 나가는 기제(eliminative mechanism)'이고, 두 번째는 긍정적인 의미 해석을 '만들어 가는 기제(generative mechanism)'이다(Garland, Farb, Goldin, & Fredrickson, 2015). 여기에서 다룰 자기 초월의 원리는 주로 두 번째 변화 기제, 즉 생성과 관련된 원리로서 내담자에게 활성화되지 않았던 대안적 해석, 문제 해결을 넘어서는 가치 선택과 의미 추구를 통한 변화 원리이다. 이러한 생성의 변화 원리는 상담이 내담자의 문제 해결이나 증상 제거 이상의 변화를 추구한다는 것을 전제한다. 많은 심리치료 이론들은 인간의 변화는 병리의 제거 및 부정 정서 완화로만 끝나지 않고 보다 적극적으로 자기다움을 실현해 나가는 과정임을 제시한다. 예컨대, Jung이 설명하는 개성화 과정(individuation), Adler의 사회적 관심(social interest), Rogers의 자기실현 경향성(self-actualization tendency), Frankl의 의미 추구 의지(will to meaning), Yalom의 궁극적 관심사(ultimate concerns) 등은 심리치료를 통한 인간 변화가 자기 초월성을 담고 있음을 시사한다. Buber(1923)는 인간의 변화 과정을 설명하면서 "인간의 변화는 자신으로부터(자신의 마음을 찾고, 자신을 통합시키고, 자신의 특별한 의미를 찾는 것을 통해서) 시작해야 함에도 불구하고 자신으로 끝나서는 안 된다."(Yalom, 1980)고 하여, 인간 변화가 내면으로부터 시작하여 자기 확장으로 이어져야 함을 강조하였다.

내담자 변화 과정에 작동하는 두 가지 기제인 제거 기제와 생성 기제는 균형을 잡아야 하는데, 생성 기제를 작동시키기 전에 부적응적 대처 반응 제거 기제를 먼저 활성화해야 한다. 그 이유는 내담자의 긍정적 변화와 성장을 방해하는 부정적 정서의 영향력이 워낙 치명적이라 이를 제대로 다루지 않고는 심리치료를 통해 내담자의 지속적인 변화를 기대하기 어렵기 때문이다. 이 책에서 앞서 다루었던 안정화의 원리, 안에서 밖으로의 원리, 초점화와 접촉의 원리는 모두 부정적 정서 조절을 효과적으로 이루기 위해 실현되어야 할 원리들로서 부정응적 대처 제거 기제와 관련된 원리들이다. 심리치료 과정에서 부정적 정서를 우선적으로 다루는 것은 내담자의 핵심 경험에 접근하기 위해 필수적 요건이지만 이것이 단지 부정적 정서를 자각하고 표현하여 카타르시스 경험으로만 마무리된다면 단기적인 정서 방출에만 도움이 될 뿐 지속적인 변화에 기여하기는 어렵다. 이에 대해 Yalom(1980)은 신체 자각과 이를 통한 감정 표현을 중요시하는 치료들이 많이 있지만 이러한 치료들을 통한 카타르시스 자체만으로는 내담자의 변화를 이끌지 못한다고 하였다. 그에 따르면, 감정 자각과 표현은 중요한데 왜냐하면 이를 통하여 내담자가 무엇을 원하는지(wish)가 분명해지기 때문이다. 내담자가 원하는 것은 느낌을 필요로 하여, 정서가 막히면 자신이 바라는 것들을 바랄 수도 없고, 이를 얻기 위해 의지를 발동하기도 어렵다. 이에 내담자들의 부정적 정서 조절을 통해 정서 자각과 표현 능력이 증진하게 되면 자신이 참으로 원하는 것이 무엇인지를 선명하게 알 수 있게 된다. 원하는 것이 전혀 없는 사람들은 자기 초월도 어렵고, 변화의 방향이나 동기를 갖기도 어렵게 된다. 즉, 부정적 정서 조절을 통해 내담자들은 주요 감정들을 직접 접촉하고, 이를 통해 자신이 진정으로 원하는 것이 무엇인지를 보다 선명하게 알아차리게 된다.

그런데 내담자가 자신이 원하는 것이 무엇인지를 알게 되었다고 해도, 이를 실현하기 위해 이전과는 다른 선택을 의지적으로 하지 않는다면 내담자의 알아차림 혹은 통찰이 실제 변화에 기여했다고 보기는 어렵다. 상담은 궁극적으로 내담자의 주체적 선택에 따른 실제적 변화를 겨냥하는 것으로 증상의 피해에서 벗어나는 것 이상으로 변화를 주도할 수 있도록 격려하는 것이다. 내담자가 내면 작업으로부터 시작된 변화의 동력을 통해 변화의 주체로서 자신이 진심으로 원하는 것을 알아차리고, 이를 실현할 수 있는 선택을 의지적으로 할 수 있게 될 때 내담자는 문제에만 매몰되지 않고, 자기를 초월한 가치, 의미, 공동체 등에 헌신하게 된다.

내면의 고통을 철저히 접촉하고 나면 절대적 한계에도 불구하고 자기를 확장해 나가는 인간의 회복적 탄력성(resilience)은 인간의 경이로운 변화 동력이다. 이러한 인간의 주체적 선택과 의지에 초점을 두고 있는 치료 이론은 실존주의 치료 이론이다. 실존치료에서 인간은 자의와 무관하게 세상에 던져진 존재이지만 그러한 한계를 철저히 자각할 때 오히려 진정한 자기(authentic self)를 포착해 내고, 실존적인 선택을 하며 책임지는 주체자로 살 수 있다고 본다. 즉, 인간은 특정 삶의 조건에 던져진 피투성(被投性)에도 불구하고 순간순간 살아 있는 주체로서 기투(企投)하는 존재라는 것이다. Yalom(1980)은 인간이 궁극적으로 직면하게 되는 관심사는 죽음, 책임과 자유, 소외와 무의미이며 이에 대한 실존적 자각을 하게 될 때 피할 수 없는 실존적 불안을 경험하지만 이를 관통하여 주체적 삶을 살 수 있다고 하였다. 예컨대, 죽음에 대한 명확한 자각을 하게 될 때 사람들은 역설적으로 자신을 새로운 가능성으로 던져 넣을 수 있는 생명력 넘치는 삶을 살아갈 수 있다. 또한 삶에서 그 어느 것도 절대적인 의미가 담보되지 않는다는 아찔한 삶의 현실을 자각함에도 불구하고 몰두하여 열심히 살아갈 때 그 부산물로 자신의 고유한 삶의 의미를 찾을 수 있게 된다. 실존주의 치료에서 제시하는 주체적 선택에서 가장 중요한 선택은 외적인 상황이나 조건의 선택이 아니라 외적으로 주어진 상황과 조건을 어떻게 받아들일 것인가에 대한 선택이다. 피투된 존재로 인간이 선택할 수 있는 외적인 조건은 매우 제한적일 수 있으나 그 상황을 어떻게 받아들이고, 자신을 어떻게 기투할 것인가 하는 것은 오롯이 자신의 고유한 몫이기 때문이다.

이 절에서는 내담자가 부정 정서를 조절할 수 있는 능력이 높아짐에 따라 자신의 감정을 점차 명확하게 변별할 수 있게 되고, 이를 통해 자신이 원하는 것(wishes)들을 분명히 하게 되는 과정, 그리고 이를 선택하여 실제 실행으로 옮길 수 있는 의지 발동을 하기 위해서 상담 과정에서 이루어져야 할 작업은 무엇인지를 살펴보고자 한다.

(1) 원하는 것의 명료화 작업

자기 결정성 이론(Deci & Ryan, 2008)에 따르면, 내담자들의 자율성(autonomy) 욕구는 내담자의 정서 자각과 내적으로 통합되지 않은 내사된 목소리에 대한 자각과 도전, 핵심 욕구의 식별과 통합적 조절 능력의 향상으로 활성화될 수 있다. 내담자의 자율성이 자각될 때 내담자는 변화에 대한 내적 동기를 갖게 되어 상담 과정에 주체적으로 참여하고, 능동적으로 변화 과정에 주도하게 되어 실제 상담 성과가 좋은 것으로 보고되고 있다. 즉, 내담자가 상담 과정 그리고 나아가 자신의 변화 과정에 적극적으로 참여하기 위해서는 막혀 있는 정서 작업을 통해 핵심적 감정과 욕구를 알아차리고 이를 조절할 수 있어야 한다.

정서 작업의 대가인 게슈탈트 심리치료의 창시자인 Perls와 Perls(1973)는 내담자의 변화는 자각(awareness)에서 시작하여 바람(wishes)으로 옮겨 가는 것으로 보는데 이를 조력하기 위해 핵심적인 세 가지 질문을 사용한다. 이 세 가지 질문은 "무엇을 하고 계세요?" "무엇을 느끼세요?" 그리고 "무엇을 원하세요?"라는 질문이다. 즉, 내담자의 정서를 환기시키고, 이를 통해 내담자 자신의 바람이 무엇인지 재발견하도록 돕는 것이다. 내담자들 가운데 '원할 수 없는' 혹은 '원해 본 적이 없는' 내담자들은 '무엇을 원하냐?'는 질문에 답하기가 어려운 경우가 많다. 이런 경우, '모른다'고 답하거나 원하는 바가 지나치게 추상적이고 비현실적일 수 있다. 삶의 현실이 지나치게 척박하고 비참했던 경우 그러한 현실을 견디기 위해 무의식적으로 환상으로 도피하는 경우가 많다. 유아적 소망을 담은 이러한 환상은 현실의 고통을 일시적으로 잊게 하는 데는 도움이 될 수 있으나 실제 현실에서 원하는 바를 구현해 내는 데는 오히려 좌절을 유발할 수 있다. 이렇듯 살아오면서 자신이 원하는 것이 무엇인지 아무도 물어봐 주지 않았거나 외적인 성취, 역할에만 매몰되었던 내담자들은 자신의 내적인 원함이 무엇인지 알아차리기가 매우 어렵다. 이런 경우 내담자의 감정을 활성화하는 접근을 우선해야 한다. 즉, 내담자가 원하는 바가 표현이 되지 않거나 지나치게 막연한 경우 내담자의 가장 생생한 감정에 접근해야 하는데 이는 내담자의 핵심적 고통이다. 예를 들면, 엄마와의 갈등 관계에서 만성적인 어려움을 호소하는 내담자가 엄마와의 관계에서 원하는 것이 무엇인지를 구체적으로 드러내기 위해서는 엄마와의 관계에서 가장 핵심적으로 경험하고 있는 좌절이 무엇인지를 느낄 수 있어야 한다. 정서 조절이 어려웠던 엄마의 감정 폭주 현장에 자주 노출되었던 내담자는 무너지는 엄마를 보고 있는 것이 무서웠고, 엄마가 잘못될까 봐 겁이 났다. 그러나 제정신을 차린 엄마가 이런 아이의 마음을 한 번도 먼저 다가와 알아봐 주지 않았을 때 아이는 자기가 어떤 감정을 경험했는지 제대로 자각하지 못하고, 자신이 원하는 바가 무엇인지도 인식하기 어려워진다. 이런 내담자가 엄마와의 관계에서 무엇을 원하는지 표현하려면 미친 사람처럼 무너지는 엄마를 보며 경험했던 두려움과 슬픔을 깊이 자각하는 것이 우선이다. 이러한 감정을 느낄 수 있는 능력을 갖게 되면 그 감정 이면에 자신이 원했던 것은 무너지지 않는 든든한 엄마의 보호, 자신의 감정을 다가와 알아봐 주는 적극적 민감성임을 알아차릴 수 있게 된다.

내담자가 무엇을 원하는지를 말할 수 없는 또 다른 경우는 합리적인 숙고나 도덕적 규범에 기초를 두고 자신이 원해야 하는 것들을 선택하는 경우이다(Yalom, 1980). 예를 들면, 자기가 원하는 것을 "꼭" "반드시" "해야만 한다"와 같은 단어들로 표현하는 경우인데 이는 더 이상 소망이 아니라 '해야만 하는 것들(shoulds, oughts)'이며, 이러한 엄격한 규칙이나 계명 혹은 명령들로는 진정한 자신과 대화할 수 없게 된다. 또한 "꼭" "반드시" "해야만 한다"와 같은 단어들과 융합된 내담자들은 죄책감, 수치심, 완벽주의, 수행 불안 혹은 압박감 또는 부담감과 싸우느라, 오히려 자신이 원하는 바를 알아차리는 데 방해를 받는다.

내담자들이 원하는 바, 소망이 차단된 상태에서는 상담자가 어떤 노력과 호소를 하더라도 지속적인 내담자의 변화 동력을 활성화하기는 어렵다. 차단 기제에 의해 막혀 있던 고통에 대한 자각을 하기 시작하면서 원하는 것이 구체화되면 내담자들은 실제적 변화를 위해 의도적인 결단과 선택을 할 필요가 있다.

(2) 의지적 선택을 독려하기

치료 과정에서 통찰과 자각을 통해 궁극적으로 지향하는 진정한 목표는 변화인데, 내담자가 변화의 주체로서 변화하기 위해서는 우선 책임감을 가지지 않으면 안 된다(Yalom, 1989). 자신의 변화에 책임을 진다(responsibility)는 것은 문제 상황에 대해 반응(respond)하는 능력(ability)을 갖게 되는 것을 말하는 것으로 진정한 변화는 아는 것으로만 끝나지 않고, 어떤 식으로든 행동으로 표현된다. 이것은 통찰이나 자각의 중요성을 약화하는 것이 아니라 진정한 통찰이나 자극은 행동의 변화로 이어져야 한다는 것이다. 그런데 감정 자각을 통해 진정으로 원하는 것을 통찰하게 되었다고 하여 저절로 행동의 변화가 나타나는 것은 아니다. 제거해야 하는 부적응적인 적응 양식은 자동화되어 우리의 뇌에 인식이 되어 있으므로 자동화된 경로를 변경하기 위해서는 내담자의 의도적인 결정과 선택, 그리고 훈련이 필요하다. 부정적인 감정의 압도감에서 벗어나 심리적 거리를 두고 자기 자신을 성찰하기 시작하는 것은 새로운 변화로 나아가기 위한 서막이다.

실존주의 심리치료에서는 주어진 삶의 조건의 절대적 절망을 피하지 않고 직면하게 될 때 그 상황에 반응하는 능력으로서 책임감을 갖게 되고, 의지를 발동하여 새로운 행동을 결정할 수 있다는 것을 핵심 변화 원리로 제안한다. 여기서 의지

(will)라는 개념은 심리학에서는 동기(motivation)에 해당한다고 볼 수 있으나 정확히 같은 의미라고 보기는 어렵다. 동기는 인간의 행동을 설명할 수 있는 개념이라면, 의지는 동기에 비해 주도성, 자발성을 강조하는 개념으로 책임있는 행동을 하도록 만드는 동력(responsible mover)을 의미한다. 그런데 실제 상담 장면에서 내담자가 어떻게 의지를 발동할 수 있도록 하는가?

Yalom(1980)은 치료자가 내담자의 의지를 창조할 수도, 분발시킬 수도 없고, 불어넣을 수도 없으며 치료자가 할 수 있는 것은 의지를 자유롭게 하는 것이라고 하였다. 의지는 미래를 향해 어떻게 하겠다는 결정을 내리는 것으로 구체적인 선택으로 발동된다. 내담자가 자신이 원하는 것을 명료하고 구체적으로 알게 되고, 이를 이루기 위해 그 방향으로 자신을 던지는 의지의 발동은 새로운 행동의 변화를 반드시 수반한다. 의지의 발동을 통한 행동의 변화를 강조하는 실존주의 치료에서는 내담자들의 구체적인 결정과 선택을 독려할 수 있는 구체적인 행동 기법을 많이 활용한다. 무엇보다 내담자가 내가 변화하지 않는 한 원하는 변화를 얻을 수 없다는 것을 분명하게 깨닫는 통찰이 중요하며 이와 더불어 내담자가 치료 과정에서 통찰에 근거하여 실제적인 선택을 해 보도록 하는 것이다. 친밀한 관계의 어려움을 지닌 내담자에게 상담자와의 관계에서 무엇을 경험하는지에 대해 구체적으로 표현해 보도록 초청하는 것은 친밀성을 얻기 위해 자기 감정을 표현하는 위험 감수를 실제로 하게 하는 것이다. 치료적 관계에서는 내담자가 상담실 밖에서 경험하고 있는 문제가 고스란히 드러나는 경우가 많기 때문에 치료 장면 안에서 실제 행동을 하도록 독려하는 것은 내담자의 의지 발동의 가장 중요한 방법이 된다. 그래서 실존치료에서는 치료자와의 관계의 역동을 정확히 이해하기 위해서 내담자의 과거 관계 역사를 이해할 필요가 있는 것이지 정신분석의 전이 개념처럼 과거 내담자의 경험을 이해하기 위해서 치료 관계를 도구적으로 사용하는 것이 아니라는 입장을 취한다.

변화를 위해 의지를 발동하는 것은 때로는 심리적인 균형을 깨는 선택일 수도 있다. 의미치료의 창시자인 Frankl은 인간은 의미를 추구하는(will to meaning) 존재로 의미를 추구하는 행동이 인간의 가장 기본적인 동력이 된다고 하였다. 이는 고통에 대한 재해석을 통해 의미를 만들어 간다(meaning making)는 입장보다 더 적극적으로 인간은 의미를 추구하고, 발견하려는 선천적 경향성이 있다는 입장이다. 그에 따르면, 인간은 고통으로부터 벗어나 자유로워지고자 하지만(freedom from) 또한 의미와 가치를 향한 자유(freedom to)를 선택하기 원한다. Frankl은 인간의 이러한 특성에 대해 다음과 같이 기술하고 있다. "우리는 내적인 권위(자신의 선택, 헌신, 목표)를 향할 자유를 가지고 있다. 자유란 우리가 원하는 것을 하는 것이 아니라, 우리가 의미 있게 여기는 것을 할 때 우리가 원하는 것을 얻게 되는 것이다". 결핍과 갈등으로부터 자유롭고자 하는 인간의 행동은 균형(homeostasis)를 추구한다면, 의미를 향해 자유로운 결정을 내리는 행동으로 부터 균형과는 비교할 수 없는 충만감을 느낄 수 있다. 의미 추구의 프레임에서는 인간의 행복은 그것을 직접적으로 겨냥해서 얻어지는 것이 아니라 의미 있는 삶을 추구하는 부산물로 얻게 되는 결과물이 행복이라고 본다. 예를 들면, "행복하자" "자신감을 갖자"고 직접적으로 행복과 자신감을 겨냥하면 오히려 행복하게 느끼던 순간이 사라지고 행복하지 못한 자신이 부각된다. 반면, 자신에게 의미 있고, 가치로운 일에 몰입하여 살게 되면 어느 순간 행복감을 느끼게 된다.

참고문헌

강신익(2002). 논문: 앎, 삶, 함, 그리고 몸: 의학적 몸의 존재론. 과학철학, 5(1), 135-160.

강영안(2005). 타인의 얼굴. 서울: 문학과 지성사.

강태완(2010). 설득의 원리. 서울: 페가수스.

강현주, 장성숙(2006). 상담에서 도움된 경험에 관한 질적분석. 경희대학교 학생생활연구, 11, 947-962.

구훈정, 최승미, 권정혜(2012). 국내 아동 청소년 심리 치료 효과 검증 연구의 방법론적 고찰과 메타분석: 학회지 게재 논문을 중심으로(1995-2010). 한국심리학회지: 임상, 31(1), 43-73.

권경인, 한영주, 김창대, 유성경(2011). 상담성과가 낮은 내담자들의 상담경험에 대한 질적 분석. 상담학연구. 12(6), 1977-2005.

권석만(2012). 현대 심리치료와 상담 이론. 서울: 학지사.

김계원, 정종진, 권희영, 이윤주, 김춘경(2011). 상담심리학의 최근 연구동향: 상담 및 심리치료학회지 게재논문 분석(2000~ 2009). 한국심리학회지: 상담 및 심리치료, 23(3), 521-542.

김계현(1997). 상담심리학. 서울: 학지사.

김계현(2002). 교육상담에서의 효과성 연구와 메타분석. 아시아교육연구, 3(1), 131-155.

김계현, 이은주, 왕은자(2002). 국내 집단상담 성과연구에 대한 메타분석. 상담학연구, 3(1), 47-62.

김영근(2013). 치료적 요인으로서의 상담자요인에 대한 내담자의 인식 차원. 한국심리학회지: 상담 및 심리치료, 25(2), 203-226.

김은하, 박승민(2011). 작업동맹(working alliance)에 관한 국내 연구의 동향. 한국심리학회지: 상담 및 심리치료, 23(1), 1-25.

김인규(2009). 학부 상담학과 교육의 현황과 발전방안 연구. 상담학연구, 10(2), 793-811.

김진숙(2013). 애착이론의 내적 작동 모델과 상담적 적용점. 상담학연구, 14(4), 2485-2507.

김창대(2009). 인간변화를 촉진하는 다섯 가지 조건에 관한 가설: 상담이론의 관점에서. 인간이해, 30(2), 21-43.

김창대, 권경인, 한영주, 손난희(2008). 상담 성과를 가져오는 한국적 상담자 요인. 상담학연구, 9(3), 961-986.

김창대, 한영주, 손난희, 권경인(2009). 상담전공 내담자가 지각한 효과적인 상담자 요인. 상담학연구, 10(1), 83-107.

노성숙(2014). 삶의 진리를 성찰하는 해석학으로서의 철학상담. 신학전망, 187, 88-126.

문형춘(2007). 내담자 성인애착 특성에 따른 내담자 및 상담자의 내현적 대인반응과 회기성과. 가톨릭대학교 대학원 박사학위논문.

박가람, 정남운(2008). 성폭력 상담에서 내담자들이 지각한 도움 경험(Helpful Experience): 질적분석. 한국심리학회지: 상담 및 심리치료, 20(1), 161-182.

박성창(2000). 수사학. 서울: 문학과 지성사.

박성희(2001). 상담의 새로운 패러다임. 서울: 학지사.

박성희(2004). 공감학: 어제와 오늘. 서울: 학지사.

박수영, 최한나(2013). 상담자가 지각한 상담성과를 가져오는 상담자 요인에 대한 개념도 연구. 상담학연구, 14(5), 2969-2986.

박승찬(2014). 그 자체로 악인 고통 안에서 선이 발견될 수 있는가?-변신론에 대한 비판적 성찰. 가톨릭철학, 23, 5-49.

손명희, 송영혜(2009). 집단놀이치료 프로그램 효과에 대한 메타분석. 놀이치료연구, 13(1), 19-43.

손봉호(1995). 고통 받는 인간: 고통 문제에 대한 철학적 성찰. 서울대학교출판부.

손열음(2015). 하노버에서 온 음악편지-피아니스트 손열음의 클래식 이야기. 서울: 중앙북스.

신재호, 정남운(2007). 초보상담자의 상담 성과에 관한 질적분석: 도움된 경험을 중심으로. 한국심리학회지: 상담 및 심리치료, 19(4), 889-911.

심홍섭(1991). 상담자의 교육분석. 인간이해, 12, 59-63.

안현의(2003). 과학자-실무자 모델의 국내 적용 가능성에 관한 논의. 한국심리학회지: 상담 및 심리치료, 15(3), 461-475.

유성경(2005). 한국 대학생의 상담, 심리치료, 정신치료에 대한 태도. 한국심리학회지: 상담 및 심리치료, 17(3), 617-632.

유성경, 김창대, 손난희, 권경인. 한영주, 윤정숙 윤정순(2010). 한국 상담 성과 연구 심포지엄. 한국상담학회 연차 학술대회 발표집.

유성경, 손난희(2010). 내담자의 상담 기대와 실제 상담 성과와의 관계에서 치료동맹의 매개효과. 한국심리학회지: 상담 및 심리치료, 22, 931-947.

윤정숙, 유성경(2016). 내담자의 일방적 상담종결 영향변인 검증: 비연속시간 생존분석 적용. 한국심리학회지: 상담 및 심리치료, 28(1), 1-31.
윤정숙, 유성경, 홍세희(2012). 상담 초기 작업동맹과 상담성과 사이의 자기회귀 교차지연 효과 검증. 상담학연구, 13(4), 1903-1919.
윤호균(2005). 심리 상담의 치료적 기제. 한국심리학회지: 상담 및 심리치료, 17(1), 1-13.
이동식(2008). 도정신치료입문. 서울: 도서출판 한강수.
이숙영, 김창대(2002). 상담 전공 대학원 교육과정 표준화 연구. 교육학연구, 40(2), 231-250.
이안나(2003). 인지행동 집단상담의 불안감소 효과에 대한 메타분석. 서울대학교 대학원 석사학위논문.
이윤주(2015). 집단상담의 치료적 요인에 관한 연구 동향: 1994-2013년 국내, 국제 학술지 논문 비교. 상담학연구, 16(1), 51-71.
이은경, 양난미, 서은경(2007). 한국적 상담 모형; 한국에서의 상담에 대한 질적 연구. 한국심리학회지: 상담 및 심리치료, 19(3), 587-607.
이은진, 이문희(2015). 초심상담자의 자기문제 이해 및 극복과정. 상담학연구, 16(3), 1-24.
이장호, 정남운, 조성호(2005). 상담심리학의 기초. 서울: 학지사.
이재창(1996). 전문 상담자 교육과 훈련에 관한 연구. 한국심리학회지: 상담 및 심리치료, 8(1), 1-26.
이혜은(2009). 해결중심접근을 적용한 집단상담의 효과에 대한 메타분석. 서울대학교 대학원 석사학위논문.
장성숙(2002). 우리 문화에서의 상담자상. 한국심리학회지: 상담 및 심리치료, 14(3), 547-561.
조남정, 최은미, 최희진, 장선철(2010). 상담학의 연구 동향 분석: [상담학연구] 학회지 게재논문(창간년도~2009). 상담학연구, 11(2), 507-524.
주은선, 박영주(2015). 상담자에 관한 국내 연구의 동향 및 상담성과에 영향을 주는 한국적 상담자 요인 분석: 한국심리학회지 게재 논문(1983-2012). 한국심리학회지: 일반, 34(2), 453-488.
최한나, 권윤주, 강귀옥(2015). 작업동맹과 상담성과의 관계에 대한 메타분석(1990-2014). 상담학연구, 16(3), 85-99.
최해림(2002). 한국 상담자의 상담윤리에 대한 기초 연구. 한국심리학회지: 상담 및 심리치료, 14(4), 805-828.
한영주(2010). 내담자가 경험하는 상담의 치료적 전환점: 근거이론을 적용하여. 이화여자대학교 대학원 박사학위논문.
한영주, 권경인, 김창대, 유성경(2012). 낮은 성과를 보인 상담과정에 대한 질적연구. 상담학연구, 13(1), 71-97.
홍은주, 조미영(2010). 아동 및 청소년 집단 미술치료 프로그램 효과에 대한 메타분석: 1997-

2010. 아동교육, 19(4), 299-310.

Ahn, H. N., & Wampold, B. E. (2001). Where oh where are the specific ingredients? A meta-analysis of component studies in counseling and psychotherapy. *Journal of Counseling Psychology, 48*(3), 251.

Ainsworth, M. D. S. (1979). Attachment as related to mother-infant interaction. *Advances in the Study of Behavior, 9*, 1-51.

American Psychological Association (APA). (2012). Three approaches to psychotherapy with a female client : the next generation. (DVD).

American Psychological Association (APA). (2013). Recognition of Psychotherapy Effectiveness. *Psychotherapy, 50,* 102-109. doi:10.1037/a0030276.

Anderson, J. R. (1981). *Cognitive skills and their acquisition*. Hillsdale, NJ: Erlbaum.

Anker, M. G., Duncan, B. L., & Sparks, J. A. (2009). Using client feedback to improve couple outcome. A randomized clinical trial in a naturalistic setting. *Journal of Consulting and Clinical Psychology, 77,* 693-704.

Antony, M. M., & Roemer, L. (2011). *Behavior therapy*. American Psychological Association.

Ardito, R. B., & Rabellino, D. (2011). Therapeutic alliance and outcome of psychotherapy: historical excursus, measurements, and prospects for research. *Frontiers in Psychology, 2*, 270.

Asay, T. P., & Lambert, M. J. (1999). The empirical case for the common factors in therapy: Auantitative findings. In M. A. Hubble, B. L., Duncan, & S. D. MIller (Eds.), *The heart and soul of change: What works in therapy* (pp. 33-56). Washington, DC: American Psychological Association.

Badenoch, B. (2008). Being a Brain-Wise Therapist: A Practical Guide to Interpersonal Neurobiology (Norton Series on Interpersonal Neurobiology). W. W. Norton & Company.

Baldwin, M. (2000). Interview with Carl Rogers on the use of the self in therapy. In M. Baldwin (Ed.), *The Use of Self in Therapy* (2nd ed., pp. 29-38). New York: Haworth Press.

Baldwin, S. A., & Imel, Z. E. (2013). Therapist effects: Findings and methods. In M. J. Lambert (Ed.), *Bergin and Garfield's handbook of psychotherapy and behavior change* (6th ed., pp. 258-297). Hoboken, NJ: Wiley.

Barkham, M., & Mellor-Clark, J. (2003). Bridging evidence-based practice and practice-based evidence: Developing a rigorous and relevant knowledge for the psychological therapies.

Clinical Psychology & Psychotherapy, 10(6), 319-327.

Barkham, M., Hardy, G. E., & Mellor-Clark, J. (2010). *Developing and delivering practice-based evidence: A guide for the psychological therapies.* Chichester, United Kingdom: Wiley Blackwell.

Barlow, D. H., Gorman, J. M., Shear, M. K., & Woods, S. W. (2000). Cognitive-behavioral therapy, imipramine, or their combination for panic disorder: A randomized controlled trial. *Journal of the American Medical Association, 283*(19), 2529-2536.

Barrett-Lennard, G. T. (1981). The empathy cycle: Refinement of a nuclear concept. *Journal of Counseling Psychology, 28*(2), 91-100.

Baskin, T. W., Tierney, S. C., Minami, T., & Wampold, B. E. (2003). Establishing specificity in psychotherapy: a meta-analysis of structural equivalence of placebo controls. *Journal of Consulting and Clinical Psychology, 71*(6), 973.

Beck, J. S., Greenberg, L. S., & McWilliams, N. (2012). *Three approaches to psychotherapy with a female/Male client* (DVD), Washington, DC: American Psychological Association.

Benedetti, F. (2011). *The patient's brain: The neuroscience behind doctor-patient relationship.* Oxford University Press.

Betan, E. J., & Binder, J. L. (2010). Clinical expertise in psychotherapy: How expert therapists use theory in generating case conceptualizations and interventions. *Journal of Contemporary Psychotherapy, 40*(3), 141-152.

Bettelheim, B. (1982). *Freud and Man's Soul.* New York: Simon and Schuster, Inc..

Bion, W. R. (1962). *Learning from experience.* London: Karmac, 1984.

Bion, W. R. (1970). *Attention and Interpretation: a Scientific Approach to Insights in Psychoanalysis and Groups.* London: Tavistock.

Bion, W. R. (1995). *Learning from experience.* The United States of America: Rowman & Littlefield Publishers, Inc. 윤순임 역(2012). **경험에서 배우기.** 서울: 눈 출판사.

Blatt, S. J., Sanislow III, C. A., Zuroff, D. C., & Pilkonis, P. A. (1996). Characteristics of effective therapists: further analyses of data from the National Institute of Mental Health Treatment of Depression Collaborative Research Program. *Journal of Consulting and Clinical Psychology, 64*(6), 1276.

Bohart, A. C., & Tallman, K. (1999). *How clients make therapy work: The process of active self-healing.* Washington, DC: American Psychological Association.

Bollas, C. (1979). The transformational object. *International Journal of Psychoanalysis, 60,* 97-107.

Bordin, E. S. (1979). The generalizability of the psychoanalytic concept of the working alliance. *Psychotherapy: Theory, Research & Practice, 16*(3), 252.

Boswell, J. F., Gallagher, M. W., Sauer-Zavala, S. E., Bullis, J., Gorman, J. M., Shear, M. K., ... & Barlow, D. H. (2013). Patient characteristics and variability in adherence and competence in cognitive-behavioral therapy for panic disorder. *Journal of Consulting and clinical Psychology, 81*(3), 443.

Bowlby, J. (1988). Attachment, communication, and the therapeutic process. *A secure base: Parent-child attachment and healthy human development* (pp. 137-157). New York: Basic Books.

Bretherton, I. (1987). New perspectives on attachment relations: Security, communication, and internal working model. In J. D. Osofsky (Ed.), *Handbook of Infant Development* (2nd ed., pp. 1061-1100). New York: Wiley.

Brown, B. (2010). *The gift of imperfection*. Center City: MN, Hazelden.

Brown, L. J. (2016). 정신분석의 도구: 치료사의 주관적 반응을 사용하기. 제4회 한신대학교 정신분석대학원 학술대회. 서울: 한신대 정신분석대학원.

Buber, M. (1923/1990). Ich und Du [I and Thou]. Berlin: Schocken-Verlag. Swedish translation. Jag och Du. Ludvika: Dualis förlag AB. 표재명 역(1990). 나와 너(I and Thou). 서울: 문예출판사.

Bugental, D. B. (1987). Attributions as moderator variables within social interactional systems. *Journal of Social and Clinical Psychology, 5*(4), 469-484.

Casey, R. J., & Berman, J. S. (1985). The outcome of psychotherapy with children. *Psychological Bulletin, 98*(2), 388.

Cassell. E. J. (1994). The nature of suffering: And the goals of medicine. Oxford University Press. 강신익 역(2002). 고통받는 환자와 인간에게서 멀어진 의사를 위하여. 서울: 들녘.

Castonguay, L. G., Constantino, M. J., & Holtforth, M. (2006). The working alliance: Where are we and where should we go? *Psychotherapy, 43*, 271-279.

Castonguay, L. G., Goldfried, M. R., Wiser, S., Raue, P. J., & Hayes, A. M. (1996). Predicting the effect of cognitive therapy for depression: a study of unique and common factors. *Journal of Consulting and Clinical Psychology, 64*(3), 497.

Chi, M. T. H. (2006). Two approaches to the study of experts' characteristics. In K. A. Ericsson, N. Charness, P. Feltovich, & R. Hoffman (Eds.), *The Cambridge handbook of expertise and expert performance* (pp. 21-30). New York: Cambridge University Press.

Chi, M. T. H., Glaser, R., & Farr, M. J. (1988). *The nature of expertise*. Hillsdale, NJ: Erlbaum.

Clarkin, J. F., Yeomans, F. E., & Kernberg, O. F. (2006). *Psychotherapy for borderline personality: Focusing on object relations.* Washington, DC: American Psychiatric Publishing, Inc. 윤순임, 이용승, 심영숙, 문형춘, 남기숙, 이임순, 김정욱 공역(2016). **경계선 인성장애의 정신분석 심리치료: 전이초점 심리치료 지침서.** 서울: 학지사.

Cohen, J. (1988). *Statistical power analysis for the behavioral sciences* (2nd ed.). Hillsdale, NJ: Erlbaum.

Constantino, M. J., Arnkoff, D. B., Glass, C. R., Ametrano, R. M., & Smith, J. Z. (2011). Expectations. *Journal of Clinical Psychology, 67*(2), 184-192.

Constantino, M. J., Marnell, M. E., Haile, A. J., Kanther-Sista, S. N., Wolman, K., Zappert, L., & Arnow, B. A. (2008). Integrative cognitive therapy for depression: A randomized pilot comparison. *Psychotherapy: Theory, Research, Practice, Training, 45*, 122-134.

Corey, G. (2012). *Theory and practice of counseling and psychotherapy* (9th ed.). Singapore: Brooks/Cole, Cengage learning.

Cozolino, L. (2002). *The neuroscience of psychotherapy: Building and rebuilding the human brain.* New York: W. W. Norton & Company.

Cozolino, L. (2010). *The Neuroscience of psychotherapy: Healing the social brain* (Norton Series on Interpersonal Neurobiology). W. W. Norton & Company.

Cozolino, L. (2015). *Why Therapy Works: Using Our Minds to Change Our Brains* (Norton Series on Interpersonal Neurobiology). W. W. Norton & Company.

Cozolino, L. (2016). Why therapy works. *The Neuropsychotherapist, 4*(1), 6-19.

Crits-Christoph, P., Baranackie, K., Kurcias, J., Beck, A., Carroll, K., Perry, K., & Gallagher, D. (1991). Meta-analysis of therapist effects in psychotherapy outcome studies. *Psychotherapy Research, 1*(2), 81-91.

Crits-Christoph, P., Gibbons, M. B., & Hearon, B. (2006). Does the alliance cause good outcome? Recommendations for future research on the alliance. *Psychotherapy: Theory, Research, Practice, Training, 43*, 280-285.

Crits-Cristoph, P., & Mintz, J. (1991). Implications of therapist effects for the design and analysis of comparative studies of psychotherapies. *Journal of Consulting and Clinical Psychology, 59*, 20-26.

Csikszentmihalyi, M. (1996). *Creativity: Flow and psychology of discovery and invention.* New York, NY: HarperCollins Publishers.

Cunningham, J. B. (1992). Theory can be practical: How managers develop their skills. *Leadership & Organization Development Journal, 13*, 20-26.

Daniel, S. I. (2006). Adult attachment patterns and individual psychotherapy: A review. *Clinical Psychology Review, 26*(8), 968-984.

Dawes, R. M. (1994). *House of cards: Psychology and psychiatry built on myth*. NY: Free press.

Deci, E. L., & Ryan, R. M. (2008). Self-determination theory: A macrotheory of human motivation, development, and health. *Canadian psychology/Psychologie canadienne, 49*(3), 182.

DeRubeis, R. J., Brotmans, M. A., & Gibbons, C. J. (2005). A conceptual and methodological analysis of the nonspecifics argument. *Clinical Psychology: Science and Practice, 12,* 174-183.

Dinger, U., Strack, M., Leichsenring, F., Wilmers, F., & Schauenburg, H. (2008). Therapist effects on outcome and alliance in inpatient psychotherapy. *Journal of Clinical Psychology, 64*(3), 344-354.

Dobson, K. S. (1989). A meta-analysis of the efficacy of cognitive therapy for depression. *Journal of Consulting and Clinical Psychology, 57*(3), 414.

Dohrenwend, B .P, Shorout, P. E., Egri, G., & Mendelsohn, F. S. (1980). Non-specific psychological distress and other measures for use in the general population. *Archives General Psychiatry, 37*, 1229-1236.

Duncan, B. L., Miller, S. D., & Sparks, J. (2004). *The heroic client: A revolutionary way to improve effectiveness through client directed outcome informed therapy* (Rev. ed.). San Francisco: Jossey-Bass.

Duncan, B. L., Miller, S. D., Wampold, B. E., & Hubble, M. A. (2010). *The heart and soul of change: Delivering what works in therapy* (2nd ed.). Washington, DC: American Psychological Association.

Dunning, D., Johnson, K., Ehrlinger, J., & Kruger, J. (2003). Why people fail to recognize their own incompetence. *Current Directions in Psychological Science, 12*, 83-87.

Egan, G. (1990). *The skilled helper*. Boston, MA: Cengage Learning.

Ehrenwald, J. (Ed.). (1976). *The history of psychotherapy: From healing magic to encounter*. Jason Aronson.

Elliott, R., & James, E. (1989). Varieties of client experience in psychotherapy: An analysis of the literature. *Clinical Psychology Review, 9*(4), 443-467.

Ericsson, K. A., Prietula, M. J., & Cokely, E. T. (2007). The making of an expert. *Harvard Business Review, 85*, 114-121.

Erskine, R., Moursund, J., & Trautmann, R. (1999). *Beyond empathy: a therapy of contact-in relationships*. NY: Psychology Press. 김병석, 서은경, 이은미 공역(2011). 공감 그 이상을 추구하며-진정한 만남을 통한 상담. 서울: 학지사.

Etringer, B. D., Hillerbrand, E., & Claiborn, C. D. (1995). The transition from novice to expert counselor. *Counselor Education and Supervision, 35*, 4-18.

Eysenck, H. J. (1952). The effects of psychotherapy: an evaluation. *Journal of Consulting Psychology, 16*(5), 319.

Faust, D. (1991). What if we had really listened? Present reflections on altered pasts. *Thinking Clearly about Psychology, 1*, 185-217.

Feltovich, P. J., Prietula, M. J., & Ericsson, K. A. (2006). Studies of expertise from psychological perspectives. In K. A. Ericsson, N. Charness, P. J. Feltovich, & R. R. Hoffman (Eds.), *The Cambridge handbook of expertise and expert performance* (pp. 41-67). New York: Cambridge University Press.

Follette, W. C., & Houts, A. C. (1996). Models of scientific progress and the role of theory in taxonomy development: A case study of the DSM. *Journal of Consulting and Clinical Psychology, 64*(6), 1120.

Fonagy, P., & Bateman, A. (2006). *Mentalization-based treatment for borderline personality disorder*. Oxford University Press. 노경희 역(2010). 정신화 중심의 경계성 인격장애의 치료. 서울: 도서출판 NUN.

Fonagy, P., & Bateman, A. W. (2006). Mentalization-based treatment for borderline personality disorder. Oxford University press. 노경선정신치료연구회 역(2010). 정신화 중심의 경계성 인격장애의 치료. 서울: NUN.

Frank J. D., & Frank J. B. (1991). *Persuasion and Healing: A Comparative Study of Psychotherapy* (3rd ed.). Baltimore, MD: Johns Hopkins University press.

Frank, J. D. (1971). Therapeutic Factors in Psychotherapy. *American Journal of Psychotherapy, 25*(3), 350-361.

Freud, S. (1899). *The interpretation of dreams* (edited by J. Strachey in 1955). Philadelphia, PA: Basic Books. 김인순 역(2005). 꿈의 해석. 서울: 열린 책들.

Freud, S. (1912). The dynamics of transference. Classics in Psychoanalytic Techniques.

Freud, S. (1913). On beginning the treatment. *Standard Edition, 12*, 123-144.

Freud, S. (1915). Observations of transference love. *Standard Edition, 12*, 159-171.

Freud, S. (1920). The psychogenesis of a case of female homosexuality. *International Journal of Psycho-Analysis, 1*(2), 129-130.

Freud, S. (1923). *The ego and the id* (trans. by J. Riviere). London: Hogarth Press.

Freud, S. (1926). The question of lay analysis. In J. Strachey (Ed.), *The standard of the complete psychological works of Sigmund Freud* (Vol. 20, pp. 77-172). London: Hogarth Press.

Freud, S. (1928). Humor. *International Journal of Psychoanalysis, 9,* 1-6.

Freud, S. (1928). *The future of an illusion.* London: Hogarth Press.

Freud, S. (1937). Analysis terminable and interminable. *International Journal of Psycho-Analysis, 18*, 373-406.

Freud, S. (1953). *On aphasia: A critical study*. Oxford, England: International Universities Press.

Freud, S. (1958). On beginning the treatment (further recommendations on the technique of psycho-analysis I). In The Standard Edition of the Complete Psychological Works of Sigmund Freud, Volume XII (1911-1913): The Case of Schreber, Papers on Technique and Other Works (pp. 121-144).

Freud, S. (1964). Analysis terminable and interminable. In J. Strachey (Ed. and Trans.), *The standard edition of the complete psychological works of Sigmund Freud* (Vol. 23, pp. 216-255). London: Hogarth Press. (Original work published 1937).

Freud, S., & Strachey, J. (1962). *The ego and the id*. W. W. Norton & Company.

Friedlander, M. L., & Phillips, S. D. (1984). Preventing anchoring errors in clinical judgment. *Journal of Consulting and Clinical Psychology, 52*(3), 366.

Gadamer, H. G. (2004). *Truth and Method*. Bloomsbury Publishing USA.

Gagne, E. D. (1997). *The cognitive psychology of school learning* (2nd ed.). Boston: Allyn & Bacon.

Galassi, J. P., & Galassi, M. D. (1973). Alienation in college students: A comparison of counseling seekers and nonseekers. *Journal of Counseling Psychology, 20*(1), 44.

Garb, H. N. (1998). *Studying the clinician: Judgement research and psychological assessment*. Washington, DC: American Psychological Association. doi:10.1037/1029-000.

Garb, H. N. (2005). Clinical judgment and decision making. *Annual Review of Clinical Psychology, 1*, 67-89. doi:10.1146/annurev.clinpsy.1.102803.143810.

Gaston, L. (1990). The concept of the alliance and its role in psychotherapy: Theoretical and empirical considerations. *Psychotherapy: Theory, Research, Practice, Training, 27*(2), 143.

Geller, S. M., & Greenberg, L. S. (2012). Therapeutic presence: A mindful approach to effective therapy. American Psychological Association.

Geller, S. M., & Greenberg, L. S. (2012). *Therapeutic presence: A mindful approach to effective therapy*. Washington, DC: American Psychological Association.

Gelso, C. J. (2002). Real relationship: The "something more" of psychotherapy. *Journal of Contemporary Psychotherapy, 32*(1), 35-40.

Gelso, C. J. (2009). The real relationship in a postmodern world: Theoretical and empirical explorations. *Psychotherapy Research, 19*(3), 253-264.

Gelso, C. J. (2011). The real relationship in psychotherapy: The hidden foundation of change. American Psychological Association.

Gelso, C. J., & Carter, J. A. (1994). Components of the psychotherapy relationship: Their interaction and unfolding during treatment. *Journal of Counseling Psychology, 41*(3), 296.

Gelso, C. J., Baumann, E. C., Chui, H. T., & Savela, A. E. (2013). The making of a scientist-psychotherapist: The research training environment and the psychotherapist. *Psychotherapy, 50*(2), 139.

Gilbert, P. (1989). *Human nature and suffering*. Hove: Psychology Press.

Godfrey-Smith, P. (2003). *Theory and reality: An introduction to the philosophy of science*. University Of Chicago Press.

Goldberg, L. R. (1959). The effectiveness of clinicians' judgments: The diagnosis of organic brain damage from the Bender-Gestalt Test. *Journal of Consulting Psychology, 23*(1), 25.

Goldberg, L. R. (1968). Simple models or simple processes? Some research on clinical judgments. *American Psychologist, 23*(7), 483.

Goldfried, M. R. (Ed.). (2001). *How therapists change: Personal and professional reflections*. Washington, DC: American Psychological Association.

Greenberg, L. S. (2015). *Emotion-focused therapy: Coaching clients to work through their feelings* (2nd ed.). Washington, DC.: American Psychological Association.

Greenberg, L. S., & Paivio, S. C. (1997). *Working with emotions in psychotherapy*. New York, NY: The Gulford Press. 이흥표 역(2008). 심리치료에서 정서를 어떻게 다룰 것인가. 서울: 학지사.

Greenberg, R. P., Constantino, M. J., & Bruce, N. (2006). Are patient expectations still relevant for psychotherapy process and outcome? *Clinical Psychology Review, 26*(6), 657-678.

Greenson, R. R. (1965). The working alliance and the transference neurosis. The Psychoanalytic Quarterly.

Grencavage, L. M., & Norcross, J. C. (1990). Where are the commonalities among the therapeutic common factors? *Professional Psychology: Research and Practice, 21*(5), 372.

Grondin, J. (1994). Gadamer and Augustine: On the Origin of the Hermeneutical Claim to Universality. In *Hermeneutics and Truth* (edited by Brice Wachterhauser). Evanston:

Northwestern University Press.

Gurin, J. (1990). Remaking our lives. *American Health*, March, 50-52.

Hampton-Robb, S., Qualls, R. C., & Compton, W. C. (2003). Predicting first-session attendance: The influence of referral source and client income. *Psychotherapy Research, 13*(2), 223-233.

Hannan, C., Lambert, M. J., Harmon, C., Nielsen, S. L., Smart, D. W., Shimokawa, K., & Sutton, S. W. (2005). A lab test and algorithms for identifying clients at risk for treatment failure. *Journal of Clinical Psychology, 61*(2), 155-163.

Hatcher, R. L., & Barends, A. W. (2006). How a return to theory could help alliance research. *Psychotherapy: Theory, research, practice, training, 43*(3), 292.

Hayes, S. C., & Smith, S. (2005). *Get out of your mind and into your life: The new acceptance and commitment therapy*. Oakland, CA: New Harbinger Publications, Inc. 문현미, 민병배 공역(2010). **마음에서 빠져나와 삶 속으로 들어가라: 새로운 수용전념치료**. 서울: 학지사.

Hill, E. C. (2004). *Helping skills: Facilitating exploration, insight and action* (2nd ed.). Washigton, DC: American Psychological Association. 주은선 역(2001). **상담의 기술: 탐색-통찰-실행의 과정**. 서울: 학지사.

Hill, C. E. (2009). *Helping Skills: Facilitating exploration, insight, and action* (3rd ed.). Washington, DC: American Psychological Association. 주은선 역(2012). **상담의 기술: 탐색-통찰-실행의 과정**. 서울: 학지사.

Hollon, S. D., Stewart, M. O., & Strunk, D. (2006). Enduring effects for cognitive behavior therapy in the treatment of depression and anxiety. *Annual Review of Psychology 57*, 285-315.

Horvath, A. O. (2000). The therapeutic relationship: From transference to alliance. *Journal of clinical psychology, 56*(2), 163-173.

Horvath, A. O., & Bedi, R. P. (2002). The alliance. In J. Norcross (Ed.), *Psychotherapy Relationships That Work: Therapist Contributions and Responsiveness to Patients* (pp. 37-70). Oxford: Oxford University Press.

Horvath, A. O., & Greenberg, L. S. (1989). Development and validation of the Working Alliance Inventory. *Journal of counseling psychology, 36*(2), 223.

Horvath, A. O., & Luborsky, L. (1993). the role of the therapeutic alliance in psychotherapy. *Journal of Consulting and Clinical Psychotherapy, 61*, 561-573.

Horvath, A. O., Del Re, A. C., Flückiger, C., & Symonds, D. (2011). Alliance in individual psychotherapy. *Psychotherapy, 48*, 9-16.

Hougaard, E. (1994). The therapeutic alliance-A conceptual analysis. *Scandinavian Journal of Psychology, 35*(1), 67-85.

Hubble, M. A., & Miller, S. D. (2004). The client: Psychotherapy's missing link for promoting a positive psychology. In P. A. Linley & S. Joseph (Eds.), *Positive in practice* (pp. 335-353). Hoboken, NJ: Wiley.

Iacoboni, M. (2008). *Mirroring people: The science of empathy and how we connect with others*. New York: Picadore.

Imel, Z. E., Malterer, M. B., McKay, K. M., & Wampold, B. E. (2008). A meta-analysis of psychotherapy and medication in unipolar depression and dysthymia. *Journal of Affective Disorders, 110*(3), 197-206.

International Association for the Study of Pain (IASP). (1994). Classification of Chronic Pain, Second Edition, IASP Task Force on Taxonomy, edited by H. Merskey & N. Bogduk, Seattle: IASP Press.

James, W. (1899). *On a certain blindness in human beings* (pp. 229-264). NY, US: Metropolitan Books/Henry Holt and Company.

Joyce, A. S., & Piper, W. E. (1998). Expectancy, the therapeutic alliance, and treatment outcome in short-term individual psychotherapy. *Journal of Psychotherapy and Research, 7*, 236-248.

Joyce, A. S., Wolfaardt, U., Sribney, C., & Aylwin, A. S. (2006). Psychotherapy research at the start of the 21st century: the persistence of the art versus science controversy. *Canadian Journal of Psychiatry, 51*(13), 797.

Kabat-Zinn, J. (2005). *Coming to our senses: Healing ourselves and the world through mindfulness*. Hachette UK.

Kanfer, F. H. (1990). The scientist-practitioner connection: A bridge in need of constant attention. *Professional Psychology: Research and Practice, 21*(4), 264.

Karasu, T. B. (1982). Psychotherapy and pharmacotherapy. *American Journal of Psychiatry, 139*(9), 1102-1113.

Kazdin, A. E. (2005). Treatment outcomes, common factors, and continued neglect of mechanisms of change. *Clinical Psychology: Science and Practice, 12*(2), 184-188.

Kellerman, J. (1987). *Over the edge*. New York, NY: Ballantine Books.

Kirsch, I. (2000). Are drug and placebo effects in depression additive? *Biological Psychiatry, 47*(8), 733-735.

Kirsch, I. (2009). Antidepressants and the placebo response. *Epidemiology and Psychiatric*

Sciences, 18(4), 318-322.

Kirsch, I., Moore, T. J., Scoboria, A., & Nicholls, S. S. (2002). The emperor' new drugs: An analysis of antidepressant medication data submitted to the US Food and Drug Administration. *Prevention & Treatment, 5*(1), 23a.

Kivlighan Jr, D. M., & Shaughnessy, P. (2000). Patterns of working alliance development: A typology of client's working alliance ratings. *Journal of Counseling Psychology, 47*(3), 362.

Kivlighan, D. M., Jr., Hill, C. E., Gelso, C. J., & Baumann, E. (2016). Working alliance, real relationship, session quality, and client improvement in psychodynamic psychotherapy: A longitudinal actor partner interdependence model. *Journal of Counseling Psychology, 63*(2), 149.

Klein, J. S., Stone, W. N., Hicks, M. H., & Pritchard, I. L. (2003). Understanding dropouts. *Journal of Mental Health Counseling, 25*, 89-100.

Kuhn, T. S. (1970). *The structure of scientific revolutions* (2nd ed.). University of Chicago Press.

Lambert, M. J. (2007). Progress Feedback and the OQ-System: The Past and the Future. Brigham Young University: APA Psychotherapy: 2015, Vol. 52, No. 4, 381-390.

Lambert, M. J. (2010). *Prevention of treatment failure: The use of measuring, monitoring, and feedback in clinical practice*. Washington, DC: American Psychological Association.

Lambert, M. J. (2013). Outcome in psychotherapy: the past and important advances. *Psychotherapy (Chicago, Ill), 50*(1), 42-51.

Lambert, M. J., & Ogles, B. M. (2004). The efficacy and effectiveness of psychotherapy. In M. J. Lambert (Ed.), *Bergin and Garfield's handbook of psychotherapy and behavior change* (5th ed., pp. 139-193). New York: Wiley.

Lambert, M. J., & Okiishi, J. C. (1997). The effects of individual psychotherapist and the implications for future research. *Clinical Psychology: Science and Practice, 4*, 66-75.

Lambert, M. J., Garfield, S. L., & Bergin, A. E. (2004). Overview, trends, and future issues. Bergin and Garfield's handbook of psychotherapy and behavior change (5th ed., pp. 307-390). New York: Wiley.

Lambert, M. J., Hansen, N. B., & Finch, A. E. (2001). Patient-focused research: Using patient outcome data to enhance treatment effects. *Journal of Consulting and Clinical Psychology, 69*(2), 159.

Lampropoulos, G. K. (2000). Evolving psychotherapy integration: Eclectic selection and prescriptive applications of common factors in therapy. *Psychotherapy: Theory, Research, Practice, Training, 37*(4), 285.

Langer, E. J. (1975). The illusion of control. *Journal of Personality and Social Psychology, 32*(2), 311.

Langer, E. J. (1989). *Mindfulness*. MA: Addison-Wesley/Addison Wesley Longman. 이양원 역 (2015). 마음챙김-마음이 삶을 어디까지 바꿀 수 있는가. 서울: 더퀘스트.

Langer, E. J. (1997). *The Power of Mindful Learning*. MA: Addison-Wesley/Addison Wesley Longman.

Lapointe, F. H. (1970). Origin and evolution of the term "psychology". *American Psychologist, 25*(7), 640.

Larson, D. G. (1994). Self-concealment: Implications for stress and empathy in oncology care. *Journal of Psychosocial Oncology, 11*(4), 1-16.

Laska, K. M., Gurman, A. S., & Wampold, B. E. (2014). Expanding the lens of evidence-based practice in psychotherapy: A common factors perspective. *Psychotherapy, 51*(4), 467-481.

Lennard, H. L., Bernstein, A., Hendin, H. C., & Palmore, F. B. (1960). The anatomy of psychotherapy. Columbia University Press.

Levenson, E. A. (1992). Mistakes, errors, and oversights. *Contemporary Psychoanalysis, 28*, 55-571.

Liberman, R. (1964). An experimental study of the placebo response under three different situations of pain. *Journal of psychiatric research, 2*(4), 233-246.

Lilliengren, P., Falkenström, F., Sandell, R., Mothander, P. R., & Werbart, A. (2015). Secure attachment to therapist, alliance, and outcome in psychoanalytic psychotherapy with young adults. *Journal of Counseling Psychology, 62*(1), 1.

Linehan, M. M. (1993). *Cognitive-behavioral treatment of borderline personality disorder*. New York, NY: Guilford Press.

Linehan, M. M. (1997). Validation and psychotherapy. In A. C. Bohart & L. S. Greenberg (Eds.), *Empathy reconsidered: New directions in psychotherapy* (pp. 353-392). Washington, DC: American Psychological Association.

Luborsky, L. (1976). Helping alliances in psychotherapy. *Successful Psychotherapy*, 92-116.

Luborsky, L., Crits-Christoph, P., McLellan, A. T., Woody, G., Piper, W., Liberman, B,, & Pilkonis, P. (1986). Do therapists vary much in their success? Findings from four outcome studies. *American Journal of Orthopsychiatry, 56*, 501-512.

Luborsky, L., McLellan, A. T., Diguer, L., Woody, G., & Seligman, D. A. (1997). The psychotherapist matters: Comparison of outcomes across twenty-two therapists and seven patient samples. *Clinical Psychology: Science and Practice, 4*(1), 53-65.

Lutz, W., Leon, S. C., Martinvich, Z., Lyons, J. S., & Stiles, W. B. (2007). Therapist effects in outpatient psychotherapy: A three-level growth curve approach. *Journal of Counseling Psychology, 54,* 32-39.

Lyons-Ruth, K. (1998). Implicit relational knowing: Its role in development and psychoanalytic treatment. *Infant Mental Health Journal, 19,* 282-289.

Macran, S., Ross, H., Hardy, G., & Shapiro, D. A. (1999). The importance of considering clients' perspectives in psychotherapy research. *Journal of Mental Health, 8*(4), 325-337.

Mahoney, M. J. (1991). *Human change processes: The scientific foundations of psychotherapy*. Basic Books.

Mallinckrodt, B. (2010). The psychotherapy relationship as attachment: Evidence and implications. *Journal of Social and Personal Relationships, 27*(2), 262-270.

Mandell, W. (1983). Types and phase of alcohol dependence illness. Recent developments in alcoholism: an official publication of the American Medical Society on Alcoholism, the Research on Alcoholism, and the National Council on Alcoholism, pp. 415-447.

Masten, A. (2001). Ordinary Magic: Resilience Process in Development. *American Psychologist, 56*, 227-228.

Mayfield, W. A., Kardash, C. M., & Kivlighan, D. M., Jr. (1999). Differences in experienced and novice counselors' knowledge structures about clients: Implications for case conceptualization. *Journal of Counseling Psychology, 46*(4), 504.

McCullough, L., Kuhn, N., Andrew, S., Kaplan, A., Wolf, J., & Hurley, C. L. (2003). *Treating affect phobia: A manual for short-term dynamic psychotherapy*. The Guilford Press. 유성경, 하정, 이문희, 이은진 공역(2015). **감정 공포 치료: 단기역동정신치료 실습 매뉴얼**. 서울: 학지사.

McKay, K. M., Imel, Z. E., & Wampold, B. E. (2006). Psychiatrist effects in the psychopharmacological treatment of depression. *Journal of Affective Disorders, 92*(2), 287-290.

McWilliams, N. (2004). Psychoanalytic Psychotherapy: A practitioner's guide. NY: Guilford. 권석만, 이한주, 이순희 공역(2007). **정신분석적 심리치료**. 서울: 학지사.

McWilliams, N. (2014). Reflections on the Effects of a Protestant Girlhood. The Skillful Soul of the Psychotherapist: The Link between Spirituality and Clinical Excellence, 17.

Meier, S. T., & Davis, S. R. (2011). *The elements of counseling* (7th ed.). Belmont, CA: Brooks/Cole.

Messer, S. B. (2004). Evidence-based practice: Beyond empirically supported treatments. *Professional Psychology: Research and Practice, 35*(6), 580.

Miller, R. B. (2004). *Facing human suffering: Psychology and psychotherapy as a moral engagement*. Washington, DC: American Psychological Association.

Miller, S. D., Duncan, B., & Hubble, M. (2008). Supershrinks: What is the secret of their success? *Psychotherapy in Australia, 14*(4), 14.

Mlodinow. L. (2012). *Subliminal: How your unconscious mind rules your behavior*. New York: Random House, Inc. 김명남 역(2013). "새로운" 무의식-정신분석에서 뇌과학으로. 서울: 까치글방.

Moses, E. B., & Barlow, D. H. (2006). A new unified treatment approach for emotional disorders based on emotion science. *Current Directions in Psychological Science, 15*(3), 146-150.

Neimeyer, R. A. (2012). *Techniques of grief therapy: Creative practices for counseling the bereaved*. New York, NY: Taylor and Francis Co.

Oakeshott, M. (1971). Education: The engagement and its frustration. *Journal of Philosophy of Education, 5*(1), 43-76.

Ogden, T. H. (1986). *The matrix of the mind: Object relations and the psychoanalytic dialogue*. Northvale, NJ: Jason Aronson.

Okiishi, J. C., Lambert, M. J., Nielsen, S. L., & Ogles, B. M. (2003). Waiting for supershrink. *Clinical Psychology and Psychotherapy, 10*, 361-373.

Orange, D. M. (2010). *Thinking for clinicians: Philosophical resources for contemporary psychoanalysis and the humanistic psychotherapies*. New York: Routledge.

Orange, D. M. (2011). *The suffering stranger: Hermeneutics for everyday clinical practice*. New York: Routledge.

Orange, D. M., Atwood, G. E., & Stolorow, R. D. (1997). *Working intersubjectively: Contextualism in psychoanalytic practice*. Hillsdale, NJ: The Analytic Press.

Orlinsky, D. (2006). Comments on the state of psychotherapy research (as I see it). *Körper mit Psyche, 4*.

Orlinsky, D. (2009). Research on psychotherapy and the psychotherapeutic profession(s): A brief introduction. *European Journal of Psychotherapy and Counselling, 11*(2), 183-190.

Orlinsky, D. E., & Howard, K. I. (1980). Gender and psychotherapeutic outcome. *Women and Psychotherapy*, 3-34.

Orlinsky, D. E., Ronnestad, M. H., & Willutzki, U. (2004). Fifty years of psychotherapy process-outcome research: Continuity and change. In M. J. Lambert (Ed.), *Bergin and Garfield's handbook of psychotherapy and behavior change* (5th ed., pp. 307-390). New York: Wiley.

Oskamp, S. (1962). The relationship of clinical experience and training methods to several criteria of clinical prediction. *Psychological Monographs: General and Applied, 76*(28), 1.

Oskamp, S. (1965). Overconfidence in case-study judgments. *Journal of Consulting Psychology, 29*(3), 261.

Overholser, J. C. (2010). Psychotherapy according to the Socratic method: Integrating ancient philosophy with contemporary cognitive therapy. *Journal of Cognitive Psychotherapy, 24*(4), 354-363.

Painter, C. F. (1913). The evolution of mental healing. *The Boston Medical Surgical Journal, 169*, 605-611.

Palmer, R. (2002). *The relevance of Gadamer's "Philosophical hermeneutics" to thirty-six topics or fields of human activity*. Retrived from http://www.mac.edu/faculty/richardpalmer/relevant.html

Parish, M., & Eagle, M. N. (2003). Attachment to the therapist. *Psychoanalytic Psychology, 20*(2), 271.

Park, C. L. (2010). Making sense of the meaning literature: An integrative review of meaning making and its effects on adjustment to stressful life events. *Psychological Bulletin, 136*(2), 257.

Peterson, D. R. (1991). Connection and disconnection of research and practice in the education of professional psychologists. *American Psychologist, 46*(4), 422.

Piaget, J. (1971). The theory of stages in cognitive development. In D. R. Green, M. P. Ford, & G. B. Flamer (Eds.), *Measurement and Piaget*. New York, NY: McGraw Hill.

Polster, E., & Polster, M. (1993). *Gestalt therapy integrated: Contours of theory and practice.* Brunner/Mazel.

Prochaska, J. O. (1999). How do people change, and how can we change to help many more people? In M. A. Hubble, B. L. Duncan, & S. D. Miller (Eds.), *The heart and soul of change: What works in therapy* (pp. 227-258). Washington, DC: American Psychological Association Press.

Prochaska, J. O., Norcross, J., & DiClemente, C. (1994). *Changing for good: The revolutionary program that explains the stages of change and teaches you how to free yourself from bad habits*. New York: Morrow.

Rank, O., & Kramer, R. (1996). *A psychology of difference: The American lectures*. Princeton University Press.

Reik, T. (1948). *Listening with the third ear*. New York: Grove.

Ricks, D. F. (1974). Supershrink: Methods of a therapist judged successful on the basis of adult outcomes of adolescent patients. In D. F. Ricks, A. Thomas, & M. Roff (Eds.), *Life history research in psychopathology: III*. Minneapolis: University of Minnesota Press.

Robinson, L. A., Berman, J. S., & Neimeyer, R. A. (1990). Psychotherapy for the treatment of depression: A comprehensive review of controlled outcome research. *Psychological Bulletin, 108*(1), 30.

Rogers, C. (1975). Empathy: An unappreciated way of being. *Counseling Psychologist, 21*, 95-103.

Rogers, C. R. (1942). *Counseling and psychotherapy; newer concepts in practice*. Boston: Houghton Mifflin.

Rogers, C. R. (1959). A theory of therapy, personality, and interpersonal relationships as developed in the client-centered framework. In S. Koch (Ed.), *Psychology: A study of a science* (Vol. 3, pp. 184-256). New York: McGraw-Hill.

Rogers, C. R. (1980). *A Way of Being*. Boston: Houghton Mifflin.

Rosenthal, D., & Frank, J. D. (1956). Psychotherapy and the placebo effect. *Psychological Bulletin, 53*(4), 294.

Rosenzweig, S. (1936). Some implicit common factors in diver methods of psychotherapy. *American Journal of Orthopsychiatry, 6*, 412-415.

Ryan, R. M. (1995). Psychological needs and the facilitation of integrative processes. *Journal of Personality, 63*(3), 397-427.

Safran, J. D., & Muran, J. C. (2000). Resolving therapeutic alliance ruptures: Diversity and integration. *Journal of Clinical Psychology, 56*(2), 233-243.

Safran, J. D., & Segal, Z. V. (1990). *Cognitive therapy: An interpersonal process perspective*. New York: Basic.

Saxon, D., & Barkham, M. (2012). Patterns of therapist variability: Therapist effects and the contribution of patient severity and risk. *Journal of Consulting and Clinical Psychology, 80*(4), 535.

Schatzman, M. (1973). *Soul murder: Persecution in the family*. New York, NY: Random House.

Schön, D. (1983). *The reflective practitioner*. US: Basic Books.

Shader, R. S., Goodman, M., Gever, J. (1982). Panic disorders: Current perspectives. *Journal of*

Clinical Psychopharmacology 2(6).

Shadish, W. R., Matt, G. E., Navarro, A. M., & Phillips, G. (2000). The effects of psychological therapies in clinically representative conditions: A meta-analysis. *Psychological Bulletin, 126*, 512-529.

Shanteau, J. (1992). Competence in experts: The role of task characteristics. *Organizational behavior and human decision processes, 53*(2), 252-266.

Shanteau, J., & Weiss, D. J. (2014). Individual expertise versus domain expertise. *American Psychologist, 69*(7), 711-712.

Shapiro, A. K., & Shapiro, E. S. (1997). *The powerful placebo: From ancient priest to modem physician*. Baltimore, Johns Hopkins University Press.

Shapiro, D. (2002). Renewing the scientist-practitioner model. *Psychologist, 15*(5), 232.

Shapiro, D. A., & Shapiro, D. (1982). Meta-analysis of comparative therapy outcome studies: a replication and refinement. *Psychological Bulletin, 92*(3), 581.

Siegel, D. J. (1999). *The developing mind* (Vol. 296). New York: Guilford Press.

Siegel, D. J. (2007). The mindful brain: Reflection and attunement in the cultivation of well-being. NY: W. W. Norton & Company.

Siegel, D. J. (2010). *The mindful therapist: A clinician's guide to mindsight and neural integration*. NY: W. W. Norton & Company.

Siegel, D. J., & Bryson, T. P. (2011). The whole-brain child: 12 revolutionary strategies to nurture your child's developing mind. Delacorte Press.

Siev, J., & Chambless, D. L. (2007). Specificity of treatment effects: cognitive therapy and relaxation for generalized anxiety and panic disorders. *Journal of Consulting and Clinical Psychology, 75*(4), 513.

Skovholt, T. M. (2001). *The resilient practitioner: Burnout prevention and self-care strategies for counselors, therapists, teachers, and health professional*. Person Education, Inc.

Skovholt, T. M. (2010). *Voice from the field: Defining moments in counselor and therapist development*. New York: Routledge.

Skovholt, T. M. (2012). *Becoming a Therapist*. Hoboken, NJ: John Wiley & Sons, Inc.

Skovholt, T. M., & Jennings, L. (Eds.). (2016). *Master therapists: Exploring expertise in therapy and counseling*. Oxford University Press.

Skovholt, T. M., & Rønnestad, M. H. (1995). *The evolving professional self: Stages and themes in therapist and counselor development*. Oxford, England: John Wiley & Sons.

Skovholt, T. M., Rønnestad, M. H., & Jennings, L. (1997). Searching for expertise in counseling, psychotherapy, and professional psychology. *Educational Psychology Review, 9*(4), 361-369.

Smith, M. L., & Glass, G. V. (1977). Meta-analysis of psychotherapy outcome studies. *American Psychologist, 32*(9), 752.

Smith, M. L., Glass, G. V., & Miller, T. I. (1980). *The benefits of psychotherapy*. Johns Hopkins University Press.

Stern, D. N. (2004). The present moment in psychotherapy and everyday life (Norton Series on Interpersonal Neurobiology). NY: W. W. Norton & Company.

Stricker, G., & Trierweiler, S. J. (2006). The local clinical scientist: A bridge between science and practice. *Training and Education in Professional Psychology, S*(1), 37-46.

Sullivan, H. S. (1953). *The interpersonal theory of psychiatry*. NY: W. W. Norton & Company.

Swift, J. K., & Greenberg, R. P. (2012). Premature discontinuation in adult psychotherapy: A meta-analysis. *Journal of Consulting and Clinical Psychology, 80*, 547-559.

Swift, J. K., & Greenberg, R. P. (2012). Premature discontinuation in adult psychotherapy: A meta-analysis. *Journal of Consulting and Clinical Psychology*. doi:10.1037/a0028226

Teyber, E., & McClure, F. H. (2011). *Interpersonal process in therapy: An integrative model*. Adover, MI: Cengage Learning. 장미경, 김동민, 김인규, 유정이, 장춘미 공역(2014). **상담 및 심리치료: 대인과정접근**. 서울: Cengage Learning Korea.

The top ten (2007). The most influential therapists of the past quarter-century. *Psychotherapy Networker, 31*, 24-36, 68.

Tracey, T. J., Lichtenberg, J. W., Goodyear, R. K., Claiborn, C. D., & Wampold, B. E. (2003). Concept mapping of therapeutic common factors. *Psychotherapy Research, 13*(4), 401-413.

Tracey, T. J., Wampold, B. E., Lichtenberg, J. W., & Goodyear, R. K. (2014). Expertise in psychotherapy: An elusive goal? *American Psychologist, 69*(3), 218.

Truax, C. B., & Carkhuff, R. R. (1967). New directions in clinical research. In B. G., Berenson & R. R. Carkhuff, (Eds.), *Sources of gain in counseling and psychotherapy* (pp. 358-391). New York: Holt, Rinehart & Winston.

Tschacher, W., Junghan, U. M., & Pfammatter, M. (2014). Towards a taxonomy of common factors in psychotherapy-results of an expert survey. *Clinical Psychology & Psychotherapy, 21*(1), 82-96.

Tschuschke, V., Crameri, A., Koehler, M., Berglar, J., Muth, K., Staczan, P., ... Koemeda-Lutz, M. (2015). The role of therapists' treatment adherence, professional experience, therapeutic alliance, and clients' severity of psychological problems: Prediction of treatment outcome in eight different psychotherapy approaches. Preliminary results of a naturalistic study. *Psychotherapy Research, 25*(4), 420-434.

Tyler, P. (2016). 'The Return of the Soul': Psychology, Theology and Soul-Making. *New Blackfriars, 97*(1068), 187-201.

Ulvenes, K. M., Berggraf, L., Hoffart, A., Stiles, T. C., Svarberg, M., McCullough, L., & Wampold, B. E. (2012). Different processes for different therapies: Therapist actions, therapeutic bond, and outcome. *Psychotherapy, 49,* 291-302.

Vaillant, G. E. (1972). Why men seek psychotherapy: I. Results of a survey of college graduates. *American Journal of Psychiatry, 129*(6), 645-651.

van der Kolk, B. (2014). *The body keeps the score: Brain, mind, and body in the healing of trauma*. New York, NY: Random House. 제효영 역(2016). 몸은 기억한다. 서울: 을유문화사.

Walfish, S., McAlister, B., O'donnell, P., & Lambert, M. J. (2012). An investigation of self-assessment bias in mental health providers. *Psychological Reports, 110*(2), 639-644.

Wallin, D. J. (2007). *Attachment in psychotherapy*. New York: Guilford press.

Wampold, B. E. (2001). *The great psychotherapy debate: Models, methods, and findings*. New York, NY: Taylor and Francis Co.

Wampold, B. E. (2003). Bashing positivism and reversing a medical model under the guise of evidence. *The Counseling Psychologist, 31*(5), 539-545.

Wampold, B. E. (2007). Psychotherapy: The humanistic (and effective) treatment. *American Psychologist, 62*(8), 857.

Wampold, B. E. (2010). The research evidence for the common factors models: A historically situated perspective. *The heart and soul of change: Delivering what works in therapy* (2nd ed., pp. 49-81). Washington, DC: American Psychological Association.

Wampold, B. E., & Brown, G. S. (2005). Estimating therapist variability: A naturalistic study of outcome in managed care. *Journal of Consulting and Clinical Psychology, 73,* 914-923.

Wampold, B. E., & Budge, S. L. (2012). The 2011 Leona Tyler Award Address: The Relationship-And Its Relationship to the Common and Specific Factors of Psychotherapy. *Counseling Psychologist, 40*(4), 601-623.

Wampold, B. E., & Imel, Z. E. (2015). *The great psychotherapy debate: The evidence for what makes psychotherapy work* (2nd ed.). New York, NY, US: Routledge/Taylor & Francis Group.

Webb, C. A., DeRubeis, R. J., & Barber, J. P. (2010). Therapist adherence/competence and treatment outcome: A meta-analytic review. *Journal of Consulting and Clinical psychology, 78*(2), 200.

Wedding, D., & Corsini, R. J. (2013). *Current Psychotherapies* (10th ed.). Boston, MA: Cengage Learning.

Weinberger, J. (2014). Common factors are not so common and specific factors are not so specified: Toward an inclusive integration of psychotherapy research. *Psychotherapy, 51*(4), 514-518.

Weisz, J. R., Krumholz, L. S., Santucci, L., Thomassin, K., & Ng, M. Y. (2015). Shrinking the gap between research and practice: Tailoring and testing youth psychotherapies in clinical care contexts. *Annual Review of Clinical Psychology, 11*, 139-163.

Weisz, J. R., Kuppens, S., Eckshtain, D., Ugueto, A. M., Hawley, K. M., & Jensen-Doss, A. (2013). Performance of evidence-based youth psychotherapies compared with usual clinical care: A multilevel meta-analysis. *Journal of American Medical Association psychiatry, 70*(7), 750-761.

Westen, D., Novotny, C. M., & Thompson-Brenner, H. (2004). The empirical status of empirically supported psychotherapies: Assumptions, findings, and reporting in controlled clinical trials. *Psychological Bulletin, 13*, 632-663.

Widiger, T. A., & Trull, T. J. (2007). Plate tectonics in the classification of personality disorder: Shifting to a dimensional model. *American Psychologist, 62*(2), 71.

Wilcox-Matthew, L., Ottens, A., & Minor, C. W. (1997). An analysis of significant events in counseling. *Journal of Counseling and Development, 75*(4), 282-291.

Wilde, O. (1894). *Epigrams: Phrases and Philosophies for the Use of the Young*. Theclassics Us.

Wilson, E. O. (1978). *On human nature*. Cambridge, MA: Harvard University Press.

Winnicott, D. W. (1955). Metapsychological and clinical aspects of regression within the psycho-analytical set-up. *International Journal of Psycho-Analysis, 36*, 12-26.

Witteman, C. L., Weiss, D. J., & Metzmacher, M. (2012). Assessing diagnostic expertise of counselors using the Cochran-Weiss-Shanteau (CWS) index. *Journal of Counseling & Development, 90*(1), 30-34.

Yalom, I. D. (1974). Existential factors in group therapy. *Journal of the National Association of Private Psychiatric Hospitals*.

Yalom, I. D. (1980). *Existential psychotherapy*. New York: Basic Books.

Yalom, I. D. (1989). *Love's Executioner and Other Tales of Psychotherapy*. New York: Basic

Books.

Yalom, I. D. (2002). *The gift of therapy: Reflections on being a therapist*. London: Piatkus.

Yalom, I. D., with Leszcz, M. (2005) *The Theory and Practice of Group Psychotherapy*. New York, NY: Basic Books.

Yeomans, F. E., Clarkin, J. F., & Kernberg, O. F. (2002). *A primer of transference-focused psychotherapy for borderline patient*. Lanham, MA: Jason Aronson, Inc. 윤순임, 이용승, 김정욱, 도상금, 심영숙, 문형춘, 남기숙, 이임순 공역(2013). **경계선 내담자를 위한 전이초점 심리치료 입문**. 서울: 학지사.

Yoo, S. K., Hong, S., Sohn, N., & O'Brien, K. M. (2014). Working alliance as a mediator and moderator between expectations for counseling success and counseling outcome among Korean clients. *Asia Pacific Educational Review, 15*, 271-281.

Young, J. E., Klosko, J. S., & Weishaar, M. E. (2003). Schema therapy: A practitioner's guide. Guilford Press. 권석만, 김진숙, 서수균, 주리애, 유성진, 이지영 공역(2005). **심리도식치료**. 서울: 학지사.

Zetzel, E. R. (1956). An approach to the relation between concept and Content in psychoanalytic theory-(with special reference to the work of melanie. *Psychoanalytic Study of the Child, 11*, 99-121.

찾아보기

인명

내용

저자 소개

유 성 경(SUNG-KYUNG YOO)

서울대학교 사범대학 교육학과를 졸업하고, 동 대학원에서 교육심리로 석사학위, 미국 미네소타대학교(University of Minnesota)에서 교육 및 상담심리 전공으로 박사학위를 취득하였다. 2001년부터 현재까지 이화여자대학교 심리학과에서 교수로 재직 중이며, 미국 매케나 칼리지(McKenna College)와 하버드대학교(Harvard University) 심리학과에서 Fulbright 방문교수를 지냈다. 미네소타대학교에서 Distinguished International Scholar Award, 한국상담심리학회에서 학술상을 받았다. 한국상담심리학회 상담심리 전문가, 한국상담학회 전문 상담사로 활동 중이다. 역서로는 『심리치료의 세 가지 접근』, 『상담의 디딤돌』, 『건강한 상담자만이 남을 도울 수 있다』, 『감정 공포 치료』 등이 있으며, 국내외 학회지에 상담 과정-성과, 슈퍼비전, 일-가정 양립 관련 다수의 논문을 발표하였다.

상담 및 심리치료의 핵심원리

Core Principles of Counseling and Psychotherapy

2018년 6월 25일 1판 1쇄 발행
2019년 2월 19일 1판 2쇄 발행

지은이 • 유성경

펴낸이 • 김진환
펴낸곳 • ㈜학지사
04031 서울특별시 마포구 양화로 15길 20 마인드월드빌딩
대표전화 • 02-330-5114 팩스 • 02-324-2345
등록번호 • 제313-2006-000265호

홈페이지 • http://www.hakjisa.co.kr
페이스북 • https://www.facebook.com/hakjisa

ISBN 978-89-997-1572-3 93180

정가 20,000원

이 도서의 국립중앙도서관 출판시도서목록(CIP)은 서지정보유통지원시스템 홈페이지(http://seoji.nl.go.kr)와 국가자료공동목록시스템(http://www.nl.go.kr/kolisnet)에서 이용하실 수 있습니다.
(CIP 제어번호: CIP2018018105)